Wirtschafts-, Sozial- und Umweltgeschichte (WSU)

Band 6

Herausgegeben von
Christian Pfister und Christian Rohr,
Historisches Institut der Universität Bern

Daniel Krämer, Christian Pfister,
Daniel Marc Segesser (Hg.)

«Woche für Woche neue Preisaufschläge»

Nahrungsmittel-, Energie- und Ressourcenkonflikte in der Schweiz des Ersten Weltkrieges

Schwabe Verlag Basel

Abbildung auf dem Umschlag: Kartoffelernte der Schülerinnen und Schüler vor dem Schulhaus Bühl, Zürich-Wiedikon. Fotografie um 1917/18.
Fotograf Philipp Beckel, Zürich. Schweizerisches Nationalmuseum, LM-100001.1.

FSC
www.fsc.org
MIX
Papier aus verantwortungsvollen Quellen
FSC® C068066

2., unveränderte Auflage 2016

Lektorat: Julia Grütter Binkert, Schwabe
Umschlaggestaltung: Thomas Lutz, Schwabe
Gesamtherstellung: Schwabe AG, Muttenz/Basel, Schweiz
Printed in Switzerland
ISBN Printausgabe 978-3-7965-3541-3
ISBN E-Book (PDF) 978-3-7965-3542-0

rights@schwabe.ch
www.schwabeverlag.ch

Inhalt

Sektion III: Die Versorgungskrise

Sektion IV: Die Gesundheitskrise

Synthese

DANK

Die Entstehung dieses Sammelbandes basiert auf der Arbeit vieler Hände, ohne die dieser Band nicht hätte beendet werden können und bei deren Besitzern wir uns für die Unterstützung herzlich bedanken möchten. Als erstes sind unsere Autorin und unsere Autoren zu nennen, die uns bei der Entstehung die Treue gehalten und ihre Beiträge immer wieder angepasst haben. Zu besonderem Dank verpflichtet sind wir ausserdem der UniBern Forschungsstiftung, der Burgergemeinde Bern, der Ernst Göhner Stiftung und dem Schweizerischen Nationalfonds, die durch ihre grosszügige finanzielle Unterstützung das Erscheinen dieser Publikation möglich gemacht haben. Namentlich nennen möchten wir in diesem Zusammenhang Karin Lanz, Burgergemeindeschreiberin Henriette von Wattenwyl, Nicole Leuenberger sowie Dr. Suzanne Schenk.

Dr. Roman Rossfeld, PD Dr. Hannes Leidinger und Dr. Verena Moritz schulden wir Dank für die Begutachtung, dem Mitherausgeber der WSU-Reihe, Prof. Dr. Christian Rohr, für die Aufnahme in die obgenannte Reihe. Dem *Nebelspalter*, dem Schweizerischen Nationalmuseum, der Schweizerischen Nationalbibliothek und dem Schweizerischen Sozialarchiv sind wir für die Bereitstellung des im Band verwendeten Bildmaterials zu Dank verpflichtet. Beim Schwabe Verlag bedanken wir uns besonders bei Julia Grütter Binkert für ihre umsichtige Betreuung und ihr sorgfältiges Lektorat. Verbunden sind wir unserer Hilfsassistentin Céline Rüttimann für die Unterstützung bei der Zusammenstellung der Gesamtbibliographie und des Indexes. Ein letzter Dank gilt den stillen Unterstützerinnen im Hintergrund, Andrea Frey, Rita Pfister und Christine Segesser, die mehr zu diesem Buch beigetragen haben, als ihnen vielleicht bewusst ist.

Bern, April 2016

Daniel Krämer, Christian Pfister, Daniel Marc Segesser

EINLEITUNG

Daniel Marc Segesser, Christian Pfister, Daniel Krämer

Die Schweiz und der Beginn des Ersten Weltkrieges

Nachdem Österreich-Ungarn am 28. Juli 1914 Serbien den Krieg erklärt, Russland seine Truppen mobilisiert, das Deutsche Reich eine Kriegserklärung nach Russland gesandt hatte und der Kriegsausbruch zwischen dem Deutschen Reich und Frankreich stündlich zu erwarten war, fasste der Bundesrat die Lage am 2. August 1914 in einer Botschaft an die Bundesversammlung anschaulich zusammen: «Die schwarze Wolke, die seit Jahren gefahrdrohend am politischen Himmel stand, hat sich entladen. [...] Ein europäischer Krieg von ungeheurer Ausdehnung steht vor der Türe.»[1] Für die Schweiz bedeute dies zweierlei: Einerseits solle mit einem Truppenaufgebot die Neutralität und die Unabhängigkeit gewahrt werden, andererseits müsse die Versorgung des Landes sichergestellt werden. Dementsprechend erliess der Bundesrat ein «Ausfuhrverbot auf alle Lebensmittel und Futtermittel, sowie auf Gross- und Kleinvieh», denn er sah voraus, «dass wir des ganzen Heeres und der ganzen ökonomischen Kraft der Nation bedürfen werden».[2]

Nicht alle politischen Kräfte teilten die Sorgen des Bundesrates. Im rechtsnationalen Milieu wurde der Krieg begrüsst, da es sich vom Krieg – selbst wenn die Schweiz militärisch nicht darin verwickelt werden würde – eine heilsame Erschütterung erhoffte. Das Land müsse auf den Pfad der Tugend zurückgeführt, das Krebsgeschwür des Pazifismus vernichtet werden und der Krieg als «reinigende Kraft» wirken.[3] Was die Menschen mit diesem Weltenbrand erwartete, erahnte kaum einer, obwohl Autoren wie Friedrich Engels oder Jan Gotlib Bloch in den Jahren zuvor düstere Szenarien eines künftigen Krieges entworfen hatten.[4] Nicht zuletzt deshalb erwiesen sich auf wirtschaftlichem Gebiet die Vorkriegspläne zur langfristigen Versorgung der Truppen und besonders der Zivil-

1 BBl. 4 (1914): 5.

2 BBl. 4 (1914): 5–8, Zitat 7.

3 Kreis 2014: 20–21; Tanner 2015: 116–117.

4 Vgl. Förster 1995: 66; Segesser 2014b: 23–25.

bevölkerung als unzureichend. In der Schweiz hatten daran weder entsprechende Hinweise sozialdemokratischer Nationalräte in einer Parlamentsdebatte im Dezember 1912 noch die Konvention über die Rechte und Pflichten neutraler Staaten von 1907 etwas geändert (vgl. den Beitrag von Segesser).[5]

Schon am 10. August 1914 schlug Bauernsekretär Ernst Laur dem Bundesrat und General Ulrich Wille einen «wirtschaftlichen Mobilisierungplan» vor, in dem er die Landwirtschaft als «Staatsdomäne» betrachtete, welche zur Lösung der Ernährungsfrage die Aufgabe habe, «der Truppe und der Zivilbevölkerung die notwendigen Lebensmittel zu verschaffen» (vgl. den Beitrag von Moser). Ab 1915 wurde immer deutlicher, dass die Versorgung der Bevölkerung mit Kohle sowie Lebens- und Futtermitteln für die Behörden zu einer zentralen Herausforderung wurde, wie die Beiträge des vorliegenden Bandes deutlich herausarbeiten.

In einem Beitrag im *Politischen Jahrbuch der Schweizerischen Eidgenossenschaft* für das Jahr 1915 verwies Hans Moos, Professor für Tierproduktionslehre an der Landwirtschaftlichen Abteilung der ETH Zürich, auf die Verletzlichkeit der Versorgung des Landes mit landwirtschaftlichen Produkten, die zu Beginn des Krieges zu unsinnigen Hamsterkäufen geführt habe. Er kritisierte, dass die schweizerischen Behörden zugelassen hätten, dass sich das Land wie kaum ein anderes auf dem europäischen Kontinent auf den Freihandel und den Prozess der internationalen Arbeitsteilung eingelassen habe. Dies sei auch im Bereich der Landwirtschaft geschehen. Die daraus resultierenden Gefahren seien sträflich vernachlässigt worden. Das räche sich nun bitter, weil das Land nicht ausreichend auf den Krieg vorbereitet sei. Dass die Konsequenzen dieser Internationalisierung nicht noch gravierender waren, sei auf die Ausdehnung der Produktionsflächen sowie die seit Kriegsbeginn wenig extremen Witterungsverhältnisse zurückzuführen. Die Versorgungslage sei daher 1915 im Vergleich zum Vorjahr leicht besser gewesen. Die unbeständige Witterung habe im Alpenraum allerdings die Heuernte empfindlich getroffen.[6] Ohne es direkt anzusprechen, verwies Moos in seinen Ausführun-

5 Kreis 2014: 24–25. Zur globalen Situation siehe auch Offer 1989 und Segesser 2014a: 142–145. Zur weitgehenden Wirkungslosigkeit der Haager Konvention über die Rechte und Pflichten neutraler Staaten und zur schwierigen internationalen Rechtslage allgemein vgl. Ochsenbein 1971: 50–59.

6 Moos 1915: 221–229.

gen auf mögliche Risiken für die wirtschaftliche Landesversorgung, denn die Produktionsflächen konnten nicht beliebig ausgedehnt werden und die Witterungsrisiken waren erheblich, wie sich im Folgejahr zeigen sollte (vgl. den Beitrag von Pfister zum Klima und zur Lebensmittelversorgung).

Nach Kriegsbeginn trafen sowohl die Krieg führenden als auch die neutralen Staaten Massnahmen zur Sicherung der Landesversorgung. Ausfuhrverbote, staatliche Höchstpreise sowie Anreize zur Ausdehnung der Produktionsflächen standen dabei im Vordergrund.[7] Schon bald wurde jedoch deutlich, dass die Massnahmen der Behörden stets den Entwicklungen hinterherhinkten. Eine «administrative Polykratie» der verschiedenen neuen, allerdings häufig miteinander konkurrierenden Behörden war die Folge. Die immer wieder gegensätzlichen oder nicht aufeinander abgestimmten Anordnungen führten deshalb bald zu einer massiven Diskrepanz zwischen der Erwartungshaltung der Soldaten und der Bevölkerung einerseits sowie den Versorgungsproblemen andererseits.[8] Letztere waren das Resultat eines Produktionsrückgangs im jeweiligen Land sowie der wachsenden Schwierigkeiten bei der Zufuhr der vor Kriegsbeginn in vielen Staaten importierten Lebensmittel. Hinzu kamen in vielen Staaten knapper werdende Energieressourcen (Kohle und Futtermittel; vgl. die Beiträge von Amacher Hoppler sowie von Pfister zur Energiekrise), was sowohl den Transport als auch die Verarbeitung der Lebensmittel massiv behinderte und die Versorgung mit Nahrungsmitteln zusätzlich erschwerte. In vielen Krieg führenden Staaten kam es deshalb bereits ab 1915 zu Hungerkrisen (vgl. den Beitrag von Segesser), aber selbst neutrale Länder wie die Schweiz, Holland oder die skandinavischen Staaten vermochten sich diesem Problem ab 1916 nicht mehr zu entziehen. Ab Ende 1917 mussten sie nach langwierigen Verhandlungen schrittweise ihre Getreideeinfuhr vertraglich der Kontrolle durch die seit dem 29. November 1916 bestehende Wheat Executive der Entente unterstellen.[9] Damit war definitiv klar, dass auch die neutralen Staaten Teil des Krieges waren, selbst wenn sie sich militärisch nicht direkt beteiligten.[10] Wie wichtig die Ernährungs-, Energie- und Ressourcenkonflikte während des Krieges sowohl für Krieg

7 Leonhard 2014: 205–221; Moos 1915: 229–239.

8 Leonhard 2014: 517–519.

9 Cmd. 1544, S. 68–69 und 76–77.

10 Zur Geschichte neutraler Mächte während des Ersten Weltkrieges allgemein siehe Hertog/Kruizinga 2011: 1–14, Kruizinga 2014: 542–575 oder Clavien/Hauser 2014: 3–6.

wie für nicht Krieg führende Staaten gewesen waren, zeigte sich unmittelbar nach Kriegsende in der historischen Forschung. Neben der Analyse militärischer Aspekte[11] stiessen diese Fragen sowohl in der Schweiz wie in Europa auf grosses Interesse, wie der folgende Überblick zeigen wird.

Ernährungs-, Energie- und Ressourcenkonflikte während des Ersten Weltkrieges in der Forschung

Zwischenkriegszeit und Zweiter Weltkrieg

Schon während des Weltkrieges hatte sich das *Carnegie Endowment of International Peace* Gedanken über die Erforschung des Konfliktes an dessen Ende gemacht. Pläne für eine «comprehensive economic history of the war» wurden entworfen, deren Ziel es sein sollte, «[to show] the extent of the displacement caused by the war in the normal process of civilization».[12] Auch wenn diese Pläne erst nach dem Abschluss der Friedensverhandlungen in Paris im Sommer 1919 konkretisiert wurden, erschienen erste Studien bereits in diesem Jahr in der Serie *Preliminary Economic Studies of the War.* Sie beschränkten sich allerdings auf die Staaten der Entente. Neben Bänden zu den wirtschaftlichen Folgen des Krieges für Kanada oder Chile,[13] zur Geschichte der britischen Staatsfinanzen, zu den Kriegskosten allgemein oder zu den Auswirkungen auf das Wirtschaftsleben Frankreichs während des Krieges[14] erschien auch eine erste Studie zu den Auswirkungen des Krieges auf die britische und die amerikanische Landwirtschaft.[15] 1924 legte der amerikanische Historiker James Shotwell schliesslich einen Plan vor, gemäss dem die Einzelstudien im Rahmen von 13 Serien erscheinen sollten, die jeweils einem europäischen Staat gewidmet waren. Der aussereuropäischen Welt sollte vor allem in der britischen und der französischen Serie Rechnung getragen werden. In fast allen Serien erschienen Analysen zur Ernährungs-, Energie- und Ressourcenkrise der betreffenden Länder während des Ersten

11 Zur militärischen Analyse und Aufarbeitung des Krieges siehe Förster 2002.

12 Shotwell 1924: 1.

13 Rowe 1918; Shortt 1918.

14 Bogart 1919; Gide 1923; MacVey 1918.

15 Hibbard 1919.

Weltkrieges.[16] Auch zur Gesundheitskrise erschienen einige Bände.[17] Ohne Begründung ausgeschlossen wurden Bulgarien, Griechenland und die Türkei, während bei den neutralen Staaten nur für Holland eine eigene Serie vorgesehen war und für alle skandinavischen Länder eine gemeinsame Serie herausgegeben werden sollte.[18] Auf eine Serie oder auch nur eine Monographie zu Spanien wurde verzichtet, da «its external economic policies [are] difficult to detach from belligerent policies».[19] Analoges galt für die Schweiz, was damit begründet wurde, dass «the existence of a semiofficial history of Switzerland at present under preparation, excludes it from this survey».[20]

Auch wenn weder der Name des Autors noch der Titel dieser semioffiziellen Geschichte genannt wurde, wird aus der Entstehungsgeschichte des Buches von Jakob Ruchti klar, dass es sich um diese Studie handeln musste. Der Autor stellte sie schon kurz nach dem Ende des Weltkrieges fertig, sie erschien jedoch erst 1928 und 1930 in zwei Bänden.[21] Obwohl es sich nicht um die erste Darstellung zum Thema handelte, war es die erste zusammenfassende und umfassende Studie zur Geschichte der Schweiz im Ersten Weltkrieg. Im ersten Band thematisiert Ruchti Fragen der Innen- und Aussenpolitik, des Militärs und der Neutralität, Krisenmomente wie die Oberstenaffäre oder die Grimm-Hoffmann-Affäre, die Friedensbemühungen der Schweiz sowie die Problematik um den Beitritt der Schweiz zum Völkerbund. Im zweiten Band geht es um kriegswirtschaftliche und kulturelle Fragen, speziell um den Aussenhandel und die Wirtschaftsverträge der Schweiz mit dem Ausland, um die Landesversorgung, die Teuerungsproblematik, die Staatsfinanzen, Dichtung, Musik und Malerei sowie um die «Liebestätigkeit der Schweiz». Seine Darstellung war sehr staatsnah und stützte sich – ähnlich wie später teilweise auch

16 Für das Deutsche Reich siehe Aereboe 1927, Bumm 1928 oder Sarter 1930, für Österreich-Ungarn Enderes/Ratzenhofer/Hoger 1931, Homann-Herimberg 1925 oder Loewenfeld-Russ 1926, für Grossbritannien Beveridge 1928, Hibbard 1919 oder Redmayne 1923, für Frankreich Augé-Laribé 1926, für Russland Antsiferov et al. 1930 oder Struve 1930 sowie für Holland Posthuma 1928: 203–299.

17 Bernard 1929, Mortara 1925, Pirquet 1926. Zwei weitere Bände waren vorgesehen, wurden aber nicht realisiert. Vgl. Shotwell 1924: 48, 138.

18 Shotwell 1924: 5–10.

19 Shotwell 1924: 10.

20 Shotwell 1924: 10.

21 Zur Verzögerung der Publikation siehe Ruchti 1928: ix–x.

Georg Kreis[22] – vor allem auf das *Politische Jahrbuch der Schweizerischen Eidgenossenschaft*, die Neutralitätsberichte des Bundesrates sowie Zeitungstexte.

Auf Analysen, die zwischen der Fertigstellung und der Publikation der Bände erschienen, verweist Ruchti nicht, obwohl besonders zur wirtschaftlichen Entwicklung einige wichtige Studien publiziert worden waren.[23] Dazu zählte unter anderem der Bericht des deutschen Ökonomen Heinrich Sieveking, eines Schülers Karl Lamprechts. Sieveking wirkte 1907–1922 als Ordinarius für Sozialökonomie in Zürich. Er publizierte seine Analyse zur schweizerischen Kriegswirtschaft 1922 in der Reihe *Veröffentlichungen der Deutschen Handelskammer in der Schweiz* auf der Grundlage zeitgenössischer Publizistik, der Unterlagen der lokalen Handelskammern in Zürich, Basel und Genf sowie des kaufmännischen Direktoriums in St. Gallen. Sie enthielt Kapitel zur schweizerischen Aussenhandelspolitik, zur Versorgung der Bevölkerung, zum Kapitalmarkt sowie zur Produktion in der Schweiz. Auf eine Zusammenführung der verschiedenen Aspekte verzichtete er allerdings.[24] Ein Jahr nach Sievekings Studie erschien die volkswirtschaftliche Dissertation von Eduard Scheurmann zur Milchversorgung in der Schweiz. Darin analysierte er sowohl die Produktion wie auch den Konsum und den Vertrieb von Milchprodukten. Er verwies auf die Missernten und Witterungsabnormitäten während des Krieges und betonte zum Schluss, dass die staatlichen Massnahmen ihr Ziel – die Verhinderung des vollständigen Versiegens des Milchstroms in die Städte – zu erreichen vermochten, auch wenn die für den Konsum verfügbare Milch den Bedarf während des Krieges nie mehr vollständig zu decken vermochte. Die staatlichen Notstandsaktionen wertete Scheurmann als Erfolg und er verwies auf den Zusammenschluss der Milchproduzentenorganisationen, die er als Folge des Krieges betrachtete. Zudem sei es zur Schaffung von Interessengemeinschaften im Käsehandel und bei der Milchproduktion gekommen, was beiden Seiten nur zum Vorteil gereichen könne.[25] Neben diesen Studien, die sich intensiv mit Fragen der Lebensmittel- und Energieversorgung beschäftigten, gab es in

22 Kreis 2014: 14–15.

23 Ruchti 1928–1930.

24 Sieveking 1922: 1–128.

25 Scheurmann 1923: 3–12 (Produktion), 12–15 (Konsum), 15–48 (Milchversorgung), 48–72 (staatliche Massnahmen), 72–85 (Nachkriegszeit) und 85–89 (Würdigung).

den 1920er Jahren auch etliche Studien zur Industrie, zur Rohstoffversorgung sowie zu den Auswirkungen des Weltkrieges auf den Kapitalmarkt. Dazu gehörten die zentralen Werke von Traugott Geering, Rudolf Pfenninger, Max Obrecht, Gustav Frey oder Ernst Himmel. Im Zentrum standen verschiedene Industriezweige, der Aussenhandel, die Auslandinvestitionen und die Rohstoffversorgung.[26] Geering, Pfenninger und Frey widmeten auch der Kohlenversorgung eigene Abschnitte.[27] Ab den 1930er Jahren stand der Erste Weltkrieg nicht mehr im Fokus der wissenschaftlichen Forschung. Vielmehr wurde die Geschichte dieser Zeit zur Festigung des inneren Zusammenhalts im Zeichen der geistigen Landesverteidigung vor, während und nach dem Zweiten Weltkrieg instrumentalisiert.[28]

Die europäische Wirtschaftsgeschichte des Ersten Weltkrieges zog im Verlauf des Zweiten Weltkrieges nochmals Aufmerksamkeit auf sich. Im Jahr 1943 erörterte der Völkerbund die Frage, wie gross der Bedarf des kriegszerstörten Europas nach Kriegsende an Nahrungsmitteln sein würde. Anhand ausführlicher Daten kam die Studie zum Schluss, dass es nach dem Ersten Weltkrieg sieben Jahre gedauert habe, bis die Vorkriegsproduktivität der europäischen Landwirtschaft wieder erreicht worden sei. Ausschlaggebend dafür seien der Mangel an Arbeitskräften, Zugtieren und Geräten sowie die Erschöpfung der Böden gewesen, was weit stärker gewogen habe als die kriegsbedingten Zerstörungen.[29] Nach dem Krieg geriet diese Studie allerdings weitestgehend in Vergessenheit.

Revolution und Landesstreik: Sozial- und wirtschaftsgeschichtliche Zugänge zur Geschichte des Weltkrieges

Während im deutschsprachigen Ausland der Erste Weltkrieg im Rahmen der Fischer-Kontroverse um die Kriegsschuldfrage ab den späten 1950er Jahren wieder thematisiert wurde, blieb eine analoge Entwicklung in der Schweiz aus. Es gab keinen Grund, sich mit einer Frage zu beschäftigen,

26 Geering 1928; Pfenninger 1928; Obrecht 1920; Frey 1921; Himmel 1922.
27 Geering 1928: 88–134; Pfenninger 1928: 72–74; Frey 1921: 73–86.
28 Koller 2006: 441–462; Neumann 2014: 233–246; Ziegler 2014: 247–265.
29 League of Nations 1943.

die nicht virulent war.[30] Das änderte sich im Zeichen der aufstrebenden Sozial- und Wirtschaftsgeschichte im deutschen Sprachraum. Ähnlich wie Gerald D. Feldman in den USA und Jürgen Kocka in Deutschland, die mit den gesellschaftlichen Wandlungsprozessen und Verteilungskonflikten während des Krieges die Ursachen für die revolutionären Entwicklungen am Ende des Krieges zu erklären versuchten,[31] erschienen auch in der Schweiz Studien, die sich mit den sozialen Auseinandersetzungen in der Schweiz während des Ersten Weltkrieges beschäftigten. Ein Kristallisationspunkt für die Geschichte der Schweiz bildete der Landesstreik, dessen detaillierter Aufarbeitung sich auf nationaler wie regionaler Ebene vor allem Willi Gautschi, Markus Mattmüller, Joe Schelbert, Hanspeter Schmid und Marc Vuilleumier widmeten.[32]

Gautschis Studie dominierte von den ausgehenden 1960er Jahren an die Perspektive auf den Landesstreik. Dieser wurde lange als eine Folge einer unzureichenden Sozialpolitik und eines mangelhaften Entgegenkommens der dominierenden freisinnigen Politiker gegenüber der aufstrebenden Sozialdemokratie interpretiert. Erst in jüngerer Zeit wurde diese Sicht verstärkt in Frage gestellt. Anstatt den Fokus primär auf die Klassengegensätze zu richten, wurde verstärkt die Radikalisierung der Rhetorik linker und rechter politischer Gruppen in den Vordergrund gerückt.[33] Damit knüpften diese Analysen an Studien zur Geschichte der Intellektuellen im Kampf um linke oder rechte autoritäre Konzepte in der Schweiz in der ersten Hälfte des 20. Jahrhunderts an.[34] Gleichzeitig wurde der Landesstreik wieder vermehrt in einer längerfristigen Perspektive betrachtet. In diesem Bereich besteht allerdings noch weiterer Forschungsbedarf, wie Konrad J. Kuhn und Beatrice Ziegler sowie Rudolf Jaun zu Recht betonen.[35] Der Beitrag von Peter Moser in diesem Band bildet dazu sicherlich einen wichtigen Diskussionsbeitrag.

Neben den Studien zum Landesstreik gehören die Dissertationen von Hans-Ulrich Jost zum Linksradikalismus in der deutschen Schweiz in den

30 Zur Fischer-Kontroverse siehe Mombauer 2002.

31 Feldman 1966; Kocka 1973.

32 Gautschi 1968; Mattmüller 1970: 65–87; Schelbert 1985; Schmid 1980; Vuillemier 1977.

33 Fenner 1980; Kuhn/Ziegler 2011: 131–132.

34 Clavien 1993; Jost 1992; Mattioli 1994.

35 Kuhn/Ziegler 2011: 132; Jaun 2014: 23.

Jahren 1914–1918[36] und von Heinz Ochsenbein zu den Methoden ausländischer Wirtschaftskontrollen in der Schweiz während des Ersten Weltkrieges zu den wichtigsten aus diesem Ansatz entstandenen Studien. Letzterer zeichnete dabei auf der Grundlage deutscher und schweizerischer Quellen die Art und Weise nach, wie Krieg führende Staaten die Importe der Schweiz mehr und mehr zu kontrollieren suchten und dabei darauf abzielten, dass keine Waren aus dem eigenen Machtbereich denjenigen des Feindes erreichten. Im Zentrum standen für Ochsenbein die Jahre 1914–1916,[37] während den beiden letzten Kriegsjahren nur wenig Platz eingeräumt wurde.[38] Bis zum Erscheinen der Studie *Der vergessene Wirtschaftskrieg* von Roman Rossfeld und Tobias Straumann im Jahr 2008 blieb das Werk von Ochsenbein die bestimmende Studie zur schweizerischen Aussenhandelspolitik und der Geschichte der schweizerischen Wirtschaft während des Ersten Weltkrieges. Letztere definierten in ihrer Studie, die sich auf verschiedene Industriezweige konzentrierte und der Versorgungs- und Energiekrise nur wenig Aufmerksamkeit schenkte,[39] fünf Phasen für die schweizerische Volkswirtschaft zwischen 1914 und 1923: Dies waren die Krise bei Kriegsbeginn 1914, die Kriegskonjunktur 1915–1916, der Einbruch als Folge der Verschärfung des Wirtschaftskrieges und die daraus resultierenden schwerwiegenden wirtschaftlichen Konsequenzen 1916–1918, die unmittelbare Nachkriegszeit mit ihrer Erholung der Exporte, aber auch stark steigenden Preisen sowie die schwere Nachkriegskrise 1921–1923 mit Inflation und hohen Restrukturierungskosten.[40]

An verschiedenen Stellen fand die sozial- und wirtschaftsgeschichtliche Forschung zur Geschichte der Schweiz im Ersten Weltkrieg auch ihren Niederschlag in der von Patrick Halbeisen, Margrit Müller und Béatrice Veyrassat herausgegebenen Wirtschaftsgeschichte der Schweiz. Margrit Müller kommt dabei zum Schluss, dass beide Weltkriege als «ausserordentliche Perioden» einen eher geringen Einfluss hatten[41], während Peter Moser betont, dass der Erste Weltkrieg im Agrarsektor in mancher Hinsicht zu einem Paradigmenwechsel führte.[42] Auch für Bernard Degen,

36 Jost 1973.

37 Ochsenbein 1971: 60–277.

38 Ochsenbein 1971: 278–312.

39 Vgl. Pally 2008: 117–147; Fenner 2008: 317–343; Seifert 2008: 345–375.

40 Rossfeld/Straumann 2008: 11–59.

41 Müller 2012: 392.

42 Moser 2012: 578.

Sébastien Guex sowie Patrick Halbeisen und Tobias Straumann bildete der Erste Weltkrieg mit Blick auf das Verhältnis von Arbeit und Kapital, die öffentlichen Finanzen sowie die Wirtschaftspolitik einen wichtigen Einschnitt.[43]

Die Schweiz steht lange abseits: Alltags- und Kulturgeschichte sowie neue Studien mit Blick auf das Erinnerungsjahr 2014

Ab Mitte der 1980er Jahre begann sich die Ausrichtung der internationalen Weltkriegsforschung verstärkt zu alltags- und mentalitätsgeschichtlichen Ansätzen hin zu verschieben. Im Zentrum stand dabei das sogenannte Kriegserlebnis. Die Lebenswelten der Soldaten an der Front und ihrer Angehörigen in der Heimat rückten genauso ins Zentrum wie die Rolle von Künstlern und von Intellektuellen im Rahmen der propagandistischen Vermittlung des Krieges. Dazu kamen lokal- und regionalgeschichtliche Forschungen, solche zu den Geschlechterbeziehungen sowie zur wachsenden Distanz zwischen Front und Heimat.[44] Mit der Zeit entwickelten sich diese alltags- und mentalitätsgeschichtlichen Ansätze weiter zu einer umfassenden, unterdessen die Forschung zum Weltkrieg weitgehend dominierenden Kulturgeschichte der Kriegszeit.[45] Mit Ausnahme der bereits erwähnten Studien zur Rolle von Intellektuellen im Rahmen der politischen Radikalisierung in der Schweiz in den ersten Jahrzehnten des 20. Jahrhunderts sowie einer Studie von Rudolf Jaun zur Entwicklung des schweizerischen Offizierskorps in der Zeit vor dem Ersten Weltkrieg[46] stiessen diese Ansätze in der Schweiz vorerst nicht auf grosse Resonanz, was angesichts der untergeordneten Rolle, die der Erste gegenüber dem Zweiten Weltkrieg in der Schweizer Geschichte gerade in den 1990er Jahren spielte, allerdings nicht überrascht.[47] Erst 2006 erschien ein erster Aufsatz zur Erinnerungskultur an den Ersten Weltkrieg

43 Degen 2012: 885–888; Guex 2012: 1091–1098; Guex 1993; Halbeisen/Straumann 2012: 997–1002.

44 Krumeich/Hirschfeld 2003: 310–312.

45 Kramer 2014: 7–9.

46 Jaun 1999.

47 Zur Geschichte der Schweiz im Zweiten Weltkrieg siehe UEK 2002.

im Zeichen der «Geistigen Landesverteidigung» aus der Feder von Christian Koller, dem ein Artikel und ein Buch von Konrad J. Kuhn und Beatrice Ziegler zum gleichen Themenbereich folgten.[48]

Langsam begann das Interesse an der Geschichte des eigenen Landes im Ersten Weltkrieg auch in der Schweiz zu erwachen. Das zeigte sich einerseits in der Lancierung eines vom Schweizerischen Nationalfonds (SNF) unterstützten Projektes an der Universität Fribourg[49] sowie eines Sinergia-Forschungsprojektes an den Universitäten Zürich, Bern, Luzern und Genf.[50] Die dabei erhobene Forderung nach einer stärkeren Betonung transnationaler Verflechtungen der Schweiz im Ersten Weltkrieg[51] und das Aufgreifen verschiedener Ansätze aus der ausländischen Weltkriegsforschung zeigt dabei, dass die Forschung in der Schweiz begann, den lange bestehenden Rückstand aufzuholen.

Zu Beginn des Jahres 2014 legte Georg Kreis auf der Grundlage der bis dahin vorliegenden Forschungsergebnisse eine erste neue Überblicksstudie vor, die an vielen Stellen oberflächlich bleiben musste. Mit Blick auf die Versorgungskrise zog der Autor dabei primär Vergleiche mit der «Anbauschlacht» im Zweiten Weltkrieg und verwies knapp auf das Problem des Arbeitskräftemangels und den Ausbau der sogenannten Pflanzlandbewegung. Dazu kamen Ausführungen zu den Versorgungsschwierigkeiten bei Kohle, Milch, Kartoffeln, Fett und Fleisch, die aber alle sehr allgemein blieben.[52] Bei den Versorgungsschwierigkeiten stützte sich Kreis weitgehend auf einen kurz zuvor erschienenen Artikel von Juri Auderset und Peter Moser, der als erstes die Frage der Landesversorgung wieder aufgriff.[53] Stärker auf die Verflechtungen der Schweiz mit dem Ausland ausgerichtet ist das Werk zur Geschichte der Schweiz im Ersten Weltkrieg von Roman Rossfeld, Thomas Buomberger und Patrick Kury.[54]

48 Koller 2006: 441–462; Kuhn/Ziegler 2012: 199–215; Kuhn/Ziegler 2014.

49 Die beiden zu diesem Forschungsprojekt (http://p3.snf.ch/project-130929) gehörenden Dissertationen von Patrick Bondallaz und Alexandre Elsig sind noch nicht publiziert, erste Ergebnisse finden sich allerdings schon in Bondallaz 2013: 405–427, Bondallaz 2014: 17–33 und Elsig 2013: 382–404.

50 Siehe dazu: http://p3.snf.ch/project-141906 sowie http://p3.snf.ch/project-160716 (Zugriff 1. März 2016).

51 Segesser 2013: 364–381; Tanner 2014: 8–17.

52 Kreis 2014: 107–109, 165–175.

53 Auderset/Moser 2012: 133–149.

54 Rossfeld/Buomberger/Kury 2014.

Darin findet sich nicht nur wertvolles Bild- und Quellenmaterial, sondern auch eine erste Analyse zum Vollmachtenregime sowie eine weitere, neuere Analyse zur Ernährungsfrage.[55] Jüngstes Produkt der stärkeren Beschäftigung mit der Geschichte des Landes während des Ersten Weltkrieges sind neben einem Buch zu den Friedenskonferenzen von Zimmerwald und Kiental[56] sowie Aufsätzen zur Militär- und Wirtschaftsgeschichte[57] lokal- und regionalhistorische Studien zur Geschichte Basels, Schaffhausens und Solothurns während des Ersten Weltkrieges, die wirtschaftlichen Fragen durchaus Platz einräumen.[58] Ernährungs-, Energie- und Ressourcenkonflikte bleiben aber ein Randthema.

Aufbau des Bandes

Aus den vorangehenden Ausführungen zur Bedeutung der Ernährungs-, der Energie- und der Ressourcenkonflikte während des Ersten Weltkrieges in der Forschung ist deutlich geworden, dass zu diesen Aspekten seit der Zwischenkriegszeit kaum mehr intensiv gearbeitet wurde. Dies versucht der vorliegende Band zu korrigieren. In den beiden ersten einführenden Texten von Daniel Marc Segesser und Christian Pfister bildet das Jahr 1916 mit seinen weitverbreiteten Missernten den Mittelpunkt einer einerseits globalhistorisch, andererseits klima- und agrarhistorisch ausgerichteten Betrachtungsweise. Damit wird ein Aspekt ins Zentrum gerückt, der bisher häufig vernachlässigt worden ist, auch wenn die angelsächsische Forschung das Jahr 1916 schon seit längerem als einen wichtigen Wendepunkt im Ersten Weltkrieg identifiziert hat.[59] Die beiden Autoren knüpfen damit an eine These des britischen Historikers Avner Offer an, wonach sich der Krieg spätestens ab dem Jahr 1916 vermehrt um Brot und Kartoffeln gedreht habe.[60] Segesser bettet dabei die Entwicklungen in der Schweiz in den globalen Kontext ein und thematisiert die Herausforderungen, die Chancen und die Krisen mit Blick auf die Versorgung aus

55 Schneider 2014: 48–71; Moser 2014: 172–199.

56 Degen/Richers 2015.

57 Fehr 2015: 479–513; Olsansky 2015: 114–127; Rossfeld 2015a: 515–551; Rossfeld 2015b: 292–313.

58 Labhardt 2014; Birchmeier/Hofer 2013: 9–63; Fink 2014.

59 Geradezu programmatisch dazu French 1986 und French 1995.

60 Offer 1989: 1.

globaler Perspektive. Dazu zieht er einerseits eine Vielzahl von Veröffentlichungen aus unterschiedlichen Ländern heran und stützt sich andererseits auf bisher selten benutzte Quellen. Pfister zeichnet die klimatischen Faktoren nach, welche die Missernten verursachten und die Teuerung der wichtigsten Lebensmittel beeinflussten. Er beschreibt die Wechselwirkungen zwischen Witterung und Landwirtschaft und legt dar, wie die Einbrüche in der Kartoffel- und Milchversorgung zusammen mit ausbleibenden Getreide- und Futtermittelimporten zu Mangelernährung in weiten Kreisen der Bevölkerung führten, was die Verteilungskonflikte im Verlauf der letzten Kriegsjahre entscheidend verschärfte. Beide Autoren bringen in ihren Ausführungen die Natur als Akteur auf die historische Bühne zurück. Der dritte einführende Beitrag stammt von Peter Moser. Er unterstreicht die Bedeutung des Ersten Weltkrieges für die Entwicklung der Agrarwirtschaft der Schweiz. Die Kriegszeit habe nämlich die Umsetzung bestehender Konzepte nicht einfach nur beschleunigt, sondern sie sei mit Blick auf gesellschaftspolitische Fragen zu einem eigentlichen Laboratorium geworden. Die Agrarproduktion sei aus ihrer bestehenden Weltmarktorientierung herausgelöst und flexibilisiert worden. Die Bauern wurden so zu einer besonderen «Kategorie von Arbeitern im öffentlichen Dienst», wie dies schon Josef Mooser betont hat.[61]

In der nächsten Sektion setzen sich Christian Pfister, Sandro Fehr und Anna Amacher Hoppler mit der schwersten Energiekrise des 20. Jahrhunderts auseinander. Pfister geht von der makroökonomisch-finanzpolitischen Seite der Importe von Kohle aus dem Deutschen Reich aus. Wesentlich ist die Feststellung, dass ab 1916 neben der Menge auch der Brennwert der importierten Kohle zurückging, was bei stark steigenden Preisen die ausreichende Beheizung von Arbeiterwohnungen in Frage stellte, die Rationierung der Gasversorgung erzwang und empfindliche Einschränkungen im Bahnverkehr nach sich zog. Sandro Fehr arbeitet in seinem Beitrag die Stickstofffrage auf. Stickstoff war eine Dual-Use-Ressource von grosser strategischer Bedeutung: Einerseits wurde er in der Kriegsindustrie zur Herstellung von Explosivstoffen benötigt, andererseits war er als Düngemittel zur Steigerung der landwirtschaftlichen Erträge essentiell. Der Schweiz gelang es nicht nur, die Landwirtschaft während des Krieges ständig mit Stickstoff zu versorgen, sie vermochte ihn durch die neuen Produktionsverfahren sogar in die Krieg führenden Staaten zu

61 Mooser 2007: 27.

exportieren. Anna Amacher Hoppler befasst sich mit der Elektrifizierung der Eisenbahnen in der Schweiz während des Ersten Weltkrieges und in der Zwischenkriegszeit. Sie zeigt, wie das Ansteigen des Kohlepreises die Elektrifizierung der Bahnen beschleunigte. Ermöglicht wurde der Übergang durch die billige Wasserkraft, die bereits neue Verfahren bei der Herstellung von Stickstoff aus der Luft begünstigt hatte. Im Falle der Bahnen wirkte der Krieg eindeutig als Katalysator: Mit der Elektrifizierung wurde die Abhängigkeit von Kohleimporten deutlich verringert.

Der Versorgungskrise nähern sich Maurice Cottier, Christian Wipf, Ismael Albertin und Daniel Burkhard auf verschiedenen Ebenen an. Maurice Cottier analysiert die Versorgung der Schweiz in den Jahren zwischen 1848 und 1939. In dieser langfristigen Perspektive nimmt der Erste Weltkrieg in der schweizerischen Wirtschaftspolitik eine Scharnierfunktion ein, weil er den Übergang vom Wirtschaftsliberalismus zum Staatsinterventionismus einläutete. Statt die Versorgungspolitik und die Versorgungssicherheit wie vielfach üblich vom Zweiten Weltkrieg her zu denken, wählt Maurice Cottier den liberalen Bundesstaat des 19. Jahrhunderts als Ausgangspunkt seiner Überlegungen. Christian Wipf erläutert in seinem Beitrag die Massnahmen des Bundes zur Steigerung der Kartoffel- und Getreideproduktion. Nach den Missernten und dem Importeinbruch im Jahr 1916 griff der Bund vermehrt auf Zwangsmassnahmen zurück. Obwohl die Anbaufläche für Getreide und Kartoffeln 1917 ausgedehnt wurde, waren die Ernteerträge enttäuschend und die Versorgungslage spitzte sich in den ersten Monaten des Jahres 1918 weiter zu. Ein Zusammenbruch der Getreideversorgung konnte schliesslich nur dank den Getreideimporten aus den Vereinigten Staaten im Sommer 1918 verhindert werden. Die Umsetzung der vom Bund angeordneten Massnahmen untersucht Ismael Albertin am Beispiel der Stadt Zürich. Die dortigen Behörden begannen bereits im Herbst 1914 mit der Abgabe von verbilligten Kartoffeln, die sie auf eigene Rechnung importiert hatten. Im Laufe des Krieges bauten sie verschiedene Nothilfemassnahmen auf und sie erweiterten bereits bestehende Hilfsprogramme. In seinem Beitrag zeigt Albertin exemplarisch auf, zu welchen Schwierigkeiten die «Verordnungsflut» des Bundes selbst in Städten mit einer gut ausgebauten Verwaltung führte. Obwohl kein einheitliches Konzept bestand, ein Verwaltungsinfarkt drohte und sich der Stadtrat mehrmals verkalkulierte, profitierte ein grosser Teil der Bevölkerung der Stadt von den Interventionen der Behörden. Daniel Burkhard geht den Transformationen im Käsehandel seit den 1870er Jahren nach und steckt die politischen Konfliktlinien zwischen der Sozialdemokratischen Partei der Schweiz und den landwirtschaftlichen Nahrungsmittelproduzenten ab. Weil die Milch ein wichtiges Grundnahrungsmittel war, stiessen bereits kleine Preiserhöhungen bei der notleidenden Bevölkerung auf Unverständnis und Widerstand. Nicht zuletzt deshalb entzündete sich der Landesstreik im November 1918 teilweise an der Diskussion um die Milchpreisteuerung.

Die Gesundheitskrise fand in der Historiographie bislang kaum Widerhall. Christian Sonderegger und Andreas Tscherrig skizzieren in ihrem Beitrag den Verlauf der Grippepandemie 1918–1919. Obwohl die Spanische Grippe in der Schweiz rund 25 000 Tote forderte, blieb vor allem die politische Instrumentalisierung der Grippetoten während des Armee-Einsatzes im Landesstreik 1918 in Erinnerung. Sonderegger und Tscherrig heben nicht nur die Bedeutung der grössten demografischen Katastrophe des vergangenen Jahrhunderts für die Zivilbevölkerung hervor – die Pandemie sucht mit 50–100 Millionen Opfern weltweit mit ihrer Morbidität und Virulenz ihresgleichen –, sie betten ihren Beitrag zudem in den internationalen Forschungsstand ein. Einen anderen Zugang zum menschlichen Körper wählt Kaspar Staub. Der Körper dient ihm als Spiegel für die Ernährungs- und Gesundheitsverhältnisse am Ende des Ersten Weltkrieges. Der Körper reagierte sowohl auf die Verknappung der Nahrungsmittel als auch auf die Spanische Grippe, wobei die schlechten Ernährungsverhältnisse zu einer verringerten Immunisierung beitrugen und damit das Ausmass der Grippe beeinflussten. Das seit dem ausgehenden 19. Jahrhundert anhaltende Wachstum der mittleren Körperhöhe wurde vorübergehend verlangsamt. In einem anthropometrischen Vergleich mit Deutschland zeigt sich, dass der menschliche Körper in der Schweiz nicht im gleichen Masse beeinträchtigt wurde wie in seinem Nachbarland. Gleichwohl führte die Sorge um den Ernährungszustand der Schulkinder in der Stadt Bern zur Intensivierung der bestehenden sozial- und präventivmedizinischen Massnahmen.

Abgerundet wird der Sammelband durch eine Synthese von Daniel Krämer. Er arbeitet die verschiedenen Faktoren der Vulnerabilität heraus und fügt sie in ein Modell zu den konzeptionellen Strukturen der sozioökonomischen Verletzlichkeit der Gesellschaft ein. Die politischen Massnahmen werden zudem vor dem Hintergrund des «ancien régime écologique» betrachtet, das erst mit der industriellen Agrarmodernisierung nach dem Zweiten Weltkrieg endete. In diesem Themenkomplex ergeben sich Anknüpfungspunkte an den Teuerungskanon früherer Jahrhunderte, womit verschüttet geglaubte Traditionslinien der Verwaltungskultur freigelegt werden können.

Zum Schluss möchten wir noch darauf hinweisen, dass die vorliegenden Aufsätze zahlreiche Angaben zu Geldwerten enthalten, die wenig Aussagekraft besitzen, solange sie nicht zur heutigen Lebenswelt in Beziehung gesetzt werden. Dies geschieht im vorliegenden Band anhand des Historischen Lohnindexes (HLI).[62] Dabei erscheinen die umgerechneten Werte im Haupttext, während die Quellenwerte in den Fussnoten zu finden sind. Im Unterschied zum Teuerungsindex des Bundesamts für Statistik, der auf einem sich verändernden Warenkorb beruht, ist der HLI speziell zur Homogenisierung von historischen Geldwertangaben entwickelt worden. Werden historische Lebensmittelpreise mit dem HLI umgerechnet, können wir das Verhältnis von damaligen Preisen zu heutigen (2014) Löhnen unmittelbar nachvollziehen.[63] Die Teuerung bei den Löhnen zwischen 2009 und 2014 beträgt nur 0.03 Prozent, so dass die Ergebnisse für 2009 auch für 2014 gültig sind. Die Daten zur Teuerung für das Jahr 2015 sind noch nicht publiziert. Freilich handelt es sich bei den Umrechnungen nur um Grössenordnungen, denn die Voraussetzungen für genaue Ergebnisse sind nicht gegeben.

Um die Bedeutung der steigenden Preise während der Kriegsjahre zu verdeutlichen, sei noch auf die durchschnittlichen Ausgaben einer Arbeiter- sowie einer Angestellten- und Beamtenfamilie für alltägliche Güter in den Jahren 1912 und 1919 verwiesen: Vor dem Krieg musste eine Arbeiterfamilie rund 58 Prozent ihrer Ausgaben für Nahrungsmittel, Heizung, Beleuchtung und Miete reservieren. Nach dem Krieg machten diese Ausgaben circa 64 Prozent des Haushaltsbudgets aus. Eine Angestellten- und Beamtenfamilie musste im Jahr 1912 ungefähr 48 Prozent und im Jahr 1919 stattliche 55 Prozent des Budgets für diese Posten

62 Siehe dazu: http://www.swistoval.ch.

63 Die Umrechnungen erfolgen auf der Basis des Lohnes eines Maurers: 1918 verdiente ein Maurer pro Tag 6.29 Fr., 2009 115 Fr., also rund 18-mal mehr. Multiplizieren wir die Preise von 1918 mit diesem Wert, führt dies zu Preisen, die nach heutigen Begriffen exorbitant hoch sind und die die Teuerung der Kriegsjahre sichtbar machen. Vgl. dazu: Pfister/Studer 2010: 272–284.

aufwenden.[64] Im Jahr 2013 beliefen sich die Ausgaben für Nahrungsmittel, alkoholfreie Getränke, Wohnen und Energie im Durschnitt sämtlicher Haushalte noch auf knapp 22 Prozent der Ausgaben.[65]

64 Siegenthaler 1996: 929. Die Ausgaben für Heizung und Beleuchtung stiegen stärker als für Lebensmittel. Gemäss Haushaltsrechnungen gab eine Arbeiterfamilie vor dem Krieg 44.1% für Lebensmittel aus, nach dem Krieg waren es 47.7%. Heizung und Beleuchtung schlugen vor dem Krieg mit 3.3% zu Buche, nach dem Krieg mussten 6.2% aufgewendet werden. Bei einer Angestellten- und Beamtenfamilie flossen 1912 immerhin 36.5% des Budgets in Käufe für Lebensmittel und 2.8% wurden für Heizung und Beleuchtung aufgewendet. Im Jahr 1919 mussten für Rechnungen für Lebensmittel 38.8% und für Heizung und Beleuchtung 5.5% bereitgestellt werden. Vgl. dazu auch Tabelle 1 in Kapitel 11.

65 Bundesamt für Statistik, Wirtschaftliche und soziale Situation der Bevölkerung, Haushaltseinkommen und -ausgaben 2013: http://www.bfs.admin.ch/bfs/portal/de/index/themen/20/02/blank/key/einkommen0/niveau.html (Zugriff 1. März 2016). Zum Zeitpunkt der Drucklegung lagen die Zahlen für 2014 noch nicht vor.

SEKTION I: GLOBALITÄT UND KLIMA

1. ZWISCHEN *WEIJI* UND DEM TOD VON MARIE ANKENHAFEN: GLOBALE HERAUSFORDERUNGEN UND KRISEN IN DER RESSOURCENMOBILISIERUNG

Daniel Marc Segesser

1.1 Einleitung

Als der Erste Weltkrieg Ende Juli / Anfang August begann, waren die Erwartungen der Regierungen, der Militärs, der Verwaltung und der Bevölkerung in den Krieg führenden und neutralen Staaten sehr ambivalent. Auf Seiten der Mittelmächte waren viele höhere Offiziere froh, dass sie sich im «grossen Krieg» endlich beweisen konnten.[1] In Japan sprach Premierminister Shigenobu Okuma von einer Chance des Himmels, um die Vorsehung des Landes zu erfüllen.[2] Der australische Premierminister Joseph Cook liess wie viele andere keinen Zweifel an seiner Entschlossenheit aufkommen, alle Ressourcen zur Verteidigung des Empires aufzubieten, auch wenn er zugab, dass er nicht wisse, was auf das Land zukomme und wann der Konflikt ende.[3] Pessimistischer war der britische Aussenminister Edward Grey, der gemäss einem Freund bemerkte: «The lamps are going out all over Europe; we shall not see them lit again in our lifetime.»[4]

Angesichts solcher Aussagen dürfte die Reaktion der Elite in China auf den Kriegsbeginn typisch gewesen sein. Der Historiker Xu Guoqi spricht von einem Gefühl von *weiji*. Dieses chinesische Wort besteht aus den beiden Schriftzeichen *wei* für «Gefahr» oder «Risiko» und *ji* für «Chance» oder «Gelegenheit».[5] Ging es für China primär um politische Fragen wie die Angst vor einer stärkeren Durchdringung des Landes durch Japan, standen für andere Krieg führende Mächte militärische und wirtschaftliche Fragen im Zentrum. Je länger der Krieg dauerte, desto

1 Förster 1995: 93–95; Herwig 1997: 55.

2 Burkman 2008: 1.

3 The Argus, 01.08.1914, abgedruckt in Meaney 1985: 217.

4 Grey 1925, Bd. 2: 20.

5 Xu 2005: 81–82. Auch in Europa hatte das Wort in seinem ursprünglichen Sinn diese Bedeutung. Im Verlauf der Zeit ging der Aspekt der Chance und eines möglichen Gewinns allerdings verloren. Vgl. dazu: Asmussen/Condorelli/Krämer 2014: 15–17.

Trauer-Botschaft.

Tiefbetrübt setzen wir unsere Verwandten in Kenntnis, daß gestern abend 9 Uhr unser unvergesslicher Schwager samt Schwägerin

Ruedi Brotlaib

und

Marie Ankenhafen

infolge einer nicht alltäglichen Operation hochbetagt und elend zusammengeschrumpft sind.

Um Teilnahme und Brotkarten bitten:

Der Vater: **David Hungerbühler,**
Die Mutter: **Eulalia Hungerbühler,**
Die Vettern: **Schmalhans u. Fettlos**
Die Tante: **Jelängerjelieber,**
geb. Mehlgruber.

Klagenau, im Okt. 1917.

Abb. 1: Satirischer Nachruf auf Ruedi Brotlaib und Marie Ankenhafen, 1917.
Quelle: Sozarch, FKa-0001-701 Trauer-Botschaft, F7001 Sammelbestand Druck.

bedeutsamer wurden wirtschaftliche Fragen, insbesondere diejenige nach dem Zugang zu lebens- und kriegsnotwendigen Ressourcen. Fast überall drohte bis 1918 der (metaphorische) Tod von Marie Ankenhafen.[6] In Grossbritannien, dessen Gesamtwirtschaft erheblich vom internationalen Austausch abhängig war, hatte die Frage nach den wirtschaftlichen Folgen eines Krieges seit der Jahrhundertwende auf verschiedenen Ebenen zu Diskussionen geführt. Bereits im Jahr 1903 hatte der damalige Premierminister Arthur Balfour eine Royal Commission eingesetzt, die sich mit der Frage beschäftigen sollte, wie das Land im Fall eines Krieges seine Versorgung mit Rohstoffen und Lebensmitteln sicherstellen könnte.[7] In den meisten anderen Staaten, die im Verlauf des 19. Jahrhunderts mehr und mehr in die Weltwirtschaft integriert worden waren, wurden die Herausforderungen eines langen Krieges unterschätzt.[8]

Vor diesem Hintergrund will der vorliegende Beitrag anhand einiger exemplarischer Beispiele versuchen, die Entwicklung in der Schweiz während des Ersten Weltkrieges in einen globalen Kontext von Herausforderungen, Chancen und Krisen zu stellen. Am Anfang steht eine Analyse der Herausforderungen bei Kriegsausbruch und in den ersten beiden Kriegsjahren. In dieser Zeit schwankten viele Regierungen der Krieg führenden Staaten zwischen Krisenintervention, business as usual und Massnahmen des Wirtschaftskrieges. Im dritten bis fünften Unterkapitel folgen Ausführungen zu Versorgungsproblemen im Jahr 1916 sowie zur Akzentuierung des Wirtschaftskrieges und zur Pariser Wirtschaftskriegskonferenz 1916. Das sechste Unterkapitel ist dem Krisenmanagement, dem U-Boot-Krieg und dem Kriegseintritt der USA gewidmet, das siebte der globalen Kriegsmüdigkeit und dem Kriegsende 1917/18. Ein Fazit rundet den Beitrag ab.

6 Der Tod von Marie Ankenhafen (und Ruedi Brotlaib) wurde als Symbol für die bestehende Nahrungsmittelknappheit und den Hunger satirisch in Form einer Todesanzeige 1917 veröffentlicht. Sozarch, FKa-0001–701 Trauer-Botschaft, F7001 (vgl. S. 30): Sammelbestand Druck. Satirischer Nachruf auf Ruedi Brotlaib und Marie Ankenhafen, 1917.

7 Cobb 2013: 57–76; French 1982a: 208–220; French 1982b: 51–73.

8 Mit der Frage der ökonomischen Vorbereitung eines Krieges in den Jahren vor 1914 haben sich für Gebiete ausserhalb Grossbritanniens und des Empires nur wenige Autoren befasst. Die Aussage basiert auf Beobachtungen bei Förster 1995: 84–93, Höbelt 2014: 293–294 und Kreis 2014: 24–27.

1.2 Die Herausforderungen bei Kriegsbeginn 1914 und erste Krisensymptome 1915

Der Beginn des Krieges stellte für alle Krieg führenden Mächte eine Herausforderung dar, nicht nur auf militärischem Gebiet, sondern auch auf wirtschaftlicher Ebene.[9] Ganz besonders galt dies für Grossbritannien mit seinem Finanz- und Handelszentrum London. Die britische Regierung ergriff einerseits Massnahmen, um den Handel der Mittelmächte zu stören und deren Zugriff auf ihre Auslandguthaben so weit als möglich zu blockieren. Andererseits wollte sie den Handel der einheimischen Firmen vor dem Zugriff des Feindes schützen, teils durch Patrouillen der Marine, teils durch eine vom Staat bereitgestellte Kriegsrisikoversicherung.[10] Die Bank of England sowie Finanzminister David Lloyd George ergriffen ebenfalls Massnahmen zum Schutz des Finanzmarktes und zum Erhalt der für den Import von Waren wie von Lebensmitteln zentralen Kreditfähigkeit britischer Banken. Dazu gehörten ein Schuldenmoratorium, die Flutung des Finanzmarktes mit billigem Papiergeld sowie die Übernahme einer Garantie für Kredite von Geschäftsbanken.[11] Vor ähnlichen Problemen standen auch andere Krieg führende Grossmächte wie Frankreich, Russland, das Deutsche Reich oder die Habsburgermonarchie. Die Regierungen und Zentralbanken ergriffen ähnliche Massnahmen, um die ökonomische Situation zu beruhigen. Kurzfristig konnten die gewünschten Resultate erreicht werden, langfristig stellten die massiv erweiterte Geldmenge und die erheblich höhere Staatsverschuldung die Behörden aber vor grosse Herausforderungen.[12]

Angesichts der unsicheren Versorgungslage wurden bei Kriegsbeginn die Lebensmittelläden in verschiedenen Ländern von Kundinnen gestürmt. Die von den Behörden ergriffenen Massnahmen vermochten die ökonomische Situation aber insbesondere in den neutralen Staaten vorerst zu beruhigen. Gleichzeitig gelang es den Krieg führenden Mächten, die Finanzierung des Krieges zu sichern, so dass sich der Fokus von den öffentlichen Finanzen zur Beschaffung von ausreichend Kriegsgerät, ins-

9 Leidinger/Moritz 2011: 34; Rauchensteiner 2013: 147–151; Sondhaus 2011: 64.

10 TNA: CAB 17/102B: Report on the opening of the war, 1.11.1914, S. 17–21.

11 French 1982b: 90–95.

12 Ferguson 2000: 409–428; Hardach 1977: 156–157, 161–162, 166–167; Rauchensteiner 2013: 218.

besondere von Munition, verschob.[13] Die Behörden sahen sich gezwungen, stärker in die Wirtschaft einzugreifen als bisher. Auch wenn in allen Krieg führenden Staaten meist improvisiert wurde, verlief der Transformationsprozess zu einer Kriegswirtschaft in den verschiedenen Ländern sehr unterschiedlich. Während Frankreich seine materiellen Verluste in Folge der Besetzung weiter Teile seines Nordens durch Importe aus verbündeten Staaten, insbesondere Grossbritannien, ausglich, forcierte Russland die notwendige Industrialisierung angesichts der Mobilisierung weiter Teile der eigenen Arbeiterschaft mit Hilfe chinesischer Fremdarbeiter und dem Einsatz von Kriegsgefangenen. Bei den Mittelmächten war vor dem Hintergrund der Blockadepolitik der Entente die Sicherstellung der Versorgung mit bisher aus Übersee bezogenen Gütern und Rohstoffen prioritär. Allen Staaten gemeinsam war das Problem, dass es angesichts des sich nun abzeichnenden langen Krieges notwendig wurde, eingezogene Facharbeiter aus kriegswichtigen Betrieben wieder zurück an die Werkbank zu schicken. Ohne Ausnahmeverfügungen und Zwang war dies selten möglich.[14]

Im Bereich der Lebensmittelversorgung verliess sich das Deutsche Reich auf seinen hohen Selbstversorgungsgrad, die Habsburgermonarchie auf die Produktionsüberschüsse in der transleithanischen Hälfte des Reiches und die Schweiz auf einen kurzen Krieg, weil ein langer Krieg viel zu teuer sei.[15] Die britischen Behörden waren überzeugt, dass die Hoheit der Royal Navy über die Meere den Import auch im Kriegsfall im notwendigen Ausmass sicherstellen werde. Alle diese Hoffnungen sollten sich nicht erfüllen. Schon ab Ende 1914 traten erste Probleme auf. Bei den Mittelmächten kam es zu einem Rückgang der Produktion und zu unkoordinierten Import- und Exportverboten. Verschärft wurde die Situation durch das kriegsbedingte Ausbleiben russischen Getreides sowie im Fall der Habsburgermonarchie durch militärisch bedingte Zerstörungen von grossen Produktionsflächen in Galizien, durch die hohe Zahl intern vertriebener oder zwangsweise deportierter Menschen und durch Strei-

13 Vgl. für die Schweiz Rossfeld/Straumann 2008: 23, 29; Labhardt 2014: 34–39 und Herber 2014: 69–70 sowie allgemein French 1982b: 151–152, Rauchensteiner 2013: 205–206, 216–218 und Schmitner 2014a: 302–304.

14 Alexeeva 2015: 52–63; Rauchensteiner 2013: 207–208; Schmitner 2014b: 149–165; Struve 1930: 298–299; Ullmann 2003: 221–222.

15 Kreis 2014: 24–25.

tigkeiten zwischen den beiden Reichshälften. In besonderem Mass betroffen war Wien. Im April 1915 wurden erste Rationierungsmassnahmen ergriffen und Höchstpreise für einzelne Lebensmittel verordnet.[16]

Auf Seiten der Entente verursachte die Versorgung mit Lebensmitteln vorerst kaum Probleme. Die Importmengen gingen in Grossbritannien im Vergleich zum Vorkriegsniveau nur um 10 Prozent zurück, und in Frankreich wie in Russland hatte der durch die Rekrutierung vieler Bauern bedingte Rückgang der landwirtschaftlichen Produktion bis 1916 nur unwesentliche Auswirkungen auf die Versorgung der eigenen Bevölkerung. Besonders Russland verfügte trotz eines bis über 1917 anhaltenden Produktionsrückgangs angesichts fehlender Exportmöglichkeien über genügend Getreide, um sich selbst zu versorgen. Die schlechte Organisation der Verteilung von Lebensmitteln sowie der Produktionsrückgang entwickelten sich langfristig allerdings zu einem Risikofaktor. In Frankreich besassen mit der Zeit die höheren Preise für Lebensmittel, die eine Folge gestiegener Frachtraten sowie einer allgemeinen Inflation waren, ein gewisses Gefahrenpotenzial.[17]

Auch für die selbstständigen aussereuropäischen Mächte, die sich weitgehend selbst verwaltenden britischen Dominions sowie für die unter der Kontrolle europäischer Mächte stehenden Kolonialgebiete brachte der Beginn des Ersten Weltkrieges wirtschaftliche Herausforderungen mit sich. Da es sich bei den meisten Staaten um Exporteure von Landwirtschaftsprodukten handelte, bestand die Aufgabe für sie primär darin, neue Absatzmärkte für diejenigen Produkte zu finden, die sie bisher in Länder exportiert hatten, die nun Feindmächte oder von solchen besetzt waren. Unter Hinweis auf die Entsendung ihrer Soldaten sowie die Loyalität gegenüber dem Empire erhoben die britischen Dominions den Anspruch, ihre überschüssigen Waren nach Grossbritannien oder in andere Länder der Entente zu exportieren, um damit ihre Kriegsanstrengungen (mit-) zufinanzieren. Gleichzeitig hegten sie die Hoffnung, ihre Exporte diversifizieren und ihre Industrie ausbauen zu können.[18] In den britischen und

16 WBD: Stimmungsberichte Wien vom 1. Oktober 1914 und 8. April 1915; Hardach 1977: 108–123; Langthaler 2014: 307–313; Mertens 2013: 163–164; Rauchensteiner 2013: 210–214; Sondhaus 2011: 190–191.

17 Hardach 1977: 123–124, 131–135; Holquist 2002: 31–32.

18 Eine vergleichende Studie zu den wirtschaftlichen Folgen des Kriegsausbruchs für die Dominions fehlt bislang. Die Aussagen basieren daher auf den knappen Ausführungen von Constantine 1995: 262–263 zum Empire sowie von Haig-Muir 1995: 93–124;

französischen Kolonien standen die Kolonialbehörden vor mehreren Schwierigkeiten: Erstens wurden die für den Transport ziviler Güter notwendigen Träger für militärische Zwecke benötigt oder sie liessen sich für koloniale Truppen rekrutieren. Zweitens reduzierte der Krieg die teilweise schon vor 1914 nicht ausreichende Schiffsraumkapazität noch mehr. Drittens waren die Kolonialmächte nicht mehr im gleichen Ausmass wie vor dem Krieg in der Lage, ihre eigenen Produkte auf die kolonialen Märkte zu bringen, was für die lokalen Produzenten in den meisten Fällen allerdings keine Nachteile mit sich brachte.[19]

Besonders dramatisch waren die wirtschaftlichen Auswirkungen in Indien, weil das Deutsche Reich 1914 der zweitwichtigste Absatzmarkt für indische Produkte gewesen war. Zudem hatte der indische Markt eine Vielzahl deutscher Produkte absorbiert, die nun nicht mehr in der erforderlichen Menge und Qualität geliefert wurden. Preiseinbrüche für Exportprodukte und Preissteigerungen für Importprodukte waren die Folge. Speziell prekär wurde die Situation bei den Lebensmitteln, deren Preise während des gesamten Krieges in Indien sehr hoch blieben: Ein erheblicher Anteil der Getreideernte aus dem Punjab wurde zudem nach Grossbritannien und Europa exportiert, um die dortige Nachfrage zu decken. Schon am 17. März 1915 wurde deshalb von den britischen Behörden eine spezielle Kommission eingesetzt, die sich mit der Weizenproblematik in Indien beschäftigte und Massnahmen zur Beruhigung der Situation, vor allem aber zur Sicherung einer ausreichenden Exportmenge an Getreide zu treffen suchte. Zu zusätzlichen Schwierigkeiten führte die erhebliche Ausweitung der Geldmenge, die zur Finanzierung der eigenen Truppen notwendig geworden war.[20] Sowohl in Indien wie auch in anderen Kolonien spielte die sich verschlechternde Wirtschaftslage der antikolonialen Opposition in die Hände, die Demonstrationen oder Revolten blieben allerdings stets lokal begrenzt.[21]

Die USA versuchten bei Kriegsbeginn ihre Neutralität aufrechtzuerhalten und pochten auf den Schutz ihres Seehandels. Viele in der Landwirtschaft und in der Industrie witterten die Chance, von kriegsbedingt

McNaught 1988: 214–215; Scott 1989: 480–657; Segesser 2002: 327–332 und Thompson 2008: 95 zu einzelnen Dominions.

19 Frémeaux 2006: 80–85, 240–243.

20 Cd 9090, 1918: 3–14; Cain/Hopkins 1993: 180–181; Wolpert 2009: 303–304.

21 Fraser 1978: 368–370; Frémeaux 2006: 252–259; Sarkar 1983: 154–155.

höheren Preisen und besseren Exportmöglichkeiten zu profitieren. Schon bald zeigte sich allerdings, dass die USA kaum die Neigung verspürten, sich der britischen Seeblockade zu widersetzen, was den Handel einseitig in Richtung der Entente verlagerte.[22]

1.3 Versorgungsprobleme 1916 auf Seiten der Entente

Ab 1916 betrafen die Versorgungsprobleme nicht mehr nur die Mittelmächte, sondern auch die Entente. Zu Beginn des Krieges war es noch möglich gewesen, die praktisch vollständig ausgebliebenen Lieferungen aus Russland und eine schlechte Ernte in Australien im europäischen Frühjahr 1915 auszugleichen.[23] Einerseits gelang es, die Anbaufläche in den USA auszuweiten und andererseits konnten die Erträge pro Hektar gegenüber der Vorkriegszeit noch leicht gesteigert werden.[24] Im Sommer 1916 änderte sich die Situation tiefgreifend. Zu den bereits bestehenden Schwierigkeiten im Bereich des Transportwesens trat ein Rückgang der Produktion in drei für die Entente und besonders Grossbritannien wichtigen Getreidebaugebieten: in den USA, in Kanada und in Argentinien. Erste Anzeichen für Engpässe gab es im August 1916, als britische Zeitungen wie *The Times* erstmals von möglichen Ernteausfällen in Nordamerika sprachen.[25] Zeitgenossen erfassten die Bedeutung dieses Produktionsrückgangs rasch. Der amerikanische Wirtschaftsprofessor David Kindley hielt bei Kriegsende zusammenfassend fest, dass «there was a time [during the war] when a large part of the world was on the verge of starvation because of shortage of supplies».[26]

In den für Grossbritannien wichtigen Produktionsländern USA, Kanada und Argentinien kam es zu erheblichen Ernteeinbrüchen. In den USA betrugen sie im Vergleich zum Vorjahr durchschnittlich 40 Prozent, in Kanada je nach Provinz zwischen 35 Prozent und 60 Prozent. Trotzdem war die Produktion weiterhin höher als 1914. In Argentinien, dessen

22 Hibbard 1919: 23–24; Schaffer 2003: 105–106.

23 Scott 1989: 582.

24 Jeker 2007: 62–76.

25 The Times, 15.08.1916, S. 8; 16.08.1916, S. 13 und 05.09.1916, S. 12. Siehe auch die Aussagen von Lewis Harcourt vor dem House of Commons am 15.08.1916 in: House of Commons Debates, Bd. 85, 15.08.1916, Sp. 1644.

26 David Kinley in: Hibbard 1919: iii.

Getreideexporte in den ersten Kriegsjahren in die Höhe geschnellt waren, zeichneten sich im September 1916 ebenfalls erhebliche Ernteeinbrüche ab.[27] Die Produktion von Hafer ging im Vergleich zum Vorjahr um 40 Prozent zurück, von Weizen um 50 Prozent und von Gerste gar um 80 Prozent.[28] Die Gründe für diese Entwicklung waren vielfältig. In den USA führten die Ausweitung der Anbaufläche sowie ein massiv höherer Flächenertrag 1915 zu einer Ertragssteigerung von 66 Prozent. Die Preise waren daher nicht in dem von den Produzenten erhofften Ausmass gestiegen, wodurch höhere finanzielle Erträge ausblieben. Nicht zuletzt deshalb reduzierten die Produzenten die Anbaufläche von Weizen im folgenden Jahr um 13 Prozent, womit sie 1916 geringer war als 1914.[29] Daneben beeinträchtigte, wie Marco Alexander Jeker gezeigt hat, eine Kältewelle zu Beginn des Jahres 1916 in einigen Bundesstaaten des Nordwestens die Kulturen erheblich. Der heisse und trockene Sommer sowie das Auftreten des Getreideschwarzrostes (Puccinia graminis) führten zu weiteren Ausfällen.[30]

In Kanada war die Situation ähnlich. Die Getreidepreise blieben im ersten Kriegsjahr ebenfalls vergleichsweise niedrig. Billige Arbeitskräfte waren hingegen aufgrund einer kriegsbedingt reduzierten Einwanderung sowie der Rekrutierung von Freiwilligen als Soldaten insbesondere im Westen des Landes endgültig Mangelware geworden.[31] Zusammen mit der Preisentwicklung führte dies auch in Kanada zu einem Rückgang der Anbaufläche von Weizen. Dazu kamen kühle Temperaturen, das Auftreten des Getreideschwarzrostes und speziell in Manitoba eine geringe

27 The Times, 30.09.1916, S. 12; 05.10.1916, S. 12. Mitte September waren die Aussichten noch positiv beurteilt worden. Vgl. The Times, 16.09.1916, S. 14.

28 Albert 1988: 62–64; Jeker 2007: 65, 70–71, 74–76; Scott 1989: 530, 584. Statistische Angaben sind auch bei Mitchell 1993: 168, 171, 173 zu finden, wobei sie im Falle von Argentinien fehlerhaft sind.

29 Hibbard 1919: 24.

30 Jeker 2007: 66–68, 105–118, 165–169.

31 Die Skepsis der Verbände der landwirtschaftlichen Produzenten, dass es zu einem weiteren Arbeitskräftemangel kommen könnte, war deutlich spürbar, als die kanadische Regierung 1917 die Wehrpflicht für den Dienst in Europa einführen wollte. Vgl. Saladin 2011: 63–64.

Niederschlagsmenge. Der Rückgang der Produktion fiel allerdings nicht so massiv aus, wie dies im Sommer 1916 insbesondere von der britischen Regierung befürchtet worden war.[32]

In Argentinien war wohl eine Kombination aus witterungsbedingten Problemen – übermässige Kälte in den Monaten Juli und August 1916 sowie hohe Temperaturen und geringe Niederschläge in den Monaten September bis Januar 1917 – sowie einer Heuschreckenplage im Dezember 1916 und Januar 1917 für die enormen Ernteausfälle verantwortlich, welche die Entente in einer Zeit trafen, in der die Zufuhr von Lebensmitteln durch den intensivierten U-Boot-Krieg massiv erschwert worden war.[33]

Die Behörden der Entente sahen sich mit der Frage konfrontiert, wie sie mit dem Mangel und den höheren Preisen für Lebensmittel auf dem Heimmarkt umgehen sollten. Eine wichtige Rolle spielten dabei das begrenzte Angebot an Schiffsraum und die Tatsache, dass ein Grossteil der eigenen Landarbeiter für den Einsatz an der Front rekrutiert worden war. Sowohl die britischen wie die französischen Behörden suchten ihr Heil in einer besseren Organisation der Importe aus den Dominions und Kolonien sowie in der Schaffung von Behörden, die Konsum und Distribution von Lebensmitteln an der Heimatfront zu kontrollieren suchten. In Frankreich wurde zudem erstmals die Menge an Lebensmitteln in den schwarzafrikanischen Kolonien sowie in Indochina erfasst. Diese waren durchaus bedeutungsvoll und wurden 1916–1918 für den Heimmarkt in Frankreich requiriert.[34]

Für einige Länder wurden die sich im Sommer 1916 abzeichnenden Versorgungsprobleme der Ententemächte zur Chance. Australien, das 1915 nach einer Dürre gar Weizen hatte importieren müssen, dehnte die Anbaufläche erheblich aus und verzeichnete dank günstiger Witterungsbedingungen im Frühjahr 1916 eine Rekordernte. Angesichts der Knappheit an Schiffsraum sorgte diese bei den Produzenten, den Behörden des Commonwealth und den Einzelstaaten für erhebliche Besorgnis. Die Regierung schuf deshalb ein Wheat Board, das die Überschüsse aufkaufen

32 Jeker 2007: 130–138; The Times, 16.08.1916, S. 13.

33 Albert 1988: 64 spricht von einer Heuschreckenplage biblischen Ausmasses, während Jeker 2007: 146–152 dazu nur sehr allgemeine Aussagen macht und sich auf die Rekonstruktion der Witterungsverhältnisse konzentriert. Zu den Folgen des U-Boot-Krieges für die britische Bevölkerung siehe French 1995: 70–81.

34 Beveridge 1928: 19–112; Frémeaux 2006: 83–85; Hardach 1977: 123–125, 132.

und ins Ausland exportieren sollte.[35] Gleichzeitig wies sie die britischen Behörden auf die hohe Bedeutung hin, die Weizen für die aktive Beteiligung Australiens am Krieg hatte. Bereits im Juli 1915 betonte der damalige Premierminister Andrew Fisher mit Blick auf die Anfang 1916 zu erwartetende Rekordernte: «war expenditure daily increasing Commonwealth largely depends upon satisfactory sale of this year's wheat, wool and produce».[36] Während seines Besuches in Grossbritannien zwischen März und Juli 1916 versuchte Fishers Nachfolger William Morris Hughes vorerst vergeblich, die britischen Behörden zu Abnahmegarantien für die wichtigen australischen Exportprodukte Wolle und Weizen oder zumindest zur Freigabe von Schiffen zu bewegen, um damit die australischen Überschüsse nach Europa transportieren zu können.[37] Kaum war er wieder in Australien, veränderte sich die Situation allerdings grundlegend: Die britische Regierung überschätzte zu diesem Zeitpunkt die in Nordamerika drohenden Ernteverluste erheblich[38] und gelangte im Oktober 1916 zum Schluss, «that the Australian market, though the most distant in the world, was the surest in respect to available supplies as well as the most reasonable in price».[39] Am 10. Oktober erklärte Handelsminister Walter Runciman, Grossbritannien beabsichtige, eine grosse Menge australischen Weizens zu erwerben.[40] In den Detailverhandlungen gelang es der australischen Regierung, fast 20 Prozent mehr zu erhalten, als ursprünglich für den Aufkauf der gesamten, für den Export bestimmten australischen

35 Scott 1989: 530–531, 584–585.

36 NAA (ACT): A2939/SC41: Brief des Sekretärs des australischen Premierministers Andrew Fisher, Malcolm Lindsay Shepherd, an Generalgouverneur Sir Ronald Munro-Ferguson vom 13. Juli 1915 mit der Bitte, ein Telegramm entsprechenden Inhalts an den britischen Kolonialminister zu senden.

37 Novar Papers, MS 696: 2482–2486. Brief von Premierminister William Morris Hughes an Generalgouverneur Sir Ronald Munro-Ferguson vom 12. Mai 1916 und TNA, CO 418/151: Extracts from Draft Conclusions of the War Committee, vom 21. Juni 1916 betreffend Australien und die Knappheit an Handelsschiffen.

38 Scott 1989: 535, 582.

39 Beveridge 1928: 92. Vgl. auch Cmd. 1544, 1921: 1.

40 House of Commons Debates, Bd. 86, 10.10.1916, Sp. 19. Vgl. The Times, 11.10.1916, S. 9.

Weizenernte offeriert worden war.[41] Australien hatte seine Position als «the one bright spot»[42] angesichts der Krise in anderen Teilen der Welt zu seinem Vorteil zu nutzen gewusst.

1.4 Die Akzentuierung des Wirtschaftskrieges und die Pariser Wirtschaftskriegskonferenz von 1916

Schon bevor sich die Versorgungsschwierigkeiten akzentuiert hatten, war eine Intensivierung des Wirtschaftskrieges gegen die Mittelmächte für die Regierungen Frankreichs und Grossbritanniens zum Thema geworden. Ziel war es, die Ressourcen neutraler Staaten soweit als möglich für eigene Zwecke zu nutzen und gleichzeitig zu verhindern, dass die Mittelmächte auf solche ausserhalb ihres Machtbereichs zurückgreifen konnten. Erste Massnahmen – speziell ein wirtschaftliches Zusammenrücken mit Belgien, Italien, Holland und der Schweiz[43] – wurden in Frankreich bereits ab Februar 1915 diskutiert. Insbesondere im Finanz- und Kolonialministerium wurden Bedenken geäussert, weil sowohl die neutralen Staaten als auch Grossbritannien für eine wirtschaftliche Diskriminierung der Mittelmächte über das Kriegsende hinaus gewonnen werden mussten.[44] In Grossbritannien war bereits vor dem Krieg über ein engeres wirtschaftliches Zusammenrücken des Empires diskutiert worden, die liberalen Regierungen von Henry Campell-Bannerman (1906–1908) und Henry Herbert Asquith (1908–1915) lehnten protektionistische Massnahmen aber ab, weil sie die Einfuhr von Lebensmitteln nach Grossbritannien teurer und komplizierter machen würden. Es dauerte in Grossbritannien daher länger als in Frankreich, bis ein intensivierter Wirtschaftskrieg zum Thema wurde und die Politik des business as usual unter Druck kam. Wesentlich waren dabei Überlegungen von Runciman, der London als wichtigsten Transaktionsort für Finanzdienstleistungen

41 NAA (ACT): A2939/SC41: Verschiedene Telegramme zwischen den australischen Behörden und dem britischen Kolonialministerium zwischen dem 19. Oktober und 27. November 1916; vgl. Scott 1989: 536–537; Segesser 2016a: 97–109.

42 Scott 1989: 582.

43 Explizit genannt werden diese vier Länder in einer undatierten Notiz eines unbekannten Beamten des französischen Handelsministeriums, das gemäss Soutou 1989: 159 vom Mai 1915 stammt.

44 Soutou 1989: 141–192.

über das Kriegsende hinaus erhalten wollte. Fragen eines engeren wirtschaftlichen Zusammenrückens mit neutralen Staaten waren 1915 nur von Belang, wenn zusätzliche (finanzielle) Ressourcen für die Kriegführung Grossbritanniens und seines Empires mobilisiert und damit gleichzeitig den Mittelmächten entzogen werden konnten.[45] Gerade in diesem Zusammenhang müssen Erlasse vom März 1916 gesehen werden, die eine weitere Ausfuhr von argentinischem Getreide ins Deutsche Reich durch die Schaffung schwarzer Listen verhindern sollten.[46]

Von zentraler Bedeutung für die Fortsetzung des Wirtschaftskrieges der Entente wurde die Pariser Wirtschaftskriegskonferenz vom 13. bis 17. Juni 1916, an der wichtige Schritte unternommen wurden, um die Umgehung der Bestimmungen betreffend des Handels mit dem Feind zu unterbinden und sich Zugang zu denjenigen Ressourcen zu verschaffen, an welchen ein Mangel bestand. Explizit eingeschlossen wurde auch der Handel der neutralen Staaten, der – so die offizielle Formulierung – vor einer Beherrschung durch die Mittelmächte beschützt werden müsse. Vereitelt werden sollte deshalb speziell die Möglichkeit der Mittelmächte, sich via neutrale Staaten zu versorgen, «en subordonnant l'octroi des autorisations d'exportations dans les pays neutres [...], soit à l'existence dans ces pays d'organismes de contrôle général agrées par les Alliés, soit [...] à des garanties spéciales».[47] Auch wenn die Beschlüsse von Paris wegen der fehlenden Ratifikation durch Italien und Russland nie formell in Kraft traten, blieben sie für die weiteren Massnahmen der Entente im Bereich der Lebensmittelversorgung bestimmend.[48]

1.5 Versorgungsprobleme 1916 auf Seiten der Mittelmächte

Bei den Mittelmächten war die Versorgungssituation bereits zu Beginn des Jahres 1915 schwierig. Im Oktober 1915 kam es in Berlin zu ersten Demonstrationswellen gegen die Versorgungsprobleme, den sogenannten

45 Soutou 1989: 193–229.

46 Albert 1988: 64–65.

47 Cd. 8271: S. 4.

48 Soutou 1989: 261–267. Die Vorbehalte der Regierungen Russlands und Italiens betrafen vor allem die Massnahmen zur Wirtschaftsordnung nach dem Krieg.

Butter-Krawallen. Die Reichsbehörden versuchten, die Problematik durch den Aufbau neuer, allerdings häufig miteinander konkurrierender Behörden zu entschärfen. Diese «administrative Polykratie», wie Jörn Leonhard sie zurecht nennt, führte zu immer höheren Erwartungen in einer Zeit, in der es aufgrund des Rückgangs der Agrarproduktion im Inland und der Unmöglichkeit, die Zufuhr an Lebensmitteln zu steigern, schwierig wurde, die Versorgung der Bevölkerung sicherzustellen. Es kamen mehr und mehr Ersatzstoffe zum Einsatz, was die Qualität der Ernährung minderte. Zudem wurden die Rationen mit der Zeit heruntergesetzt. Es erstaunt daher wenig, dass es trotz Durchhalteparolen immer wieder zu Demonstrationen und Missfallenskundgebungen kam. Besonders massiv wurden die Proteste im Verlauf der als «Steckrübenwinter» bekannten Zeit zwischen Herbst 1916 und Frühsommer 1917. Obwohl die Arbeiter das Risiko eingingen, an die Front versetzt zu werden, streikten viele von ihnen in dieser Zeit. Die meisten Proteste im Deutschen Reich wurden jedoch von Arbeiterfrauen angeführt.[49]

In der Habsburgermonarchie versuchte Kriegsminister Freiherr Alexander von Krobatin ebenfalls neue Behörden zu schaffen, um die Lebensmittelversorgung stärker zu zentralisieren. Er stiess jedoch bei den beiden Ministerpräsidenten Karl Graf Stürgkh und István Tisza auf Widerstand. Aus staatsrechtlichen Gründen waren sie nicht bereit, eine zusätzliche Institution in der Gesamtmonarchie zu akzeptieren. Entsprechend verschlechterte sich die ohnehin schon prekäre Versorgungssituation insbesondere in der cisleithanischen Reichshälfte weiter. Einerseits blieben die Lebensmittelimporte aus Rumänien nach dem Kriegseintritt des Landes im Herbst 1916 weitestgehend aus, andererseits gelangte aus dem kriegsversehrten Galizien nahezu kein Getreide mehr nach Wien und in die übrigen Städte der cisleithanischen Reichshälfte. Obwohl sich die ungarische Reichshälfte in einer besseren Position befand, war die Situation nicht so rosig wie sie in der Bevölkerung auf der anderen Seite der Leitha wahrgenommen wurde. Auch hier war bei Getreide wie bei Mais einErnterückgang festzustellen. Im Jahr 1916 verfaulte zudem ein grosser Teil der Maisernte, weil sie während einer lange andauernden Regenperiode eingebracht werden musste, was die Lagerungsfähigkeit erheblich beeinträchtigte. Der Hunger und die Versorgungsprobleme begannen

49 Daniel 1989: 245–249; Kruse 2009: 117–118; Leonhard 2014: 517–519; Schmidt-Klingenberg 2004: 134–142.

speziell in den Städten den Krieg als beherrschendes Thema abzulösen. Militärische Erfolge wie im Fall Rumäniens Ende 1916 vermochten die Stimmung zwar zeitweise positiv zu beeinflussen, die Kritik am Fehlen von Lebensmitteln und den unzureichenden Massnahmen der Behörden riss aber nie ab.[50] Der allgegenwärtige Mangel wurde sowohl zu einem Nährboden für nationalistische und separatistische Ideen als auch für soziale Spannungen, die sich in Bittschriften an den Kaiser, in Hungerdemonstrationen oder dem Einschlagen von Schaufenstern manifestierten. Die Behörden versuchten in beiden Reichshälften den Problemen zwischen Februar 1915 und Ende 1916 durch die Schaffung mehrerer behördlicher Institutionen zu begegnen. Dazu gehörten in der cisleithanischen Reichshälfte die Kriegs-Getreide-Verkehrsanstalt, die Übernahmestelle für Vieh und Fleisch, die Gemüse- und Obstversorgungsstelle, die Zuckerzentrale oder das Amt für Volksernährung. Sie waren allerdings nicht dem gleichen Ministerium unterstellt, was zu bürokratischen Verzögerungen, Unstimmigkeiten und bei vielen Betroffenen zu einem Gefühl der Ungleichbehandlung führte. Nicht zuletzt deshalb begannen Unternehmer, die Versorgung ihrer Arbeiter in die eigenen Hände zu nehmen.[51]

Besonders schwierig war die Versorgungslage auch im Osmanischen Reich. Dies war einerseits eine Folge der Tatsache, dass grosse Quantitäten an Lebensmitteln von den Behörden für die Streitkräfte requiriert wurden, dass die Transportinfrastruktur vor allem für das Militär genutzt wurde und dass die Behörden kaum Rücksichten auf die kleinen und mittleren Produzenten nahmen. Zudem horteten einige lokale Produzenten angesichts der Entwertung des Papiergeldes ihre Produkte und versuchten durch Schmuggel in von Versorgungsproblemen besonders betroffene Gebiete höhere Gewinne zu erzielen. Eine wichtige Rolle spielten anderseits aber auch wetterbedingte Missernten sowie eine Heuschreckenepidemie im Jahr 1915. Sie führte dazu, dass es in Teilen des Osmanischen Reiches ab Ende 1915 und vor allem 1916 zu einer Hungersnot mit vielen Toten kam.[52]

50 WBD: Stimmungsberichte Wien vom 16. November und 14. Dezember 1916 sowie 1. Februar 1917; Privatnachlass Clam-Martinic. Denkschrift zur Ernährungslage von Julius Meinl, Besitzer des gleichnamigen Lebensmittelkonzerns, an Ministerpräsident Heinrich Clam-Martinic vom 7. März 1917.

51 Mayr 2010: 170–194; Rauchensteiner 2013: 684–690.

52 Foster 2015: 370–394; Schulze-Tanielian 2015; Schatkowski-Schilcher 1992: 229–258.

1.6 Krisenmanagement, U-Boot-Krieg und der Kriegseintritt der USA

Am Ende des Jahres 1916 war die Anspannung in allen Krieg führenden Ländern gross. Die Ententemächte bangten um ihre aussereuropäische Getreideversorgung und sahen sich auf militärischer Seite mit hohen Verlusten in den Schlachten an der Somme und in Verdun konfrontiert.[53] In Russland galt Ähnliches, weil die Brussilow-Offensive gescheitert war und sich die Versorgungsprobleme im Landesinnern akzentuiert hatten. Dazu kam eine enorm hohe Zahl an Flüchtlingen, die sich ab dem Sommer 1915 meist in den städtischen Zentren des Reiches niedergelassen hatten und seither vor allem von privaten Hilfsorganisationen unterstützt wurden.[54] In der Habsburgermonarchie war die Situation insbesondere in der cisleithanischen Reichshälfte kritisch. Die Zufuhr an Lebensmitteln und Vieh war im Jahr 1916 massiv zurückgegangen und eine Besserung war nicht in Sicht.[55] Militärisch war es zwar gelungen, sowohl die Brussilow-Offensive als auch die Invasion rumänischer Truppen zurückzuschlagen, die Erfolge waren aber vor allem dem deutschen Bundesgenossen zu verdanken.[56] Im Deutschen Reich hinterliessen die hohen militärischen Verluste – insbesondere in Verdun und an der Somme – genauso tiefe Spuren wie die Tatsache, dass die Versorgung der Bevölkerung und speziell der in kriegswichtigen Betrieben beschäftigten Frauen und Männer immer schwieriger wurde. Einerseits war dies eine Folge der vielen, häufig wenig koordinierten Bemühungen staatlicher Behörden zur Kontrolle und Verwaltung des Mangels, andererseits aber auch eines massiven Rückgangs der Produktion von Weizen und Kartoffeln im Jahr 1916.[57]

Für die Behörden aller Krieg führenden Staaten barg diese Situation zahlreiche Unwägbarkeiten. In Grossbritannien setzten erste Bemühungen zur Sicherstellung der eigenen Versorgung bereits Mitte 1916 ein. Dazu gehörten neben den Verhandlungen mit der australischen Regie-

53 French 1986: 158–243; Ferro 1990: 139–144, 148–151, 210–214.

54 Gatrell 1999: 2–3, 19–22, 37–42, 56–65, 78–85; Holquist 2002: 26–46.

55 Langthaler 2014: 313–314; Loewenfeld-Russ 1926: 147–148.

56 Rauchensteiner 2013: 541–551, 692–694.

57 Kruse 2009: 44–45. Zur Situation in der Schweiz siehe den Beitrag von Christian Wipf in diesem Band.

rung auch die Einsetzung der Royal Commission on Wheat Supplies, deren Aufgabe es war, die in- wie ausländische Getreideversorgung Grossbritanniens zu analysieren und alle Massnahmen zur Sicherstellung der Versorgung zu treffen, die sich sowohl auf den Kauf- und Verkauf als auch auf die Kontrolle über die Auslieferung erstrecken konnten.[58] Die Regierung von David Lloyd George intensivierte diese Massnahmen nach ihrem Amtsantritt im Dezember 1916 weiter und schuf ein Ministry of Food sowie einen Food Controller, die nicht nur die Versorgung kontrollieren und den Konsum regulieren, sondern auch die Produktion ausweiten sollten.[59] Dabei beschränkten sich die britischen Behörden nicht auf das Inland, sie versuchten auch ausserhalb der britischen Inseln, eine Ausweitung der Produktionsflächen zu erreichen, um das Risiko erneuter Fehlernten zu minimieren. Sowohl im Inland wie in Teilen des Auslandes hatten die britischen Behörden damit Erfolg.[60]

Zur positiven Entwicklung trug ein Übereinkommen bei, das die britische Regierung mit Frankreich und Italien traf. Die drei Staaten vereinbarten die Koordination ihrer Getreideeinfuhren, was ihnen auf dem internationalen Markt eine so starke Stellung eintrug, dass sich weitere Mächte 1917 und 1918 diesem Abkommen anschlossen. Im letzten Kriegsjahr mussten selbst Neutrale wie die skandinavischen Länder, Holland oder die Schweiz die Koordination ihrer Getreideeinfuhren durch die Wheat Executive akzeptieren, um die Zufuhr zu sichern.[61] Aufrufe zur Ausweitung der Produktion von Lebensmitteln erfolgten auch in Brasilien,[62] das versuchte, den stetigen Preissteigerungen bei Lebensmitteln zu begegnen und seine Abhängigkeit von Einfuhren zu reduzieren.

58 Einen expliziten Bezug zu früheren Bemühungen in diesem Bereich, beispielsweise zur oben erwähnten Royal Commission von 1903, schuf die Kommission nicht. Cmd 1544: vi und 1.

59 Cmd 1544: 21–22. Zu den Zielen und Massnahmen der Regierung Lloyd George generell siehe French 1995: 13–39.

60 Zu den Bemühungen im Ausland siehe Cmd 1544: 3–4, zu den Erfolgen in Grossbritannien und den USA Hibbard 1919: 28, 219–220 und Beverdige 1928: 93.

61 Cmd 1544: 76–78; Beveridge 1928: 87–88. Die Schweiz war das erste Land, das bereits am 8. Dezember 1917 eine entsprechende Regelung akzeptierte, alle anderen folgten erst zwischen April und November 1918.

62 Plakatsammlung Eybl, Wien: Plakat «Alerta» mit dem Aufruf «Achtung! Worte der Staatsführung. Erhöht die landwirtschaftliche Produktion, damit der Hunger, der vor den Toren Europas steht, nicht auch uns erreicht.» Brasilien trat am 10. November 1917 auf Seiten der Entente in den Krieg ein.

Gleichzeitig begann das Land auch erstmals, Lebensmittel (Reis, Bohnen, Kartoffeln, Mais) zu exportieren.[63] Jörn Leonhard ist daher zuzustimmen, dass zumindest die westlichen Ententemächte der Versorgung ihrer Bevölkerung weit grössere Beachtung schenkten als Russland und die Mittelmächte.[64]

In Russland war es 1916 zu einem erheblichen Einbruch bei den Weizenerträgen gekommen, die Ernte erreichte aber immer noch 80 Prozent des Durchschnitts der Vorkriegsjahre.[65] Dennoch kam es zu Versorgungsengpässen, weil weder Getreide noch Mehl die Produktionsbetriebe erreichten und Brennstoffe Mangelware waren, was das Backen vielfach verunmöglichte. Unter diesen Umständen wirkten die Beteuerungen der Behörden, es sei genügend Getreide und Brot vorhanden – was statistisch gesehen zutraf, und allein darauf verliessen sich diese[66] – wie eine Provokation. Liberale politische Kräfte, die in der Duma schon seit geraumer Zeit Kritik an der Verteilungspolitik der Regierung geäussert hatten, hatten am Erhalt des zaristischen Systems ebenso wenig ein Interesse wie die auf der Strasse demonstrierenden Arbeiterinnen aus der Textilindustrie und anderen Branchen. Als am 26. Februar 1917 rund 150 unbewaffnete Demonstranten getötet wurden, verweigerten viele Soldaten den Befehl, weiter gegen die Protestierenden vorzugehen und der Zar musste schliesslich abdanken.[67]

In Österreich-Ungarn fiel die sich verschärfende Versorgungskrise mit einem politischen Machtvakuum zusammen. Am 21. Oktober 1916 war der unpopuläre Ministerpräsident Stürgkh ermordet worden und einen Monat später war auch Kaiser Franz Joseph gestorben.[68] Die neue Situation bot für dessen Nachfolger, Karl I. und seine Regierung, im Sinne von *weiji* zwar Chancen, barg aber auch etliche Risiken.[69] Besonders in der cisleithanischen Reichshälfte konnte der Ernährungslage nicht die notwendige Aufmerksamkeit gewidmet werden. Karl vermochte

63 Albert 1988: 261–265.

64 Leonhard 2014: 518.

65 Holquist 2002: 31.

66 Vgl. Struve 1930: 128.

67 Holquist 2002: 36–46; Moritz/Leidinger 2011: 36–41.

68 Rauchensteiner 2013: 622–637.

69 Zur politischen Situation nach dem Tod von Stürgkh und Franz Joseph siehe Rauchensteiner 2013: 665–678, zur Versorgungslage 1916/17 in der Habsburgermonarchie Loewenfeld-Russ 1926: 146–150.

durch seine Zustimmung zu einer Krönung in Budapest und einem Verzicht auf eine Krönung in Prag der ungarischen Regierung zwar die Schaffung eines gemeinsamen Ernährungsausschusses abzuringen, dieser hatte aber keine exekutiven Kompetenzen. Zudem verärgerte Karl mit seinem Vorgehen Nationalitäten in der cisleithanischen Reichshälfte wie die Tschechen, die ohnehin den Eindruck hatten, sie würden übermässig mit der Versorgung der cisleithanischen Reichshälfte mit Lebensmitteln belastet.[70]

Im Deutschen Reich hatte sich die Situation ebenfalls verschärft. Dies war einerseits die Folge der Konzentration der Kriegswirtschaftspolitik auf die Produktion von militärisch kriegswichtigen Gütern (Hindenburgprogramm), der damit einhergehenden fehlenden Produktion landwirtschaftlicher Maschinen und der weiteren Reduktion der Zahl der Beschäftigten in der Landwirtschaft. Andererseits war es Grossbritannien im Juni und November 1916 gelungen, die holländische Regierung davon zu überzeugen, einen erheblichen Anteil des Überschusses an landwirtschaftlichen Gütern an die Entente zu liefern. Es standen deshalb weniger Lebensmittel für den Export nach Deutschland zur Verfügung. Hinzu kamen die Beschlagnahmung vieler Pferde und die einseitige Ausrichtung der Eisenbahninfrastruktur auf die Versorgung der Front, was die Lieferung von Lebensmitteln in die Städte zusätzlich erschwerte. Die Lebensmittelrationen mussten weiter gekürzt werden, wodurch die Bereitschaft wesentlicher Teile der städtischen Arbeiterschaft zur Aufrechterhaltung des Burgfriedens weiter sank.[71]

Unter diesen Umständen und angesichts der ausbleibenden militärischen Erfolge in Verdun und auf See vor dem Skagerrak im Jahr 1916[72] wuchs in der deutschen Militärführung die Überzeugung, dass eine militärische Entscheidung gesucht werden müsse. Dies spielte den Befürwortern eines uneingeschränkten U-Boot-Krieges in die Hände. Bereits am 27. August 1916 hatte der Chef des Admiralstabes, Admiral Henning von Holtzendorff, in einem Memorandum auf die schlechten Ernteaussichten in den USA und Kanada verwiesen. Für das Deutsche Reich eröffne sich die einzigartige Chance, Grossbritannien von seiner Versorgung mit

70 Rauchensteiner 2013: 689–692.

71 Abbenhuis 2006: 125; Janz 2013: 266–269; Leonhard 2014: 519–522; Sondhaus 2011: 341–350.

72 Vgl. Halpern 1994: 310–329.

Getreide und Futtermitteln vollständig abzuschneiden. Diese Tatsache war zwar allseits anerkannt worden, die Unsicherheit über die militärische Situation und das Risiko eines Kriegseintritts der USA waren für die politische Führung damals aber zu gross.[73]

Nachdem der Krieg gegen Rumänien erfolgreich beendet und die eigenen Friedensvorschläge abgelehnt worden waren, legte Admiral Holtzendorff am 22. Dezember 1916 ein neuerliches Memorandum vor, in dem er seine Aussagen bekräftigte und zusätzlich auf die schlechten Ernteaussichten in Argentinien verwies. Dies zwinge Grossbritannien, sein Getreide aus Indien oder Australien heranzuschaffen. Selbst wenn Grossbritannien den dafür notwendigen Schiffsraum bereitzustellen vermöge, würden sich darüber hinaus Probleme mit der Versorgung der Schiffe mit Kohle sowie mit den Ansprüchen der mit Grossbritannien verbündeten Staaten ergeben. Für Holtzendorff wäre es unverantwortlich gewesen, diese Chance nicht zu nutzen.[74] Am 9. Januar 1917 beschlossen die politische und die militärische Führung des Deutschen Reiches schliesslich, am 1. Februar den uneingeschränkten U-Boot-Krieg zu beginnen. Sie war überzeugt, der Krieg könne mit dieser Massnahme noch vor dem zu erwartenden Kriegseintritt der USA gewonnen werden.[75]

Trotz grosser Anfangserfolge vermochten die deutschen U-Boote die britischen Behörden allerdings nicht in die Knie zu zwingen. Vor allem dank der Einführung des Konvoisystems, aber auch durch den Einsatz von Minen vor deutschen U-Boot-Basen und durch Patrouillen von Zerstörern gelang es der britischen Marine, die Schiffsverluste zu begrenzen. Viel entscheidender aber war die Tatsache, dass die amerikanische Regie-

73 Protokoll der Beratung über die Aufnahme des rücksichtslosen U-Boot-Krieges vom 31. August 1916, abgedruckt in: Michaelis/Schraepler 1958, Bd. 1: 123–129. Besonders kritisch mit Blick auf einen uneingeschränkten U-Boot-Krieg äusserte sich der Staatssekretär des Innern Karl Helfferich. Ein Kriegseintritt neutraler Staaten wie Dänemark, Holland oder der Schweiz galt für ihn bei einem uneingeschränkten U-Boot-Krieg als nicht ausgeschlossen.

74 Memorandum von Admiral Henning von Holtzendorff an den Chef des Generalstabes, Generalfeldmarschall von Hindenburg, vom 22. Dezember 1916, abgedruckt in: Michaelis/Schraepler 1958, Bd. 1: 137–141. Die wesentlich detailreichere Anlage ist publiziert in: Deutsche Nationalversammlung 1919: 230–275.

75 Aufzeichnung über die Besprechung zwischen Reichskanzler Bethmann Hollweg, Generalfeldmarschall von Hindenburg und General Ludendorff vom 9. Januar 1917, abgedruckt in Michaelis/Schraepler 1958, Bd. 1, S. 146–147. Vgl. auch Halpern 1994: 336–338.

rung die Erklärung zum uneingeschränkten U-Boot-Krieg schon am 3. Februar zum Anlass nahm, um die diplomatischen Beziehungen mit dem Deutschen Reich abzubrechen und diesem am 6. April den Krieg zu erklären.[76] Damit brachte das Deutsche Reich nicht nur die grösste neutrale Macht gegen sich auf, sondern provozierte im Gefolge der USA den Kriegseintritt einer ganzen Reihe von Mächten aus der Karibik, in Südamerika und in Asien.[77]

1.7 Globale Kriegsmüdigkeit und Kriegsende 1917/18

Die Entwicklungen am Ende des Jahres 1916 und zu Beginn des Jahres 1917 wurden einerseits als Bedrohung verstanden, andererseits aber auch als Chance gesehen. Die Hoffnungen der Staaten der Entente ruhten nicht nur auf dem Kriegseintritt der USA und weiterer Mächte, sondern auch auf der Februarrevolution in Russland, die der Kriegführung an der Ostfront nach der Niederlage Rumäniens neuen Elan geben sollte. Gleichzeitig war die Versorgungslage für alle Krieg führenden Mächte prekär geworden beziehungsweise drohte es zu werden. In der Entente – mit Ausnahme Russlands – wurde diesem Problem weit mehr Beachtung geschenkt als in den Mittelmächten. Brot und Butter hatten für sie denselben Stellenwert wie die Rüstungsgüterproduktion, für die sie im Gegensatz zu den Mittelmächten auch Arbeiter aus der ganzen Welt zu mobilisieren vermochten.[78] Erste Rationierungsmassnahmen musste Grossbritannien erst im letzten Kriegsjahr ergreifen, im Januar für den Raum Gross-London, im April dann für das ganze Land. Die Zahl der Streiks nahm zwar auch in Grossbritannien zu, sie erlangten aber nicht die gleiche politische Dimension wie in anderen Ländern.[79]

Die französischen Behörden sahen sich ab dem Ende des Jahres 1916 ebenfalls mit erheblichen innenpolitischen Herausforderungen konfrontiert. Angesichts der Verluste in den Schlachten von Verdun und während

76 Halpern 1994: 338–370.

77 Zu China siehe Xu 2006: 155–174; Kettler 1917: 3 führt auch Staaten als der Entente zugehörig auf, die wie Argentinien neutral blieben, aber die Entente ökonomisch unterstützten.

78 Alexeeva 2015: 52–63; MacLeod 1995: 37–46; Segesser 2002: 490–494; Segesser 2016b: 193–210; Willan 1978: 61–86; Xu 2011: 10–79.

79 Sondhaus 2011: 356–359.

der Nivelle-Offensive begannen sich erste Politiker von der union sacrée abzusetzen. Im Mai und Juni 1917 spitzte sich die Situation zu. Es kam zu weitverbreiteten, vor allem von Frauen angeführten Streiks sowie in 68 von 112 Divisionen zu Meutereien und Protesten gegen die Kriegführung. Zwar wurden in diesem Zusammenhang revolutionäre Lieder gesungen und Frieden gefordert, in den meisten Fällen ging es aber um die Verbesserung der Lebensumstände und für die Soldaten um einen Verzicht auf unsinnige Offensivoperationen.[80]

In den britischen Dominions war der Widerstand gegen den Krieg parallel zur Entwicklung in Europa gewachsen. In Australien lehnten die Stimmbürger im Oktober 1916 und im Dezember 1917 die Einführung der allgemeinen Wehrpflicht für den Dienst ausserhalb des Landes ab. Gerade weil die Ergebnisse mit einem Neinstimmenanteil von 51.6 Prozent im Jahr 1916 und 53.8 Prozent im Jahr 1917 jeweils relativ knapp ausfielen, ist es schwierig, die Gründe zu bestimmen. Die Unterdrückung des irischen Osteraufstandes, der zunehmende Mangel an Arbeitskräften in Industrie und Landwirtschaft, die sich verschlechternden Lebensbedingungen für die Menschen in der Heimat und für die Soldaten an der Front sowie die zunehmenden Einschränkungen im Alltag spielten eine wesentliche Rolle. Dennoch machten die Australierinnen und Australier mit der Wiederwahl von Premierminister Hughes und seiner Regierung im Mai 1917 deutlich, dass sich das Land nicht aus dem Krieg zurückziehen solle.[81] Die Situation in Kanada unterschied sich nur unwesentlich von derjenigen in Australien, auch wenn keine Referendumsabstimmung zur Einführung der Wehrpflicht stattfand, sondern die Frage im Rahmen der Wahlen im Dezember 1917 entschieden wurde. Eine knappe Mehrheit der Wählenden unterstützte die Regierung wohl nicht zuletzt deshalb, weil sie bei der Einführung der Wehrpflicht auf die Bedürfnisse der Farmer im Westen des Landes einging.[82]

Weitaus gravierender war die Situation in Russland. Die Februarrevolution hatte weder zu einer politischen Stabilisierung noch zur Lösung der militärischen und wirtschaftlichen Probleme geführt. Vielmehr akzentuierten sich diese, weil im Befehl Nummer 1 des Petrograder Sowjets vom 1./14. März 1917 eine weitgehende Demokratisierung der

80 Ferro 1990: 310–316; Segesser 2010: 196–197; Sondhaus 2011: 352–353.

81 Robson 1982: 82–122, 167–181; Segesser 2002: 511–512.

82 McNaught 1988: 215–218; Saladin 2011: 67–96.

Streitkräfte gefordert wurde, was einer Aufforderung zur Auflösung der Streitkräfte sehr nahe kam.[83] Angesichts der sich verschlechternden Versorgungslage fanden Aufrufe zu einem Frieden ohne Annexionen und Kontributionen erheblichen Anklang.[84] Sie waren ein wichtiger Grund, weshalb es den provisorischen Institutionen der russischen Republik trotz entsprechender Aufrufe nicht gelang, die Situation in den Griff zu bekommen und die Revolution mit der Machtübernahme der Bolschewiki ihre Fortsetzung fand. Der Zwangsfrieden von Brest-Litowsk vom 3. März 1918 erwuchs aus einer Situation, der sich auch die neuen Machthaber in Russland nicht entziehen konnten.[85]

Der sich abzeichnende Zusammenbruch Russlands im Verlauf des Jahres 1917 schürte bei den Mittelmächten die Hoffnung, den Krieg doch noch gewinnen zu können und nach der Niederlage sowie der Besetzung Rumäniens mit der Ukraine ein weiteres Gebiet in die Hände zu bekommen, aus dem Lebensmittel zur Beseitigung des Mangels in den eigenen Ländern herangeschafft werden könnten. Diese Hoffnungen erwiesen sich jedoch als trügerisch, weil sich die innenpolitischen Gegensätze im Deutschen Reich und in Österreich-Ungarn verschärften.[86] Die Revolution in Russland und die steigende Anzahl von Streiks führten im April 1917 im Deutschen Reich zur sich schon vorher abzeichnenden Spaltung der SPD und mit der USPD zur Entstehung einer massgeblichen Partei, die nicht mehr bereit war, die Kriegsanstrengungen mitzutragen. Die Missstimmung über die materielle Not verband sich mit dem verstärkten Wunsch nach Frieden und politischer Umgestaltung. Dazu kam Kritik an den Herrschenden, den Kriegsgewinnlern und den Spekulanten, die häufig ungeschoren blieben. In den grösseren Städten verschärften sich die Klassengegensätze, die im Januar 1918 zum grössten Massenstreik während des Krieges führten, in dessen Verlauf allein in Berlin mehr als 10 000 Rüstungsarbeiter ihre Arbeit niederlegten.[87]

83 Befehl Nr. 1 des Petrograder Sowjets vom 1./14. März 1917, abgedruckt in Hellmann 1984: 134. Vgl. Moritz/Leidinger 2011: 40.

84 Mehrere solche Aufrufe aus der Zeit zwischen März und Mai 1917 sind abgedruckt bei Hellmann 1984: 182–183, 201–202, 208.

85 Leonhard 2014: 673–679; Moritz/Leidinger 2011: 68–69. Zu den Aufrufen der provisorischen Regierung siehe Hellmann 1984: 256–259.

86 Dornik/Lieb 2011: 281–323.

87 Ulrich 2009: 15–21.

Ähnlich war die Situation in Österreich-Ungarn, wobei sich der Klassenkonflikt in der cisleithanischen Reichshälfte mit einem sich verschärfenden Nationalitätenkonflikt verband. Die grössten Arbeitsniederlegungen erfolgten auch in der Habsburgermonarchie im Januar 1918 und nahmen in den Augen deutscher Konsularbeamter «revolutionären Charakter» an. Während die deutschen Behörden zum Mittel des Belagerungszustandes griffen, Demonstrationen verboten und Betriebe unter militärische Leitung stellten, um der Streiks Herr zu werden, suchten die Behörden der Habsburgermonarchie beidseits der Leitha die Verständigung mit den Führern der Sozialdemokratie. Radikale Sozialdemokraten liessen sich aber nicht mit Reformversprechungen abspeisen; eine Meuterei in der Marinebasis Cattaro (Kotor) konnte zwar rasch beendet werden und gelangte dank einer rigorosen Zensur nicht an die Öffentlichkeit. Dennoch konnten Ruhe und Ordnung in der Habsburgermonarchie und dem Deutschen Reich zu Beginn des Jahres 1918 nur mehr oberflächlich wiederhergestellt werden.[88]

Der Friedensvertrag von Brest-Litowsk und die Frühlingsoffensiven im Westen schienen die innere Lage vorerst zu beruhigen, der Autoritätsverlust der staatlichen Behörden setzte sich allerdings fort und der Erwartungsstau führte sowohl im Deutschen Reich wie auch in der Habsburgermonarchie zu einer Krisenverdichtung, die nach der Verkündung des Waffenstillstandes zur Abdankung Wilhelms II. und Karls führte und zeitweilig in revolutionäre Zustände mündete. Die Habsburgermonarchie brach auseinander, während im Deutschen Reich schliesslich die Mehrheit der SPD für ein Zusammengehen mit dem Militär optierte und revolutionäre Veränderungen mit militärischer Gewalt unterdrückte, ähnlich wie es Admiral Horthy in Ungarn tat.[89]

Zu Unruhen kam es im letzten Kriegsjahr aufgrund der Lebensmittelproblematik nicht nur in Europa. Japan gehörte eigentlich zu den Nutzniessern des Krieges, weil es seine Exporte während des Krieges über den pazifischen Raum hinaus bis nach Indien ausweiten konnte. Dies stimulierte Industriezweige, die vor dem Krieg noch keine grosse Bedeutung hatten wie die Maschinenindustrie, die chemische Industrie oder den Schiffsbau. Viele Unternehmer erzielten hohe Gewinne, die einfache

88 Rauchensteiner 2013: 905–910, 921–926.

89 Leonhard 2014: 872–895; Rauchensteiner 2013: 1018–1022,1033–1054; Ulrich 2009: 21–76. Zu Ungarn siehe Fischer 1999: 168–176.

Bevölkerung profitierte aufgrund der Teuerung allerdings kaum. Hatten gute Reisernten zu Beginn des Krieges den Anstieg der Reispreise noch gedämpft, stiegen diese im weiteren Verlauf des Krieges massiv an. Die Löhne der Arbeiter vermochten damit nicht Schritt zu halten. Im Jahr 1918 stiegen die Preise von Reis nicht zuletzt deshalb massiv an, weil ein immer grösserer Teil der Bevölkerung nicht mehr in der Landwirtschaft, sondern in der Industrie tätig war und sich nicht mehr selbst versorgen konnte. Gleichzeitig hielten viele Reishändler ihre Vorräte zurück; sie rechneten mit einer Beteiligung japanischer Truppen an der Intervention der Ententemächte gegen die Bolschewiki in Russland und sie wollten daher von einem höheren Reisbedarf des Militärs profitieren. Im Juli und August 1918 kam es in verschiedenen Teilen Japans zu Überfällen auf Reishändler, die meist von Frauen angeführt wurden. Es folgten spontane Demonstrationen, bei welchen aber ähnlich wie in Grossbritannien und in Frankreich primär die Verbesserungen der Lebensbedingungen im Vordergrund standen und nicht politische Forderungen erhoben wurden. Dennoch griff die Regierung vielfach zum Mittel der Gewalt und liess den «Reisaufstand» durch Militär und Polizei niederschlagen. Die einzigen Konzessionen waren schliesslich der Rücktritt von Ministerpräsident Terauchi sowie die Durchführung von Wahlen, für die der Zensus erheblich gesenkt wurde.[90]

1.8 Fazit

In der Forschung zum Ersten Weltkrieg wurde die Versorgung der Menschen mit Lebensmitteln vielfach vernachlässigt.[91] Die Kriegsjahre zeigten zudem auf, dass die im 19. Jahrhundert entstandene weltwirtschaftliche Verflechtung nicht nur die Versorgungssicherheit der europäischen Staaten verbessert hatte, sondern deren Verletzlichkeit gerade mit Blick auf Kriege erheblich erhöht hatte. 1910 hatte Norman Angell in seinem

90 Inoue 1993: 518–520, 526–535; Segesser 2010: 197–199.

91 Lange Zeit wurde die Versorgungsproblematik einfach als Teil der sich verschärfenden Klassengegensätze verstanden. Erst in jüngster Zeit zeigen besonders Artikel zu «Food and Nutrition» in *1914–1918-online. International Encyclopedia of the First World War*, dass die Versorgungsproblematik ein eigenständig zu betrachtender Untersuchungsgegenstand ist. Vgl. http://encyclopedia.1914-1918-online.net/articles/, darunter speziell Schulze-Tanielian 2015.

Buch *The Great Illusion* aus dieser Perspektive auf die Unsinnigkeit von Kriegen hingewiesen,[92] doch waren seine Worte 1914 nicht gehört worden. Kaum auf die wirtschaftlichen Herausforderungen eines lange dauernden Weltkrieges vorbereitet, mussten die Krieg führenden Mächte schon bald der Versorgung von Militär und Zivilbevölkerung grosse Beachtung schenken. Die Mittelmächte erfuhren dies zuerst, weil Russland als wichtigster Exporteur während des Krieges auf der Gegenseite stand und interne Streitigkeiten innerhalb der Habsburgermonarchie die Versorgung zusätzlich erschwerten. Auch die Entente und besonders das auf Importe von Lebensmitteln stark angewiesene Grossbritannien mussten jedoch den hohen Grad der eigenen Verletzlichkeit (vgl. den Beitrag von Krämer) angesichts der massiven Ernteausfälle in den USA, in Kanada und Argentinien erkennen. Grossbritannien und die Entente – ausser Russland – konnten an der Heimatfront allerdings nicht nur auf ein grösseres Potential an Ressourcen zurückgreifen, sie waren auch bereit, wesentlich mehr in die Nahrungsmittelversorgung zu investieren. Das war ebenso kriegsentscheidend wie der Eintritt der USA und weiterer Länder im Jahr 1917.

In ihren Reaktionen auf die Herausforderungen des Krieges konzentrierten sich die Mittelmächte lange auf die militärische und rüstungstechnische Ebene. Sie erkannten die Versorgungsprobleme zwar, sie versuchten diese aber primär durch eine «administrative Polykratie» zu lösen. Grundlegende Strukturreformen in der Verwaltung gab es speziell in der Habsburgermonarchie nie, so dass die Gegensätze zwischen den beiden Reichshälften die Versorgung des Landes ebenso behinderten wie die politische und wirtschaftliche Führung des Landes. Ähnlich war die Situation in Russland, das lange davon profitierte, dass es dank fehlender Exportmöglichkeiten über ausreichende Vorräte verfügte. Den russischen Behörden gelang es allerdings nicht, die Produktion zu stützen und vor allem den Transport in die grossen Städte zu organisieren. Dies führte schliesslich zu einem Zusammenbruch der Versorgung, die von den Behörden nicht zur Kenntnis genommen wurde. Das Resultat war die Februarrevolution, aus der allerdings keine wesentliche Verbesserung der Situation resultierte, was den Bolschewiki den Weg an die Macht ebnete. Erst sie vermochten – allerdings erst nach einer noch grösseren Hunger-

92 Angell 1910.

katastrophe sowie einem enorm opferreichen Bürgerkrieg[93] –, die Herrschaft mit Gewalt zu verteidigen. Ähnliches gelang Teilen der deutschen Eliten, die zusammen mit der Mehrheitssozialdemokratie und dem Militär 1919 nach der Abdankung des Kaisers die Macht übernommen hatten. Auch hier musste allerdings massive Gewalt angewendet werden, um die Versorgungskrise zu überwinden. Die Habsburgermonarchie überlebte den Krieg nicht. Sie zerfiel, als Versorgungskrise sowie Klassen- und Nationalitätenkonflikte sich von den politischen Behörden nicht mehr meistern liessen.

Die Witterung spielte in der globalen Versorgungskrise eine vielschichtige Rolle. Die guten Ernten des Jahres 1915 führten insbesondere in Kanada und den USA dazu, dass die Anbauflächen für das kommende Jahr reduziert wurden, da sich die erwarteten Gewinne nicht eingestellt hatten. Dies wiederum führte in Kombination mit den Witterungsproblemen des Sommers 1916 zu einem erheblichen Einbruch bei den Getreidevorräten, was sich umso gravierender auswirkte, weil die Ernten in Westeuropa auch nicht gut ausgefallen waren. Ausserdem zeichnete sich Ende 1916 in Argentinien angesichts von Dürre und Heuschreckenplage ebenfalls eine Missernte ab. Katastrophale Folgen in Form einer massiven Hungersnot hatte eine Heuschreckenplage in Teilen des Osmanischen Reiches. Für Australien wurde die Produktionskrise in anderen Ländern ganz im Sinne von *weiji* angesichts der Rekordernte im europäischen Frühjahr 1916 zur Chance und auch die deutsche Marineführung sah darin die Gelegenheit, Grossbritannien durch einen uneingeschränkten U-Boot-Krieg von seiner Versorgung mit Lebensmitteln abzuschneiden. Während sich die Hoffnungen der australischen Regierung zumindest finanziell erfüllten, scheiterte die deutsche Marineführung mit ihrer Strategie nicht zuletzt deshalb, weil sich Grossbritannien und die Entente auf eine gemeinsame Bewirtschaftung der Getreideeinfuhren einigten. Dieser Einigung mussten sich spätestens 1918 auch neutrale Staaten, darunter die Schweiz, anschliessen. Die Entente konnte damit einen weitgehenden Zusammenbruch der Versorgung der Zivilbevölkerung, der in der Schweiz 1917 als «Tod von Marie Ankenhafen» beklagt wurde,[94] und der weite Teile der Mittelmächte sowie Russlands erfasst hatte, abwenden.

93 Moritz/Leidinger 2011: 73–85.

94 Sozarch, FKa-0001–701 Trauer-Botschaft, F7001 Sammelbestand Druck. Satirischer Nachruf auf Ruedi Brolaib und Marie Ankenhafen, 1917 (vgl. S. 30 in diesem Buch).

2. AUF DER KIPPE: REGEN, KÄLTE UND SCHWINDENDE IMPORTE STÜRZTEN DIE SCHWEIZ 1916–1918 IN EINEN NAHRUNGSENGPASS

Christian Pfister

2.1 Forschungsdefizite und -desiderate

Der Erste Weltkrieg war für die Krieg führenden und die neutralen Nationen in den Worten von Avner Offer auch ein Krieg um Brot und Kartoffeln.[1] In der Schweiz äusserte sich dieser Konflikt in Form einer massiven Teuerung in den Jahren 1917–1918. Die damit verbundenen Entbehrungen schufen in weiten Kreisen der Bevölkerung ein Protestpotenzial, das die organisierte Arbeiterschaft erfolgreich zur Durchsetzung ihrer Partizipationsforderungen bewirtschaftete (vgl. die Beiträge von Moser und Burkhard). Mit den Ursachen der Teuerung hat sich die jüngere Forschung bisher nicht auseinandergesetzt, der allgemeine Mangel scheint gleichsam kriegsgegeben zu sein.[2] Entsprechend geteilt sind die Meinungen: Jakob Tanner schreibt, dass «die steigenden Preise vor allem in die Taschen der Grossbauern flossen»,[3] Hans Brugger verweist auf die Einfuhrprobleme und den daraus resultierenden Lebensmittel- und Rohstoffmangel,[4] Peter Maurer macht auf Defizite, Ungereimtheiten und Improvisationen in der Versorgungspolitik aufmerksam,[5] und Bernard Degen deutet auf die verspätete Rationierung, die «Finanzierung des Bundes durch die Nationalbank mittels Diskontierung von Reskriptionen sowie den allgemeinen Mangel» hin,[6] um nur einige Autoren zu Wort kommen zu lassen.

1 Offer 1989: 1. Der folgende Beitrag wurde durch das Oeschger-Zentrum für Klimaforschung, Universität Bern, unterstützt. Ich danke Tamara Widmer für ihre wertvolle Unterstützung bei der Beschaffung von Literatur, Daniel Krämer, Daniel Segesser und Kaspar Staub für die kritische Lektüre des Textes und zahlreiche Anregungen. Daniel Krämer hat ausserdem die neuen Grafiken gestaltet.

2 Kuhn/Ziegler 2013: 516–517.

3 Tanner 1999: 46.

4 Der Gesamtindex erreichte diesen Höchststand 1919. Vgl. Brugger 1987: 12.

5 Maurer 1985: 16.

6 Degen 2012: 886.

Wer zu den Wurzeln der Teuerung vorstossen will, muss mit der Frage einsetzen, warum die Lebensmittelversorgung in den ersten beiden Kriegsjahren trotz der Fernblockade der englischen Flotte in den Mittelmächten und in den neutralen Staaten nicht ernsthaft gestört war und weshalb der spätere US-Präsident Herbert Hoover im Frühjahr 1917 plötzlich verkündete, der Krieg trete nun in eine neue Phase ein, in der die Nahrungsmittelversorgung die Wirtschaft, die Kriegsstrategie und die Staatsführung dominiere, und zwar auch in den neutralen Nationen (für eine globale Perspektive siehe den Beitrag von Segesser).[7]

In diesem Beitrag wird die These vertreten, dass die in den Jahren 1917 und 1918 aufbrandende Teuerungswelle vorrangig in einer Verknappung des Nahrungsangebots wurzelte und dass die Massnahmen der Behörden vor allem unter diesem Gesichtspunkt zu beurteilen sind. Die gewonnenen Erkenntnisse sind nicht durchwegs neu. Jacob Ruchti berichtet, dass die Kartoffelernte im Sommer 1916 unter ungünstiger Witterung litt,[8] und die Milchversorgung sei erst schwierig geworden, «als infolge Mangels an Kraftfuttermitteln (besonders Ölkuchen), vermehrter Anbaufläche für Bodenprodukte, gelegentlichen Futtermangels (so im kalten Frühjahr 1917, wo erst Anfang Mai das Wachstum einsetzte) und infolge schlechter Heuqualität ein gewaltiger Rückgang der Produktion eintrat, während anderseits der Konsum zunahm, da die Milch zu den preiswertesten Nahrungsmitteln gehört».[9]– «Hier finden wir die Erklärung für die im Jahre 1917 eingetretene Krise der Milchproduktion», schreibt der Ökonom Eduard Scheurmann.[10] Beide Autoren bringen damit Witterungsverhältnisse als einen entscheidenden Faktor ins Spiel, ein Argument, das spätere Historiker nicht aufgegriffen haben.

In Unkenntnis von Ruchtis und Scheurmanns Narrativ gelangte ich vor gut drei Jahrzehnten durch Zufall zu einem ähnlichen Ergebnis. Um die Bedeutung der Witterung für Lebensmittelteuerungen im Ancien Régime auszuloten, setzte ich in einem Modell Zeitreihen von Schätzwerten der monatlichen Temperatur und des Niederschlags in Beziehung zu Getreidepreisreihen im Zeitraum 1550 bis 1980. Hohe Getreidepreise waren

7 «Today the war has entered a phase in which food dominates the economics, strategy and statesmanship, not only of the countries at war but of neutrals as well.» Zitiert nach Sharp 1940: 74.

8 Ruchti 1930: 216.

9 Ruchti 1930: 198.

10 Scheurmann 1923: 8.

häufig mit anhaltenden Regenperioden im Hochsommer und extremen Kälteperioden im folgenden Frühjahr verknüpft. Folgten diese beiden Extreme aufeinander, wurden alle wichtigen Zweige der Landwirtschaft in Mitleidenschaft gezogen.[11] Diese Witterungssequenz ist als «kleineiszeitliches Misserntemuster» bezeichnet worden.[12] Um die Bedeutung des Eisenbahnbaus für das Verschwinden der Teuerungen vom «type ancien» grafisch herauszuheben, liess ich mein Modell statt bis 1850 (wie ursprünglich geplant) bis 1980 weiterlaufen. Überraschenderweise trat in der Grafik das kleineiszeitliche Misserntemuster während des Ersten Weltkrieges deutlich hervor. Unter den Bedingungen des weltweiten Wirtschaftskrieges zog es wie im Ancien Régime eine massive (Getreidepreis-)Teuerung nach sich.[13] Auch zeigte sich, dass diese Witterungssequenz wie in der «Kleinen Eiszeit» zeitlich verzögert einen (kleinen) Vorstoss der Alpengletscher auslöste.[14] Jahre später arbeitete Mario Aeby die Hintergründe der Lebensmittelteuerung 1916–1917 in einer von mir angeregten Lizentiatsarbeit auf. Sie liegt dem vorliegenden Beitrag unter anderem zu Grunde.[15]

Der Beitrag ist wie folgt aufgebaut: Ausgehend von den theoretischen Ansätzen der Subsistenzkrisenforschung geht das zweite Unterkapitel knapp auf das Konzept der Verletzlichkeit ein. Im dritten Unterkapitel wird aufgezeigt, wie die Landesversorgung unter den Einwirkungen des Krieges störungsanfällig für Missernten wurde. Das vierte Unterkapitel dreht sich um die Witterungsextreme in den Jahren 1916 und 1917 und ihre Folgen für die Produktion von Kartoffeln, Getreide, Milch und Fleisch. In der Synthese werden die Ergebnisse in Beziehung zur Ernährungssituation der Bevölkerung und zu den Massnahmen der Behörden gesetzt.

11 Pfister 1988; Pfister 1984: 63.
12 Pfister 2005: 44.
13 Pfister 1988: 48.
14 Zemp et al. 2005: 5.
15 Aeby 2009. Die Arbeit ist unter http://studies.mario-aeby.ch/ einsehbar.

2.2 Das Konzept der Verletzlichkeit[16]

Die Grundversorgung der Bevölkerung mit Nahrungsmitteln ist seit jeher ein hochsensibler Politikbereich, der eng mit herrschaftspolitischen und wirtschaftsethischen Fragen verknüpft ist. Keine Obrigkeit kann tatenlos zusehen, wenn sich breite Schichten der Bevölkerung nicht mehr ausreichend ernähren können, ohne ihre Legitimationsbasis zu untergraben. In der Literatur besteht allerdings keine Einigkeit darüber, von welcher Seite sich die Forschung dem Phänomen der Lebensmittelteuerungen nähern soll, da es an der Schnittstelle von Natur-, Sozial-, Politik-, Wirtschafts- und Geisteswissenschaften angesiedelt ist. Stark vereinfacht ist zwischen zwei Theoriesträngen zu unterscheiden: Nahrungsangebotstheorien (Food Availability Decline Theories, FAD) diskutieren den Rückgang des Nahrungsmittelangebots durch Missernten und Nahrungsmittelsperren. Der für den zweiten Theoriestrang kennzeichnende Begriff «entitlement» (Amartya Sen) bezeichnet fehlende (legale) Zugangsmöglichkeiten von Gruppen und Individuen zu Nahrungsquellen, vorwiegend infolge eines unzureichenden Arbeitseinkommens (Food Entitlement Decline Theory, FED).[17] In jedem Falle sind Nahrungskonflikte auf fehlende Zugangsmöglichkeiten zurückzuführen, doch gilt es dabei stets abzuklären, in welchem Ausmass auch eine Verknappung des Angebots (FAD) mitspielte. Dies ist das Hauptanliegen dieses Beitrages. Die unterschiedlichen Zugangs- und Partizipationsrechte der betroffenen Individuen, Haushalte und Gesellschaftsschichten kommen nicht zur Sprache, obschon sie das eigentliche Konfliktpotenzial bargen.[18]

Das Konzept der Verletzlichkeit wird in der Synthese thematisiert. Es erlaubt es, anhand eines Ensembles von internen und externen Wirkungsmechanismen Überlegungen zur Anfälligkeit eines Versorgungssystems oder einer Bevölkerungsgruppe für spezifische Störfälle anzustellen. Wie gross die Verletzlichkeit tatsächlich ist, zeigt sich erst beim Eintreten eines Störfalls. Ein solcher trat in voller Schärfe letztmals in der

16 Dieses Kapitel stützt sich weitgehend auf Krämer 2015.

17 Krämer 2015: 121–132.

18 Zahlreiche Beispiele für diese Feststellung liefert Parker (2013) in seiner globalen Synthese für das 17. Jahrhundert.

Hungerkrise 1816/17 im Gefolge des «Jahrs ohne Sommer» 1816 auf,[19] in vermindertem Ausmass während der «Kartoffelkrise» von 1847[20] und der Missernteperiode der frühen 1850er Jahre.[21]

2.3 Höhere Erträge auf grösseren Flächen

Um die vielfältigen Verflechtungen zu verstehen, die der Ernährungskrise im Ersten Weltkrieg zu Grunde lagen, muss deren Entstehung im Verlaufe des 19. Jahrhunderts beleuchtet werden. In dieser Zeit wurde die Pro-Kopf-Versorgung mit Lebensmitteln in zwei Phasen stabilisiert und verbessert: bis um 1880 durch die organische Agrarmodernisierung, anschliessend durch die Ankoppelung an die globalen Märkte über das entstehende interkontinentale Transportnetz (vgl. dazu die Beiträge von Cottier, Burkhard und Moser). Die Ökonomischen Patrioten hatten die organische Agrarmodernisierung im späten 18. Jahrhundert angestossen.[22] Breitenwirkung erzielte der daraus resultierende innere Landesausbau jedoch erst ab den 1830er Jahren. Er stützte sich auf die Vernetzung von drei Innovationen, die auf die effizientere Nutzung von lokalen Ressourcen zielten.[23]

Der Harn des Viehs, der in der «alten» Landwirtschaft nutzlos im Boden versickert war, wurde in Jauchegruben aufgefangen und dem Wiesland als Dünger zugeführt.

Der Anbau kleeartiger Futterpflanzen auf dem Ackerland reicherte den Boden mit Stickstoff aus der Luft an. Dank der natürlichen Anreicherung mit Stickstoff wurden grössere Erträge erzielt und weil die mit kleeartigen Pflanzen bebauten Felder mehr Roheiweiss enthalten als Naturwiesen, gaben die Kühe mehr Milch.

Die Sommer-Stallfütterung verdoppelte die Menge des verfügbaren Stalldüngers und die Futterverluste waren beim Eingrasen kleiner als bei der ungeregelten Beweidung.

19 Krämer 2015.

20 Salzmann 1978; Pfister 1995: 115–116.

21 Pfister 1995: 115–116. Für einen Überblick über den deutschsprachigen Raum vgl. Collet/Krämer 2016 (im Druck).

22 Pfister 1995: 175–179; Brandenberger 2004; Stuber et al. 2009: 16–24.

23 Pfister 1990a; Pfister 1990b: Fig. 4.

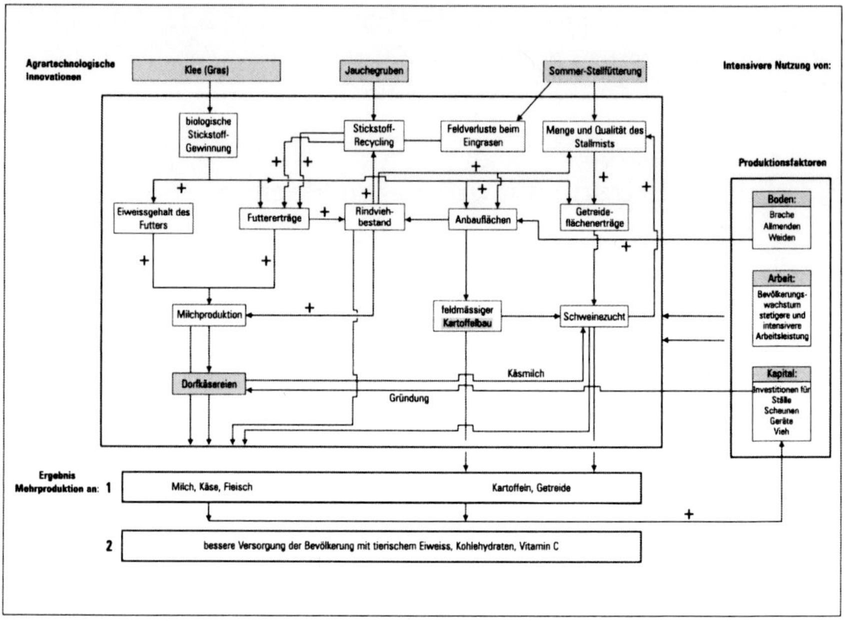

Abb. 1: Die Vernetzung von Innovationen in der organischen Agrarmodernisierung. Quelle: Pfister 1995: 194.

In ihrem Zusammenwirken setzten die drei Innovationen eine Reihe von positiven Rückkoppelungsprozessen in Gang, die Wachstumsprozesse antrieben: erstens zwischen der Grösse der Kuhbestände, der Milchleistung, dem Anfall von Jauche sowie den Futtererträgen; zweitens zwischen den Schweinebeständen, der Kartoffelproduktion und den Mistmengen, wobei die Dorfkäsereien als Abnehmer der Milch und als Lieferanten der Käsmilch (Schotte) als Drehscheibe wirkten (vgl. Abbildung 1).

Aus der organischen Agrarmodernisierung erwuchs eine Mehrproduktion von Kartoffeln, Milch, Käse und Fleisch, die vor allem die Versorgung der wachsenden Bevölkerung mit tierischen Eiweissstoffen verbesserte. Die im späten 19. Jahrhundert einsetzende kohlebefeuerte Transportrevolution durch die entstehenden Eisenbahnnetze und die Dampfschiffe liess globale, arbeitsteilige Wirtschaftsräume entstehen und trieb die Wachstumsdynamik der Agrarproduktion weiter voran.[24]

24 Pfister 1995: 209–225.

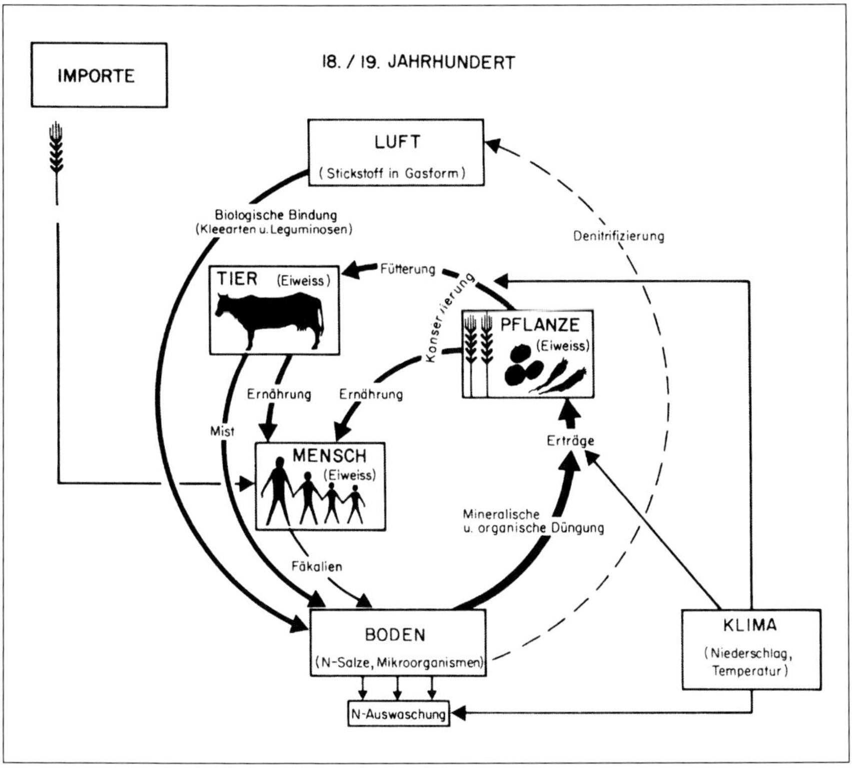

Abb. 2: Vereinfachte Darstellung des Stickstoffkreislaufs: Kulturpflanzen nehmen Stickstoff aus dem Boden auf und geben ihn zur Bedarfsdeckung an Menschen und Haustiere weiter. Mit dem Mist gelangt er als Dünger in den Boden zurück. Das Niveau des Stickstoffkreislaufs um 1914 hing vom Import von Nahrungs- und Futtermitteln sowie von Witterungseinflüssen ab.
Quelle: Pfister 1984: 128.

Unter dem Preisdruck von Importen wurde der Getreidebau im östlichen Mittelland weitgehend zugunsten der Milchwirtschaft aufgegeben (vgl. die Beiträge von Wipf und Burkhard). Im westlichen Mittelland behielt er zwar seinen Platz in der Fruchtfolge, doch wurde etwa die Hälfte der Ernten verfüttert. Der Bestand an Milchkühen erweiterte sich zwischen 1850 und 1914 von 300 000 auf 800 000 Tiere,[25] jener an Schweinen zwischen 1866 und 1911 von 304 000 auf 571 000 Tiere.[26] Um den

25 Brodbeck 2003: 23.

26 Ritzmann-Blickenstorfer 1996: 534.

wachsenden Viehbestand zu ernähren, wurde der Ackerfutterbau ausgedehnt.[27] Die Jahresmilchmenge pro Milchkuh wurde von 1900 Kilogramm auf 3000 Kilogramm gesteigert,[28] allerdings um den Preis einer wachsenden Abhängigkeit von importiertem Kraftfutter. In den Jahren 1911/12 bestand die Diät der Tiere aus 80 Prozent Raufutter (hauptsächlich Heu) und 20 Prozent proteinreichem Kraftfutter, hauptsächlich Ölkuchen und Müllereiabfällen.[29]

Die Milcherzeugung verzweieinhalbfachte sich, Käse und Kondensmilch wurden exportiert.[30] Ebenso verzweieinhalbfachte sich die Fleischproduktion zwischen 1850 und 1914, wobei die Pro-Kopf-Produktion substanziell anstieg.[31] Selbst Arbeiterfamilien konsumierten um 1912 pro Jahr zwischen 102 und 106 Kilogramm Fleisch und Wurstwaren.[32]

Neben Kraftfutter wurde auch ein Grossteil des Brot- und Futtergetreides eingeführt. Während Brotgetreide meist aus Russland und den Donauländern stammte, wurde Futtergetreide hauptsächlich aus Frankreich, Deutschland und Russland importiert.[33] Mit Kartoffeln versorgte sich die Schweiz weitgehend selbst, wobei 63 Prozent der menschlichen und 37 Prozent der tierischen Ernährung dienten.[34] Die Schweizer Bevölkerung war vor dem Kriege besser genährt als die deutsche, namentlich hinsichtlich der Versorgung mit Fett und Eiweissstoffen (vgl. den Beitrag von Staub).[35]

2.4 Der Störfall von 1916–1918

Im Verlaufe des Ersten Weltkrieges wurde die Nahrungsmittelversorgung durch ausbleibende Importe und fehlende Arbeitskräfte und -tiere störungsanfällig für witterungsbedingte Missernten, ohne dass dies zunächst

27 Pfister 1995: 216.

28 Wildbrandt 1956.

29 Laur 1939: 376.

30 Wildbrandt 1956: 7.

31 Für den Kanton Bern ist ein Anstieg von 23 kg auf 42 kg geschätzt worden (Pfister 1995: 215), der den Verhältnissen in der gesamten Schweiz nahe kommen dürfte.

32 Tanner 1999: 152.

33 Bühlmann 2004: 23.

34 Ernteerträge berechnet nach Ritzmann-Blickenstorfer 1996: 550.

35 Sieveking 1922: 57.

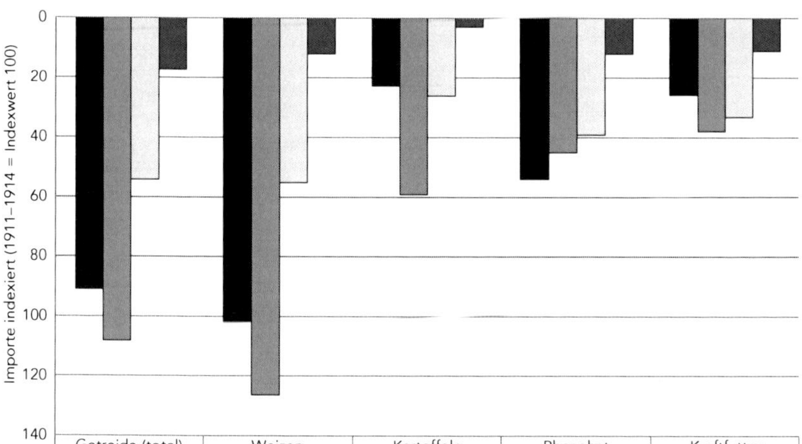

	Getreide (total)	Weizen	Kartoffeln	Phosphat	Kraftfutter
■ 1915	91	102	23	54	26
▩ 1916	108	126	59	45	38
□ 1917	54	55	26	39	33
▩ 1918	17	12	3	12	11

Abb. 3: Import von Getreide, Kartoffeln, Phosphordünger und Kraftfutter 1915–1918 (Angaben in 1000 q).
Quelle: Brugger 1992: 10.

in Erscheinung trat. Der Grenzschutz entzog der Landwirtschaft zahlreiche Arbeitskräfte, obschon durch die vorgeschriebene (Teil-)Umstellung von der Vieh- auf die arbeitsintensivere Ackerwirtschaft mehr Hände benötigt worden wären. Der Mangel an Arbeitskräften zeigte sich besonders bei den arbeitsintensiven Kartoffelpflanzungen und bei der Bewältigung von Arbeitsspitzen während der Heu-, Getreide- und Kartoffelernte. In den Worten des Bauern und späteren Bundesrats Rudolf Minger: «Statt dem Achtstundentag huldigen zu können, musste vielfach täglich bis sechzehn Stunden gearbeitet werden, wobei besonders Frauen und Kinder zu den schwersten Arbeiten herangezogen wurden.»[36] Dazu kam fehlendes Wissen, weil viele Anbaupraktiken im Getreidebau in Vergessenheit geraten waren, es mangelte an Pflügen und Sämaschinen, und die Requirierung von Pferden durch die Armee beschnitt die Zahl der

36 Minger 1967: 36.

verfügbaren Zugtiere. Wurden – wie von offizieller Seite empfohlen – Kühe statt Pferde eingespannt, kamen sie von der Milch, falls es überhaupt gelang, sie innert nützlicher Frist «anzulernen».[37]

Das Ertragsniveau von Kulturpflanzen hängt von der Düngung mit den Elementen Stickstoff, Phosphor und Kalium ab, wobei jedes Element die Erträge begrenzen kann, weil im Boden kein Element durch ein anderes substituiert werden kann.[38] In der Schweiz fielen in der Vorkriegszeit auf den Höfen durch die ausgedehnte Viehhaltung und den Kleeanbau grosse Mengen an Stickstoffdünger an. Zusätzlich wurden jährlich 700 Tonnen künstlicher Stickstoffdünger ausgebracht.[39]

Stickstoff konnte sowohl in der Munitionsindustrie als auch in der Landwirtschaft eingesetzt werden (vgl. den Beitrag von Fehr). Während Kali aus dem Elsass in ausreichenden Mengen eingeführt werden konnte,[40] wurde die Versorgung der Landwirtschaft mit Phosphor aus der Stahlindustrie und aus überseeischem Abbau im Verlaufe des Krieges bei der Düngung zum limitierenden Faktor (Abbildung 3).[41] Allerdings sollten die Auswirkungen dieser Düngerlücke nicht überschätzt werden. Obschon mit der Abnahme der Rinder- und Schweinebestände weniger Stallmist anfiel, wurden die Schwankungen der Flächenerträge weiterhin von Witterungseinflüssen dominiert.[42] Die Getreideimporte hielten sich bis 1916 auf dem Vorkriegsstand (vgl. Abbildung 3), wodurch das Inlandgetreide für die Brotversorgung bis zum Einbruch der Getreideimporte 1917 kaum von Bedeutung war.[43]

Milch war in wenig begüterten Bevölkerungskreisen ein unentbehrliches Grundnahrungsmittel.[44] Die Milchleistung der Kühe hängt von der Quantität und Qualität der Fütterung ab. Bedeutsam ist der Roheiweissgehalt des Futters. Mit der Futteraufnahme halten die Tiere zunächst ihre Körperfunktionen aufrecht, das heisst, sie decken ihren Erhaltungsbedarf.

37 Aeby 2009: 85.

38 Aereboe 1927: 44.

39 EVD 1918: 53–55.

40 Brugger 1992: 10.

41 Laur 1939: 327–328.

42 Der Stallmist hätte aufgrund der kriegsbedingten eiweiss- und phosphorsäureärmeren Fütterung mit künstlichem Stickstoff und knappem Phosphat angereichert werden müssen. Vgl. dazu: Brugger 1992: 10.

43 Lüthi 1997: 95.

44 Brodbeck 2003: 36.

Nur das darüber hinaus aufgenommene Futter wird durch körpereigene Prozesse in Milch, Fleisch und Fett umgewandelt. Mit einer verbesserten Fütterung nehmen Milchleistung respektive Fleischbildung deshalb überproportional zu, umgekehrt gehen sie überproportional stark zurück, wenn sich die Fütterung substanziell verschlechtert.[45] Die Importe von eiweissreichem Kraftfutter sanken 1914–1918 als Folge der kriegsbedingten Störungen des Handelsverkehrs bis auf einen Fünftel des Vorkriegsniveaus (vgl. Abbildung 3).[46] Bereits im zweiten Kriegswinter 1915/16 führte die eiweissärmere Fütterung zu «starkem Verlust von Fleisch und Fett, und die Milchproduktion blieb weit hinter dem gewohnten Ertragsniveau zurück».[47] Die Massnahmen der Behörden zur Sicherung der Brot- und Kartoffelversorgung verstärkten diese Tendenz (vgl. den Beitrag von Wipf).[48]

2.5 Das Gastspiel der «Kleinen Eiszeit»

2.5.1 Die kleineiszeitlichen Witterungsbedingungen 1916 und 1917

Witterungsbedingte Ertragseinbussen bei Kartoffeln, Getreide und Milch in den Jahren 1916 und 1917 heizten die Teuerung an. Die Monate Juni und Juli 1916 waren in Zürich seit 1864 die zweitkältesten.[49] Ein Temperatursturz am 4. Juni 1916 liess die Schneefallgrenze örtlich auf 500 Meter sinken. Im Emmental bildete sich oberhalb von 750 Metern eine schwere Schneedecke, die Heuwiesen und Roggenfelder zu Boden walzte. Am 10. Juni sank die Schneefallgrenze erneut unter 1200 Meter.[50] Bei der Niederschlagshäufigkeit steht die Periode Juni bis Juli 1916 im Mittelland seit 1876 an fünfter Stelle.[51] Im Sommer 1916 regnete es in Zürich an 56 Tagen (zweiter Rang seit 1900), im Sommer 1917 an 54 Tagen

45 Pfister 1984: 38.

46 Bühlmann 2004: 23.

47 Oekonomische und Gemeinnützige Gesellschaft des Kantons Bern 1916: 2.

48 Käppeli/Riesen 1925: 62.

49 Begert et al. 2005: 65–80. In Paris, wo Temperaturmessungen bis ins Jahr 1658 zurückreichen, stehen sie an achter Stelle (vgl. dazu: Le Roy Ladurie 2013).

50 Billwiller 1916: 4.

51 Es handelt sich um den vom Autor berechneten Summenwert der Stationen Neuchâtel, Bern, Zürich und St. Gallen nach Begert et al. 2005.

(sechster Rang seit 1900).[52] Eine kürzere Schönwetterperiode begann 1916 erst am 30. Juli.[53] Die anhaltende Nässe und Kälte setzte vor allem der Heuernte, der Alpwirtschaft, den Kartoffeln und (in geringerem Masse) dem Getreide zu.

Dem extrem nassen und kalten Früh- und Hochsommer 1916 folgte 1917 ein eisiges Frühjahr. Die Monate März und April 1917 waren in Basel die weitaus kältesten seit 1864.[54] Im April fiel in Zürich an acht Tagen Schnee, und an sechs Tagen lag eine geschlossene Schneedecke.[55] In den Alpen lösten sich viele Lawinen, die Strassen unpassierbar machten, Häuser zerstörten, Waldschäden verursachten sowie Vieh und Menschenleben forderten.[56] In Paris steht das Temperaturdefizit dieser beiden Monate seit 1658 an sechster Stelle, und zwar in thermischer Nähe von bekannten europäischen Misserntejahren wie 1770 (Wintergetreide), 1771 (Milch), 1785 (Milch und Wintergetreide), und 1789 (Wintergetreide).[57]

2.5.2 Die Kartoffelernten in den Jahren 1916–1918

In Erwartung einer Kartoffelmissernte wurde dem Eidgenössischen Volkswirtschaftsdepartement (EVD) schon am 11. August 1916 eine «Zentralstelle für Kartoffelversorgung» angegliedert. Sie verfügte über das Einfuhrmonopol und konnte Höchstpreise festsetzen.[58] Denn die Knolle war im Verlaufe des Krieges für die Ernährung fast ebenso bedeutend geworden wie das Brot.[59]

Zur Grösse der Kartoffelernte 1916 liegen Schätzungen des Schweizerischen Bauernsekretariats (SBS) vor, die mit Vorsicht zu geniessen sind, weil die Erhebungsbeamten bei Befragungen mit falschen Angaben zu

52 Datenportal IDAWEB: http://www.meteoschweiz.admin.ch/home/service-und-publikationen/beratung-und-service/datenportal-fuer-lehre-und-forschung.html (eingesehen am 16.10.2015).

53 Billwiller 1916: 4.

54 Begert et al. 2005: 65–80.

55 Aeby 2009: 54–55.

56 Im Urner Reusstal starben bei Lawinenniedergängen 14 Menschen. Vgl. dazu: Oechslin 1951: 4–5.

57 Le Roy Ladurie 2013: Anhang.

58 BBl. 37 (1916): 564–565. 4. Neutralitätsbericht vom 9. September 1916.

59 Schweizerische Landwirtschaftliche Marktzeitung, 26. September 1917.

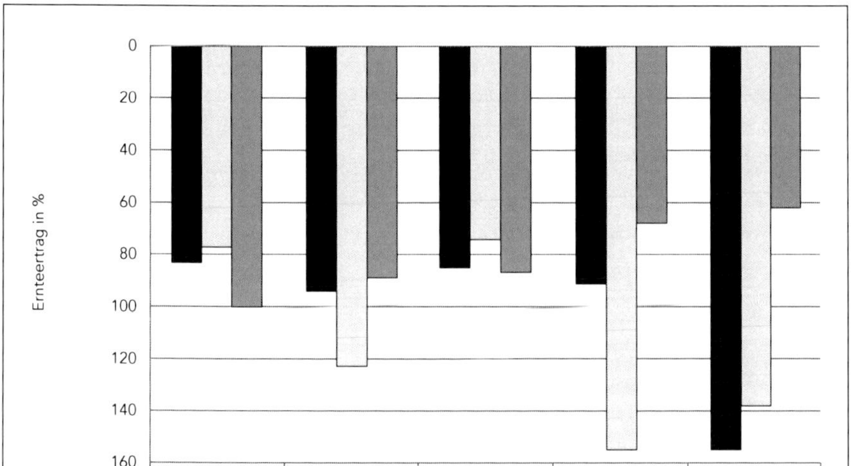

	1914	1915	1916	1917	1918
■ Getreideernte	83	94	85	91	155
□ Kartoffelernte	77	123	74	155	138
▨ Trinkmilch	100	89	87	68	62

Abb. 4: Getreide- und Kartoffelernten sowie Milchproduktion 1914–1918 in der Schweiz: Getreideernte (% des Mittels 1911–1918) berechnet aus Brugger 1968: 126; Kartoffelernte (% des Mittels 1911–1918) berechnet aus Brugger 1968: 127; Trinkmilch (1914=100), EVD 1925: 113, zitiert nach Brodbeck 2003: 98.

kämpfen hatten.[60] In der Tendenz dürften aber zumindest die Flächenerträge richtig sein. Im schweizerischen Durchschnitt lagen sie 37 Prozent,[61] im Agrarkanton Bern nach Angaben des dortigen statistischen Büros 39 Prozent unter dem langjährigen Mittel.[62] Für die Ernährung von Mensch und Tier sind jedoch nicht allein die Mengen massgebend, die auf dem Feld eingeerntet werden. Ausschlaggebend ist vielmehr, wie viel davon auf den Teller oder in den Futtertrog gelangt. Die 1916 geernteten Knollen waren kaum lagerfähig. Schon im Dezember 1916 ergab eine Erhebung der Kartoffelvorräte durch den Bund, dass für den Konsum nur noch 7000 Tonnen zur Verfügung standen.[63] Die Kartoffel ist

60 Baumann/Moser 1999: 58–59.

61 Schweizerisches Bauernsekretariat 1923: 11.

62 Landwirtschaftliche Statistik des Kantons Bern für die Jahre 1916 und 1917. Bern 1918: 18/9-3: 5.

63 Zu den Zahlen vgl. Kartoffelbestandsaufnahme 1917: 2f.; BBl. 23 (1917): 342f. 6. Neutralitätsbericht vom 9. März 1917.

anfällig für zahlreiche Krankheiten, die durch Pilze, Bakterien oder Viren verursacht werden. Berichterstatter aus den wichtigsten Anbaugebieten meldeten 1916 ein starkes Auftreten von Knollennassfäule (Erwinia carotovora) und von Krautfäule (Phytophthora infestans), der sogenannten Kartoffelkrankheit.[64] Die durch Bakterien hervorgerufene Nassfäule verbreitet sich bei starken Niederschlägen, die mit niedrigen Temperaturen einhergehen. Werden leicht erkrankte Knollen mit eingelagert, verwandeln sich diese in eine breiige Masse, die durch darüber lagernde Knollen ausgepresst wird, wodurch gesunde Knollen infiziert werden.[65] 1916 muss dies in grossem Ausmass der Fall gewesen sein, denn schon bald nach der Ernte setzte eine «Jagd nach Kartoffeln» ein.[66] In Deutschland wurde nur eine halbe Ernte eingebracht, wodurch im Winter 1916/17 nur noch schwerverdauliche Kohlrüben (Kohlrabi) als Knollenfrucht zur Verfügung standen. Ab 1916 hatten viele Menschen mit 1000 bis 1200 Kalorien täglich zu überleben.[67] In der Schweiz blieb die Kartoffelversorgung 1917 und 1918 trotz Mehranbau und günstiger Witterung angespannt, weil die Knollen das knappe Brot teilweise zu substituieren hatten. 300 Gramm Kartoffeln sind nötig, um den Nährwert von 100 Gramm Schwarzbrot aufzuwiegen.[68]

2.5.3 Die Getreideernten 1916–1918

Die Getreideernte in den Hauptanbaugebieten des tieferen Mittellandes setzte 1916 bei instabilen Wetterbedingungen am 21. Juli ein.[69] Viele unbedarfte Getreidebauern vernachlässigten die für backfähiges Brotgetreide erforderliche ausreichend lange «Nachreifung» der Garben auf dem Feld.[70] Bauernsekretär Ernst Laur meinte rückblickend, die bewährten Metho-

64 Schweizerische Landwirtschaftliche Marktzeitung, 13. Juli 1916. Die Krautfäule lässt das Kartoffelkraut absterben und kann ganze Felder vernichten. Vgl. dazu: Alsing 2002: 400–403.

65 Kolbe 1999: 54–55.

66 OGG 1916: 2.

67 Kolbe 1999: 37–38.

68 http://www.kalorientabelle.net/ (eingesehen am 22. November 2015).

69 Wetter/Pfister 2011: 1307–1326.

70 Der Schweizer Bauer, 31. Juli 1916, zitiert nach Aeby 2009: 98. In der Nachreifung verliert das Getreide die Restfeuchtigkeit, die dessen Lagerfähigkeit beeinträchtigt.

den zur Erzeugung von Qualitätsgetreide seien vielerorts in Vergessenheit geraten.[71] In Verbindung mit den bis gegen Ende Juli anhaltenden ungünstigen Witterungsverhältnissen dürften diese Unzulänglichkeiten beim zuerst geernteten Wintergetreide, auf das der Löwenanteil der Ernte entfiel, erhebliche Lagerungsverluste nach sich gezogen haben.[72]

Im Dezember 1916 fasste das Oberkriegskommando erstmals eine Brotrationierung ins Auge.[73] Tatsächlich nahmen die Lagerbestände nach einem Höchststand im Januar 1917 rasch ab,[74] teilweise allerdings auch als Folge der einbrechenden Weizenimporte nach dem Beginn des uneingeschränkten U-Boot-Krieges im Februar 1917 (vgl. den Beitrag von Segesser).[75] Daraufhin wurde der vorgeschriebene Ausmahlungsgrad des Getreides im Frühjahr 1917 von 80 Prozent auf 92 Prozent heraufgesetzt.[76] Fortan sollte die Bevölkerung nur noch dunkles, hartes Brot essen. Im Verlaufe des Jahres 1917 stiegen die Preise für Brotgetreide und Mehl um 35 Prozent.[77]

Die Getreideernte 1917 war laut den 1923 publizierten Erhebungen des Schweizerischen Bauernsekretariates – auf einer um 10 Prozent grösseren Anbaufläche[78] – nur geringfügig besser als in dem als mittelmässig eingestuften Erntejahr 1916 (vgl. Abbildung 4).[79] Im Kanton Bern lagen die Erträge aller Getreidearten mit Ausnahme des Roggens etwas unter dem langjährigen Mittel,[80] wie dies als Folge des eisigen Aprilmonats auch in anderen europäischen Ländern der Fall war (vgl. den Beitrag von Segesser). In Deutschland halbierte sich die Ernte von Brot- und Futtergetreide 1917 gegenüber dem Vorkriegsniveau.[81] Trotz stockender Einfuhren erhielt das Eidgenössische Oberkriegskommissariat keine nennenswerten Getreidemengen aus dem Inland, vermutlich weil die Bauern die

71 Laur 1943: 142.

72 Das Sommergetreide wurde im August gut eingebracht. Vgl. dazu: Aeby 2009: 101.

73 Oberkriegskommissariat an das Militärdepartement am 20. Dezember 1916. Zitiert nach Lüthi 1997: 40.

74 Kaufmann 1923: 28.

75 Schweizerischer Bankverein 1919: 20.

76 BBl. 21 (1916): 585. 3. Neutralitätsbericht vom 15. Mai 1916.

77 Ruchti 1930: 178.

78 Der Landwirt, 14. Juli 1917, zitiert nach Aeby 2009: 101.

79 Schweizerisches Bauernsekretariat 1923: 11.

80 Landwirtschaftliche Statistik des Kantons Bern für die Jahre 1916 und 1917. Bern 1918/19.

81 Huegel 2003: 304.

heimische Ernte teilweise verfütterten.[82] Da die Vorräte rasch zusammenschmolzen, griff die Landesregierung auf den 1. Oktober 1917 zum «radikalsten und wirksamsten Mittel»,[83] der Rationierung von Brot und Mehl.[84] Diese Massnahme erlaubte es, die inländische Getreideernte zu beschlagnahmen.[85] Angesichts weiter sinkender Zufuhren wurden die Rationen von Brot und Mehl im Dezember 1917 von 250 auf 225 Gramm pro Tag herabgesetzt.[86]

Im Jahr 1918 wurde die Anbaufläche im Vergleich zum Vorjahr zwangsweise nochmals um 30 Prozent gesteigert (vgl. den Beitrag von Wipf).[87] Gegenüber 1914 konnte der Ertrag der Inlandernte beinahe verdoppelt werden (vgl. Abbildung 4),[88] doch hätte der Bedarf der nichtlandwirtschaftlichen Bevölkerung damit nur rund 100 Tage gedeckt werden können.[89] Im Spätsommer schmolzen die Getreidevorräte des Bundes im Vergleich zum Höchststand vom Januar 1917 auf weniger als einen Viertel zusammen.[90] Die Getreideversorgung war nur noch bis zum 8. Oktober 1918 gesichert, weshalb die Brotrationen weiter gekürzt werden sollten. «Da, als die Not am grössten war, als das Schweizervolk [...] vor leeren Vorratshäusern stand, da trat ein Umschwung ein.» [91] Mit diesen Worten beschreibt Jacob Ruchti das Wunder, dass die von den USA zugesicherten Getreidelieferungen wider Erwarten noch rechtzeitig in die Schweiz gelangten, allerdings zu Frachtpreisen, die auf Grund der Truppentransporte nach Europa seit 1917 auf das fünfzigfache des Vorkriegsniveaus gestiegen waren.[92]

82 Bericht erstattet vom Vorstande an die Mitglieder der Getreidebörse Zürich über das Geschäftsjahr 1916/1917. Zitiert nach Bühlmann 2004: 71. Diese Vermutung bestätigt Ernst Laur in seinen Memoiren. Vgl. dazu: Laur 1943: 142.

83 Oberkriegskommissariat an das Militärdepartement am 9. Juni 1917. Zitiert nach Lüthi 1997: 40.

84 Lüthi 1997: 37; Ruchti 1930: 189–190.

85 Lüthi 1997: 43.

86 Ruchti 1930: 187–188.

87 Schweizerisches Bauernsekretariat 1923: 7.

88 Käppeli/Riesen 1925: 46.

89 Lüthi 1997: 109.

90 Lüthi 1997: 37.

91 Ruchti 1930: 196.

92 Sieveking 1922: 24.

2.5.4 Die viehwirtschaftliche Produktion 1916–1917

Am härtesten trafen die kleineiszeitlichen Witterungsverhältnisse der Jahre 1916 und 1917 die Viehwirtschaft, da diese einem doppelten, qualitativen und quantitativen, Futtermangel gegenüberstand.[93] Menge und Qualität der Heu- und Emdernte hängen von der Witterung zum Zeitpunkt des Schnitts ab. Die Trocknung einer mittleren Heuernte erfordert mindestens zwanzig Stunden Sonnenschein. Wird der Schnitt wegen ungünstiger Witterung länger hinausgezögert, wird das Gras überständig und beginnt zu faulen. Werden die Wiesen in der vergeblichen Hoffnung auf Wetterbesserung gemäht, geht der Nährstoffgehalt des Heus mit zunehmender Trocknungsdauer überproportional stark zurück. Bleibt Heugras mehr als fünf Tage lang im Regen liegen, verringert sich die tägliche Milchleistung der damit gefütterten Kühe um mehr als zwei Drittel.[94] Dies war im Sommer 1916 der Fall: «Ein grosser Teil des Heues ward verregnet und durch die lange Verzögerung der Ernte überständig und verlor dadurch bedeutend von seinem Nährgehalt.»[95]

Um die Emdernte, den zweiten Schnitt, stand es nicht besser. Auf den Alpen hungerten die Kühe im Schnee, die Käseproduktion brach ein.[96] In Anbetracht der schlechten Heuernte nutzten viele Bauern im Herbst 1916 die grosse Auslandsnachfrage, um möglichst viel Vieh abzustossen. Die Ausfuhr von Kühen verzehnfachte sich gegenüber den Vorjahren, was die Konsumenten auf den Plan rief, die den dadurch entstandenen Ausfall an Milch und Fleisch kritisierten.[97] Diese Massnahme ermöglichte es den Bauern jedoch, die Bestände an die reduzierte Futtermenge im Winterhalbjahr anzupassen.[98]

Hatte der Regensommer 1916 das Heu ausgelaugt, zögerte der endlose Winter 1917 den Beginn der Grünfütterung bis in den Mai hinaus. Nirgends war mehr Heu aufzutreiben. Es fehlte selbst an Wagen zur Verteilung. In den Alpen suchten die verzweifelten Bauern «die Tiere durch

93 Aeby 2009: 131.

94 Pfister 1984: 42.

95 Schweizerische Landwirtschaftliche Marktzeitung, 13. Juli 1916. Zitiert nach Aeby 2009: 123.

96 Der Bund, 5. und 6. Juni 1916. Zitiert nach Aeby 2009: 131.

97 Scheurmann 1923: 9.

98 Landwirtschaftliche Statistik des Kantons Bern für die Jahre 1916 und 1917. Bern 1918: 18/9-3: 10.

Fütterung von Tannenreisig, Streue und Trester bis zum Beginn der Grasfütterung durchzuhalten».[99] Die Milchproduktion brach im April 1917 gegenüber dem gleichen Monat des Vorjahres um katastrophale 60 Prozent ein. Die Tiere waren abgemagert, als sie endlich zur Grünfütterung kamen und mussten zunächst zu Kräften gelangen, bevor sie ihre volle Milchleistung wieder erreichten.[100] Selbst Ende Juni war dies noch nicht der Fall.[101]

Nicht zuletzt deshalb herrschte Ende April 1917 «ein allgemeiner Mangel an Milch, Kartoffeln und Gemüse».[102] Da die Monate Mai und Juni extrem warm waren – in Basel stehen sie seit 1864 an fünfter Stelle[103] –, holte die Vegetation den Rückstand auf. In der Folge wurde die Milchtierhaltung zugunsten des Nutz- und Schlachtviehs eingeschränkt, weil der Preis der Milch im Verhältnis zum Fleischpreis zu tief war.[104] Im Frühjahr 1918 ging die Milchproduktion aus verschiedenen Gründen weiter zurück: Einmal durch den Wegfall der einheimischen Müllereiabfälle, dann durch die Durchsetzung des Verfütterungsverbotes von Getreide. Schliesslich waren die Viehbestände infolge des vermehrten Getreide- und Hackfruchtbaus «stark beschnitten» worden, und der Graswuchs litt unter einer anhaltenden Bisenlage.[105]

Am Ende des Jahres 1917 fehlten schätzungsweise eine Million Liter Milch pro Tag.[106] Nur durch eine massive Einschränkung der Käseproduktion konnte die Bevölkerung mit frischer Milch versorgt werden.[107] Selbst zu Rekordpreisen war kaum noch Kraftfutter erhältlich. «Uns hat der Bundesrat in den letzten Tagen ein neues Rätsel aufgegeben, nämlich wie man es machen soll, aus sechzigfränkigen Ölkuchen 25- bis 28-räppige Milch zu produzieren», wetterte Rudolf Minger.[108] Als der Bundesrat am 3. April 1918 dem Drängen des Bauernverbandes nachgab und den

99 Der Schweizer Bauer, 25. August 1917. Zitiert nach Aeby 2009: 136.
100 BBl. 49 (1917): 635. 9. Neutralitätsbericht vom 20. November 1917.
101 Der Schweizer Bauer, 3. Juli 1917. Zitiert nach Aeby 2009: 132.
102 BBl. 41 (1917): 240. 7. Neutralitätsbericht vom 24. Mai 1917.
103 Begert et al. 2005.
104 Scheurmann 1923: 10.
105 Landwirtschaftliche Statistik des Kantons Bern für die Jahre 1916 und 1917. Bern 1918: 18/9-3: 18.
106 Sieveking 1922: 52.
107 Ruchti 1930: 202.
108 Minger 1967: 22. Zitiert nach Aeby 2009: 135.

Milchpreis erhöhen wollte, löste er einen Konflikt mit dem im Februar 1918 gegründeten Oltener Aktionskomitee aus (vgl. die Beiträge von Burkhard und Moser).[109]

Für Fettkäse galten seit November 1915 Höchstpreise, die in den folgenden Jahren mehrmals erhöht werden mussten. Die Genossenschaft schweizerischer Käseexportfirmen wurde verpflichtet, die Inlandversorgung zu reduzierten Preisen sicherzustellen. Nach 1916 brach die Produktion ein: 1918 wurde 85 Prozent weniger Fettkäse erzeugt als 1914.[110] Auf den 1. Juni 1918 musste Käse auf der Basis von 250 Gramm pro Kopf und Monat rationiert werden.[111]

Statistiken zur Fleischproduktion fehlen. Am ehesten lassen sich solche über die Viehbestände fassen, die ab 1916 rückläufig waren.[112] Auch der Fleischwert des abgemagerten Viehs ging gewaltig zurück.[113] Im Frühjahr 1917 ging das Angebot an Schlachtvieh so massiv zurück, dass der Fleischkonsum eingeschränkt werden musste.[114] Am 23. Februar 1917 verordnete der Bundesrat der Bevölkerung zwei fleischlose Tage pro Woche,[115] eine Massnahme, die dem Bereich der symbolischen Politik zuzuordnen ist. Am stärksten, nämlich um 31 Prozent, brachen zwischen 1917 und 1918 die Schweinebestände ein (vgl. Abbildung 4). Weil zur Produktion eines Zentners Schweinefleisch ungefähr 18 Zentner Kartoffeln benötigt werden,[116] war die Reduktion der Schweinehaltung in Anbetracht des Mangels an Kartoffeln ökonomisch sinnvoll. 1918 wurden 70 Prozent weniger Schweine geschlachtet als vier Jahre zuvor.[117] Es verwundert deshalb nicht, dass die Preise für Schweinefleisch 1918 fast viermal höher lagen als vor dem Krieg (vgl. den Artikel von Burkhard).

Genauso hoch war die Teuerung bei den Eiern, sofern solche auf den Märkten überhaupt noch angeboten wurden.[118] Die 1918 erstmals

109 Gautschi 1988: 115.
110 Sieveking 1922: 50.
111 Moser/Brodbeck 2007: 100.
112 Brugger 1968: 202.
113 Der Landwirt, 8. Juli 1917. Zitiert nach Aeby 2009: 135.
114 Sieveking 1922: 52.
115 Ruchti 1930: 231.
116 Huegel 2003: 104.
117 Sieveking 1922: 56.
118 Sieveking 1922: 59.

durchgeführte eidgenössische Hühnerzählung wies einen Bestand aus, der 37 Prozent unter der ersten Nachkriegszählung von 1921 lag,[119] nicht zuletzt, weil die Verfütterung von Getreide an das Geflügel verboten war.[120]

Im Jahr 1912 war in 785 minderbemittelten Familien in der ganzen Schweiz eine Erhebung durchgeführt worden, um den Anteil der einzelnen Konsumgüter an den Ausgaben des Haushaltes zu ermitteln. Die Ergebnisse wurden anhand der Preisentwicklung der einzelnen Lebensmittel fortgeschrieben. Insgesamt stieg der Preis dieses Warenkorbs für Nahrungsmittel bis 1918 um 152 Prozent, wobei der Löwenanteil der Preissteigerung auf die Jahre 1917 und 1918 entfiel. Am stärksten stiegen die Preise für Fleisch und Eier (vgl. den Beitrag von Albertin); diese Lebensmittel konnten sich minderbemittelte und mittelständische Familien kaum mehr leisten, wie der Berner Schularzt Paul Lauener feststellte.[121] Stattdessen wurden mehr Kartoffeln und Milch konsumiert, weil so die Mägen am billigsten gefüllt werden konnten. Umgerechnet auf heutige Verhältnisse kostete ein Kilogramm Kartoffeln 5.20 Franken, ein Liter Milch 6.30 Franken, ein Ei 7 Franken, ein Kilo Brot 12.80 Franken, ein Kilo Emmentalerkäse 71 Franken und ein Kilo Schweinefleisch nicht weniger als 154 Franken, Rindfleisch, entsprechend dem grösseren Angebot, dagegen «nur» 78.80 Franken und ein Kilo Fett 152 Franken.[122] Eine neue Erhebung im Jahr 1918 in 32 Familien in Zürich und Winterthur ergab, dass die effektive Lebensmittelteuerung «nur» 51 Prozent betrug.[123] Dies, weil auf übermässig teure Nahrungsmittel weitgehend verzichtet wurde. Es war nicht zuletzt die Erfahrung von Mangelernährung, welche die Ressentiments der städtischen Mittel- und Unterschichten gegen die wohl ernährten Grossbauern schürte.[124]

119 SBS 1923: 15.

120 Lüthi 1997: 109.

121 Paul Lauener, zitiert nach dem Beitrag von Staub (Fussnote 37).

122 Preise 1918: Kartoffeln 29 Rp./kg, Milch 35 Rp./kg, 1 Ei 37 Rp., Brot 71 Rp./kg, Emmentalerkäse 3.94 Fr./kg, Schweinefleisch 8.55 Fr./kg, Rindfleisch 4.38 Fr./kg., Fett 8.45Fr./kg. Aus: Ritzmann-Blickenstorfer 1996: 508–509. Die Umrechnung erfolgte auf der Basis des Lohnes eines Maurers. 1918 verdiente ein Maurer pro Tag 6.29 Fr., 2009 115 Fr., also rund 18-mal mehr. Multiplizieren wir die Preise von 1918 mit diesem Wert, führt dies zu den oben angegebenen Preisen. Vgl. dazu: Pfister/Studer, SWISTOVAL (siehe dazu auch die Einleitung zu diesem Band).

123 Sieveking 1922: 55.

124 Tanner 1999: 456.

2.6 Synthese

Teuerung und Mangelernährung im Ersten Weltkrieg wurzelten in einem fatalen Zusammenspiel von natürlichen und anthropogenen Faktoren, wie dies auch für die meisten Teuerungskrisen der Frühen Neuzeit charakteristisch ist.[125] Die grossräumige Missernte im Sommer 1916 war der Wendepunkt, der den Wirtschaftskrieg rückblickend in zwei völlig unterschiedliche Phasen trennt. Während die Schweiz in den ersten beiden Kriegsjahren trotz der britischen Fernblockade bei mässigem Preisdruck problemlos aus den Nachbarländern Lebens- und Futtermittel importieren konnte, taumelte das Land in der zweiten Phase des Krieges von einer Versorgungskrise in die andere: Im Winter 1916/17 und Frühling 1917 wurden Kartoffeln, Milch und Getreide knapp, im Frühjahr 1918 erneut die Milch. Ab dem Sommer 1917 brachen die Getreideimporte ein. Zweimal stand die Versorgung der Bevölkerung auf der Kippe: Das erste Mal nach der langen Regenperiode im Sommer 1916. Das zweite Mal im August 1918, als die sehnlichst erwarteten Getreideimporte aus den USA auszubleiben drohten. Ein Zusammenbruch der Grundversorgung mit Brot und Kartoffeln in den Jahren 1916–1918 konnte letztlich nur vermieden werden, weil die Versorgungsengpässe der verschiedenen Grundnahrungsmittel zeitlich alternierten. Der Einbruch bei der Kartoffelernte 1916 konnte vorübergehend durch reichliche Getreideimporte ausgeglichen werden, während die Rekordernten bei den Kartoffeln in den Jahren 1917 und 1918 die Einbrüche bei den Getreideimporten teilweise auffangen konnten (vgl. Abbildungen 3 und 4). Wie später im Zweiten Weltkrieg zielte das Krisenmanagement der Behörden darauf ab, die pflanzliche Produktion unter Zwang zu Lasten der tierischen Produktion (Eiweiss, Fett) auszuweiten, weil so die für den Konsum verfügbaren Kalorien um ein Mehrfaches gesteigert werden konnten. Die der Agrarmodernisierung zu Grunde liegenden positiven Rückkoppelungsprozesse (Abbildung 1) wechselten nun gleichsam das Vorzeichen, indem sich die Verluste in der viehwirtschaftlichen Produktion kumulierten.

Dem Versorgungsengpass im Frühjahr 1917 lag dasselbe Witterungsmuster zugrunde wie den Teuerungskrisen der Kleinen Eiszeit: die Abfolge eines sehr nassen Früh- und Hochsommers und eines extrem kalten

125 Parker 2013: 675.

Frühjahrs bei unzureichenden Importen, wobei die lange Dauer und die totale Dimension des Ersten Weltkrieges die Verletzlichkeit der Lebensmittelversorgung der Gesellschaft in der Schweiz um ein Vielfaches steigerten. Ausgelöst wurde die Krise 1916 wie in Deutschland durch massive Missernten und Lagerverluste bei den Kartoffeln. Das eiskalte Frühjahr 1917 schmälerte die Ernten in Europa und liess die Milchleistung der Kühe versiegen, und ab dem Sommer 1917 blieben die Getreideimporte weitgehend aus. Dies ist nicht allein dem uneingeschränkten U-Boot-Krieg der Mittelmächte, sondern ebenso sehr Ernteausfällen in den Hauptexportländern USA und Argentinien bei durchschnittlichen Erträgen in Kanada zuzuschreiben. In dieser Hinsicht war der Mangel global (vgl. den Beitrag von Segesser).[126] Die lange Zeit geltende Ansicht, wonach klimatische Faktoren nur kleinräumig wirken,[127] ist heute überholt. Der Misserntezyklus 1916/17 war der bisher letzte gravierende Kälteeinbruch (Kleine Eiszeit) in einer wärmeren Welt. Er trat überraschend ein und konnte von niemandem vorausgesehen werden. Wie jener von 1816/17 war er vermutlich in eine globale Anomalie der atmosphärischen Zirkulation eingebettet, die es näher zu untersuchen gilt.

Der Teuerungsschub in den Jahren 1917/18, der mit sinkenden Reallöhnen und wachsender Verarmung einherging (vgl. den Beitrag von Albertin), wurzelte somit teilweise in einem – regional und global – unzureichenden Nahrungsangebot (FAD), wie dies dem klassischen Muster der frühneuzeitlichen Subsistenzkrise entspricht. Nur lag 1917 die letzte Erfahrung eines misserntebedingten Nahrungsengpasses mehr als sechzig Jahre zurück, und die importbedingten Einschränkungen und Preissteigerungen wurden vermutlich nur unzureichend kommuniziert. Für die städtische Bevölkerung war die Vorstellung eines absoluten Mangels an Nahrungsmitteln ebenso undenkbar geworden wie für die späteren Historiker.

Der Zusammenhang zwischen materiellen und ideologischen Strukturen lässt sich in Katastrophen [und Krisen] unmittelbar beobachten, folgert Anthony Oliver-Smith. Individuen und Gruppen brauchen in solchen Situationen Erklärungen, um zu begreifen, was mit ihnen ge-

126 In den fünf neutralen Staaten (Dänemark, Holland, Norwegen, Schweden, Schweiz) gingen 1917 die Getreideproduktion auf 76% und die Flächenerträge auf 80% des Vorkriegsniveaus zurück. Aus: League of Nations 1943: 21.

127 League of Nations 1943: 31.

schieht. Dabei suchen sie die Ursache ihrer Not nicht in unpersönlichen Strukturen, sondern in anscheinend böswilligen menschlichen Handlungen.[128] Diese Vorstellungen sind in gemeinsamen Weltanschauungen und Eigenschaften verwurzelt, die für die betreffenden Milieus charakteristisch sind.[129] Die Kampfparolen der sozialdemokratischen Presse geisselten Teuerung und Not einseitig als Verteilungsproblem und stellten die Grossbauern an den Pranger, personifiziert in der Figur von Bauernsekretär Ernst Laur (vgl. die Beiträge von Burkhard und Moser). Ähnlich waren in der Vormoderne Bäcker, Müller und Händler als «Kornjuden» zu Sündenböcken gestempelt worden.[130] Willi Gautschi hat diese Lesart der Krise unkritisch in sein einflussreiches Narrativ zum Landesstreik 1918 übernommen, wenn er schreibt: Es war «keine Übertreibung, wenn damals berichtet wurde, dass namhafte Teile der Bevölkerung unter den Folgen von Spekulation und Wucher Hunger leiden mussten».[131] Unbestritten ist, dass Grossbauern aus den hohen Preisen Gewinne zogen, wie dies bei Subsistenzkrisen stets der Fall war. Doch ist den Bauern Spekulation im Sinne einer «Gewinnerzielung im Rahmen einer auf Preisänderung gerichteten Geschäftstätigkeit»[132] nicht anzulasten. Landwirtschaft und Konsum waren 1917 und 1918 in ein Korsett von behördlichen Geboten und Verboten gezwängt, die vom Kartoffelpreis über die Qualität des Backmehls bis zur Herkunft des Hühnerfutters reichten und die Verpflichtung zur Einhaltung fleischloser Tage einschloss. Die Anbauflächen für Getreide und Kartoffeln wurden zwangsweise ausgedehnt, die Ernten behördlich beschlagnahmt, die Grundnahrungsmittel rationiert (vgl. die Beiträge von Wipf und Cottier). Zum Teil wurde die Teuerung durch die immer höher steigenden Preise des überseeischen Getreides importiert, die in knappen Ernten und explodierenden Frachtraten wurzelten, während sich die massive Preissteigerung der deutschen Kohle in allen Lebensbereichen niederschlug (vgl. den Beitrag von Pfister zur Energie). Im Wissen um die soziale und politische Sprengkraft der Lebensmittelverknappung verbilligten die Behörden die Grundnahrungsmittel für Minderbemittelte mit öffentlichen Geldern. Allein der Bund wendete

128 Oliver-Smith 2001: 38.

129 Oliver-Smith 2001: 23.

130 Pfister 1998: 170–171.

131 Gautschi 1988: 33.

132 http://wirtschaftslexikon.gabler.de/Definition/spekulation.html (Stand: 06.07.2015).

dafür auf heutige Verhältnisse umgerechnet rund 7 Milliarden Franken auf.[133] Kantone und Gemeinde liessen sich die Sozialhilfe, u.a. durch Notstandsmilch und Schülerspeisungen, ebenfalls etwas kosten (vgl. die Beiträge von Albertin und Staub).

Dennoch verloren in den grossen Schweizer Städten die Kinder gegen Ende des Krieges gemäss Messungen von Schulärzten deutlich an Körpergewicht und ihr Grössenwachstum verlangsamte sich. Der Berner Schularzt Paul Lauener führte diese Erscheinung «nicht zum kleinsten Teil auf den Mangel an Eiweissnahrung zurück».[134] Dazu kam durch die extrem hohen Preise wohl ein Mangel an Fett. Besonders stark wurde der Ernährungsstatus von werdenden Müttern und Neugeborenen beeinträchtigt. Dabei wogen die Ernährungsdefizite 1918 weitaus schwerer als im Zweiten Weltkrieg (vgl. den Beitrag von Staub). Es mag sein, dass ein effizienteres Rationierungssystem, wie es im Zweiten Weltkrieg als Folge des Lerneffekts aus dem Ersten Weltkrieg frühzeitig geplant werden konnte, die knappe Nahrung gerechter hätte verteilen können. Dass ein solches unter dem enormen Zeitdruck und dem Personalmangel im Ersten Weltkrieg ad hoc ausgearbeitet werden musste, ist den Behörden nicht anzulasten. Sie waren von der Situation oftmals überfordert. Wenn Bernard Degen den Bundesbehörden Untätigkeit vorwirft, weil sie die knappen Grundnahrungsmittel erst im Herbst 1917 rationierten, verkennt seine Darstellung den Überraschungseffekt der Krise.[135] Beat Brodbeck hat aufgezeigt, dass der Milchpreis, der 1918 zum Stein des Anstosses zwischen Bauern und Arbeitern werden sollte, aus Furcht vor Unruhen schon kurz nach Kriegsausbruch in ein komplexes Preisausgleichs- und Subventionssystem eingebunden wurde, indem die neu gegründete Käseunion die Käseexporte monopolisierte und mit dem Erlös die Trinkmilch verbilligte (vgl. die Beiträge von Moser und Burkhard).[136] Diese geniale ökonomische Entschärfung des Ernährungsproblems bewährte sich in den ersten drei Kriegsjahren. Es bestand somit keine Veranlassung, die Lebensmittelversorgung weitergehend zu reglementieren (vgl. den Beitrag von Cottier).[137] Erst als sich die Krise ab dem Spätherbst 1916 immer wei-

133 392.5 Millionen Fr. (1919) nach Sieveking 1922: 64.

134 Lauener, zitiert nach dem Beitrag von Staub (Fussnote 34).

135 Degen 2012: 885–886.

136 Brodbeck 2005: 185.

137 Vgl. auch Cottier 2014.

ter zuspitzte, ergriff der Bund Schritt für Schritt Massnahmen, zunächst reaktiv in akuten Notlagen (Kartoffel- und Milchversorgung 1916/17), später mehr und mehr prophylaktisch. Eine vertiefte vergleichende Untersuchung der Ernährungslage in der Schweiz in den beiden Weltkriegen ist ein Forschungsdesiderat. Zu berücksichtigen wäre bei einem solchen Unternehmen die Tatsache, dass die klimatische Störanfälligkeit der Landwirtschaft in der Schweiz im Zweiten Weltkrieg, ebenso wie jene Deutschlands,[138] nicht auf die Probe gestellt wurde.[139]

138 Huegel 2003: 316.
139 Pfister 1988: 44.

3. KEIN UMSTRITTENES THEMA MEHR? DIE ERNÄHRUNGSFRAGE IM LANDESSTREIK 1918

Peter Moser

3.1 Einleitung

Der Aufruf zum unbefristeten Landesstreik im November 1918 umfasste neun konkrete Forderungen.[1] Eine davon betraf die Ernährungsfrage – sie war jedoch mehr in der Form einer allgemeinen Anregung als einer ultimativen Forderung formuliert, verlangten die Streikenden doch von der «neuen Regierung», dass die «Sicherung der Lebensmittelversorgung» im «Einvernehmen mit den landwirtschaftlichen Produzenten» durchzuführen sei.[2] Offenbar erblickten die Exponenten des Landesstreiks in der Ernährungsfrage kein grosses Streikpotential mehr, obwohl seit dem Kriegsausbruch im August 1914, vor allem aber vom Herbst 1916 bis in den Sommer 1918, mit grösster Heftigkeit über dieses Thema gestritten worden war.

In den ernährungspolitischen Auseinandersetzungen während des Ersten Weltkrieges ging es zunächst vor allem um die Frage, wer für die Nahrungsmittelversorgung zuständig sei, und wie viel die Ernährung die Konsumenten, besonders die Arbeiterschaft in den Städten, kosten dürfe. Lange kaum ein Thema war die Frage, wie unter den Bedingungen des Weltkrieges andere, weniger Ressourcen benötigende Nahrungsmittel produziert werden könnten und ob die Beziehungen zwischen den Produzenten und den Konsumenten nicht anders organisiert werden sollten. Lautstark und teilweise unversöhnlich gestritten wurde in der Öffentlichkeit bis 1917 primär über Beschaffungs-, Preis- und Verteilungsfragen.

Auch das im Februar 1918 gegründete Oltener Aktionskomitee (OAK), das bis zum Landestreik als «eigentliche Exekutive der Arbeiterbewegung» galt,[3] betrachtete die Lebensmittelversorgung anfänglich fast ausschliesslich aus dieser Perspektive. Nicht weniger als acht der 15 Forderungen, die das OAK im März 1918 in ultimativer Form an den

1 Ich danke Juri Auderset für die kritischen Einwände und konstruktiven Hinweise.

2 Zitiert nach Gautschi 1988: 238.

3 Degen 2012: 59.

Bundesrat richtete, betrafen die Versorgungslage mit Nahrungsmitteln. Von einer Zusammenarbeit mit den Produzenten der Nahrungsmittel war, im Gegensatz zum Aufruf zum Generalstreik acht Monate später, noch keine Rede.

Worauf ist der Perspektivenwechsel zurückzuführen, den die sozialistische Führung der Arbeiterschaft in der Ernährungsfrage im Sommer 1918 vollzog? An einer Verbesserung der Versorgung lag es kaum, verschlechterte sich diese im Sommer 1918 doch für die Arbeiterschaft eher noch. Und auch politisch erfolgte, anders als etwa in Schweden, eine noch stärkere Ausgrenzung der Arbeiterbewegung. Entscheidend für die signifikante Veränderung der Interpretation der Ernährungsfrage waren, so die These dieses Beitrags, vielmehr «fundamentale Lernprozesse»,[4] die wichtige Akteure des OAK machten. Diese Lernprozesse beruhten auf den vielfältigen, 1916/17 einsetzenden Bestrebungen zur Neuordnung des Verhältnisses zwischen Produzenten und Konsumenten, die eine Vielfalt von Akteuren (Bäuerinnen, Linksradikale, Industrielle, Agronomen und organisierte Konsumentinnen) in der Ernährungsfrage anstrebte. Hatten sich die Probleme bei der Nahrungsmittelversorgung für die Führung der Arbeiterschaft bis im Juli 1918 besonders gut zur Mobilisierung und zur Kanalisierung des sozialen Protestpotentials geeignet, so wurden die bisher mit unerbittlicher Härte geführten ernährungspolitischen Auseinandersetzungen nun von Bestrebungen zum Aufbau einer neuen Ordnung überlagert, in der die Produzenten und Konsumenten einerseits ihre gemeinsamen Interessen neu «entdeckten» und andererseits ihre unterschiedlichen Anliegen und Vorstellungen in Verhandlungsprozessen zu überwinden versuchten. Auf dieser Grundlage erfolgte in der Nachkriegszeit dann jene Flexibilisierung der Agrarproduktion, die sich im Wesentlichen dadurch auszeichnete, dass Rahmenbedingungen geschaffen wurden, die es der bäuerlichen Bevölkerung ermöglichten, neben der teilweise exportorientierten Futter- und Tierproduktion zur Versorgung der im Inland lebenden Menschen auch den Getreidebau wieder aufzunehmen.

In diesem Beitrag geht es um die Akteure, vor allem die Vertreter der Produzenten und Konsumenten sowie der Behörden, die an der Genese und Ausgestaltung des neuen Ernährungsregimes während des Krieges beteiligt waren. Auf die eigentlichen Versorgungsfragen wird nur zur Kontextualisierung des Handelns der Akteure eingegangen, da sie einer-

4 Siegenthaler 1993: 16–17.

seits in anderen Beiträgen dieses Bandes thematisiert werden (vgl. die Beiträge von Wipf und Pfister zum Klima) und andererseits Gegenstand laufender Forschungen sind.[5]

Im ersten Teil des Beitrages werden die innenpolitischen Diskussionen um die Nahrungsmittelversorgung 1914/15 sowie die Versuche zur Neuordnung der Zuständigkeiten 1916/17 erörtert. Im zweiten Teil geht es um die Promotion des Problems der Versorgungsschwierigkeiten durch einen Teil der Vertreter der Arbeiterschaft sowie um die vielfältigen, «stillen» Bestrebungen zur Ausdehnung der Nahrungsmittelproduktion und der Reorganisation der Beziehungen zwischen den Produzenten und den Konsumenten. Weil der Erste Weltkrieg auch hierzulande – wie im übrigen Europa – ein «Krieg um Butter und Kartoffeln» war,[6] der Auswirkungen hatte, die in den Köpfen der Menschen weit über sein Ende hinaus wirkmächtig blieben, werden die Charakteristiken einiger schon während des Krieges einsetzenden und danach weiterentwickelten Bestrebungen zur Reorganisation der Ernährungssicherung im Rahmen der Schlussfolgerungen und des Ausblicks thematisiert.

3.2 Die Ernährungsdiskussionen 1914–1916

Am 2. August 1914, dem Tag nach der Mobilmachung, dislozierte Ernst Laur, der Direktor des Schweizerischen Bauernverbandes (SBV), für einige Wochen nach Bern, primär um die Lieferverträge für Nahrungsmittel mit der Armee vorzubereiten. Dabei habe er, schrieb Laur, der zugleich als Professor an der ETH Zürich sowie als Vorsteher des Bauernsekretariates in Brugg wirkte, am 12. August 1914 «mit Schrecken erkannt, dass es an einer planmässigen Vorbereitung der wirtschaftlichen Massnahmen im Kriegsfalle fast vollständig gefehlt» habe. Und «das Wenige, was vorsorglich» geschehen sei, habe «mehr geschadet als genützt».[7]

Bereits am 10. August 1914 hatte Laur dem Bundesrat und dem General einen «wirtschaftlichen Mobilisierungsplan» vorgelegt. Er schlug

5 Vgl. das Projekt von Maria Meier im Rahmen des Sinergiaprojektes «Die Schweiz im Ersten Weltkrieg: Transnationale Perspektiven auf einen Kleinstaat im Totalen Krieg».

6 Offer 1989: 1.

7 Brief von Ernst Laur an den General vom 12.08.1914, in: Archivbestand SBV (AfA Nr. 110, Teil I), Dossier 161.23-01.

vor, einen «eidgenössischen Wirtschaftsrat» einzusetzen, der den General und die Armeeführung zu beraten, die Massnahmen des Bundes zu begutachten sowie einen «freiwilligen Hilfsdienst zu Stadt und Land nach einheitlichen Gesichtspunkten» durchzuführen habe. Als Leiter des Wirtschaftsrates schlug er sich selbst vor. Zur Lösung der Ernährungsfrage im Krieg sei die Landwirtschaft als «Staatsdomäne» zu betrachten, schrieb Laur, welche «der Truppe und der Zivilbevölkerung die notwendigen Lebensmittel zu verschaffen» habe. Laur legte Wert darauf, dass die «Bewirtschaftung dieser Domäne» nicht durch die Armee erfolgen sollte, sondern «fachmännisch», das heisst durch die bäuerliche Bevölkerung, durchgeführt werden müsse, damit die benötigten Nahrungsmittel von der «Domänenverwaltung», das heisst primär von den landwirtschaftlichen Organisationen, geliefert werden könnten.[8] Gleichzeitig machte er sich mit Unterstützung des Verbands Schweizerischer Konsumvereine (VSK), der Käseexporteure und der Bundesbehörden an die Gründung der mit umfassenden Befugnissen ausgestatteten Genossenschaft Schweizerischer Käseexportfirmen (GSK), die in der Folge als «Käseunion» bekannt wurde (vgl. den Beitrag von Burkhard).

Robert Grimm, Nationalrat der Sozialdemokratischen Partei (SP) und Redaktor der *Berner Tagwacht*, reagierte am 20. August 1914 mit einem Artikel auf diese Aktivitäten. Darin warnte Grimm die Behörden davor, den «kriegsbedingten Anliegen aller Erwerbsschichten ausser derjenigen der Arbeiterklasse» nachzukommen. Die «Exporteure und Agrarier» würden «dem Bundesrat sicher Dank wissen», dass er bei der «Schaffung eines Exporteurringes die nötigen Hebammendienste» leiste, aber wenn die «Käsexporteure und die Agrarier Anspruch darauf» hätten, dass der Staat sie vor grossen Verlusten schütze, so hätte «den gleichen Anspruch auch die Arbeiterklasse, die aller Mittel entblösst» dastehe und «weder über Geld noch über Nahrungsmittelvorräte» verfüge. Ihre Lage sei «viel schlimmer als die der anderen Bevölkerungsschichten», weil sie weder Geld noch «Naturalien» besitze.[9]

Bezeichnenderweise – und für den weiteren Verlauf der ernährungspolitischen Auseinandersetzungen symptomatisch – erhielt Grimm nicht vom bürgerlichen Bundesrat eine Antwort, sondern vom Direktor des

8 Wirtschaftlicher Mobilmachungsplan von Ernst Laur vom 10.08.1914, in: Archivbestand SBV (AfA Nr. 110, Teil I), Dossier 161.23-01.

9 Berner Tagwacht, 20.08.1914.

Bauernverbandes. Laur schrieb Grimm in einem persönlichen Brief, er sei bei seinen bisherigen kriegswirtschaftlichen Aktivitäten von fünf Grundsätzen ausgegangen: Erstens solle die Produktion der Landwirtschaft intakt gehalten und «den Bedürfnissen des Landes» angepasst werden. Zweitens müsse mit allen Mitteln verhindert werden, dass ein «rücksichtsloser Zwischenhandel aus der Not der Produzenten und dem Mangel der Konsumenten Gewinne ziehen» könne. Drittens solle allen «Preistreibereien entgegengetreten und eine Organisation» geschaffen werden, welche eine Übertragung der Preisschwankungen des Weltmarktes, insbesondere der Hausse-Bewegung, auf den Schweizer Markt verhindere. Viertens müsse die «Öffentlichkeit durch Naturalabgabe der Lebensmittel» für diejenigen Konsumenten sorgen, «welche bei den Preisen, die notwendig» seien, «um den inländischen Produzenten vor Verarmung zu schützen, nicht existieren» könnten. Es wäre verkehrt, meinte Laur, «die Preise den Einkommensverhältnissen dieser Ärmsten anzupassen» und so die vermögenden Konsumenten auf Kosten der Produzenten zu begünstigen. Fünftens müsse eine «neue Organisation der Arbeit geschaffen werden, damit während des Krieges möglichst keine Hand» müssig werde. Ein Hilfsmittel erblickte er «namentlich in der Einführung grosser Staats- und Gemeindearbeiten». Gleichzeitig teilte Laur Grimm mit, er habe mit dem VSK Kontakt aufgenommen und er bat ihn, «mit einem verwerfenden Urteil noch etwas zurückzuhalten». Er hoffte, dass «die Sache» in acht bis 14 Tagen soweit gediehen sei, dass «der Öffentlichkeit die notwendigen Mitteilungen gemacht» werden könnten.[10]

Mit dem Vorschlag, «dass die Gestaltung des Inlandmarktes» möglichst unabhängig «von den Schwankungen des Weltmarktes» vorzunehmen sei, sei er einverstanden, teilte Grimm Laur am 22. August 1914 mit. Auch dessen Hilfsangebot bei der Beschaffung von «Notstandsarbeiten» hiess er willkommen. Weil «der Konsument» jedoch nicht imstande sei, die geltenden Preise für Nahrungsmittel zu bezahlen, müssten die Produzentenpreise «der vorhandenen Kaufkraft» im Inland angepasst werden. Seine Forderung nach einer unmittelbaren Senkung «der Produzentenpreise» rechtfertigte Grimm mit dem «Überangebot», das infolge des Einbruchs der Exporte im Inland herrsche.[11]

10 Zitiert nach Gautschi 1988: 27–28.
11 Zitiert nach Gautschi 1988: 28–31.

Grimm löste die Ernährungsfrage aus seinen sonstigen wirtschaftspolitischen Ordnungsvorstellungen heraus und verlangte im Namen der «Gerechtigkeit» und streng der Logik der Märkte folgend im Lebensmittelbereich eine Abbaupolitik. «Hat die Arbeiterschaft Opfer zu bringen, so die Landwirtschaft nicht minder», schrieb er, erst dadurch werde «die in dieser furchtbaren Zeit so notwendige Volkssolidarität geschaffen».[12] Laur hingegen hielt nichts von einer Abbaustrategie, weil dadurch neben «den Ärmsten» auch noch «die Produzenten» verarmen würden – und somit die für alle wichtige Produktion von Nahrungsmitteln gefährdet statt gefördert würde.[13]

Schon eine Woche bevor Grimms Artikel erschienen war, hatte Laur dem VSK vorgeschlagen, «alle früheren Differenzen zu vergessen», eine Verständigung zwischen Produzenten und Konsumenten zu suchen und ein gemeinsames Vorgehen ins Auge zu fassen.[14] Der von prominenten Sozialdemokraten wie Bernhard Jaeggi[15] geleitete VSK reagierte positiv, trat der GSK bei und stellte sich im September 1914 auch gegen die Forderung, in der Schweiz wie in den Krieg führenden Staaten die Zölle auf importierte Nahrungsmittel aufzuheben. Der VSK nutzte die Mitgliedschaft in der GSK zur Tiefhaltung des Milchpreises, der trotz der stark wachsenden Nachfrage 1914–1916 lediglich von 7.85 auf 7.90 Franken[16] stieg (vgl. Abbildung 4 im Beitrag von Pfister zum Klima). Weil die Milchproduzenten die Milchmenge bis 1916 stark ausdehnten, konnte der Export von Milchprodukten ins Ausland weitergeführt werden (neben Käse waren vor allem Kondensmilch und Schokolade gefragt).[17] Den Erlös aus dem Export benutzte die GSK zur Deckung der Mehrkosten, die in der Produktion wegen der Teuerung anfielen.

Erstmals Probleme grundsätzlicher Art verursachte der 1915 einsetzende Rückgang der Kunstdünger- und Futtermittelimporte und die wetterbedingt schlechte Ernte im Herbst 1916, basierte die steigende Milchproduktion doch zu einem wesentlichen Teil auf der Verfütterung

12 Zitiert nach Gautschi 1988: 30.

13 Zitiert nach Gautschi 1988: 28–33.

14 Zitiert nach Stadelmann 1940: 68.

15 Zur Biografie vgl. Archiv für Agrargeschichte (Hg.): Online-Portal Personen der ländlichen Gesellschaft im 19. und 20. Jahrhundert, www.histoirerurale.ch/ahr (Stand: 21.01.2014).

16 Von 24 (1914) auf 26 Rappen (1916), die Werte im Text sind auf 2014 umgerechnet.

17 Rossfeld/Straumann 2008: 31.

von importiertem Kraftfutter und gutem Heu aus der eigenen Futterproduktion. Verstärkt wurde die negative Entwicklung Ende 1916 durch Ernteeinbrüche in wichtigen Agrarexportländern wie Kanada, den USA oder Argentinien, den Beginn des uneingeschränkten U-Boot-Krieges im Februar 1917 und den darauf folgenden Kriegseintritt der USA im April 1917, der zu einer Rationierung der Getreideexporte an neutrale Länder sowie zu einer massiven Verteuerung der Frachtkosten führte (vgl. die Beiträge von Segesser und Pfister zum Klima). Im Jahr 1917 konnten nur noch rund halb so viele Nahrungsmittel eingeführt werden wie vor dem Krieg.[18] Die Unsicherheit und die Verteuerung der Schifftransporte hatten zudem negative Auswirkungen auf die für die Subventionierung der Konsumentenpreise im Inland so wichtigen Exporte von Milchprodukten. Deshalb verschlechterte sich die Ernährungslage 1916/17 sowohl in quantitativer wie auch in monetärer Hinsicht.

Mit dem Rückgang der Getreideimporte, die bis zum Januar 1917 noch zugenommen hatten,[19] brach eine der Hauptstützen der im Herbst 1914 etablierten Ernährungsordnung ein. Der Mangel auf der Stoffebene machte es unumgänglich, statt des Handels mit Milchprodukten und Getreide die Produktion von Nahrungsmitteln pflanzlicher Art ins Zentrum zu rücken. Zwar hatten lokale Behörden schon 1915 mit der Urbarisierung von Öd- und Sumpfland zur Ausdehnung der landwirtschaftlichen Nutzfläche begonnen, doch diese Meliorationen wirkten sich noch nicht positiv auf die Produktion aus. Deshalb versuchten die Bundesbehörden 1916 mit einer Reorganisation der Zuständigkeiten, die in den Städten immer wichtiger werdende, auf dem Land jedoch immer schwieriger durchzuführende Milchproduktion zu sichern (vgl. den Beitrag von Pfister zum Klima). Dazu übertrug der Bundesrat im März 1916 dem Zentralverband Schweizerischer Milchproduzenten (ZVSM) die Verantwortung für die Trinkmilchversorgung im Inland.[20]

Obwohl der ZVSM über die Einbindung der Milchproduzenten in die Käseunion schon bisher parastaatliche Funktionen ausgeübt hatte, erschraken nicht wenige im 1907 als Dachorganisation der regionalen Milchverbände gegründeten Verband, als dieser quasi über Nacht von einer Interessenorganisation zu einer «Behörde» wurde. Die Funktionäre

18 Geering 1928: 23.

19 Lüthi 1997: 37.

20 Moser/Brodbeck 2007: 31.

des ZVSM erblickten darin auch Chancen, obwohl absehbar war, dass es in Zukunft vor allem darum gehen würde, einen Mangel zu verwalten und Forderungen abzulehnen statt wie bisher Produkte zu exportieren, Konsumentenpreise zu stabilisieren und mit den Gewinnen aus den Exporten die steigenden Kosten der Milchproduktion im Inland zu decken.

Mit der Übertragung der Verantwortung für die im Alltag immer wichtigere Trinkmilchversorgung wurde der ZVSM zur bevorzugten Zielscheibe der Kritik an der Versorgungspolitik. Weil der Preis trotz der wachsenden Nachfrage und der steigenden Produktionskosten tief gehalten werden musste, kam der Dachverband zuerst von seiner eigenen Basis unter Druck.[21] Wogen im Umgang mit den irritierten Milchproduzenten die neu erhaltenen, hoheitlichen Kompetenzen und Machtbefugnisse die Schwierigkeiten noch in etwa auf, standen die Produzentenvertreter der vor allem in der sozialistischen Presse unablässig geäusserten Kritik an einer mangelhaften und für viele Konsumenten auch zu teuren Versorgung weitgehend hilflos gegenüber. Mit der Übertragung weiterer Aufgaben verloren die Produzentenvertreter viel von ihrem bisherigen Gestaltungspotential auf der politischen Ebene, weil sie gegenüber den Konsumenten verstärkt den Mangel verwalten und gegenüber der eigenen Basis unpopuläre Massnahmen wie die im Herbst 1917 beschlossenen Erhebungen über die Kartoffelvorräte legitimieren mussten.[22]

Für die politisch durch das Vollmachtenregime des Bundesrats weitgehend ohnmächtige Sozialdemokratie beinhaltete die Defensive, in welche die Vertreter der Produzenten gerieten, eine grosse Chance. Wie kein anderer erkannte Grimm die politische Hebelwirkung, welche die Ernährungsfrage bot. Grimm hatte zwar schon im August 1914 versucht, die Ernährungsfrage auf einen einfachen Gegensatz zwischen Produzenten und Konsumenten zu reduzieren und moralisch mit dem Postulat auf das Recht auf eine «angemessene» Versorgung aufzuladen.[23] Angesichts der

21 Im Herbst 1917 wandte sich der ZVSM mit einer eigentlichen Aufklärungskampagne gegen die bei den Produzenten namentlich in der Romandie wachsende Unzufriedenheit über die Verbände und Behörden. Vgl. Schweizerisches Zentralblatt für Milchwirtschaft, 31.08.1917.

22 Laur ersuchte die Bauern, «die Zähler gut aufzunehmen und ihnen alle gewünschten Angaben genau mitzuteilen», Schweizerische Bauernzeitung, Januar 1917.

23 Berner Tagwacht, 20.08.1914.

Schaffung der Käseunion und der Integration des VSK in die von Laur orchestrierte Ernährungsordnung erzielte er mit seiner Argumentation zunächst jedoch fast keine Wirkung.

Dies änderte sich im Juli 1916, wie die Marktdemonstrationen der sozialdemokratischen Arbeiterinnenvereine zeigten. Die Witterung schürte im Sommer die bei den Produzenten latent vorhandene Angst vor einer schlechten Ernte erstmals auch in städtischen Konsumentenkreisen. Diese befürchteten eine Verteuerung von Kartoffeln und Gemüse. Unter der Führung von Rosa Bloch und Rosa Grimm kämpften Käuferinnen auf den Lebensmittelmärkten in Bern, Biel, Grenchen, Thun und Zürich mit Selbsthilfemassnahmen erfolgreich gegen «Wucherer» und für eine Senkung der Preise (vgl. dazu auch die Beiträge von Burkhard und Albertin).[24]

Mit der Fokussierung ihrer Opposition auf den Mangel und die Teuerung gelang es der Sozialdemokratie im Sommer/Herbst 1916, die ernährungspolitischen Diskussionen zu dominieren. Lange bevor die Produzenten steigende Einkommen realisierten, erklärte Grimm die Bauern zur «Klasse, die durch den Krieg am meisten profitierte, die glänzendsten Geschäfte machte und die Notlage rücksichtslos ausnützte».[25] Während sich die freisinnigen Politiker diskret im Hintergrund hielten, versuchten die Produzentenvertreter sowohl gegenüber der eigenen Basis als auch gegenüber den Konsumenten die unpopulären Massnahmen zu legitimieren, die ihrer Einschätzung nach zur Aufrechterhaltung der Produktion unerlässlich waren. Wie die Behörden setzten sie darauf, dies mit einer «wohlüberlegten Preispolitik»[26] zu erreichen, ohne je explizit die Grundsatzfrage zu stellen, ob dies nicht mittels einer Reduktion der Milchproduktion und einem Ausbau des Gemüse-, Kartoffel- und Getreidebaus besser zu erreichen wäre. In Fortführung der bisherigen Versorgungslogik schlug Laur im Januar 1917 vor, mit einer Erhöhung des Milchpreises die Produzenten zu veranlassen, (noch) mehr betriebseigene Ressourcen in die durch den Rückgang der Futtermittelimporte gefährdete Milchproduktion zu investieren. «Wenn wir im Winter 1917/18 Milch wollen», schrieb er, «müssen die Tiere im Anfang des Jahres 1917 zum Stier geführt

24 Pfeifer 1993.
25 Berner Tagwacht, Nr. 180, 03.08.1916.
26 Käppeli/Riesen 1925: 42.

werden».[27] Auch Grimm wollte mehr Milch – aber an der Erörterung der Frage, wie dieses Ziel erreicht werden konnte, war er nicht interessiert. Gefragt waren vielmehr griffige Parolen, die sich in der SP-Presse primär gegen «die Agrarier», «die Bauern» und «die Wucherer» richteten. Der *Zentralschweizerische Demokrat*, das sozialdemokratische Tagblatt der Innerschweiz, bezeichnete Laur als «Herodes Nr. 2», der mit seiner Milchpreispolitik eine «Neuauflage des bethlehemistischen Kindermordes in vergrösserter» Auflage verübe.[28]

Machte Grimm schon seit Ausbruch des Krieges konsequent «die Bauern» für «den Mangel» und «die Teuerung» verantwortlich, so versuchte Laur zwischen den im Arbeitersekretariat, dem VSK und bei den Grütlianern aktiven Sozialdemokraten einerseits und den «Sozialanarchisten» andererseits zu unterscheiden, um Verhandlungsspielraum zu gewinnen. Denn seiner Einschätzung nach waren Erstere in Ernährungsfragen verhandlungsbereit, während Letztere im Winter 1916/17 die Frage der «Lebensmittelpreise in den Mittelpunkt ihrer Bewegung» zu stellen begannen, um «die politische Herrschaft» zu erringen, die ihnen bisher wegen der fehlenden Unterstützung durch die Arbeiterschaft versagt geblieben sei.[29]

Obwohl nicht alle VSK-Mitglieder der SP angehörten,[30] war der Verband lange das eigentliche Sprachrohr der Arbeiterschaft in Ernährungsfragen gewesen. Führende Repräsentanten wie Bernhard Jaeggi und Johannes Huber sassen auch als Vertreter der SP im Nationalrat. Doch die Entfremdung zwischen der SP-Parteiführung und dem VSK in der Ernährungsfrage war schon im ersten Kriegsjahr deutlich geworden. So kritisierte der Verband 1915 die grosse sozialdemokratische Kampagne gegen die Teuerung – auf dem Bundesplatz nahmen rund 10 000 Personen an einer von der SP organisierten Demonstration gegen die Teuerung teil[31] – mit dem Hinweis, dass die Preissteigerungen im Ernährungsbereich vor allem importiert und weniger hausgemacht seien, da ja Teigwaren und Reis, nicht Kartoffeln und Milch teurer geworden seien. Als im Frühling 1916 der Grütliverein aus der SP austrat, setzte Laur einige

27 Schweizerische Bauernzeitung, Januar 1917.
28 Zitiert nach Schweizerische Bauernzeitung April 1917.
29 Schweizerische Bauernzeitung, Mai 1917.
30 Schumacher 2013: 56–58.
31 Baumann 1993: 334.

Hoffnung darauf, dass die Arbeiterschaft in Ernährungsfragen künftig durch diese Repräsentanten vertreten würde.[32] Doch der Erfolg der SP bei den Nationalratswahlen im Herbst 1917 und die steigende Zahl von Abonnenten der *Berner Tagwacht* machten deutlich, dass die Verhältnisse innerhalb der Arbeiterbewegung komplexer waren, als es sich Laur wünschte. Mit der Gründung des Oltener Aktionskomitees im Februar 1918 setzte sich Grimms «zentristische», in Laurs Wahrnehmung jedoch mehr «antiagrarisch» als «antikapitalistisch» ausgerichtete Linie[33] auch innerhalb der offiziellen Gremien der SP und des Gewerkschaftsbundes durch.

3.3 Die Ernährungsfrage im Oltener Aktionskomitee

Der Anlass zur Gründung des Oltener Aktionskomitees war ein Streit um die Zivildienstpflicht, der zwischen dem Bundesrat und der Sozialdemokratie ausgebrochen war.[34] Zur Steigerung der Produktion waren neben der Ausdehnung der landwirtschaftlichen Nutzflächen auch zusätzliche Arbeitskräfte notwendig – oder eine Motorisierung von Feldarbeiten. Eine Motorisierung von Arbeiten ausserhalb des Hofes war seit der Mitte des 19. Jahrhunderts immer wieder versucht worden, blieb aber weitgehend erfolglos.[35] Jetzt wurden diese Bestrebungen erneut intensiviert. Aus Mangel an «menschlichen und tierischen Arbeitskräften»[36] schuf der Schweizerische Landwirtschaftliche Verein (SLV) im Frühling 1917 eine «Motorpflugprüfungskommission», um die Konstruktion und Produktion von Motorpflügen voranzutreiben. Allerdings dauerte es ein Jahr, bis die Kommission, der auch Viktor Fehr, der Präsident der Gesellschaft Schweizerischer Landwirte, angehörte, auf Waffenplätzen und Gutsbetrieben wie Witzwil Versuche zur Urbarisierung von Ödland durchführen konnte. Fehr präsidierte zudem das Kommissariat für die Anpflanzung schweizerischer Waffenplätze, das ab 1917 über eigene Traktoren verfügte.[37]

32 Schweizerische Bauernzeitung, Mai 1917.
33 Schweizerische Bauernzeitung, Mai 1917.
34 Wipf 2008.
35 Moser 2013: 39–41.
36 Flury/Jordi 1918: 6.
37 Beglinger 1920: 210–243.

Neben den Versuchen zur Motorisierung begannen die Behörden 1917 auch mit der Rekrutierung menschlicher Arbeitskräfte. Der Bundesrat erliess im Herbst 1917 erste Weisungen[38] zur Beschaffung der für die «Anbauvermehrung notwendigen Arbeiter» und das Volkswirtschaftsdepartement arbeitete eine Zivildienstvorlage aus, mit der alle in der Schweiz wohnhaften Personen zwischen 14 und 60 Jahren zum Hilfsdienst hätten verpflichtet werden können. Doch die SP und die Gewerkschaften, die zuerst nicht einmal konsultiert worden waren, wandten sich vehement dagegen, dass aus der «ganzen Schweiz ein Witzwil» gemacht werde.[39]

Als Ende Januar 1918 absehbar wurde, dass sich der Zivildienst in der vom Bundesrat vorgesehenen Form nicht realisieren liess, forderte die Arbeiterunion Zürich die SP und den Schweizerischen Gewerkschaftsbund (SBG) auf, von der Landesregierung ultimativ zu verlangen, anstelle einer Zivildienstpflicht eine Demobilisierung durchzuführen, damit das auch «von der Arbeiterschaft als notwendig erachtete Ziel der Förderung der einheimischen Lebensmittelerzeugung» erreicht werden könne.[40] Der Bundesrat reagierte auf diese Intervention am 1. Februar mit einem Truppenaufgebot – was die Spitze der Arbeiterbewegung als Versuch zur Schaffung einer mobilen Reservearmee zum Einsatz gegen eine Widerstand leistende Arbeiterschaft interpretierte, was wiederum zur Gründung des OAK am 4. Februar führte.[41]

Dem OAK gehörten Vertreter der Geschäftsleitung und der Nationalratsfraktion der SP sowie des SGB und der SP-Presse an.[42] Wie zuvor schon die Arbeiterunion Zürich betonte auch das OAK, dass die organisierte Arbeiterschaft «keineswegs Gegner der Produktionsvermehrung» sei.[43] Im März stellte das OAK ein Forderungsprogramm auf, in dem nicht weniger als acht der 15 Punkte die Ernährungsfrage betrafen. Verlangt wurde vom OAK unter anderem ein eidgenössisches Versorgungsamt mit einem Beirat, die Ausschaltung des Zwischenhandels, eine Festsetzung der Preise «entsprechend den Interessen der Konsumenten», die Übernahme der Kosten einer allfälligen Erhöhung des Milchpreises durch

38 Lüthi 1997: 108.

39 Berner Tagwacht, zitiert nach Gautschi 1968: 87.

40 Gautschi 1968: 88–89.

41 Gautschi 1968: 89.

42 Gautschi 1968: 89.

43 «Wir sind keineswegs Gegner der Produktionsvermehrung», heisst es in der Proklamation vom 04.02.1918, vgl. Gautschi 1968: 90.

den Bund, ein Ausfuhrstopp für Frischmilch, die Beschlagnahmung und der Ankauf der gesamten Kartoffelernte durch den Bund, ein Ausfuhrverbot für Obst sowie eine Verpflichtung der grösseren Gemeinden zur Durchführung von Massenspeisungen. Diese Forderungen wurden «als sofort zu verwirklichende Massnahmen» dem Bundesrat übermittelt.[44]

Gleichzeitig erklärten die Milchverbände, sie könnten die Milchversorgung nicht mehr auf dem gleichen Niveau halten, wenn nicht mit einer substantiellen Erhöhung des Milchpreises Anreize zum Ausbau der Produktion geschaffen würden.[45] Laur empfahl «im Hinblick auf die Gesamtlage und die drohende Arbeitslosigkeit in der Industrie» ein «doppelt sorgfältiges Abwägen der Verhältnisse» und schlug wie schon 1914 vor, dass der Bund die Kosten für die Minderbemittelten übernehmen sollte.[46] Ähnlich argumentierte Bundesrat Edmund Schulthess, dessen Antrag aber vom Gesamtbundesrat abgelehnt wurde.[47] Auf die Ankündigung der Landesregierung, dass der Preis für Konsummilch auf den 1. Mai 1918 von 5.85 auf 7.30 Franken[48] erhöht werde, reagierte das OAK Anfang April mit einem telegrafisch an den Bundesrat übermittelten Ultimatum, in dem ein allgemeiner Landesstreik angekündigt wurde, wenn die Kosten zur Ankurbelung der Milchproduktion nicht durch den Staat übernommen würden.[49]

Die Bestimmtheit, mit der das OAK reagierte und die breite Zustimmung zur Forderung nach einer Beteiligung des Staates an der Deckung der Mehrkosten – selbst der Ausschuss der freisinnig-demokratischen Partei forderte die Übernahme der Kosten durch den Bund[50] – führten dazu, dass der Bundesrat eine ausserordentliche Sitzung der Bundesversammlung einberief. Die Auseinandersetzungen über den von den Konsumenten zu bezahlenden Milchpreis bescherten dem OAK einen Prestigegewinn und führten dazu, dass es in der Öffentlichkeit als «eine mit Vollmachten ausgestattete Exekutive»[51] der Arbeiterschaft wahrgenommen wurde. Die von Grimm verfolgte Strategie, die Ernährungsfrage als

44 Gautschi 1968: 191.
45 Schweizerische Bauernzeitung, März 1918.
46 Schweizerische Bauernzeitung, März 1918.
47 Schweizerische Bauernzeitung, Mai 1918.
48 Von 32 auf 40 Rappen (1918).
49 Gautschi 1968: 118.
50 Gautschi 1968: 115.
51 Gautschi 1968: 115.

Hebel zur Schaffung einer breiten Koalition von Bundesangestellten, Gewerkschaften und der SP zu benutzen, rückte erstmals in Reichweite.[52] Das OAK kam allerdings unter Druck des linken Flügels der Arbeiterbewegung, der verlangte, dass künftig nicht nur mit einem Landesstreik gedroht, sondern dieser auch durchgeführt werden sollte, wenn die gestellten Forderungen nicht erfüllt würden.[53]

Der Kompromiss, zu dem sich die Bundesversammlung in der Milchpreisfrage Mitte April durchrang, setzte das OAK prompt einer ersten Zerreissprobe aus.[54] Die Mehrheit sprach sich gegen die Durchführung des angedrohten Streiks aus, nicht zuletzt aus Rücksicht auf die in der Ernährungsfrage für eine Zusammenarbeit mit den Produzenten und den Behörden einstehenden Kräfte innerhalb der Arbeiterbewegung. Die im Frühjahr 1918 noch unbestrittene Konfrontationsstrategie in der Ernährungsfrage stiess im Sommer innerhalb der sich in politischen und gewerkschaftlichen Fragen radikalisierenden Arbeiterbewegung an Grenzen und die Verhandlungsbereitschaft stieg. Der analytisch-strategisch versierte Grimm realisierte diese Veränderungen und zeigte sich umgehend offen für eine konkrete Zusammenarbeit mit den Produzenten. Die am Ersten Allgemeinen Arbeiterkongress Ende Juli in Basel formulierten Forderungen im Ernährungsbereich waren daher sachlich begründet und konnten, wie Grimm betonte, «auf dem Boden der gegenwärtigen Gesellschaft verwirklicht werden».[55]

3.4 Ausbau der Nahrungsmittelproduktion und neue Formen der Kooperation von Produzenten und Konsumenten 1918

Dass die Ernährungsfrage und damit auch das Verhältnis zwischen Produzenten und Konsumenten im Sommer 1918 zunehmend anders betrachtet wurde, zeigte sich auch an der Reaktion des Bundesrats, der jetzt

52 Gautschi 1968: 119.

53 Gautschi 1968: 122–123.

54 Ein Liter Milch sollte 36 Rappen (2014: 6.60 Franken) statt der vorgesehenen 40 Rappen (2014: 7.30 Franken) kosten; der Bund verbilligte den Liter um drei und die Kantone um einen Rappen. Die Minderbemittelten sollten weiterhin 27 Rappen (2014: 4.90 Franken) für einen Liter Milch bezahlen.Vgl. dazu: Gautschi 1988: 121.

55 Zitiert nach Gautschi 1968: 136.

auf die Ende Juli am Arbeiterkongress erhobenen Forderungen einging und dem OAK in Aussicht stellte, unter Mitwirkung der Arbeiterschaft eine Neuordnung des Rationierungswesens vorzunehmen und dazu eine Kommission für Ernährungsfragen zu schaffen.[56]

Ganz offensichtlich wurde die Konfrontationshaltung im Sommer 1918 von Verhandlungsbereitschaft überlagert. Zahlreiche Akteure aus ganz unterschiedlichen politischen Milieus durchliefen in der Ernährungsfrage seit dem Winter 1917/18 «fundamentale Lernprozesse»,[57] die sie zur Einsicht führten, dass der Nahrungsmittelmangel zwar nach wie vor monetäre und verteilungspolitische Komponenten hatte, aber grundsätzlich ein Problem darstellte, das Konsumenten und Produzenten besser gemeinsam mittels der Ausdehnung der Produktion vor Ort sowie der Etablierung neuer Formen der Zusammenarbeit lösen konnten statt mit Konfrontationspolitik.[58] Der im linksradikalen Milieu aktive Agronom Max Kleiber etwa kam zur Überzeugung, dass die «Industriellen» eine «viel vernünftigere Agrarpolitik als die Sozialdemokratie» betrieben, weil sie die Ausdehnung der Nahrungsmittelproduktion «unter Mithilfe des städtischen Proletariats» an die Hand nahmen statt lediglich Forderungen an die Landwirtschaft zu stellen.[59]

Konkret meinte Kleiber die in der Schweizerischen Vereinigung für Innenkolonisation und Industrielle Landwirtschaft (SVIL) zusammengeschlossenen Unternehmer und Behörden. Die SVIL war im Juli 1918 auf Anregung des Agronomen Hans Bernhard und dem aus dem Umfeld der Arbeiterbewegung stammenden Jacob Lorenz vom Ernährungsamt des Kantons Zürich gegründet worden. Mit der «Vermehrung der Bodenkultur» wollte die SVIL nicht nur die neuen Pflichten des Bundes erfüllen, sondern auch vermeiden, dass Arbeiter aus Protest gegen die mangelhafte Ernährung streikten.[60] Hans Bernhard zweifelte ähnlich wie die Sozialdemokraten Herman Greulich, Paul Pflüger und Bernhard Jaeggi am Sinn von immer neuen Appellen, Drohungen und Verpflichtungen, wenn die bäuerliche Landwirtschaft weder über die Produktionsmittel noch über die Arbeitskräfte für eine Mehrproduktion verfüge. Die

56 Gautschi 1968: 144.

57 Siegenthaler 1993: 16.

58 Für eine Übersicht über diese Bestrebungen vgl. Auderset/Moser 2012: 137–149.

59 Zitiert nach Auderset/Moser 2012: 142.

60 Archivbestand SVIL (AfA Nr. 106), Protokoll der konstituierenden Versammlung der SVIL, 5. Juli 1918; vgl. auch: Baumann/Moser 1999: 19–23.

Ernährungsfrage als «Sache des ganzen Volkes» könne nicht weiter delegiert werden, sondern müsse von den Verursachern gelöst werden – also von der Industriegesellschaft, erklärte Bernhard.[61] Neben dem Zuspruch von linksradikaler Seite erfuhr die Tätigkeit der SVIL auch Unterstützung vom VSK, der mit der Gründung der Schweizerischen Genossenschaft für Gemüsebau (SGG) im Herbst 1918 begann, im grossen Stil selbst Gemüse anzubauen, nachdem er schon 1916 mit dem Ankauf von Landwirtschaftsbetrieben in die Produktion von Nahrungsmitteln eingestiegen war.[62] Nun ging es dem VSK nicht mehr darum, Bauernland in Konsumentenhand zu überführen, sondern durch die Bewirtschaftung bisher brach liegender Flächen, die in vielen Fällen von der SVIL für die SGG urbarisiert wurden, zusätzliche Flächen in genossenschaftlicher Form zu bewirtschaften. Diesen Ausbau der Nahrungsmittelproduktion begrüssten auch die landwirtschaftlichen Organisationen. Für den Getreidezüchter Gustave Martinet beispielsweise stellte «cette collaboration active des non agriculteurs à la production alimentaire nationale (...) un des plus belles oeuvres sociales de ces temps difficiles» dar.[63]

Neben der Ausdehnung des Gemüse- und Ackerbaus wurde auch das Verhältnis von Produktion und Konsum neu thematisiert. Hatte der Städteverband schon im Frühling 1916 «die Anbahnung eines richtigen Verhältnisses der Stadtverwaltungen zu den Produzenten» angeregt (und auf entsprechende Beispiele in der Romandie und der Ostschweiz hingewiesen),[64] begannen im Sommer 1918 auch Bäuerinnen, die konfrontativen Beziehungen zwischen Produzenten- und Konsumentenvertretern in Frage zu stellen. Die im Juli 1918 auf Initiative der Bäuerin Augusta Gillabert-Randin gegründete Association des Productrices de Moudon (APM) etwa wollte die Produktion, die Distribution und den Konsum von Nahrungsmitteln neu und engmaschiger verflechten, damit die Produzentinnen und Konsumentinnen unter weitgehender Ausschaltung des Zwischenhandels sich auch sozial (wieder) näher kamen. Die APM war zwar ein Produkt der kriegswirtschaftlich bedingten Verschlechterung der Ernährungslage, verstand sich aber ebenso sehr als ein

61 Moser 2000.

62 Moser 2007: 66–68.

63 La Terre Vaudoise, 20.07.1918.

64 Vgl. Mitteilungen der Zentralstelle des schweizerischen Städteverbandes, in: Archivbestand Schweizerischer Bauernverband (AfA Nr. 110, Teil 1), Dossier 161.23-02.

zukunftsfähiges Modell für eine neuartige Organisation der Produktion und der Konsumtion, wie Gillabert-Randin 1919 schrieb: «Œuvre née de la guerre, elle est peut-être appelée à lui survivre, car si la grande tuerie a pris fin, l'ère est venue des reconstructions et des restaurations de tous genres.»[65]

Wie stark das Modell der APM der Wahrnehmung von Produktion und Konsumtion als einem Gegensatz widersprach, zeigte sich auch daran, dass die APM in der Öffentlichkeit als «Soviet de productrices»[66] (miss-)verstanden wurde, obwohl der Vorschlag ziemlich genau dem entsprach, was die aus der Arbeiterbewegung stammende Dora Staudinger am Frauenkongress 1921 als «Genossenschaftssozialismus» bezeichnete, in dem «der Gegensatz zwischen den Wirtschaftsparteien, zwischen Konsument und Produzent wie zwischen Arbeitgeber und -nehmer überbrückt» werden sollte.[67]

Die SVIL, der VSK, die SGG, die APM, die Behörden sowie die landwirtschaftlichen Produzentenverbände und «communistische Produktionsgenossenschaften» wie die der Linksradikalen im zürcherischen Herrliberg[68] waren sowohl auf institutioneller Ebene als auch in personeller Hinsicht eng miteinander verflochten. So gehörte beispielsweise Fritz Mangold, der Basler Regierungsrat und spätere Vorsteher des Fürsorgeamtes in Bern, dem Vorstand der SVIL und dem Verwaltungsrat der SGG ebenso an wie Gustave Martinet, der als Direktor der landwirtschaftlichen Forschungsanstalt Mont-Calme zudem in vielen bäuerlichen Organisationen aktiv war und als Redaktor der Zeitschrift *La Terre Vaudoise* Augusta Gillabert-Randin im Sommer 1918 Platz zur Erläuterung ihrer Vorstellungen einer Neuorganisation des Verhältnisses zwischen Produzentinnen und Konsumentinnen einräumte.[69] Jacob Lorenz, der wissenschaftliche Adjunkt des schweizerischen Arbeitersekretariats, war 1916 in die Direktion des Lebensmittelvereins Zürich gewählt worden und wirkte ab 1918 als Vorstandsmitglied und Aktuar der SVIL.[70] Zusammen mit Robert Grimm gab er 1915/16 zudem die Zeitschrift *Neues Leben* heraus, in der

65 Zit. nach Moser/Gosteli 2005: 52.

66 Moser/Gosteli 2005: 35.

67 Staudinger 1921: 85.

68 Zu den «communistischen Produktionsgenossenschaften» in Herrliberg vgl. Auderset/Moser 2012: 141–142.

69 Moser/Gosteli 2005.

70 Lorenz 1935.

Grimm unter anderem zur Frage der kommunalen Milchversorgung publizierte.[71] Mit Leo Müller, dem Leiter der Konsummolkerei Luzern und seit 1913 Vorkämpfer für eine «Verständigung zwischen Landwirtschaft und Konsumverband»,[72] hatte der VSK bereits 1916 einen Schüler Laurs zum Leiter der Abteilung «Landwirtschaft» gewählt. Und der Agronom Hans Keller, der erste Direktor der SGG, war bis im Sommer 1918 Lehrer an der Landwirtschaftlichen Schule Rütti, in deren Namen er schon 1917 Anleitungen zur «Höchstproduktion von Nahrungsmitteln» publiziert hatte.[73]

Innerhalb des OAK wurden die vielfältigen Bestrebungen zur Ausdehnung der Nahrungsmittelproduktion und der Neuorganisation des Verhältnisses zwischen Konsum und Produktion zwar schon länger kontrovers diskutiert, nun aber aktiv unterstützt. Den Antrag des am linken Rand der SP politisierenden Fritz Platten, die Mitarbeit im Beirat des Ernährungsamtes zu verweigern, weil der Arbeiterschaft lediglich drei von zehn Sitzen zugesprochen wurden, lehnte das OAK ebenso ab wie August Hugglers negative Einschätzung der SVIL-Tätigkeiten. Das OAK dürfe sich diesen Aktivitäten gegenüber «nicht passiv verhalten», argumentierte Grimm im September 1918. Soweit brachliegendes Land von den Bauern nicht selbst bewirtschaftet werden könne, müsse «für die Bereitstellung von Arbeitskräften gesorgt werden», weil die «Bewirtschaftung von melioriertem Land» im Grossen erfolgen müsse. Es solle der «Grundsatz gelten, dass jeder, der sich nicht über eine gesellschaftlich notwendige Arbeit ausweisen» könne, zur Arbeit herangezogen werden könne; in erster Linie dachte Grimm dabei an das «arbeitslose Gesindel in den Städten, das sich der Schwelgerei» ergebe.[74]

An dieser (neuen) Grundhaltung in ernährungspolitischen Fragen änderte sich bis zur Ausrufung des Landesstreiks im November innerhalb des OAK nichts mehr – was zur Folge hatte, dass ausgerechnet die bisher so viel Zündstoff beinhaltenden ernährungspolitischen Anliegen in einem bemerkenswert anderen Ton vorgetragen wurden als die gewerkschaftlichen, sozial- und allgemein politischen Anliegen, deren Erfüllung die Streikenden in ultimativer Form verlangten.

71 Grimm 1916: 108–121.

72 Vgl. Brief von Leo Müller an Ernst Jaggi vom 15.04.1952, in: AfA Personendossier Nr. 183.

73 Keller 1917.

74 Zitiert nach Auderset/Moser 2012: 141.

Die Ernährungsfrage war ein Bereich, in welchem schon vor und während des Krieges gemeinsame Anliegen von Produzenten und Konsumenten, Arbeitgebern und Arbeitnehmern sowie Industrie, Landwirtschaft und Behörden diskutiert wurden. Vertreter praktisch aller dieser Gruppierungen waren ab dem Sommer 1918 in der einen oder anderen Form an einer «empirischen Objektivierung»[75] der Auseinandersetzungen interessiert. Zu den wichtigsten Neuerungen, welche die unterschiedlichen Vorstellungen über die richtige Höhe der Preise und der Löhne nicht obsolet, aber diskutierbar machten, gehörten Erfindungen wie die des «Reallohnes», des «landwirtschaftlichen Einkommens» sowie des «Ertragswertes» für landwirtschaftliche Betriebe, die miteinander in Beziehung gesetzt und damit verhandelbar wurden. Eine zentrale Voraussetzung zur Führung dieser Diskussionen waren Daten, welche die «Klasseninteressen-Organisationen» der Industrie, des Gewerbes sowie der Arbeiter- und Bauernschaft erhoben. Alle pflegten auch «lebhafte Beziehungen zu den Bundesbehörden», die sie für ihre Tätigkeiten finanziell entschädigten.[76] Dass die Statistik ganz unterschiedliche soziale Wirklichkeiten herstellte, zeigten die Diskussionen um die Nahrungsmittelpreise während des Ersten Weltkrieges, leisteten diese doch sowohl einen wesentlichen Beitrag zur Radikalisierung der innenpolitischen Auseinandersetzung als auch zu deren teilweisen Objektivierung und Entschärfung. Für die Menschen war die Ernährung deshalb nicht nur von unmittelbarer Wichtigkeit im Alltag, sondern beinhaltete auch ein gesellschaftspolitisch relevantes Gestaltungspotential, das weit über den Ernährungsbereich hinaus wirkmächtig wurde.

3.5 Ausblick: Der Erste Weltkrieg als Akzelerations- und Inkubationszeit

Am Beispiel der Ernährungs- und Agrarpolitik wird besonders deutlich, dass der Erste Weltkrieg alles andere als klare Sieger und Verlierer produzierte. Zufälle und Kontingenz verhalfen Akteuren vielmehr zu Möglichkeiten der Implementierung bekannter wie auch der Entwicklung neuer Vorstellungen, die sich in der Nachkriegszeit zu einer politisch-sozialen

75 Tanner 1994: 243.
76 Reichesberg 1908: 95.

Ordnung verschweissten, die sich insgesamt signifikant von derjenigen der Vorkriegszeit unterschied. Neben der Bedrohung, die der Kriegsausbruch darstellte, erblickten einzelne Akteure in der neuen Situation eine Chance, um zumindest Teile ihrer Zielsetzungen zu realisieren. Zu ihnen gehörten Grimm und Laur.

Laur nutzte im Spätsommer 1914 das Erstarken des Staates sowohl zu einer Konsolidierung der von ihm als richtig erachteten Weltmarktorientierung eines wesentlichen Teils der Agrarproduktion als auch zu einem Ausbau der Beziehungen zwischen der organisierten Landwirtschaft und dem Staat. Er hatte seit dem Ende des 19. Jahrhunderts versucht, neben der Schaffung neuer Marktordnungen auch korporatistische Beziehungen zu den Bundesbehörden aufzubauen, um die Branche am Prozess der nicht zuletzt wegen der Globalisierung stark wachsenden Regulierung des Ernährungs- und Agrarbereichs zu beteiligen. Ein grosses Anliegen war ihm die Entkoppelung des Preises für Konsummilch im Inland vom Exportpreis für Käse. Nur so konnte der Preis für die im Inland konsumierte Milch zu einem Verhandlungsgegenstand der organisierten Produzenten, Händler und Konsumenten gemacht werden. Die heftige Opposition der Kondensmilchindustriellen, der Käsehändler und der Sozialdemokratie gegen diese von Laur orchestrierten Bestrebungen der Milchproduzenten führten zunächst zu sogenannten Milchkriegen.[77] In deren Verlauf bildeten sich neue Beziehungen und darauf aufbauend bisher unbekannte Verhandlungsmuster, die sich als zukunftsträchtig erwiesen. Ohne diese Praktiken der Auseinandersetzung wäre es im August 1914 kaum möglich gewesen, dass sich Händler, Verarbeiter, Produzenten und Konsumenten mit Hilfe der Bundesbehörden in so kurzer Zeit auf die Gründung der Käseunion einigen konnten, die das Ziel verfolgte, die Käseproduktion «zu einem Preise zu verwerten, welcher dem Handel einen angemessenen Verdienst, dem Käser eine gesicherte Existenz und dem Landwirt einen den Produktionskosten der Milch entsprechenden Preis» sichern sollte und die mit ihrer Einkaufspolitik erst noch dafür sorgen wollte, dass «die Konsumenten nicht in unbilliger Weise belastet» würden.[78]

Diese handelsbasierte, transnational ausgerichtete, um das Element des Interessenausgleichs angereicherte Strategie verlor während des Krie-

77 Moser/Brodbeck 2007: 54–71.

78 Statuten der Genossenschaft Schweizerischer Käseexportfirmen vom 22.8.1914, Artikel 1, in: Archivbestand Alfred G. Roth (AfA Nr. 728), Dossier 21-00.

ges an Glanz, als die Importe 1915/16 zurückgingen. Die vereinzelt schon vor dem Ausbruch des Krieges geäusserten Bedenken gegen die einseitige Spezialisierung der landwirtschaftlichen Produktion[79] stiessen nun auch bei den Behörden und in wissenschaftlichen Kreisen zunehmend auf Zustimmung. Verlangt wurde eine Abkehr von der Spezialisierung. Der Bauernverband stimmte sogar der Forderung zu, dass einseitig auf die Tierproduktion spezialisierte Betriebe in der Zentral- und in der Ostschweiz verpflichtet werden sollten, (wieder) Ackerbau zu treiben.[80] Behörden und landwirtschaftliche Verbände waren sich rasch einig, dass es «[o]hne etwelchen Zwang» unmöglich sei, eine «Höchstproduktion von Nahrungsmitteln» zu erreichen.[81] Die in der Vorkriegszeit von Handels- und Konsumentenkreisen zuweilen als (noch) zu wenig weit gehend beklagte Spezialisierung der Landwirtschaftsbetriebe erschien jetzt (ausser den Betroffenen auf den Betrieben selbst) als «zu extrem». Was vor 1914 und auch noch in den ersten beiden Kriegsjahren als «natürlich», erstrebenswert und volkswirtschaftlich geboten erschien, galt es nun zu überwinden.

Für die seit den 1870er Jahren zentral an der ETH in Zürich ausgebildeten Agronomen wurde der Erste Weltkrieg zu einem ähnlichen Schlüsselerlebnis wie für die Intellektuellen im Umfeld der britischen Labour Party, die während des Krieges realisierten, welch «unausgeschöpftes Potential zur Neugestaltung von Wirtschaft und Gesellschaft»[82] in einem sich in der Krise befindenden bürgerlichen Staat steckte. In der Zwischenkriegszeit fasste diese Wahrnehmung nach und nach auch in bäuerlichen Kreisen Fuss. Landwirtschaftliche Organisationen, die bisher vor allem auf Bildung und Selbsthilfe gesetzt hatten, kamen nun ebenfalls zum Schluss, dass es der Staat sei, der «Licht und Schatten, Lust und Leid» verteile, so dass ein wirtschaftspolitisches Engagement der bäuerlichen Organisationen unerlässlich werde.[83]

So überführte der Erste Weltkrieg die Agrar- und Ernährungspolitik in ein Laboratorium des social engineering, in welchem eine Vielzahl politisch unterschiedlichster, zuweilen auch Klassen- und Geschlechter-

79 Moos 1914.

80 Baumann 1993: 298.

81 Keller 1917: 1.

82 Prinz 2000: 240.

83 Baumann/Moser 1999: 289. Das gleiche Phänomen ist auch auf der kantonalen Ebene zu beobachten, vgl. Moser 2013: 361–364.

grenzen überwindender Akteure der agrarisch-industriellen Wissensgesellschaft[84] nicht nur ihre spezifischen Anliegen vertraten, sondern auch sicherzustellen versuchten, dass die Agrar- und Ernährungspolitik nicht mehr zum Auslöser oder Katalysator sozialer Konflikte und gesellschaftlicher Desintegrationen wurde. Dass ihnen dies in der Folge des «kurzen»[85] 20. Jahrhunderts sogar weitgehend gelang, hängt auch damit zusammen, dass die neue Ernährungsordnung wissenschaftlich begründet, durch rationalisierte Praktiken ökonomisch und politisch legitimiert und erst noch ideologisch vergemeinschaftet wurde.[86] Sie leistete, zusammen mit den meteorologisch wesentlich günstigeren Bedingungen, einen (in seinem Ausmass logischerweise immer umstrittenen)[87] Beitrag dazu, dass während des Zweiten Weltkrieges in der Schweiz bedeutend weniger Menschen unter einem Mangel an Nahrungsmitteln und deren Verteuerung litten als im Ersten.

Betrachtet man die ernährungspolitischen Ordnungsvorstellungen der Zwischenkriegszeit und ihre bis in die frühen 1990er Jahre strukturbildenden Verstetigungsprozesse aus der Perspektive der krisenhaften Ausgangsbedingungen am Ende des Ersten Weltkrieges, so verdeutlicht sich die «soziale Logik»[88] des neuen agrar- und ernährungspolitischen Konzepts. Dieses beinhaltete neben der Aufrechterhaltung der transnationalen Austauschprozesse und der Fokussierung auf die Tierhaltung auch den Ausbau der Getreideproduktion zur Sicherstellung der Ernährung einer immer grösser werdenden nicht-bäuerlichen Bevölkerung. Die Landwirtschaft wurde, wie Hans Bernhard 1918 vorschlug, zu einer «Sache des ganzen Volkes» gemacht, die es im Sinne eines Service public zu regulieren und in die Industriegesellschaft zu integrieren galt.[89] Diese in der Literatur zuweilen als Verbäuerlichung und ideologische Agrarisierung[90] der Schweiz missverstandenen Bestrebungen führten nicht zu einer Abkoppelung der Landwirtschaft von der Industriegesellschaft und den Weltmärkten. Im Gegenteil, Käse und Nutzvieh wurden weiterhin (in steigenden Mengen) exportiert und der Import von Futtermitteln und

84 Auderset/Bächi/Moser 2012.
85 Hobsbawm 1995.
86 Etzemüller 2009.
87 Baumann/Moser 1999: 331–336.
88 Thompson 1971: 76–136.
89 Moser 2000; 2012.
90 Ernst/Wigger 1996: 17.

Dünger wurde noch wichtiger. Auch der seit langem etablierte transnationale Wissensaustausch erfuhr eine Intensivierung, besuchten doch ab der Zwischenkriegszeit zunehmend auch Bauern und Bäuerinnen im Rahmen von Reisen ihrer Fachorganisationen landwirtschaftliche Betriebe und Institutionen im Ausland. Friedrich T. Wahlen als Verkörperung der «Anbauschlacht» im Zweiten Weltkrieg war bezeichnenderweise schon in der Zwischenkriegszeit mehrheitlich in Nordamerika tätig.

Anders als im 19. Jahrhundert wurden die Veränderungen in der Agrarproduktion nicht mehr durch eine «wilde Konkurrenz und die Hungerpeitsche» gelenkt,[91] sondern durch die Fachbildung der Bauern und Bäuerinnen, das landwirtschaftliche Organisationswesen, eine verhandlungsbasierte staatliche Wirtschafts- und Sozialpolitik sowie – nach dem Zweiten Weltkrieg – durch den technisch nun möglich gewordenen Zugriff auf fossile Energieträger im grossen Stil.

Laur und Grimm standen dieser neuen Agrar- und Ernährungsordnung zuweilen bemerkenswert distanziert gegenüber. Mit ihrer unterschiedlichen Weise der Thematisierung der Ernährungsfrage schufen sie während des Krieges zwar die Bedingungen für die ernährungspolitische Neuausrichtung, aber deren Ausgestaltung entglitt ihnen nach dem Krieg weitgehend. Nicht Laur und Grimm, sondern ihre Mitstreiter, internen Widersacher, Schüler und Nachfolger verkörperten ab den 1920er Jahren die von Laur in einem Grundsatzreferat in ihren Grundzügen schon im Spätsommer 1915 skizzierte «zielbewusste» Ernährungs- und Agrarpolitik der Nachkriegszeit.[92] Grimm bekräftigte zwar auch nach der Überwindung des grössten Mangels seine im Krieg gewonnene Ansicht, dass «eine genügende» Versorgung mit Brot (noch) wichtiger war als eine «billige»,[93] aber sein Engagement für die konkrete Ausgestaltung der Ernährungs- und Agrarpolitik blieb beschränkt. Er konzentrierte sich in diesem Bereich auf programmatisch und symbolisch wichtige, im Alltag jedoch eher zweitrangige Fragen wie sein (erfolgloses) Einstehen für die

91 Ernst Laur, Kritische Bemerkungen zu Aereboes Agrarpolitik (MS, 1928), in: Archivbestand SBV (AfA Nr. 110, Teil I), Dossier 161.21-03.

92 Laur 1915: 13.

93 So setzte sich Grimm 1921 im Rahmen der vom Ernährungsamt einberufenen Konferenz zur Sicherung der Brotversorgung für eine Förderung der inländischen Getreideproduktion ein, weil «1. für eine genügende, 2. für eine billige und 3. für eine dauernd gleichmässige Versorgung mit Brotgetreide gesorgt werden» müsse. Vgl. Landwirtschaftliches Jahrbuch der Schweiz, 1921, S. 260.

Verankerung des Getreidemonopols in der Bundesverfassung an der Seite der Bauernvertreter. Laur, der auch in den 1920er Jahren noch überzeugt war, dass das 20. Jahrhundert «das Jahrhundert der internationalen Organisation und der staatlichen Mitwirkung im internationalen Warenaustausch sein»[94] werde, kämpfte für den Beitritt der Schweiz zum Völkerbund,[95] verlegte sein Engagement zu einem grossen Teil auf die internationale Ebene und argumentierte innerhalb der Schweiz zunehmend gegen die Einführung von Massnahmen, die die Agrarproduktion in seinen Augen allzu stark auf das Inland ausrichteten.[96]

Grimm und Laur waren an der Auflösung der «alten» und an der Schaffung der Grundlagen der «neuen» Ordnung massgeblich beteiligt, machten inhaltlich jedoch nicht die gleichen fundamentalen Lernprozesse durch wie beispielsweise Josef Käppeli von der Abteilung für Landwirtschaft im Volkswirtschaftsdepartement, Oskar Howald, Laurs Nachfolger im Bauernverband und an der ETH, sowie Bernhard Jaeggi vom VSK und der am Landesstreik beteiligte und den Gewerkschaften nahestehende Ökonom Fritz Marbach, die die neue Agrar- und Ernährungsordnung viel deutlicher verkörperten als Laur und Grimm. Der Journalist und Agronom Franz Schmidt, ein Schüler Laurs und Parteikollege Grimms, mag deshalb auch an Letzteren gedacht haben, als er 1931 aus Anlass von Laurs 60. Geburtstag diesen als einen Menschen «einer vergangenen Epoche» charakterisierte, der «die Seele der neuen Zeit nicht» mehr verstehe.[97] In den Augen Schmidts verharrten sowohl Laur als auch Grimm nach dem Krieg in der Politik der «Kulissenschieberei», währenddem es seiner Ansicht nach darum ging, das Volk auch im Ernährungsbereich für den Sozialismus zu gewinnen.[98]

94 So Laur 1927, zitiert nach Graevenitz 2011: 1.

95 Moos 2001.

96 Baumann/Moser 1999: 137.

97 Schmidt 1931: 228.

98 Franz Schmidt reagierte 1930, kurz bevor er als Redaktor an das St. Galler SP-Organ *Volksstimme* berufen wurde, in einer dreiteiligen Artikelserie in der Zeitung *Aufbau*, dem Organ der religiös-sozialen Bewegung, auf die 1930 von Grimm verfochtene Einschätzung, wonach eine Koalition zwischen Bauern und der SP auf lange Sicht nicht möglich sei, weil der Konzentrationsprozess in der Landwirtschaft die (als Bauern) überlebenden Landwirte an die bürgerlichen Parteien kettete. Vgl. dazu: Der Aufbau, 13.06., 20.06., 27.06. und 04.07.1930 sowie Grimm 1930.

3.6 Fazit

Der Krieg habe die wirtschaftlichen Verhältnisse grundlegend verändert, die Werte verschoben und ganz neue Produktionsbedingungen erzeugt, stellte Bundesrat Schulthess 1929 rückblickend fest.[99] Das trifft insbesondere für den Ernährungs- und Agrarbereich zu. Allerdings hatte auch hier einiges, «was nach dem Krieg neu zutage trat»,[100] seine Wurzeln in der Vorkriegszeit wie beispielsweise die neuen Marktordnungen im Milchbereich, die sich durch eine ausgesprochene Verhandlungskultur zwischen Produzenten, Händlern, Verarbeitern und Konsumenten auszeichneten.[101] Die Grundzüge dieser Marktordnungen wurden ebenso in der Vorkriegszeit sichtbar wie die für die Nachkriegszeit so charakteristischen Eingriffe in die Produktionsfreiheit und die individuellen Verfügungsgewalten über den Boden, die mit der Aufnahme des bäuerlichen Erbrechts in das Zivilgesetzbuch 1912 auf der normativen Ebene einen ersten Höhepunkt erlebten.[102] Die Grundlagen zur Ausdehnung des Getreidebaus waren ebenfalls zu Beginn des 20. Jahrhunderts geschaffen worden, als Wissenschaftler, bäuerliche Praktiker, staatliche Forschungsanstalten und landwirtschaftliche Schulen mit der systematischen Getreidezüchtung begannen.[103]

Im Ernährungs- und Agrarbereich war die Kriegszeit jedoch weit mehr als eine Periode, in der bereits bestehende Vorstellungen und Konzepte beschleunigt umgesetzt wurden. Vor allem in der zweiten Hälfte des Krieges entstand ein eigentliches Laboratorium, in dem Akteure grundsätzliche Lernprozesse durchmachten, bisher unbekannte Vorstellungen entwickelten und neue Massnahmen umzusetzen begannen. Der Krieg war deshalb ebenso sehr eine Zeit der Inkubation, in der das Diktum, wonach die Geschichte ein offener Prozess sei, eine eindrückliche Bestätigung erfuhr: Die Ernährungspolitik der Behörden und der Verbände trug nicht wenig zur Radikalisierung der innenpolitischen

99 Jost 2007: 60.
100 Jost 2007: 60.
101 Moser/Brodbeck 2007: 54–89.
102 Das bäuerliche Erbrecht im ZGB räumte «fähigen Erben» die Zuweisung des Erbgutes zum Ertragswert ein, wenn es sich um eine wirtschaftliche Einheit handelte. Vgl. Neukomm 1965: 452.
103 Moser 2003: 17–35.

Auseinandersetzungen bei, gleichzeitig führten die Erfahrungen des Mangels und der Verletzlichkeit der in den Grundzügen aus der Vorkriegszeit stammenden Ernährungsordnung dazu, dass die Ernährungsfrage ab 1916/17 zunehmend anders gedacht und ab 1918 politisch auch anders zu lösen versucht wurde.

Bis 1916/17 orientierten sich die Akteure primär an der Optimierung des Funktionierens des internationalen Handels, der seit der Globalisierung des Welthandels mit Getreide in den 1860/70er Jahren sowohl für den Konsum als auch die Produktion von Nahrungsmitteln enorm wichtig geworden war. Erst der Rückgang und die Verteuerung der importierten Nahrungs- und Produktionsmittel sowie die zusätzlichen, vor allem witterungsbedingten Behinderungen der Inlandproduktion lösten 1916/17 eine Suche nach Alternativen aus. Damit rückte die Produktion von Gemüse und Ackerfrüchten (anstelle von Milch und Fleisch) ins Zentrum. Dieser Perspektivenwechsel führte zur Überlagerung des bisher weitgehend als dichotomisches Nullsummenspiel konzipierten Verhältnisses von Produktion und Konsum durch komplexere und dynamischere Vorstellungen. Diese wurden nicht nur den Eigenheiten der witterungsabhängigen, saisonal bedingten und die Reproduktion eines grossen Teils der Produktionsgrundlagen beinhaltenden Nahrungsmittelproduktion einer bäuerlichen Landwirtschaft gerechter, sondern ermöglichten auch eine aktivere Beteiligung der Konsumenten und Konsumentinnen an der Realisierung der Potentiale und Grenzen der Nutzung von Pflanzen und Tieren zur Ernährung. Mit der Pluralisierung der Lösungsansätze gelang es noch während des Krieges, die ernährungspolitischen Anliegen der Arbeiterschaft zu einem Verhandlungsgegenstand zu machen – was bei den sozialpolitischen, gewerkschaftlichen und allgemeinpolitischen Anliegen der Arbeiterschaft gerade *nicht* der Fall war, versuchte doch das Bürgertum «die organisierte Arbeiterbewegung institutionell und staatspolitisch zu marginalisieren, was viel zu jener Streikbereitschaft beitrug, die im November 1918 im Landesstreik eskalierte».[104]

Unter der Verteuerung und Verknappung der Lebensmittel in den Kriegsjahren litt in erster Linie die städtische Industriearbeiterschaft. Aber auch Teile der Beamtenfamilien, die keine Möglichkeiten zum Anbau von Gemüse oder Kartoffeln hatten, waren betroffen. Das galt selbst für viele in der Nahrungsmittelproduktion tätige Menschen auf dem Land,

104 Tanner 2014: 16.

die seit der Globalisierung der Agrarproduktion im letzten Viertel des 19. Jahrhunderts einen grossen Teil ihrer Nahrungsmittel kauften. Weil die Löhne der Teuerung hinterherhinkten, kam es zu einer eigentlichen Verarmung von grossen Teilen der Arbeiterschaft. Viele Arbeiterfamilien benötigten erstmals seit längerer Zeit wieder mehr als die Hälfte ihrer Einnahmen zum Kauf von Lebensmitteln. Die Industriearbeiterschaft verlor im Krieg einen wesentlichen Teil der Reallohnzunahmen, die sie in den drei Jahrzehnten zuvor erhalten hatte.[105] Gerade umgekehrt verlief die Entwicklung bei den landwirtschaftlichen Einkommen. Diese variierten zwar stark, stiegen aber in der zweiten Kriegshälfte überproportional an, obwohl die Agrarpreise unter den Weltmarktpreisen gehalten wurden. Einzelne Grossbetriebe machten glänzende Geschäfte, viele von ihnen schrieben allerdings schon 1921 wieder Verluste.

Die Vermeidung solcher Extreme sowohl auf der Einkommens- wie auf der Versorgungsseite war das Hauptziel, das in der Nachkriegszeit im ernährungs- und agrarpolitischen Bereich angestrebt wurde. Eine Rückkehr zur Spezialisierung der Agrarproduktion, wie sie vor dem Krieg aus wirtschaftsliberaler Sicht propagiert und in der agrarischen Praxis praktiziert worden war, kam für die Gesellschaft nicht mehr in Frage. Das von Bundesrat Edmund Schulthess 1915 formulierte Diktum, wonach das Prinzip der Spezialisierung in Handel, Industrie und Gewerbe richtig, im Bereich der Landwirtschaft hingegen *nicht* richtig sei, wurde 1918 nicht mehr in Zweifel gezogen.[106]

Der Krieg erwies sich insofern als «Lehrmeister», als die Agrarproduktion aus ihrer einseitigen Weltmarktorientierung herausgelöst und flexibilisiert wurde, indem der Ackerbau im Bedarfsfall kurzfristig ausgebaut werden konnte. Die politische Grundsatzfrage lautete nicht mehr (wie vor dem Weltkrieg) «Körner- oder Futterbau?»[107], sondern «welche strukturellen und wissensmässigen Voraussetzungen braucht es, damit die bäuerliche Bevölkerung künftig gleichzeitig genügend Getreide für die Menschen im Inland wie auch Futter für die Tiere, deren Produkte zum Teil exportiert wurden, anbauen konnte?» Die Folge des Krieges war deshalb nicht eine *Verbäuerlichung* der Gesellschaft, sondern die *Vergesellschaftung* der Landwirtschaft. Wollte Laur vor dem Krieg aus *dem* Bauer noch

105 Tanner 1994: 246.

106 Zitiert nach Baumann 1993: 297.

107 Kraemer 1871.

einen Landwirt machen, so wurden *die* Bauern im 20. Jahrhundert in eine besondere «Kategorie von Arbeitern im öffentlichen Dienst» verwandelt,[108] die auf der – nun nicht mehr als «Staatsdomäne», sondern als «Bundeshof» konzipierten – landwirtschaftlichen Nutzfläche primär Nahrungsmittel für die inländische Bevölkerung produzierten. Diese Politik der «Integration durch Unterordnung»[109] regulierte den Agrarsektor im Sinne eines Service public, das heisst, sie verhalf rationell wirtschaftenden Betriebsleitern zu einem paritätischen Einkommen und setzte die bäuerlichen Betriebe zugleich einem umfassenden innerlandwirtschaftlichen Verdrängungskampf aus, so dass die bäuerliche Bevölkerung zu einer kleinen Minderheit schrumpfte, die die rasant gewachsene Gesamtbevölkerung am Ende des 20. Jahrhunderts etwa im gleichen Verhältnis ernähren konnte wie während des Ersten Weltkrieges.

108 Mooser 2000: 27.
109 Moser/Varley 2013: 13–39.

SEKTION II: DIE ENERGIEKRISE

4. FRIEREN, KALT ESSEN UND ZU FUSS GEHEN. DIE ENERGIEKRISE 1917–1919 IN DER SCHWEIZ

Christian Pfister

4.1 Teurer als Brot

Die Menschen in der Schweiz litten in den Jahren 1917–1920, wie jene in den meisten anderen europäischen Ländern, nicht nur unter teuren Kartoffeln und kärglichen Brotrationen, sondern auch unter einer kriegsbedingten Verknappung von Energierohstoffen wie Kohle, Brennholz oder Koch- und Leuchtgas. Die Kohle verteuerte sich bis 1918 gegenüber dem Vorkriegsstand um mehr als das Fünffache; die Preise stiegen damit wesentlich stärker als bei den Grundnahrungsmitteln (vgl. die Beiträge in der Sektion Versorgungskrise sowie den einführenden Beitrag von Pfister). In den städtischen Mietskasernen schlotterten die Bewohner nicht nur in ihren schlecht geheizten Wohnungen, sie mussten auch kalt essen. Auf dem Lande zündeten die Menschen mit Einbruch der Dunkelheit aus Mangel an Leuchtpetroleum Kerzen an. Die Mobilität war eingeschränkt, weil die dampfbetriebenen Bahnen unerschwinglich teuer geworden waren und nur noch werktags nach einem ausgedünnten Fahrplan verkehrten.

Die schwerwiegendste Energiekrise seit der Gründung des Bundesstaates fiel mit der grössten innenpolitischen Krise, dem Landesstreik, zusammen.[1] Sie wird in der neueren Historiographie mit keinem Wort erwähnt. Das Tauziehen um Kohlelieferungen mit dem Deutschen Reich, dem bedeutendsten Lieferanten, ist zwar jüngst von Roman Rossfeld und Tobias Straumann aufgearbeitet worden, ihr Fokus lag aber auf der Industrie.[2] Fündig wird man bei der Frage nach den Konsequenzen der Energiekrise für die Bevölkerung lediglich in der älteren Historiographie. Für Hermann Sieveking und Traugott Geering, die als Historiker und Ökonomen den Weltkrieg in der Schweiz miterlebt hatten, war die Energiekrise ein bedeutendes Thema.[3] Der Historiker Jakob Ruchti widmet

1 Steinmann 2003: 79.

2 Rossfeld/Straumann 2008: 11–62.

3 Sieveking 1922; Geering 1928.

diesem Aspekt in seiner zweibändigen, kurz nach Kriegsende niedergeschriebenen Monographie ein Unterkapitel,[4] und in den Jahren danach sind mehrere einschlägige Dissertationen verfasst worden.[5]

Drei Lizentiatsarbeiten sind unter meiner Leitung zu dieser Thematik entstanden. Ihre Ergebnisse sind in die vorliegende Darstellung eingeflossen: Thomas Mügeli hat sich unter technik- und wirtschaftsgeschichtlichen Gesichtspunkten umfassend und sachkundig mit der Produktion von Stadtgas und elektrischer Beleuchtung sowie dem Wettbewerb zwischen Gas und Elektrizität unter den Bedingungen der Energiekrise auseinandergesetzt.[6] Jonas Steinmann hat die Kohlenversorgung mit Blick auf die Elektrifizierung der Bahnen auf den Punkt gebracht.[7] Alexander Baumgartner hat sich ausführlich mit den Bedingungen befasst, unter denen das Deutsche Reich bereit war, fast bis zum bitteren Ende, Kohle an die Schweiz zu liefern.[8]

Dieser Beitrag ist wie folgt aufgebaut: Anschliessend an diese Einleitung vermittelt das zweite Unterkapitel einen kurzen Überblick über die Entstehung des kohlebasierten Energiesystems in der Schweiz. Das dritte Unterkapitel widmet sich der makroökonomisch-finanzpolitischen Seite der Importe von Kohle aus dem Deutschen Reich und der Versorgung der Bevölkerung mit Energierohstoffen. Das vierte Unterkapitel thematisiert den Aufschwung der Elektrizität als preisgünstige Alternative. Abgeschlossen wird der Beitrag mit einem Fazit.

4.2 Der späte Anschluss ans fossile Energiesystem

Energie ist eine grundlegende Eigenschaft von Objekten in der Physik. Der Begriff im heutigen Sinn wurde 1852 von dem schottischen Physiker William Rankine in die Physik eingeführt. Mit der Ölpreiskrise der 1970er Jahre ist er in den gesellschaftlichen Diskurs eingegangen. Vorgängig taucht er in den Quellen nicht auf. Daraus darf aber nicht geschlossen werden, dass Energie in der Geschichte belanglos gewesen wäre. Benen-

4 Ruchti, 1930/2, 243–256.
5 Wildberger 1923; Pfenninger 1928; Senglet 1950.
6 Mügeli, 1994.
7 Steinmann 2003.
8 Baumgartner 2008.

nen wir nämlich die durch Energienutzung erbrachten (Dienst-)Leistungen – Nahrung, Wärme, Transport und mechanische Arbeit –, wird klar, dass es sich um eine Chiffre für Mobilität oder Güter von existentieller Bedeutung wie Milch, Getreide und Kohle handelt. Nach Ansicht der Umweltökonomie steht Energie als Produktionsfaktor auf derselben Ebene wie Arbeit und Kapital. Sie ist das Rückgrat jeglicher materiellen Produktion und sie ist in dieser Eigenschaft weder in Form noch in Menge ersetzbar.[9] Art, Umfang und Preis der Energieträger, die für Energiedienstleistungen zur Verfügung stehen, die dafür eingesetzten Produktionsverfahren und die geltenden Partizipationsregelungen stecken die physischen und sozialen Handlungsspielräume einer Gesellschaft ab.

Periodisieren wir die Wirtschafts- und Umweltgeschichte in den Ländern des Nordens nach den dominanten Energiequellen, lassen sich Perioden der Agrargesellschaft, der Industriegesellschaft und der Konsumgesellschaft unterscheiden. Agrargesellschaften lebten auf der Basis von Biomasse, Schlüsselenergieträger der Industriegesellschaft war die Kohle, während die Konsumgesellschaft vorwiegend Erdöl und Erdgas nutzt.[10] Die Abgrenzung zwischen diesen Perioden ist zeitlich unscharf und räumlich variabel.

Um 1850 war die Schweiz in ihrer Energieversorgung noch autark: 90 Prozent der Primärenergie entfielen auf Holz.[11] Die erste Phase der Industrialisierung mit der Textil- und der Uhrenbranche als Schwerpunkten war an die Wasserkraft gebunden. Auf der Grundlage von Kohle und Eisen wurde mit dem Eisenbahnnetz ein neuartiges Verkehrssystem aufgebaut, das die Transportkosten radikal senkte, die Transportkapazität und -geschwindigkeit erhöhte, den Einzugsbereich der Märkte erweiterte und damit die Grundlagen zu einer grossräumigen Arbeitsteilung schuf. Die Schweiz war in dieser Hinsicht im europäischen Vergleich eine Nachzüglerin, doch holte sie nach der Verabschiedung des Eisenbahngesetzes 1852 rasch auf. Mit der Eröffnung des Hauenstein-Tunnels zwischen Olten und dem basellandschaftlichen Tecknau am 1. Mai 1858 begann das Zeitalter der fossilen Energien. Der Hauenstein-Tunnel verband das Mittelland mit Basel und über das oberrheinische Eisenbahnnetz mit den

9 Möller 1986: 8.

10 Pfister 1995: 39.

11 Marek 1991: 17, Anmerkung 20.

Kohlegruben der Saar und der Ruhr.[12] Fortan rollte die Kohle in stetig steigenden Mengen ins Land und legte den energetischen Grundstein zu einer zweiten Industrialisierungsphase mit der Metall- und der Maschinenindustrie, dem Fahrzeugbau, der Chemischen Industrie und der Nahrungsmittelindustrie als Trägerbranchen, die allesamt Prozesswärme benötigen.[13] Der Verbrauch blieb in den ersten dreissig Jahren auf die Industrie, die Gaswerke und die Bahnen beschränkt.[14] Die Stadt Bern führte 1843 als erste Stadt in der Schweiz die Gasbeleuchtung ein,[15] zunächst auf der Basis von Schieferkohle, die im Winter in Beatenberg abgebaut und dann auf der Aare nach Bern geflösst wurde.[16] Die städtische Gasbeleuchtung verbreitete sich anschliessend im Kielwasser des Eisenbahnbaus. Die Städte nutzten die entlang dem Bahnnetz entstehenden Kohledepots zum Aufbau von Gasversorgungen. Gasherde und -heizungen wurden in diesem Zusammenhang den Bedürfnissen des Haushalts angepasst und lösten in den Städten die Holzherde ab. Im Hausbrand war die Kohle wegen der Staub- und Geruchsbelästigung zunächst nicht beliebt.[17] Sie fand erst mit den Zentralheizungen, die in den zahlreichen städtischen Wohnblocks vom späten 19. Jahrhundert an eingebaut wurden, Eingang in den Alltag.[18] Auf dem Lande verdrängte die billigere und hellere Petroleumbeleuchtung die Talgkerze der Armen und die mit einheimischem Rapsöl und Lein(samen)öl betriebenen Öllampen in «besseren» Häusern.[19]

Das Gaslicht wurde vom ausgehenden 19. Jahrhundert an teilweise durch die elektrische Glühbirne abgelöst. Elektrizität durch die Nutzung von Wasserkraft konnte anfänglich nur kleinräumig produziert und

12 Marek 1991: 57.

13 Pfister 1996: 53.

14 Pfister 1995: 48.

15 Schivelbusch 1983: 36.

16 Egger 1993.

17 Pfister 1995: 48.

18 Geschichte des Heizens, RWE Magazin 3/2011, http://www.rwe.de/web/cms/de/1106912/rwe-magazin/rwe-magazin-archiv/archiv-2011/ausgabe-3/geschichte-des-heizens/ (Zugriff am 08.10.2014).

19 Schivelbusch 1983: 36.

verteilt werden und war unerschwinglich. Nachdem das Problem der Fernübertragung gelöst worden war, wurden entlang der Flüsse von den 1890er Jahren an Laufkraftwerke gebaut.[20]

Vor dem Krieg wurde ein bedeutender Teil des öffentlichen Nahverkehrs (Trambahnen und Schmalspurbahnen) elektrifiziert, teilweise bereits das Bahnnetz.[21] Am 15. Juli 1913 wurde am Lötschberg die erste elektrische Gebirgsbahn der Welt eröffnet (vgl. den Beitrag von Amacher Hoppler).

An festen mineralischen Brennstoffen (Steinkohle, Braunkohle, Koks, Brikette) zum Betriebe von Eisenbahnen, Dampfschiffen, Fabriken, Gaswerken und zu Heizzwecken importierte die Schweiz jährlich etwas über 3 Millionen Tonnen über das Bahnnetz und die Rheinschifffahrt, wobei 90 Prozent der festen mineralischen Brennstoffe deutschen Ursprungs waren. Gut 10 Prozent der Kohle stammten aus Frankreich und Belgien.[22] An Leuchtpetroleum wurden 60 000 Tonnen importiert, vorwiegend aus den USA, ausserdem aus Österreich-Ungarn, Russland und Rumänien.[23]

4.3 Am Tropf Deutschlands

Im Verlaufe des Krieges schränkten Kontrollgesellschaften den Import und Export von Gütern zunehmend ein: Vom Juli 1915 an überwachte die Schweizerische Treuhandstelle (S.T.S.) den Handelsverkehr der Schweiz mit den Mittelmächten, im November des gleichen Jahres nahm ihr Gegenstück auf Seite der Entente, die Société Suisse de Surveillance Économique (S.S.S.), ihre Arbeit auf. Beide Gesellschaften wurden als Vereine konstituiert und erhielten vom Bund eine Art Startkapital.[24] Keine der beiden Kriegsparteien bestritt die Versorgung der neutralen Staaten mit Lebensmitteln und Rohstoffen, doch versuchten beide zu verhindern, dass kriegswichtige Rohstoffe und Industrieprodukte aus eigener Produktion an den Feind geliefert wurden. Kam die Schweiz einer

20 Paquier 1998: 723–807.
21 Paquier 1998: 859–884.
22 Ruchti 1930/2: 244.
23 Geering 1928: 123.
24 Cottier 2014: 48–55.

Forderung der Entente nicht nach, sperrten die Westmächte die Häfen. Im Dezember 1914 erzwangen sie auf diese Weise zum Beispiel die Einführung eines Staatsmonopols für Getreideimporte.[25]

Bei der Versorgung mit Kohle hing die Schweiz am Tropf des Deutschen Reiches. Als Lieferanten standen nach Kriegsausbruch, bei vorerst nur leicht steigenden Preisen, weiterhin die Zechen des deutschen Kohlensyndikates an der Ruhr im Vordergrund. Lieferungen aus Belgien und Nordfrankreich fielen auf Grund des Kriegsverlaufes weitgehend weg.[26] «Nachdem der Schock des Kriegsbeginns überwunden war, wurde die Alpenrepublik zum willkommenen Abnehmer für Brennstoffe», denn dem Deutschen Reich mangelte es an Devisen. Der Kohlenimport war für die Schweizer Unternehmer, Gaswerke, Eisenbahnen und Privatverbraucher zuerst ohne Mengen- und Verwendungsbeschränkung möglich. Der milde erste Kriegswinter trug dazu bei, dass Kohle in der Schweiz nicht knapp wurde. Nachdem sich die deutschen Hoffnungen auf einen schnellen Sieg verflüchtigt hatten, rückte der Wirtschaftskrieg in den Vordergrund.[27]

Im August 1915 sperrte die deutsche Regierung die Kohlenlieferungen an 255 Betriebe der Maschinenindustrie, die zweifelsfrei für die Entente arbeiteten. Da aber auf dem Schweizer Binnenmarkt genügend deutsche Kohle erhältlich war, verpuffte dieser Boykott zur Verärgerung der deutschen Behörden. Berlin zog die Schraube anschliessend schrittweise an, was in der Forderung nach einer zentralisierten Behörde mündete, welche die importierte Kohle aus Deutschland zu verteilen und ihre Verwendung zu kontrollieren hatte, um die missbräuchliche Nutzung deutscher Energie für die feindliche Rüstung zu verhindern.[28]

Die organisierten schweizerischen Kohlenkonsumenten (Konsumverband, Städteverband, Gaswerke, Industrien und Nebenbahnen) schlossen sich Ende Dezember 1915 zu einer genossenschaftlichen Zentralstelle für die Kohlenversorgung der Schweiz zusammen, die ab 1. Februar 1916 in Basel für den Import der deutschen und der belgischen Kohle verantwortlich war. Ausgenommen waren lediglich die Bundesbahnen.[29] Diese

25 Ochsenbein 1971: 315.

26 Mügeli 1994: 110.

27 Steinmann 2003: 74, gestützt auf Pfenninger 1928.

28 Steinmann 2003: 74.

29 Steinmann 2003: 74.

privatwirtschaftliche Genossenschaft überprüfte jede einzelne Bestellung und ihre Verwendung. Die Kohlenbezüger wurden verpflichtet, der Zentralstelle «alle zweckdienlichen Angaben über die Verwendung und Weitergabe der Kohle, sowie über Lagerbestände und ihren Selbstverbrauch zu machen» und ihr dazu Einblick in die Bücher zu geben.[30] Wer gegen die Bestimmungen verstiess, wurde von weiteren Lieferungen deutscher Kohle ausgeschlossen. Mengenmässig wurden die Käufe nicht beschränkt.[31] Für die Produktion von Kriegsmaterial zugunsten der Entente stellte Frankreich Kohle zur Verfügung, jedoch lediglich 16 Prozent der ursprünglich zugesagten 85 000 Tonnen.[32]

Analog zu den harten Bedingungen der S.S.S. verschärfte Berlin die Exportbedingungen ebenfalls. Am 2. September 1916 wurde ein erster Handelsvertrag mit einer Laufzeit bis 30. April 1917 unterzeichnet. Darin gestand Deutschland der Schweiz unter anderem ein Kontingent von monatlich 253 000 Tonnen Kohle zu, wobei ihr die gleiche Lieferpriorität wie der deutschen Rüstung zugeordnet wurde. Als Gegenleistung gewährte die Schweiz dem Reich über Vermittlung durch private Banken einen Kredit über 1.6 Milliarden Franken,[33] dessen Auszahlung allerdings an den Umfang der Kohlelieferungen gebunden war.[34]

Aufgrund der Überbeanspruchung des deutschen Produktionsapparates durch die Kriegswirtschaft konnte das zugesicherte Monatskontingent nie erfüllt werden. Ab Oktober 1916 ging die Liefermenge schrittweise zurück. Bis zum Jahresende waren 163 000 Tonnen weniger geliefert worden als zugesagt.[35] Da es Deutschland an Rollmaterial mangelte, hatte die Schweiz die Kohle mit eigenen Güterwagen zu transportieren. Bei Ablauf des Handelsvertrags im April 1917 verzichtete Berlin auf Neuverhandlungen, sagte monatlich nur noch 190 000 Tonnen zu und

30 Reglement für die Zentralstelle für die Kohlenversorgung der Schweiz vom 29. Dezember 1915, zitiert nach Steinmann 2003: 75.

31 Geering 1928: 95.

32 Ruchti 1930/2: 144f.

33 50 Millionen Franken (1916).

34 Diese ursprünglich geheime Zusatzbestimmung weist Ochsenbein 1971: 271, Anmerkung 867, nach.

35 Wildberger 1923: 69.

verlangte neue Kredite.[36] Geliefert wurden in den folgenden Monaten – trotz wesentlich höherer Preise – durchschnittlich nur noch 150 000 Tonnen.[37]

4.3.1 «Kohle» gegen Kohlen

Am 20. August 1917 wurde ein zweiter Handelsvertrag mit dem Reich abgeschlossen, der neun Monate gültig war. Alexander Baumgartner hat die Verhandlungen dieses finanz- und neutralitätspolitisch brisanten Dokuments im Detail recherchiert.[38] Berlin stellte Lieferungen von 200 000 Tonnen in Aussicht, erhöhte aber den Preis pro Tonne von 387 auf rund 580 Franken.[39] Neu wurden die Preise in Franken, nicht mehr in Mark festgelegt. Mit gutem Grund, hatte doch die Mark im Vergleich zum Franken im August 1917 die Hälfte ihres Vorkriegswechselkurses eingebüsst. Die deutsche Seite stellte sich auf den Standpunkt, die Schweiz hätte eigentlich den Weltmarktpreis für Kohle von ungefähr 1270 Franken[40] zu zahlen. Aus gut-nachbarschaftlicher Freundschaft akzeptiere man einen Preis von rund 640 Franken,[41] wenn die andere Hälfte als Valuta-Kredit zur Verfügung gestellt wurde.[42] Das heisst, Berlin verknüpfte die Lieferung von unentbehrlicher, fossiler Energie mit währungspolitischen Forderungen. Pro gelieferte Tonne sollten rund 640 Franken[43] Kredit gewährt werden, und zwar progressiv steigend. Bei einer monatlichen Lieferung von 85 000 Tonnen sollten pro Tonne 213 Franken[44] Kredit, bei einer solchen von 200 000 Tonnen, dem kontingentierten Maximum, etwa 640 Franken[45] vergeben werden. Die Transportkosten sollten von den Schweizer Importeuren berappt werden.

36 Steinmann 2003: 76.
37 Steinmann 2003: 77.
38 Baumgartner 2008.
39 Von 60 auf 90 Franken (1917).
40 Rund 200 Franken (1917) pro Tonne.
41 Rund 100 Franken (1917).
42 Pfenninger 1928, zitiert nach Steinmann 2003: 78.
43 Rund 100 Franken (1917).
44 30 Franken (1917).
45 100 Franken (1917).

Die Schweiz konnte als neutraler Staat schwerlich einem Krieg führenden Staat Kredite einräumen.[46] Solche Kredite finanzierten deshalb Schweizer Banken, wobei keine Kriegspartei benachteiligt werden durfte. Sowohl Deutschland wie auch Frankreich waren 1916 Anleihen von rund 1.6 Milliarden Franken[47] gewährt worden, die durch Wechsel gesichert waren. 1917 signalisierten die Banken dem Bundesrat, sie seien in Anbetracht des Wertzerfalls der Reichsmark nicht bereit, die mit den neuen Kreditforderungen des Reichs verbundenen Risiken allein zu tragen. Zur Abfederung des Kreditrisikos verlangten sie eine Haftungsbeteiligung der Industrie, da diese mit der Kohle Gewinne erwirtschafte.[48] Die Industriellen waren jedoch nicht willens, zusätzlich zum Exportrisiko auch ein Kreditrisiko auf sich zu nehmen. Die schweizerische Delegation bot anstelle von Krediten höhere Preise für eine gesicherte Kohlenzufuhr an, die deutsche Delegation wollte sich jedoch nicht darauf festlegen.[49] Sie wies auf die Versorgungsprobleme im eigenen Land hin, die aus heutiger Sicht hauptsächlich eine Folge der Rüstungsproduktion waren,[50] und drohte mit einer Verdoppelung des bisherigen Kohlepreises, sollte die Schweiz den Kredit verweigern. Dies wiederum war für die Schweiz in Anbetracht der damit verbundenen volkswirtschaftlichen und sozialpolitischen Konsequenzen inakzeptabel. In Zusammenarbeit mit Vertretern der Banken stellten die Unterhändler fünf Lösungsvorschläge zur Diskussion. Sie einigten sich schliesslich darauf, dass eine eigens zu diesem Zwecke zu gründende «Handelsbank» die Kredite verwalten sollte.[51] Gestützt auf seine ausserordentlichen Vollmachten schuf der Bundesrat die nötigen Voraussetzungen für die Gründung einer solchen Gesellschaft im Eilzugstempo.[52]

Gegründet wurde schliesslich eine privatrechtliche Aktiengesellschaft, die Kohlenzentrale A.G. Die Eidgenossenschaft stellte über die Beteiligung der SBB das Stammkapital von rund 32 Millionen Franken.[53]

46 Wildberger 1923: 92.

47 50 Millionen Franken (1916).

48 Exposée des schweizerischen Volkswirtschaftsdepartements [EVD] vom 23. Juli 1917.

49 Mügeli 1994: 113.

50 Abelshauser 1990: 437 zeigt auf, dass 1917 im Ruhrgebiet ebenso viel Kohle gefördert wurde wie 1914.

51 Exposée EVD vom 23. Juli 1917.

52 Fleiner 1923: 216–224.

53 Rund 5 Millionen Franken (1917).

Die Banken beteiligten sich mit rund 64 Millionen, die Kohleimporteure mit rund 32 Millionen und die landwirtschaftlichen Exportorganisationen mit rund 13 Millionen Franken.[54] Wer über einen Vorrat von mehr als 5 Tonnen Kohle verfügte, musste pro Tonne Aktien im Wert von circa 3190 Franken[55] übernehmen. Dies betraf in erster Linie die Industrie.[56] Die Konti der Kohlenzentrale A.G. lauteten auf Schweizer Franken und dienten zur Zahlung von Schweizer Exporten. Das Geld verliess die Schweiz also nie. Es war, wie Baumgartner hervorhebt, ein zeittypischer Balanceakt zwischen liberaler Wirtschaftsauffassung und staatlichem Interventionismus (vgl. auch den Beitrag von Cottier).[57]

4.3.2 Weniger Kohle mit immer geringerem Heizwert

Auch die im Abkommen vom 20. August 1917 vereinbarten Mengen wurden nicht erreicht. Ausserdem sank der Brenn- respektive der Heizwert der Kohle.[58] In den Jahresberichten des Schweizerischen Vereins von Dampfkesselbesitzern wurden die Ergebnisse von Heizwertbestimmungen publiziert, die durch die eidgenössische Prüfungsanstalt für Brennstoffe durchgeführt wurden. Thomas Mügeli hat dieselben ausgewertet und im Anhang seiner Arbeit im Detail wiedergegeben. Der durchschnittliche Brennwert des in der Schweiz erhältlichen Brennstoffes nahm nach 1916 rasch ab, vor allem durch den vermehrten Einbezug einheimischer, qualitativ minderwertiger Brennstoffe (einheimische Kohle, Holz, Torf). Die Kohle aus den angestammten Bezugsgebieten, namentlich die Saarkohle, büsste nach 1917 ebenfalls an Qualität ein.[59]

54 10 Millionen, 5 Millionen und 2 Millionen Franken (1917).

55 500 Franken (1917).

56 Wildberger 1923: 104; Obrecht 1920: 78.

57 Baumgartner 2008: 57.

58 Der Brennwert ist ein gewichts- respektive volumenbezogenes Mass für die in einem Stoff enthaltene thermische Energie. Der Heizwert ist dagegen das Mass für die in einem Stoff enthaltene nutzbare thermische Energie. Bei Kohle werden beide in Megajoule pro Kilogramm gemessen. Die Heizwerte liegen ungefähr 20% unter den Brennwerten. Vgl. dazu: Brandt 1999: 4.

59 Mügeli 1994: 124.

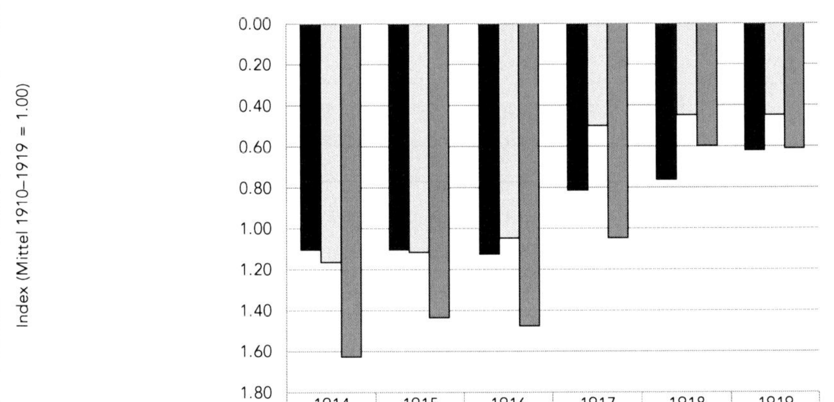

	1914	1915	1916	1917	1918	1919
■ Importierte feste Brennstoffe	1.10	1.10	1.12	0.81	0.76	0.62
□ Heizwert des gesamten Angebots an Brennstoffen	1.16	1.11	1.04	0.50	0.45	0.44
▩ SBB Personenzüge Fahrleistung (in Mio. Zug-Km)	1.63	1.43	1.47	1.05	0.60	0.61

Abb. 1: Geschätzte verfügbare Heizenergie in der Schweiz 1910–1919 und jährliche Fahrleistung der SBB Personenzüge 1913–1919 (indexiert). Brennstoffimporte total: Indexierte Importe von Stein- und Braunkohlen, Koks und Briketts (Durchschnitt 1910–1919: Index: 2 805 000 Tonnen=100).
Quelle: Steinmann 2003, Anhang Tabelle B4, S. 10–11; Heizenergie Brennstoffe total in Wärmeeinheiten geschätzt aus dem Brennwert des durchschnittlichen Angebots an Brennstoffen in der Schweiz (Index 1910–1919: 140691=100). Sowie: Mügeli 1994, Grafik 9, S. 125; Heizenergie Kohle, in Wärmeeinheiten geschätzt aus dem Brennwert der importierten Kohle (Index 1910–1919: 159709=100). Sowie: Mügeli 1994, Grafik 10, S. 127; Fahrleistung SBB Personenzüge: Reine Personenzüge der SBB in Mio Zugskilometer 1913–1919 (Index: 15=100). Quelle: Steinmann 2003, Anhang B7.

Gewichten wir die importierte Kohle und die insgesamt verfügbaren Brennstoffe nach ihrem Heizwert, so zeigt sich, dass dieser in beiden Fällen nach 1914 zunächst langsam, nach 1916 rasch bis auf seinen Tiefpunkt im Jahr 1919 sank (Abbildung 1).

Im Vergleich zur Vorkriegsperiode halbierte sich die Heizenergie der insgesamt verfügbaren (in- und ausländischen) fossilen Brennstoffe zwischen 1916 und 1917. Bei der Ruhrkohle ging sie um einen Drittel zurück. Was sind die Ursachen dieser Entwicklung? Karin Hartewig zeichnet ein düsteres Bild: Der Lebensstandard der Bergarbeiterfamilien verschlechterte sich in der Kriegs- und Nachkriegszeit. Es fehlte an Fleisch, Kartoffeln und Fett. Die rationierten Lebensmittel und die Zulagen für Schwerstarbeit deckten maximal 72 Prozent des geschätzten Kalorienbedarfs.[60] Die durch Klima und Krieg bedingte katastrophale Ernährungslage der Jahre 1916 und 1917 («Kohlrübenwinter», vgl. den Beitrag von Pfister zum Klima) wirkte über die verringerte Arbeitskraft der Kumpel auf die Produktion von fossilen Energieträgern und damit auf die Rüstungsproduktion zurück.[61] Im kalten Februar 1917 legten an der Ruhr 20 000 hungernde Bergarbeiter die Arbeit nieder.[62] Generell verschlechterten sich die Arbeitsbedingungen: Bei Kriegsbeginn wurden 100 000 junge Bergarbeiter an die Front abkommandiert. An ihrer Stelle wurden Frauen, Jugendliche, Invalide und Kriegsgefangene in die Bergwerke beordert. 1917 machten diese Gruppen 39 Prozent der Belegschaft im Ruhrgebiet aus. Bei verlängerten Schichten und gehetztem Arbeitstempo nahmen Verletzungen, Unfälle und Erkrankungen zu. Zudem fehlte es an Grubenholz, Pferden, Transportwagen, Sprengstoff und Schmiermitteln.[63]

Trotz Sparmassnahmen und der Gewinnung von einheimischer Kohle und von Ersatzstoffen, namentlich Torf, schmolzen die Kohlevorräte in der Schweiz zusammen. Kohle für den Hausbrand wurde am 8. September 1917, Brennholz am 18. Dezember 1917 rationiert.[64] Die Rationen für Haushalte deckten 50–60 Prozent des üblichen Verbrauchs.[65] Kantone und Städte errichteten Zentralen zur Verteilung der Kontingente.[66]

Im Frühjahr 1918 schlug General Erich Ludendorff, bestärkt durch den vielversprechenden Verlauf der deutschen Offensive auf Paris, gegenüber der Schweiz einen härteren Kurs ein. Im dritten Handelsvertrag vom 22. Mai 1918 musste die erpressbare schweizerische Diplomatie unter Hinweis auf den in Deutschland herrschenden Kohlemangel einen horrenden Preis von 3280 Franken[67] pro Tonne Kohle akzeptieren, der dem Sechs- bis Siebenfachen des deutschen Inlandpreises entsprach.[68] Im Ge-

60 Hartewig, 1992: 630.
61 Hartewig 1992: 630–632.
62 Abelshauser 1990: 444.
63 Hartewig 1992: 630–632.
64 Sieveking 1922: 58.
65 Mügeli 1994: 115.
66 Mügeli 1994: 126.
67 180 Franken (1918).
68 Ruchti 1930/2: 141f.

genzug verzichtete das Reich auf weitere Kredite und sicherte zu, die vereinbarten Monatskontingente nicht weiter zu schmälern. In der Tat wurden selbst kurz vor der deutschen Kapitulation im Oktober 1918 199 000 Tonnen Kohle eingeführt.[69] Im Jahr 1919 gingen die Importe, vorwiegend aus den USA, Belgien, Frankreich und Deutschland bei zusätzlichen Qualitätseinbussen weiter zurück und erreichten nicht einmal mehr die Hälfte des Vorkriegsstandes.[70] Erst 1920 verbesserte sich die Versorgung.[71]

4.3.3 Leere Kohlekeller in langen Wintern

Die drastische Abnahme der Kohleeinfuhr aus Deutschland erforderte einschneidende Massnahmen.[72] Die Kontingente der industriellen Grossbetriebe wurden weiter reduziert. Ab August 1918 waren faktisch alle Brennstoffe rationiert,[73] was Einsparungen beim Kochen voraussetzte.

Die von Deutschland verlangten höheren Kohlepreise wurden auch auf die Konsumenten überwälzt. Kostete Kohle 1913 im Durchschnitt pro Tonne 1030 Franken,[74] mussten 1918 3280 Franken[75] – also fast sechsmal mehr – bezahlt werden.[76] Wird zudem der erheblich geringere Heizwert der Kohle berücksichtigt (vgl. Abbildung 1), erhöhte sich der Preis pro Wärmeeinheit wohl um das Neunfache.

Für den Bedarf an Heizenergie fallen die Wintertemperaturen ins Gewicht. Diese waren in den Jahren 1916–1918 ausserordentlich: Der Winter 1916 war in Basel der wärmste des 20. Jahrhunderts. Die fünf Monate von Dezember 1916 bis April 1917 waren gesamthaft gesehen die kältesten seit dem Beginn der regelmässigen Temperaturmessungen im Jahr 1864, der Dezember 1917 war der viertkälteste in der Periode 1864–

69 Mügeli 1994: 117.

70 Baumgartner 2008: 44 (Grafik 9).

71 Mügeli 1994: 121.

72 Abteilung für industrielle Kriegswirtschaft 1920: 14.

73 Steinmann 2003: 86.

74 31 Franken (1913).

75 146 Franken (1918).

76 Geering 1928: 91. Seinen absoluten Höchststand erreichte der Preis 1920, als die Tonne Kohlen 3380 Franken (250 Fr., 1920) kostete.

1999.[77] Bielersee, Murtensee und der untere Teil des Bodensees froren von Anfang Februar bis in die zweite Märzhälfte 1917 ebenso zu wie im Januar 1918.[78] Die potenziellen Heizkosten dürften in den Jahren 1917 und 1918 deshalb ausserordentlich hoch gewesen sein. Die Nachfrage nach Beheizung ist vor allem von der Differenz zwischen der Aussentemperatur und der Heizgrenze abhängig, die in der Schweiz heute 12°C beträgt. Anhand der Beziehung zwischen diesen beiden Grössen ist errechnet worden, dass in der Kälteperiode von Dezember 1916 bis April 1917 die doppelte Kohlemenge aufgewendet werden musste, um die gewohnten Raumtemperaturen zu erreichen.[79] In Anbetracht der guten Versorgungslage im Herbst 1916 konnte Kohle noch zu verhältnismässig günstigen Preisen eingekauft werden. Kritisch wurde die Situation erst, als der Winter im März 1917 nach zwei sehr kalten Monaten fortdauerte. In der Stadt Bern stiegen die Preise für (Gas-)Koks, das heisst entgaste Kohle, ab Gaswerk zwischen dem 1. November 1916 und dem 31. März 1917 um 5 Prozent, im April um 8 Prozent und im Mai um 15 Prozent.[80] In dieser Entwicklung manifestiert sich der stark steigende Bedarf nach Heizmaterial angesichts leerer Kohlekeller bei rückläufigen Lieferungen aus Deutschland. Da der «vorhandene Verdienst eines großen Teils der Bevölkerung hauptsächlich für die Beschaffung der im Preise immer noch

77 Begert/Schlegel/Kirchhofer 2005: Messdaten von GCOS Schweiz. http://www.meteoschweiz.admin.ch/web/de/meteoschweiz/internationales/gcos/swiss_gcos_office.html.

78 Daten übermittelt von Hendricks Franssen 2008.

79 Als Heiztage werden die Tage bezeichnet, an denen die mittlere Aussentemperatur unter einer festgelegten Heizgrenze (in der Schweiz 12°C) liegt. Von der Differenz zwischen Aussentemperatur und Heizgrenze hängt es ab, wie stark geheizt werden muss, um die gewünschte Raumtemperatur zu erreichen. Die monatliche Summe dieser täglichen Differenzen ergibt die Anzahl der Heizgradtage (in Kelvin oder Celsius). Je grösser diese ist, desto stärker muss geheizt werden (http://www.hev-schweiz.ch/vermieten-verwalten/heizgradtage/). Berechnungen anhand der im oben genannten Datenportal gelieferten Werte für Zürich in der Periode 1982–2000 und den dortigen Monatsmitteln der Temperatur haben ergeben, dass im Winter naturgemäss eine nahezu perfekte Beziehung (Bestimmtheitsmass $r2=0.98$) besteht, die in den Übergangsjahreszeiten leicht geringer ist. In der Periode von Dezember 1916 bis April 1917 lag die anhand dieser Beziehungen geschätzte Zahl der Heizgradtage 35% über dem langjährigen Durchschnitt 1901–1930.

80 Anzeiger für die Stadt Bern, 01.11.1916 und 02.04.1917 (darin die Preise, gültig ab Sonntag 1. April 1917) sowie 15.05.1917 (jeweils Blatt 1). Diese Angaben verdanke ich Daniel Burkhard.

steigenden Lebensmittel reserviert werden» müsse, forderten die Behörden der Städte Bern und Biel vom Regierungsrat die Freigabe des Holzschlags in den Staats- und Gemeindewaldungen und die Förderung des Torfabbaus, um «anarchistische Zustände» (sic!) zu vermeiden.[81] Am 7. März 1917 setzte der Bundesrat Höchstpreise für Kohle fest.[82] Kritisch wurde die Versorgungslage wiederum im Herbst 1918. Die von der städtischen Brennstoffzentrale Zürich am 9. September 1918 durchgeführte Bestandsaufnahme wies nur 36 Prozent des normalen Winterbedarfs nach.[83] Der Bundesrat beschloss am 29. Oktober 1918, Bundesbeiträge zur Verbilligung von Brennmaterialien zu leisten. Am 21. Dezember 1918 verfügte er, dass Personen, die zum Bezug von Notstandsmilch und -brot berechtigt waren, auch verbilligte Hausbrandkohlen und Kochgas beziehen durften, wobei die Verbilligung nach Einkommen und der Zahl der Familienmitglieder abgestuft war. Der Solothurner Regierungsrat gab am 2. November 1918 das Sammeln von Leseholz in Staats-, Gemeinde- und Privatwäldern frei.[84] Zum Glück wies der Winter 1919 durchschnittliche Temperaturen auf, jener von 1920 war sogar warm.[85]

In der Schweiz schlug sich die Kohleteuerung auch bei den Bundesbahnen nieder, indem diese ihre Fahrleistungen bei der Personenbeförderung ausdünnten (vgl. Abbildung 1 und die folgenden Abschnitte). Auf dem Höhepunkt der Krise 1918 und 1919 verkehrten zweieinhalbmal weniger Personenzüge als vor dem Krieg. Namentlich fielen die Schnellzüge weg. An Sonntagen wurde der Personenverkehr auf sämtlichen mit Dampf betriebenen Strecken eingestellt. Nicht eingeschränkt wurde die Frequenz der für die Landesversorgung unentbehrlichen Güterzüge.[86] Ferner wurden die Tarife für die Personenbeförderung nicht in vollem Umfange der Energieverteuerung angepasst, weil damit die überregionale

81 Stadtarchiv Biel, Registratur 1900–1925, # 970 (Kriegswirtschaft 1917), zitiert nach Mügeli 1994: 162.

82 Robert Schätti, zitiert nach Baumgartner 2008: 49.

83 Sieveking 1922: 58.

84 Solothurner Regierungsrat 1918: 97–98; Bundesratsbeschluss vom 29. Oktober und 21. Dezember 1918 betr. die Leistung von Bundesbeiträgen an die Kosten der Abgabe von Brennmaterialien zu ermässigten Preisen resp. betr. die Leistung von Bundesbeiträgen zur Verbilligung von Hausbrandkohlen und Kochgas an Notstandsberechtigte, 21.

85 Begert/Schlegel/Kirchhofer 2005.

86 Steinmann 2003: 56.

Mobilität von Privatpersonen faktisch zum Stillstand gekommen wäre.[87] Auf Einschränkungen verzichten konnte die elektrisch betriebene Bern–Lötschberg–Simplon-Bahn (BLS). Selbst im kohleärmsten Winter 1918/19 führte die BLS einen Schnellzug von Thun nach Brig.[88]

4.4 Die Energiekrise als Innovationsbeschleuniger

Die Elektrizität war bis zum Ausbruch des Krieges ein technisch ausgereiftes, konkurrenzfähiges Produkt geworden, das sich wahrscheinlich auch ohne die Energiekrise während des Krieges längerfristig durchgesetzt hätte. Doch erst als die meisten Menschen die Verletzlichkeit des bestehenden fossilen Energieversorgungssystems, namentlich beim Gas und bei den dampfbetriebenen Eisenbahnen, am eigenen Leib zu spüren bekamen, waren sie zu einer radikalen Umstellung bereit.[89] Die Gasindustrie wies bis ins Jahr 1916 eine «glänzende Entwicklung» aus, hatte sich doch die jährliche Gaserzeugung seit 1900 fast verdreifacht.[90] Ein bedeutender Teil floss in die Beleuchtung, die noch in vielen Teilen der Schweiz auf Gas basierte. Unter dem Einfluss der Kohlekrise ging die Produktion bis 1919 fast um einen Drittel zurück, ausserdem sank die Wärmeleistung der Gasherde als Folge der verminderten Kohlequalität. Die Gasbezüge wurden rationiert. In Zürich war bei einer Überschreitung des Kontingents beim ersten Mal das Dreifache zu zahlen, beim zweiten Mal wurden die Lieferungen eingestellt.[91] Im Kanton Solothurn wurde die Gasversorgung je nach Versorgungsunternehmung bis zu 75 Prozent eingeschränkt.[92] Dies bedeutete, dass des Öfteren kalt gegessen werden musste. Die Landbevölkerung musste weitgehend auf Petroleumbeleuchtung verzichten: Der Import von Petroleum ging schon im ersten Kriegsjahr auf zwei Drittel, in den Jahren 1915 und 1916 auf die Hälfte, später auf ein Viertel zurück. Der Preis stieg im Grosshandel gleichzeitig um das Fünffache von 5.90 Franken in der Vorkriegs-

87 Steinmann 2003: 65.
88 Ruchti 1930/2: 248.
89 Mügeli 1994: 183.
90 Mügeli 1994: 184.
91 Sieveking 1922: 58.
92 Solothurn Regierungsrat 1918: 96–97.

periode bis auf 16.40 Franken[93] pro Liter Ende 1918.[94] Vielerorts war es nicht mehr möglich, die nötigen Mengen zu Beleuchtungszwecken aufzutreiben. Wer auf Leuchtpetroleum angewiesen war, sah sich genötigt, mit den Hühnern zu Bette zu gehen.[95]

Thomas Mügeli hat die Kosten der Energieversorgung während des Ersten Weltkrieges am Beispiel der Stadt Biel untersucht. Er weist nach, dass sich der Preis des Gaslichts als Folge der Kohleknappheit verzweieinhalbfachte, während sich die elektrische Beleuchtung nur unwesentlich verteuerte. Dadurch verschwand die Gasbeleuchtung aus dem Strassenbild.[96] Die Petrollampe konnte schon vor dem Krieg nicht mehr mit der Glühbirne konkurrieren.[97] Auch in der Wärmeerzeugung verschoben sich die relativen Preise zugunsten der Elektrizität, was in Verbindung mit der Rationierung von Holz, Kohle, Koch- und Leuchtgas einen massiven Nachfrageschub auslöste.[98] So wurden Gasherde nach Möglichkeit durch Elektroherde ersetzt. Ihre Zahl stieg im Verlaufe des Krieges von 1000 auf 24 000.[99] Gedrosselte Einfuhr und unerschwingliche Preise für Kohle zwangen auch Betriebe zum Umstieg auf Strom, die ihre Antriebsenergie thermisch und in eigener Regie erzeugten.[100]

Da die meisten Kraftwerke überschüssige Kapazitäten aufwiesen, konnte die Elektrizitätswirtschaft die stürmische Nachfrage nach Strom eine Zeitlang decken und ihre Auslastung verbessern.[101] Doch dann liessen sich die Kapazitäten nicht erweitern, weil die vor dem Krieg in Angriff genommenen Kraftwerke wegen des Mangels an Bestandteilen und Kupfer nicht fertiggestellt werden konnten.[102] Zwischen 1918 und 1920, zur Zeit der höchsten Kohlepreise, wurde auf der Grundlage dieses Preisniveaus und der Zuwachsraten während des Krieges eine Vielzahl neuer Laufkraftwerke projektiert und gebaut.[103] In dieser Wachstumsphase

93 Von 18 Rappen (1914) auf 90 Rappen (1918).
94 Mügeli 1994: 132.
95 Ruchti 1930/2: 254.
96 F. Ringwald, zitiert nach Mügeli 1994: 142.
97 Mügeli 1994: 177.
98 Mügeli 1994: 178.
99 F. Ringwald, zitiert nach Mügeli 1994: 142.
100 Bänninger 1945: 549.
101 Mügeli 1994: 136.
102 Mügeli 1994: 141.
103 Geering 1928:131.

konnte die Elektrizitätswirtschaft die sinkenden Selbstkosten durch die steigende Produktion im Konkurrenzkampf mit den Gaswerken in der Wärmegewinnung voll ausspielen.[104]

Die Elektrifizierung der Bahnen war am Vorabend des Ersten Weltkrieges technisch gelöst und betrieblich erprobt, die SBB hielten sich in Anbetracht der hohen Kosten allerdings lange zurück. Der massive Druck der Energiekrise beschleunigte die Umstellung entscheidend. Den Willen, das ganze Netz einer radikalen Modernisierung zu unterziehen (und zu bezahlen), brachte die Bahnverwaltung aufgrund der Misere der unter dem Kohlemangel leidenden Bevölkerung schon 1918 auf.[105] In der Zwischenkriegszeit diente die Elektrifizierung zudem der Bekämpfung der Arbeitslosigkeit und der Auftragssicherung der schweizerischen Maschinenindustrie. Bei Ausbruch des Zweiten Weltkrieges waren knapp vier Fünftel des Schweizer Schienennetzes elektrifiziert (vgl. den Beitrag von Amacher Hoppler). «Aus betriebswirtschaftlicher Sicht», so Jonas Steinmann, «war die Radikalmodernisierung der SBB in der Zwischenkriegszeit unvernünftig. Zur Zeit des Zweiten Weltkrieges hingegen, als die Versorgung mit fossilen Energieträgern erneut zusammenbrach, erntete die Schweiz die Früchte ihrer Anstrengungen. […] Die These, dass die Krise einen kollektiven Lernprozess auslöste, der ein neues, für das Denken der Menschen verbindliches Regelwerk schuf, scheint in der Rückschau plausibel zu sein.»[106]

4.5 Synthese

Bei der Versorgung mit dem Schlüsselenergieträger Kohle hing die Schweiz am Tropf der deutschen Bergwerke. Nach Kriegsausbruch war der Kohleimport zunächst ohne Mengen- und Verwendungsbeschränkung möglich, wobei in Reichsmark bezahlt wurde. Einschränkungen ergaben sich 1915 durch die Einsetzung der Schweizerischen Treuhandstelle (S.T.S.), die durch das Instrument einer genossenschaftlichen Zentralstelle für die Kohlenversorgung der Schweiz dafür sorgte, dass mit deutscher Kohle hergestellte Güter nicht dem Feind zugutekamen. Ab

104 Mügeli 1994: 182.
105 Steinmann 2003: 126.
106 Steinmann 2003: 151.

1916 wurden die Modalitäten in Handelsverträgen festgelegt. Dabei drängten die schweizerischen Abnehmer, die Unternehmer, die Eisenbahnen und die Gasindustrie stets auf eine berechenbare, möglichst umfangreiche Versorgung. Der deutschen Seite war neben guten Preisen an Krediten in Schweizer Franken gelegen, um den Kurs der Reichsmark zu stützen. Im Handelsvertrag vom Herbst 1916 gewährte der Bund einen Kredit von rund 1.6 Milliarden Franken.[107] Die Deutschen konnten ihre Lieferverpflichtungen allerdings immer weniger einhalten. Im zweiten Handelsvertrag vom August 1917 verlangte Berlin wesentlich höhere Preise in Schweizer Franken und eine weitere Kreditzusage, die der Bund aus finanz- und neutralitätspolitischen Gründen jedoch nicht mehr bewilligen konnte. Ein Ausweg wurde in der Gründung einer privatrechtliche Aktiengesellschaft mit Bundesbeteiligung, der Kohlenzentrale A.G., gefunden, an der sich alle grösseren Abnehmer zu beteiligen hatten. Trotzdem ging der Umfang der Lieferungen bei sinkenden Brennwerten der Energieträger weiter zurück. Insgesamt halbierte sich die verfügbare fossile Energie zwischen 1916 und 1917 im Vergleich zur Vorkriegsperiode. Im dritten Handelsvertrag vom 22. Mai 1918 musste die schweizerische Diplomatie einen horrenden Preis von 3280 Franken[108] pro Tonne Kohle hinnehmen. Immerhin verzichtete das Reich im Gegenzug auf weitere Kredite und die Schmälerungen der zugesicherten Lieferungen. Trotz massiven Versorgungslücken im eigenen Herrschaftsbereich versorgte es die Schweiz bis zum Oktober 1918, also fast bis zum bitteren Ende, mit Kohle.[109] Beide Seiten waren letztlich aufeinander angewiesen: Deutschland lieferte unverzichtbare Energierohstoffe, die Schweiz exportierte Maschinen, stellte Stickstoff zur Verfügung (vgl. den Beitrag von Fehr) und stützte die Reichsmark mit Krediten und Devisen.

Die für die Ernährungswirtschaft charakteristische Zweiteilung in eine anfängliche Periode der relativen Versorgungssicherheit und eine Periode zunehmenden Mangels (vgl. den klimageschichtlichen Beitrag von Pfister) lässt sich auch in der Energieversorgung feststellen, nur dass dort die Mangelerscheinungen leicht verzögert, ungefähr von der Jahreswende 1917 an, in Erscheinung traten. Ein Zusammenhang zwischen den beiden Tendenzen ergibt sich aus der Mangelernährung der Belegschaften

107 Rund 50 Millionen Franken (1916).

108 180 Franken (1918).

109 Baumgartner 2008: 69–72.

in den Kohlegruben, wobei diese im Verbund mit der mangelnden Erfahrung, Überforderung und Renitenz der zahlreichen «Ersatzleute» sowie mangelnder Ausrüstung zu beurteilen ist. Verschärft wurde die Energiekrise durch die lange Kälteperiode von Januar bis April 1917, die in weiten Teilen Kontinentaleuropas spürbar war. Die Unterschichten und die verarmten Mittelschichten konnten sich den Mehrbedarf an teurer Kohle – deren Brennwert im Verlauf des Krieges zudem noch stark gesunken war – schlicht nicht leisten, um ihre Wohnungen einigermassen warm zu bekommen. Daher war es ein glücklicher Umstand, dass die Winter auf dem Höhepunkt der Energiekrise durchschnittlich (1919) oder gar sehr warm (1920) waren. Ein sibirischer Winter wie 1895, 1929 oder 1963 hätte in dieser Situation höchster Verletzlichkeit wohl zu einer Katastrophe geführt.

Wie bei der Nahrungsmittelversorgung schritten die Behörden zunächst nur ein, wenn eine unmittelbare Notsituation bestand. Im Verlaufe der Jahre 1917–1919 gingen sie zu längerfristigen Massnahmen wie der dauerhaften Verbilligung von Kohle und Gas für Notleidende oder der Rationierung aller fossiler Energieträger (Kohle, Brennholz, Kochgas und Torf) über. Für die Menschen in den Städten bedeutete dies frieren und kalt essen. Die Bevölkerung in ländlichen Gebieten kehrte aus Mangel an Leuchtpetroleum zu Kerzenlicht zurück. Die Mobilität war eingeschränkt, weil die dampfbetriebenen Bahnen die Fahrpläne ausdünnten. Die Rationierung und die Verteuerung der fossilen Brennstoffe begünstigte die Elektrizitätsproduktion aus Wasserkraft, die sich nur unwesentlich verteuerte und die im Umfang der vorhandenen Kapazitätsreserven gesteigert werden konnte.

Die künftige Forschung wird anhand von Berichten von Betroffenen sowie kantonalen und kommunalen Behörden zu prüfen haben, in welchem Ausmass die Kohleknappheit den Alltag der verarmten Mittelschichten und der Unterschichten erschwerte.

5. DIE SCHWEIZ UND DIE INTERNATIONALE STICKSTOFFPROBLEMATIK

Sandro Fehr

Die Schweiz war am Vorabend des Ersten Weltkrieges Teil eines dichten internationalen Handelssystems. Die grenzüberschreitende Zusammenarbeit und der internationale Warenverkehr galten als wichtige Grundlagen der Prosperität der damaligen europäischen Staaten. Als der Krieg 1914 ausbrach, zerstörte er das bisherige Handelssystem weitgehend. An dessen Stelle trat nicht nur ein industriell geführter Produktionskrieg, sondern auch ein Wirtschaftskrieg, in dessen Rahmen die Entente eine Handelsblockade über die Mittelmächte verhängte.[1]

Der Wirtschaftskrieg führte in diversen industrialisierten Staaten zu einem markanten Rückgang der Exporte sowie einem Einbruch von Importen unverzichtbarer und damit kriegswichtiger Produkte, Rohstoffe und Energieträger (Ressourcen). Darunter befand sich auch die – für die Landwirtschaft und die Kriegführung gleichermassen unentbehrliche – Schlüsselressource «Stickstoff», deren langfristige Verfügbarkeit bereits vor dem Krieg international als kritisch beurteilt worden war.[2]

Im vorliegenden Beitrag wird zunächst die grundsätzliche Bedeutung der Versorgung mit Stickstoffverbindungen und deren Thematisierung in der Vorkriegszeit behandelt. Anschliessend wird gezeigt, wie die Stickstofffrage in Deutschland aufgrund des Krieges akut und schliesslich auch gelöst wurde. Ein weiteres Unterkapitel ist der Versorgungslage in der Schweiz sowie deren Rolle bei der Versorgung Deutschlands und der Lösung der Stickstofffrage gewidmet.

1 Fehr 2013: 31–32; Keegan 2006: 21–26; Berghahn 1997: 112–113; Rossfeld/Straumann 2008: 13.

2 Fehr 2009: 10, 32–34.

5.1 Die Stickstofffrage als globales Problem

5.1.1 Stickstoff und die Ernährung der Menschheit

Die beiden Ölpreiskrisen in den 1970er Jahren und die um die Jahrtausendwende aufgekommene Debatte über ein globales Ölfördermaximum (peak oil) führten auch in der breiten Öffentlichkeit zu einer Thematisierung der Abhängigkeit der Weltwirtschaft von der Ressource Erdöl.[3] Das Bewusstsein um die Abhängigkeit von einer gewissen Ressource und die Angst vor den Folgen einer potenziellen zukünftigen Unterversorgung sind aber weder neu noch beschränken sie sich auf die Erdölversorgung. Eine ähnliche, wenn auch weitgehend auf Fachkreise beschränkte Debatte löste 1898 der britische Physiker und Chemiker William Crookes (1832–1919) mit einem Vortrag über das sogenannte Wheat Problem aus.[4] Der Diskurs drehte sich allerdings nicht um fossile Energieträger, sondern um fossile Salpeterablagerungen – den sogenannten Chilesalpeter.

Den Hintergrund der damaligen Debatte bildet die Tatsache, dass Pflanzen für ihr Wachstum neben zahlreichen anderen Nährstoffen auch auf gebundenen Stickstoff angewiesen sind. Während in der Natur der Boden mittels bakterieller Bindung des in der Luft befindlichen Stickstoffs sowie durch die Zersetzung von organischem Material ausreichend mit Stickstoffverbindungen versorgt wird, muss im intensiv betriebenen Ackerbau zusätzlich gebundener Stickstoff als Dünger zugeführt werden.[5] Diese Zufuhr konnte bereits im 19. Jahrhundert in verschiedenen stark bevölkerten und industrialisierten Staaten nur noch unter Zuhilfenahme hoffremder beziehungsweise zugekaufter Handelsdünger sichergestellt werden.[6] Als wichtigster Stickstoffdünger etablierte sich dabei der in Südamerika abgebaute und anschliessend verschiffte Chilesalpeter. Wie bei den fossilen Energieträgern handelte es sich auch bei dieser Substanz um Jahrmillionen alte Ablagerungen, deren Umfang grundsätzlich begrenzt war.[7] Und wie in der zweiten Hälfte des 20. Jahrhunderts beim Erdöl,

3 Berg/Jochem/Ritz 2007: 26, 33.

4 Crookes 1899: v.

5 Smil 2001: 2–20.

6 Huegel 2003: 35.

7 Smil 2001: 43–48.

überboten sich die Experten um 1900 auch beim Chilesalpeter mit Prognosen über den Zeitpunkt der Erschöpfung der natürlichen Lagerstätten beziehungsweise einer signifikanten Abnahme der Fördermengen.[8]

Crookes wies darauf hin, dass die Weltbevölkerung aufgrund ihres starken Wachstums und der insgesamt begrenzten landwirtschaftlichen Nutzungsfläche in Zukunft lediglich bei einer entsprechenden Verfügbarkeit von Stickstoffdünger ernährt werden könne. Da die Lagerstätten für Chilesalpeter seiner Meinung nach allerdings bereits in zwanzig bis dreissig Jahren aufgebraucht sein würden, müsse dringend eine alternative Stickstoffquelle erschlossen werden. Andernfalls drohe eine Hungersnot. Über den grundsätzlichen Weg zur Lösung der Stickstofffrage war sich die Fachwelt bereits damals einig: Es musste gelingen, den in der Luft praktisch unbegrenzt verfügbaren elementaren Stickstoff in industriellem Massstab chemisch zu binden.[9]

5.1.2 Stickstoff als Dual-Use-Ressource

Als Düngemittel dienten Stickstoffverbindungen, wie beispielsweise Chilesalpeter, der Steigerung der landwirtschaftlichen Erträge – und damit auch der Ernährung der Menschheit. Gleichzeitig war dieselbe Ressource auch eine unverzichtbare Grundlage zur Herstellung von Munition – und somit der Zerstörung von Menschenleben. Ob Schiesspulver, Sprengstoff oder Zündmittel, praktisch alle militärisch verwendbaren Explosivstoffe wurden damals wie heute aus Stickstoffverbindungen erzeugt. Und wie der Landwirtschaft diente noch zu Beginn des 20. Jahrhunderts auch der Explosivstoffindustrie in erster Linie der Chilesalpeter als Quelle gebundenen Stickstoffs.[10] Somit handelte es sich um eine Dual-Use-Ressource, die sowohl für die Ernährung der Bevölkerung als auch für die Kriegführung von strategischer Bedeutung war.

8 Siehe auch Huber 1908: 35; Grossmann 1911: 7.
9 Crookes 1899: 33–42.
10 Caro 1920: 537–539.

5.2 Die Lösung der Stickstofffrage im Ersten Weltkrieg

5.2.1 Technische Voraussetzungen

Bis zum Ausbruch des Ersten Weltkrieges konnten insgesamt vier Techniken industriell umgesetzt werden, mit denen sich Stickstoffverbindungen unabhängig von Chilesalpeter herstellen liessen. Die älteste war die Trockendestillation von Kohle in Gaswerken und Kokereien, bei der als Nebenprodukt auch die Stickstoffverbindung Ammoniak anfiel.[11] Da das Verfahren mit der Stahl- und Gasherstellung gekoppelt war, konnte der Ammoniakausstoss allerdings nur begrenzt gesteigert werden.[12]

Die bereits im 19. Jahrhundert als Ideallösung angesehene industrielle Fixierung des Luftstickstoffs erfolgte 1905 erstmals in Italien, wo mit dem Kalkstickstoffverfahren Calciumcarbid zu Calciumcyanamid azotiert wurde.[13] 1907 folgte in Norwegen die industrielle Umsetzung des enorm energieintensiven Lichtbogenverfahrens, bei dem der Stickstoff und der Sauerstoff der Luft mittels eines elektrischen Lichtbogens zu Stickoxiden beziehungsweise Salpetersäure verbunden wurden.[14] Rund zehn Monate vor Kriegsausbruch setzte in Deutschland die Badische Anilin- und Soda-Fabrik (BASF) zudem erstmals die katalytische Synthese von Wasserstoff und Stickstoff zu Ammoniak – im sogenannten Haber-Bosch- oder Hochdruckverfahren – industriell um.[15]

Damit konnten zumindest für das technische Problem der industriellen Bindung des Luftstickstoffs noch vor Kriegsausbruch mehrere Lösungen gefunden werden. Die Stickstofffrage als solche war damit aber noch lange nicht gelöst, verwendeten die Landwirtschaft und die Rüstungsindustrie doch nach wie vor hauptsächlich Chilesalpeter. Ausserdem steckte auch die entsprechende Produktionsinfrastruktur noch in den Anfängen.[16]

11 Schmidt 1934: 332–333.

12 Fehr 2009: 76–77.

13 Rabius 1907: 23. Unter Azotieren wird das Einführen von Stickstoff in eine chemische Verbindung verstanden.

14 Ost 1919: 167–168.

15 Holdermann 1953: 122.

16 Fehr 2009: 41–42, 147–148.

5.2.2 Alliierte Blockade und deutsche Versorgungskrise

Der Zeitpunkt der Erschöpfung der natürlichen Lagerstätten von Chilesalpeter war zu Beginn des Ersten Weltkrieges nach wie vor Gegenstand von Spekulationen. Für Deutschland wandelte sich die Stickstofffrage im Krieg dennoch dramatisch: Aus einer ursprünglich theoretischen Expertendebatte wurde ein akutes und existenzielles Problem. Denn wie sich zeigte, verhängte die Entente bereits kurz nach Kriegsbeginn eine Wirtschaftsblockade über die Mittelmächte, die diese unter anderem auch von der Zufuhr des Chilesalpeters abschnitt.[17] Die deutsche Kriegswirtschaft wurde dadurch vor eine gewaltige Herausforderung gestellt, die sich insbesondere aus drei in ihrer Wirkung gegenseitig verstärkenden Faktoren zusammensetzte:

1. Der kriegsbedingt exponentiell steigende Munitionsbedarf zog auch eine Vervielfachung des Stickstoffbedarfs der Rüstungsindustrie nach sich.
2. Es erhöhte sich aufgrund der durch die Blockade bedingten Einstellung der bis dahin äusserst umfangreichen Lebensmittel- und Futtermittelimporte auch der Stickstoffbedarf in der Landwirtschaft.
3. Mit dem Versiegen der Salpeterimporte fiel gleichzeitig eine der wichtigsten Quellen gebundenen Stickstoffs weg.[18]

Die erste Behörde, die die existentielle Bedeutung der Stickstofffrage erkannte und Massnahmen ergriff, war die im August 1914 gegründete Kriegsrohstoffabteilung im Preussischen Kriegsministerium. Diese leitete aber zunächst nur kurzfristig wirksame Massnahmen, wie die Beschlagnahmung und Verteilung von kriegswichtigen Rohstoffen, ein.[19] Ein Ausbau der Produktionsinfrastruktur erfolgte erst, nachdem der Heeresführung klar geworden war, dass der Munitionsverbrauch in den Materialschlachten des Ersten Weltkrieges bisher ungeahnte Höhen annahm und auch an ein schnelles Kriegsende nicht mehr zu denken war.[20]

17 Ministerium für Landwirtschaft, Domänen und Forsten: Schreiben an den Reichskanzler (Grosses Hauptquartier) vom 3. November 1914. Deutsches Bundesarchiv Berlin, R 43 2466 a. Siehe auch Hardach 1973: 19–43; Offer 1989: 61–63.

18 Fehr 2009: 73–74. Zur deutschen Stickstofffrage siehe auch Fehr, Stickstoff, 2015; Johnson 2003; Szöllösi-Janze 1996; Szöllösi-Janze 1998; Szöllösi-Janze 2000.

19 Rathenau 1916: 35.

20 Moellendorff 1914: 87–88.

Zunächst allerdings vermochten diese neuen Produktionsinfrastrukturen die Stickstofffrage weder zu lösen noch zu entschärfen. Es handelte sich dabei nämlich primär um Anlagen, welche die Stickstoffverbindung Ammoniak in die von der Rüstungsindustrie in erster Linie benötigte Salpetersäure umwandelten. Dadurch wurde die Versorgungslage des Heeres zwar verbessert, die Gesamtmenge an gebundenem Stickstoff nahm dadurch aber nicht zu.[21] Stattdessen handelte es sich faktisch um eine Umverteilung von Stickstoff zu Lasten der Landwirtschaft und zu Gunsten der Explosivstoffproduktion.[22]

Der Entzug von Stickstoffdünger bei gleichzeitiger Steigerung des Düngerbedarfs und einem Einbruch der Importe von Lebens- und Futtermitteln drohte zu schweren Ertragseinbussen und damit auch einer Hungerkrise zu führen. Da auch die Ammoniakproduktion der Kokereien und Gaswerke nicht gesteigert werden konnte, sondern im Verlauf des Krieges sogar um rund die Hälfte einbrach, bestand der einzig praktikable Ausweg im Ausbau der Produktionsinfrastruktur für die Bindung des Stickstoffs aus der Luft.[23] Dazu schloss das Preussische Landwirtschaftsministerium im Dezember 1914 sowohl mit dem Kalkstickstoffproduzenten AG für Stickstoffdünger als auch mit der nach dem Hochdruckverfahren produzierenden BASF Verträge über weitgehende Produktionssteigerungen.[24] Im März 1915 unterzeichneten das Reichsschatzamt und die Bayerischen Stickstoffwerke sogar einen Vertrag über die Errichtung und den Betrieb von Staatsunternehmen zur Kalkstickstofferzeugung in Piesteritz und Chorzow sowie Produktionssteigerungen an den bereits bestehenden Standorten.[25] Im selben Jahr folgte zudem ein Vertrag über die Errichtung einer Kalkstickstoffanlage für die Lonza-Werke Elektrochemische Fabriken GmbH in Waldshut.[26]

21 Fehr 2009: 88.

22 Ministerium für Landwirtschaft, Domänen und Forsten: Denkschrift an den Reichskanzler (Reichsschatzamt) über die Wirkungen des Krieges auf die landwirtschaftliche Produktion Deutschlands und seiner Verbündeten vom März 1916. Deutsches Bundesarchiv Berlin, R 2 43041: 5.

23 Für die Produktionszahlen der Kokereien und Gaswerke siehe Bueb/Warmbold 1930: 154.

24 Protokoll der Sitzung des Königlichen Staatsministeriums vom 31. Dezember 1914. Deutsches Bundesarchiv Berlin, R 2 43039: 2.

25 Roth 1997: 212.

26 Eucken 1921: 103.

5.2.3 Die Stickstofffrage wird zur Energiefrage

Mit der zunehmenden Mobilisierung der Ressourcen erwies sich der Erste Weltkrieg immer deutlicher als industrieller Produktionskrieg beziehungsweise Ermattungskrieg, in dem «das wirtschaftliche Potential» der Krieg führenden Mächte «neben anderen Faktoren mitentscheidend für den Ausgang» werden sollte.[27] Dessen war sich 1916 auch die neue deutsche Heeresleitung unter Hindenburg und Ludendorff bewusst, weshalb sie ein unter dem Begriff «Hindenburg-Programm» bekannt gewordenes Rüstungsprogramm beschloss, in dem sie unter Heranziehung aller verfügbaren Ressourcen eine starke Erhöhung der Rüstungsproduktion vorsahen. Eines der Ziele Hindenburgs war die Verdoppelung der Pulverproduktion, die auch eine Verdoppelung des Bedarfs nach Stickstoffverbindungen nach sich gezogen hätte.[28] Zusätzlich zum exponentiell wachsenden Bedarf in den deutschen Streitkräften galt es auch, die starke Unterversorgung der Landwirtschaft schnellstmöglich zu beheben. Diese konnte nämlich bereits im Düngejahr 1915/16 nur noch rund 35 Prozent der 1913/14 verwendeten Menge Stickstoffdünger beziehen.[29]

Zur Minderung der anhaltenden Versorgungskrise und zur Bewältigung des unter anderem auch mit dem Hindenburg-Programm angekündigten Mehrbedarfs an Stickstoffverbindungen leitete das Reich eine bisher beispiellose Ausdehnung der Stickstoffindustrie in die Wege. Dabei setzte es aber nicht mehr auf das Kalkstickstoffverfahren, sondern auf das Hochdruckverfahren und die BASF. Diese begann im Mai 1916 – mit umfangreicher finanzieller Unterstützung des Reiches – mit den Bauarbeiten für ein neues, bei Leuna, südlich von Merseburg gelegenes Ammoniakwerk, das bereits im April 1917 in Betrieb genommen werden konnte.[30]

Die Bevorzugung des Hochdruckverfahrens gegenüber dem Kalkstickstoffverfahren lässt sich teilweise damit erklären, dass sich Ammoniak leichter als Kalkstickstoff zu der für militärische Zwecke benötigten Salpetersäure umwandeln lässt und der militärische Bedarf Priorität genoss. Entscheidend dürfte letztlich aber die Erkenntnis gewesen sein, dass

27 Henning 1974: 32; Tanner/Groebner/Guex 2008: 14; Fehr 2013: 32.

28 Fehr 2009: 106–107.

29 Aereboe 1927: 43.

30 Fehr 2009: 109.

die grossindustrielle Umsetzung der Fixierung des Stickstoffs aus der Luft zwar die Abhängigkeit von Chilesalpeter verminderte, dafür aber eine Abhängigkeit von einer neuen Ressource erhöhte: nämlich von Energie. Waren die erforderlichen Techniken einmal im grossen Massstab vorhanden, wurde die Stickstofffrage zu einer Energiefrage. Da sich die Kohle-, Transport- und Arbeitskräftekrise in der deutschen Kriegswirtschaft laufend verschärfte und das Kalkstickstoffverfahren im Vergleich zum Hochdruckverfahren wesentlich energie- und arbeitsintensiver war, setzte sich letzteres in der zweiten Hälfte des Krieges deutlich gegen alle anderen Verfahren durch.[31]

Die Produktion der einzelnen Verfahren entwickelte sich in Deutschland während des Krieges so, dass der Ausstoss der Kalkstickstofffabriken von 13 200 Tonnen Stickstoff im Jahr 1914 auf 36 600 Tonnen im Jahr 1917 beziehungsweise um den Faktor 2.8 zunahm. Diese Produktionssteigerung reichte in den meisten Jahren allerdings nicht einmal aus, um damit den Rückgang der Ammoniakerzeugung der Gaswerke und Kokereien auszugleichen. Ganz anders verhielt es sich mit der Produktion der BASF nach dem Hochdruckverfahren. Diese war 1914 mit 7000 Tonnen Stickstoff noch sehr niedrig, übertraf die Kalkstickstofferzeugung 1916 mit einem Ausstoss von 51 000 Tonnen erstmals und erreichte bis 1917 einen Wert von 75 000 Tonnen. Das entspricht einer Zunahme um den Faktor 10.7. Während die Kalkstickstoffproduktion 1918 wieder leicht abnahm, stieg die Erzeugung durch die BASF im selben Jahr sogar auf 94 000 Tonnen Stickstoff weiter an.[32]

Insgesamt sank die Stickstofferzeugung in Deutschland von 118 900 Tonnen Stickstoff im Jahr 1913 zunächst auf 96 180 Tonnen im Jahr 1915. Dank des staatlich forcierten Ausbaus übertraf die Stickstoffwirtschaft die Vorkriegswerte mit 153 220 Tonnen aber bereits 1916 deutlich, um 1918 sogar einen Ausstoss von 183 560 Tonnen Stickstoff beziehungsweise über 150 Prozent der Vorkriegsproduktion zu erreichen. Diese beträchtliche Mehrproduktion konnte den tatsächlichen Bedarf trotzdem nicht an-

31 Fehr 2009: 113–116.
32 Fehr 2009: 116, 180.

nähernd befriedigen.[33] So erhielt die Landwirtschaft im Jahr 1918 beispielsweise nach wie vor weit weniger als die Hälfte ihres Stickstoffdüngerverbrauchs von 1913 zugeteilt.[34]

Mit Blick auf die Stickstofffrage kann dennoch festgestellt werden, dass die deutsche Stickstoffwirtschaft 1918 einen Ausstoss aufwies, der mit 183 560 Tonnen Stickstoff nur geringfügig kleiner war als die im letzten Düngejahr der Vorkriegszeit eingesetzte Menge Stickstoff von 210 000 Tonnen.[35] Damit war bewiesen, dass ein grosser, dicht besiedelter, industrialisierter Staat wie Deutschland sich grundsätzlich auch unabhängig von der Einfuhr südamerikanischen Chilesalpeters versorgen konnte. Die im 19. Jahrhundert aufgeworfene Stickstofffrage konnte damit als gelöst betrachtet werden, beziehungsweise hatte sich vorrangig zu einer Energiefrage gewandelt.[36]

5.3 Dünger und Munition aus Schweizer Wasserkraft

5.3.1 Die Versorgung der Schweiz

Der Erste Weltkrieg war nicht nur eine mit Waffen geführte, militärische Auseinandersetzung, sondern auch ein Wirtschaftskrieg. Die Verschonung der Schweiz von direkten militärischen Konfrontationen bedeutet daher nicht, dass sie vom Krieg nicht betroffen oder nicht involviert gewesen wäre. Tatsächlich gestalteten sich die Verhältnisse so, dass die Schweiz aufgrund ihrer starken internationalen wirtschaftlichen Vernetzung von einer schweren Absatz- und Versorgungskrise getroffen wurde.[37] So brachen die Importe von Rohstoffen beispielsweise um rund die Hälfte und die Einfuhren von Lebensmitteln sogar um zwei Drittel ein (vgl. dazu auch die beiden Artikel von Pfister in diesem Band).[38] Die Schweiz war vom Wirtschaftskrieg aber nicht nur passiv betroffen, sondern spielte darin auch als Akteurin eine Rolle. So betrieb sie mit den Krieg führenden Mächten einen regen Kompensationshandel, in dessen Rahmen sie

33 Fehr 2009: 116, 180.
34 Aereboe 1927: 43.
35 Aereboe 1927: 43; Fehr 2009: 180.
36 Fehr 2009: 158–159.
37 Tanner/Groebner/Guex 2008: 16.
38 Geering 1928: 22–23.

nicht nur im grossen Stil Kriegsmaterial und kriegswirtschaftliche Schlüsselressourcen lieferte, sondern den Mittelmächten teilweise auch die Umgehung der alliierten Wirtschaftsblockade ermöglichte.[39]

Im Zusammenhang mit der Versorgung von Stickstoffverbindungen sah sich die Schweiz zunächst mit ähnlichen Problemen konfrontiert wie das benachbarte Deutschland. Auch die schweizerische Landwirtschaft bediente sich für die hoffremde Stickstoffdüngung in erster Linie des Chilesalpeters. Zudem basierte auch im neutralen Kleinstaat ein beträchtlicher Teil der für die Rüstungsindustrie erforderlichen Salpetersäureproduktion auf der aus Südamerika importierten Stickstoffverbindung. Insgesamt wies die Schweiz im Jahr 1913 einen Nettoimport von rund 2700 Tonnen Chilesalpeter auf, wovon rund 60 Prozent der Landwirtschaft zugeführt wurden. Wie der Begriff schon besagt, stammte der Chilesalpeter hauptsächlich aus Chile. Allerdings erfolgte der Import nicht direkt, sondern mehrheitlich indirekt über Deutschland und zu einem kleinen Anteil auch über Frankreich und Belgien.[40]

Diese Lieferkette erwies sich bei Kriegsausbruch als Problem. Obschon die von der Entente verhängte Wirtschaftsblockade eigentlich gegen die Mittelmächte gerichtet war und gemäss völkerrechtlichen Regelungen Neutrale so wenig wie möglich treffen sollte, führte sie durch die damit gleichzeitige Ausschaltung des wichtigsten Zwischenhändlers auch zu einem starken Einbruch der Salpetereinfuhren in die Schweiz. Die Abteilung für industrielle Kriegswirtschaft stellte fest: «Bezüglich der Lieferländer für Nitrat schied mit dem Krieg Deutschland praktisch aus.» Die Nettoeinfuhr sank von 2700 Tonnen im Jahr 1913 auf 140 Tonnen im Jahr 1915 beziehungsweise um rund 95 Prozent.[41] In einem internen Bericht über «die Versorgung des Landes mit Stickstoffprodukten» hielt die Sektion Chemie der Abteilung fest: «Bei Ausbruch des Krieges wurden die Importe an primären Stickstoffverbindungen immer kleiner, um schliesslich beinahe auf Null zu sinken. Die Schweiz musste sich also in ihrem Stickstoffbedarfe selber genügen.»[42] Der Einbruch der Salpetereinfuhren hatte zur Folge, dass «für den landwirtschaftlichen Bedarf an

39 Geering 1928: 166, 574–579, 709; Fehr 2013: 33; Rossfeld/Straumann 2008: 20–45.

40 Abteilung für industrielle Kriegswirtschaft 1925: 40–42.

41 Abteilung für industrielle Kriegswirtschaft 1925: 51.

42 Sektion Chemie: Die Versorgung des Landes mit Stickstoffprodukten. Bericht vom 7. August 1918. Schweizerisches Bundesarchiv E 7350 1000/1104, Bd. 42 (q), 4.

Chilisalpeter überhaupt gar nichts mehr übrig» blieb.[43] «Die erste Folge des Ausfallens von Importen an Stickstoffverbindungen war [daher] eine unzulängliche künstliche Düngung seitens der Landwirtschaft.»[44]

Im Gegensatz zu Deutschland verfügte die Schweiz bereits vor Kriegsbeginn über ein Kalkstickstoffwerk, das die weggefallenen Salpetereinfuhren zumindest quantitativ zu ersetzen im Stande war. Die in Martigny gelegene Fabrik produzierte bereits 1913 8450 Tonnen Kalkstickstoff und wurde während des Krieges durch eine weitere Fabrik in Gampel ergänzt. Aufgrund des Baus dieser zweiten Anlage und der im Wallis reichlich verfügbaren Wasserkraft konnte die Inlandproduktion bis im Jahr 1916 auf 19 863 Tonnen Kalkstickstoff erhöht werden. Da die Schweizer Bauern dem neuartigen Dünger jedoch misstrauten und lieber Chilesalpeter verwendeten, gingen vor dem Krieg noch rund 88 Prozent der Inlandproduktion in den Export.[45] Die ausbleibenden Salpeterimporte und die fortschreitende Kriegsdauer zwangen die Bauern schliesslich aber, auf den ursprünglich «verschmähten Kalkstickstoff» zurückzugreifen. Insgesamt konnte die Stickstoffversorgung der schweizerischen Landwirtschaft während des Krieges somit weitgehend sichergestellt werden.[46]

Die insbesondere aus militärischen Gründen essentielle Versorgung mit Salpetersäure basierte vor dem Krieg ebenfalls noch zu einem beträchtlichen Anteil auf der Umsetzung von Chilesalpeter in der Chemischen Fabrik Uetikon. Diese vermochte den Friedensbedarf der Schweizer Wirtschaft allerdings nicht zu decken, weshalb bis 1912 zusätzlich Säure importiert werden musste. Mit der Inbetriebnahme zweier neuartiger Salpetersäurewerke in Chippis und Bodio, die mit dem äusserst energieintensiven Lichtbogenverfahren produzierten, konnte 1913 allerdings nicht nur der Inlandbedarf erstmals gedeckt, sondern sogar Salpetersäure exportiert werden. Ausserdem verminderten die neuen Verfahren die Abhängigkeit der Rüstungsindustrie von Salpeterimporten beträchtlich.[47]

Wie sich nach Ausbruch des Krieges zeigte, vermochten die beiden Werke in Chippis und Bodio den Salpetersäurebedarf der Schweizer

43 Abteilung für industrielle Kriegswirtschaft 1925: 51.

44 Sektion Chemie: Die Versorgung des Landes mit Stickstoffprodukten. Bericht vom 7. August 1918. Schweizerisches Bundesarchiv E 7350 1000/1104, Bd. 42 (q), 4.

45 Abteilung für industrielle Kriegswirtschaft 1925: 46, 58–59.

46 Sektion Chemie: Die Versorgung des Landes mit Stickstoffprodukten. Bericht vom 7. August 1918. Schweizerisches Bundesarchiv E 7350 1000/1104, Bd. 42 (q), 4.

47 Abteilung für industrielle Kriegswirtschaft 1925: 40, 48–50, 59.

Armee zu decken. Allerdings führte die Beschlagnahmung der annähernd vollständigen Produktion durch das Eidgenössische Militärdepartement zu einer Unterversorgung der übrigen Industrie.[48] Aufgrund ihrer Verschonung von militärischen Konfrontationen wies die Schweizer Armee allerdings auch einen vergleichsweise geringen Munitionsbedarf auf. Ob ein durch allfällige militärische Operationen hervorgerufener Mehrbedarf hätte gedeckt werden können, ist zumindest fraglich; dies nicht zuletzt deshalb, weil die chemische Industrie in der Schweiz während des Krieges nicht in der Lage war, Kalkstickstoff in Salpetersäure umzuwandeln.[49]

Im Fall einer militärischen Konfrontation wäre zudem auch die bereits bestehende Produktion gefährdet gewesen. So zeigte sich beispielsweise, dass das ursprünglich von der deutschen Unternehmung Elektrochemische Werke GmbH Bitterfeld errichtete Salpetersäurewerk in Bodio auch nach seiner Überführung in Schweizer Besitz von deutschen Zwischenerzeugnissen und Ersatzteilen abhängig blieb. Das Politische Departement kam zum Schluss: «Ob Bodio läuft oder nicht, ist ganz vom guten Willen der elektrochemischen Werke Bitterfeld und der deutschen Regierung abhängig.» Man könne daher «mit dieser Fabrik für die Landesverteidigung bei der geringsten Complikation mit Deutschland überhaupt nicht rechnen».[50] Das Werk in Chippis konnte im Gegensatz zu Bodio zwar weitgehend autark betrieben werden, wäre im Kriegsfall aber ein leichtes Ziel gewesen. Dies zeigte sich besonders deutlich am 1. Mai 1917, als die Fabrik bei einem Sprengstoffanschlag nur knapp ihrer Zerstörung entging.[51]

Mit dem Ausbau der Produktionsinfrastruktur für die Herstellung von Kalkstickstoff und Salpetersäure sowie dem Wechsel der Landwirtschaft von Chilesalpeter auf Kalkstickstoff konnte die Stickstofffrage im Verlauf des Ersten Weltkrieges auch in der Schweiz weitgehend gelöst werden. Anders als in Deutschland kamen dabei aber nicht das Haber-Bosch-, sondern die sehr viel energieintensiveren Kalkstickstoff- und

48 Waeser 1922: 118.

49 Fehr 2013: 38.

50 E.W.: Rapport über die Beschaffung von Salpetersäure für die schweizerische Industrie im Auftrag des Eidgenössischen Politischen Departements [o. J.]. Schweizerisches Bundesarchiv E 7350 (-) 1000/1104, Bd. 42 (q), 3–4.

51 Bericht über das Attentat auf die Druckwasserleitung der Aluminium Industrie A.G. in Chippis bei Siders (Wallis) vom 3. Mai 1917. Schweizerisches Bundesarchiv E 21, 14412. Siehe auch Fehr 2013: 40–42.

Lichtbogenverfahren zum Einsatz, was letztlich nur dank der Verfügbarkeit grosser Mengen billiger Elektrizität aus Wasserkraftwerken möglich war.

5.3.2 Stickstoffausfuhren an die Krieg führenden Mächte

Die von der Entente verhängte Wirtschaftsblockade veranlasste die Mittelmächte dazu, nach alternativen Handelspartnern und nach Wegen zur Umgehung des Embargos zu suchen. Dabei intensivierten sie unter anderem den Handel mit den benachbarten neutralen Staaten – darunter auch mit der Schweiz. Deren geografische Lage und eigenen Versorgungsprobleme sowie auch die Kontrolle des Warenverkehrs durch die Société Suisse de Surveillance Économique (S.S.S.) verunmöglichten der deutschen Kriegswirtschaft jedoch eine indirekte Beschaffung von Chilesalpeter über diesen Weg. Der Export von in der Schweiz selbst erzeugten Stickstoffverbindungen blieb allerdings grundsätzlich möglich. Sofern die Schweiz bei der Herstellung keine von der Entente gelieferten Rohstoffe einsetzte, hatte die S.S.S. keine Handhabe, entsprechende Exporte nach Deutschland zu verhindern.[52]

Die Zollstatistiken zeigen, dass die Schweiz im Verlauf des Krieges tatsächlich beträchtliche Mengen von selbst produzierten Stickstoffverbindungen exportierte. Aufgrund der Produktionsinfrastruktur und der verfügbaren Wasserkraft handelte es sich dabei überwiegend um Kalkstickstoff. Die umfangreichsten Exporte gingen 1915 und 1916 an die Mittelmächte, die in diesen Jahren 7448 beziehungsweise 10 923 Tonnen bezogen, während die Entente nur 4251 beziehungsweise 9098 Tonnen erhielt. Noch geringer waren die von der Schweiz für den Eigenbedarf zurückbehaltenen 143 beziehungsweise 1240 Tonnen. In den Jahren 1917 und 1918 sanken die Bezüge der Mittelmächte dann aber auf 5853 und 4523 Tonnen herab und wurden durch die Importe der Entente von 10 848 beziehungsweise 8915 Tonnen Kalkstickstoff klar übertroffen. Noch geringer waren wiederum die Bezüge der Schweizer Landwirtschaft von 1240 beziehungsweise 1468 Tonnen.[53]

52 Fehr 2009: 126.

53 Abteilung für industrielle Kriegswirtschaft 1925: 58.

Von der für die Kriegführung besonders wichtigen Stickstoffverbindung Salpetersäure lieferte die Schweiz in den Jahren 1914 und 1915 zwar einige hundert Tonnen an die Mittelmächte sowie 1915 auch rund 100 Tonnen an Frankreich. Ab 1916 führte die Schweiz aber nur noch vernachlässigbare Mengen aus.[54] Die geringen Lieferungen von Salpetersäure können jedoch nicht darüber hinwegtäuschen, dass auch der an die Krieg führenden Mächte exportierte Kalkstickstoff in den Empfängerländern im grossen Stil zu Salpetersäure umgewandelt wurde und der Munitionserzeugung diente.[55]

5.3.3 Die Ausfuhr von Zwischenerzeugnissen und Ressourcen

Wie bereits erläutert wurde, wandelte sich die seit dem 19. Jahrhundert bestehende internationale Stickstofffrage mit der Verwirklichung industrieller Verfahren zur Bindung des Stickstoffs aus der Luft immer mehr zu einer Energiefrage. Die Verfügbarkeit von grossen Mengen günstiger elektrischer Energie war denn auch einer der Hauptgründe für den Erfolg der schweizerischen Kalkstickstoffindustrie während des Krieges. Für die Beurteilung der Rolle, die die Schweiz in der internationalen Stickstoffproblematik spielte, muss daher neben den Ausfuhren der eigentlichen Stickstoffverbindungen auch untersucht werden, inwieweit die Stickstoffwirtschaft der kriegführenden Mächte anderweitig von der Lieferung schweizerischer Energie oder energieintensiver Zwischenerzeugnisse profitierte.

Gerade bei der Herstellung von Kalkstickstoff ist nicht etwa der abschliessende Prozess der Bindung des Stickstoffs am energieintensivsten. Im Gegenteil, dieser verläuft sogar exotherm – das heisst unter Abgabe von Energie. Der exorbitante Elektrizitätsbedarf für die Herstellung von Kalkstickstoff ist vielmehr auf den vorangehenden Teilprozess der Gewinnung des Zwischenerzeugnisses Calciumcarbid zurückzuführen.[56] Auch diese Chemikalie wurde in der Schweiz während des Krieges in grossem Massstab industriell gefertigt und hauptsächlich an die Krieg führenden Mächte exportiert. Die mit Abstand grössten Empfänger blieben während

54 Abteilung für industrielle Kriegswirtschaft 1925: 49.

55 Lonza 1947: 21.

56 Waeser 1922: 286.

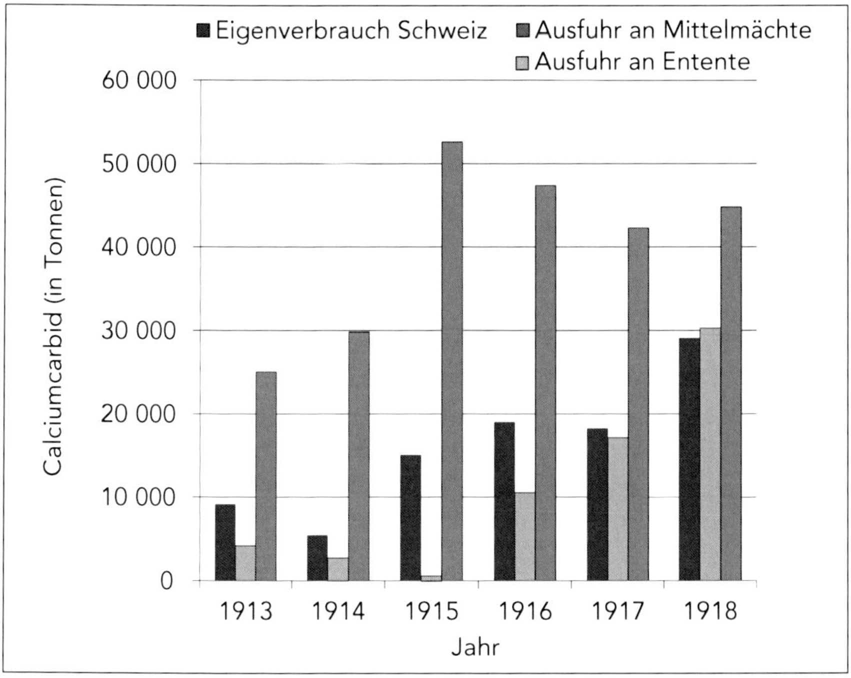

Abb. 1: Gegenüberstellung des Schweizer Eigenverbrauchs von Calciumcarbid, der Ausfuhr an die Entente und der Ausfuhr an die Mittelmächte 1913–1918 (in Tonnen).
Quelle: Abteilung für industrielle Kriegswirtschaft 1925: 112–113.

des ganzen Krieges die Mittelmächte, deren Bezug 1915 einen Höhepunkt von 52 604 Tonnen Karbid erreichte und selbst 1918 noch 44 843 Tonnen betrug. Demgegenüber beschaffte die Entente in der Schweiz 1915 lediglich 589 Tonnen, erhöhte ihre Bezüge im Verlauf des Krieges aber auf 30 295 Tonnen im Jahr 1918 (vgl. Abbildung 1).[57]

Die Verwendung des Karbids in den Exportländern lässt sich nicht mehr vollständig rekonstruieren. Zumindest in Deutschland wurden aber beträchtliche Mengen des Schweizer Calciumcarbids den Kalkstickstoffwerken zugeführt. Ausserdem trugen selbst die nicht direkt in der Stickstoffwirtschaft verwendeten Mengen indirekt zur einer Verbesserung der dortigen Kalkstickstoffproduktion bei.[58]

57 Abteilung für industrielle Kriegswirtschaft 1925: 112.
58 Fehr 2009: 139–141.

Neben dem Calciumcarbid, das gewissermassen als «Akkumulator der elektrischen Energie» diente, in dem «grosse Energiemengen unserer Gebirgswasser aufgespeichert» werden konnten, exportierte die Schweiz während des Ersten Weltkrieges aber auch direkt elektrische Energie nach Deutschland, die dort der Karbid- und Kalkstickstofferzeugung zugeführt wurde.[59] Die umfangreichsten Ausfuhrbewilligungen des Bundesrates kamen der im grenznahen Waldshut gelegenen Lonza Werke Elektrochemische Fabriken GmbH zugute, die eine Tochtergesellschaft der schweizerischen Unternehmung Elektrizitätswerk Lonza AG war und seit 1913 Calciumcarbid sowie ab 1916 Kalkstickstoff erzeugte. Sie bezog die Elektrizität von den Schweizer Kraftwerkbetreibern AG Motor in Baden und Nordostschweizerische Kraftwerke AG beziehungsweise den Kraftwerken Laufenburg, Olten-Gösgen und Beznau.[60]

Neben der schweizerischen Elektrizität bezogen die deutschen Lonza-Werke auch den für die Karbidherstellung erforderlichen Kalk mehrheitlich aus der Schweiz.[61] Zudem wurde die Fabrik «fast ausschliesslich mit Schweizer Personal» betrieben, das in einer extra zu diesem Zweck errichteten Kantine auf der Schweizer Seite des Rheins verpflegt wurde.[62] Da die Waldshuter Lonza-Werke Teil der deutschen Kriegswirtschaft waren, versuchte der französische Geheimdienst am 4. Mai 1917 einen Sprengstoffanschlag auf die Fabrik zu verüben, der jedoch scheiterte.[63]

5.4 Fazit

Bereits vor dem Ersten Weltkrieg basierten sowohl die Explosivstofferzeugung als auch die hoffremde Stickstoffdüngung in der Landwirtschaft industrialisierter und dicht besiedelter Staaten zu einem grossen Teil auf der Verfügbarkeit südamerikanischen Chilesalpeters. Da dieser in natür-

59 Elektrizitätswerk Lonza [o. J.]: 32; Fehr 2009: 141–142.

60 Ausfuhr elektrischer Energie nach dem Auslande seit 1906, nach den Angaben der Abteilung für Wasserkraft des schweizerischen Departements des Innern vom 20. November 1916. Schweizerisches Bundesarchiv E 7350 (-) 1000/1104, Bd. 60 (d).

61 Schreiben der Lonza-Werke Elektrochemische Fabriken GmbH an das Bürgermeisteramt Waldshut vom 17. April 1917. Stadtarchiv Waldshut-Tiengen 793.32-9 WH (9).

62 Wörner 1968: 115; Fehr 2009: 143–144.

63 Fehr, Energie, 2015: 509–510.

lichen Lagerstätten abgebaut wurde, diskutierten Experten unter dem Begriff der «Stickstofffrage» bereits im 19. Jahrhundert, wie diese bedeutsame Ressource im Fall ihrer Erschöpfung ersetzt und somit eine weltweite Hungersnot vermieden werden könne.

Die von der Entente über die Mittelmächte verhängte Wirtschaftsblockade schnitt Deutschland im Ersten Weltkrieg bereits vor der Erschöpfung der natürlichen Lagerbestände in Südamerika von jeglicher Salpeterzufuhr ab. Die zuvor lediglich von Experten diskutierte Stickstofffrage wandelte sich damit zu einem existentiellen Problem der deutschen Kriegswirtschaft. Zur Überwindung der schweren Versorgungskrise wurde in Deutschland im Verlauf des Krieges eine umfangreiche Produktionsinfrastruktur zur industriellen Bindung des Stickstoffs der Luft geschaffen. Dabei kam zunächst primär das Kalkstickstoffverfahren, später aber in erster Linie das wesentlich energieeffizientere Hochdruckverfahren zur Anwendung.

Der exponentiell zunehmende Streitkräftebedarf konnte dank der neuen Produktionsanlagen zwar weitgehend gedeckt werden. Dieser Erfolg war allerdings nur auf Kosten der Landwirtschaft möglich, der zeitweise nur noch rund ein Drittel der Vorkriegsmengen an Stickstoffdünger zugeteilt wurde. Insgesamt entsprach die Gesamtproduktion gegen Ende des Krieges dennoch annähernd der Menge Stickstoff, die die Landwirtschaft vor dem Krieg bezogen hatte. Damit konnte die Stickstofffrage als gelöst gelten beziehungsweise war vorrangig zu einer Energiefrage geworden.

Die Schweiz war durch den Wirtschaftskrieg ebenfalls mit dem Problem konfrontiert, keine nennenswerten Mengen an Chilesalpeter mehr einführen zu können. Anders als in Deutschland konnte die bei Kriegsbeginn bestehende und im Verlauf des Krieges weiter ausgebaute Stickstoffindustrie die Inlandversorgung während der gesamten Kriegsdauer aber nicht nur weitgehend sicherstellen, sondern sogar Kalkstickstoff an die Krieg führenden Mächte exportieren. Möglich war dies nicht zuletzt daher, weil die auf dem Kalkstickstoff- und dem Lichtbogenverfahren basierende schweizerische Produktion von der Verfügbarkeit grosser Mengen vergleichsweise billiger Wasserkraft profitierte.

Während die Schweiz die Entente etwas umfangreicher mit Kalkstickstoff belieferte als die Mittelmächte, waren die Ausfuhren von Zwischenerzeugnissen und Ressourcen für die Kalkstickstoffproduktion an Deutschland sehr viel grösser als an alle übrigen Staaten. Die Schweiz belieferte Deutschland während des Krieges mit rund 200 000 Tonnen Calciumcarbid, das als «Akkumulator» von Schweizer Wasserkraft diente und in Deutschland im grossen Stil auch zu Kalkstickstoff weiterverarbeitet wurde. Eine Tochterfirma der schweizerischen Lonza eröffnete im grenznahen deutschen Waldshut sogar eine Fabrikation für Calciumcarbid und Kalkstickstoff, die nicht nur mit Schweizer Arbeitskräften und Schweizer Kalk betrieben wurde, sondern für die der Bundesrat auch umfangreiche Elektrizitätsexporte bewilligte. Die Schweiz unterstützte die deutsche Stickstoffversorgung somit nicht nur mit dem Export von Stickstoffverbindungen, sondern auch durch Zulieferung von elektrischer Energie sowie von energieintensiven Zwischenerzeugnissen.

6. DIE ELEKTRIFIZIERUNG DER EISENBAHNEN ALS RESULTAT VON KRIEG UND KRISE, UM 1880–1939

Anna Amacher Hoppler

Der vorliegende Beitrag befasst sich mit der Elektrifizierung der Eisenbahnen in der Schweiz während des Ersten Weltkrieges und der Zwischenkriegszeit.[1] Dabei steht die Frage im Vordergrund, inwiefern die Elektrifizierung der schweizerischen Eisenbahnen und der Erste Weltkrieg zusammenhängen. Muss sie einzig als Resultat von Krieg und Krise gedeutet werden, oder hatte der Krieg eher eine katalytische Wirkung, zumal der elektrische Betrieb der Bahnen nicht erst während des Weltkrieges entwickelt wurde? Nach einem Abriss zur Entwicklung der Elektrizität als Grosses Technisches System (GTS) und einer quantitativen Beschreibung fokussiert der Beitrag die Elektrifizierung der Bahnen. Damit ist massgeblich die Elektrifizierung der Schweizerischen Bundesbahnen (SBB) angesprochen, die jedoch um den elektrischen Betrieb der Bern–Lötschberg–Simplon-Bahn (BLS) als Fallbeispiel einer Privatbahn und zwecks Vertiefung erweitert wird.

6.1 Funktion und Entwicklung der Elektrizität in Europa

Ihren Takeoff erlebte die Elektrizität(swirtschaft) in Europa in den 1880/90er Jahren,[2] der Pro-Kopf-Output von Elektrizität in Europa blieb jedoch bis 1921 hinter demjenigen der USA zurück.[3] Als neues technisches Netz, das Europa nach dem Telegraphen- und dem Eisenbahnnetz überzog, wies das Elektrizitätsnetz Ähnlichkeiten mit dem englischen Eisenbahnboom der 1830/40er Jahre auf,[4] zumal die Elektrizität die ökonomische Organisation nach 1914 massgeblich prägte: Sie verbilligte die

1 Dieser Artikel basiert im Wesentlichen auf der Lizentiatsarbeit der Autorin: Amacher 2006.

2 Der Takeoff äusserte sich in der Schweiz gemäss Paquier 2005a: 166 in einer durchschnittlichen jährlichen Zunahme des Stromverbrauchs um 35% zwischen 1890 und 1900.

3 Millward 2005: 81–85.

4 Millward 2005: 111.

Kosten für eine Einheit Energie relativ zu andern Energieträgern wie Kohle und Gas[5] und produzierte höhere Skaleneffekte als die Eisenbahn.[6] «Skalenerträge» entstehen, wenn die durchschnittlichen Gesamtkosten (etwa die Kapitalkosten für den Bau eines Elektrizitätswerkes und -netzes) langfristig sinken, während der Output steigt beziehungsweise die laufenden (Betriebs-)Kosten im Vergleich zu den Gesamtkosten sehr klein sind. In Bezug auf die Übertragung von Elektrizität bedeutete dies fast keine Transmissionskosten mehr, sobald eine Leitung gezogen war: «Once a transmission line was laid, the actual business of transmitting electricity involved hardly any operating costs [...].»[7]

Die Anfänge der Elektrizität sind auf der lokalen Ebene anzusiedeln. In Beleuchtungsanlagen, als Antriebskraft in Fabriken und von schmalspurigen Vororts- und Bergbahnlinien befriedigte sie bis zum Ersten Weltkrieg vorwiegend eine lokale Nachfrage, die sich zwischen 1919 und 1945 durch die Elektrifizierung der Haushalte (Wärmeapparate) und der grossen (normalspurigen) Bahnlinien allerdings erweiterte.[8] Ausschlaggebend dafür war, dass Strom zuerst nicht über lange Distanzen transportiert werden konnte.[9]

Die Versorgung mit Elektrizität garantierten in Italien, Frankreich und Spanien vorwiegend private Elektrizitätswerke,[10] im Deutschen Reich, in Skandinavien und Grossbritannien private ebenso wie öffentliche Unternehmungen.[11] Auch in der Schweiz betrieben private und öffentliche Unternehmen die Stromversorgung, wobei die öffentlichen die privaten zunehmend einschränkten.[12] Da der private Sektor «grenzüberschreitend tätig und in hohem Masse auf Finanzierungsgesellschaften angewiesen» war, erwarben zunehmend Gemeinden und Kantone die privatwirtschaftlich gegründeten und aufgebauten Elektrizitätswerke mit dem Argument, die Abhängigkeit vom Ausland reduzieren zu wollen.[13] Die kommunalen und kantonalen Gemeinwesen engagierten sich – wie

5 Millward 2005: 113.
6 Millward 2005: 111.
7 Millward 2005: 111.
8 Paquier 2005a: 166.
9 Millward 2005: 114.
10 Millward 2005: 117.
11 Paquier 2005b: 167.
12 Paquier 2005b: 168.
13 Paquier 2005b: 168.

im Deutschen Reich – «in den meisten Fällen erst dann, wenn die technischen Probleme weitgehend gelöst waren und die ökonomischen und finanziellen Risiken abgeschätzt werden konnten».[14] Zu Beginn der Innovationsphase, als die Risiken hoch waren, dominierten somit in Europa private Unternehmungen die elektrotechnische Entwicklung.[15] In der Schweiz profitierten insbesondere die Kantone von diesem Vorgehen, vergaben doch sie zuerst die Konzessionen zur Wassernutzung und kauften anschliessend die funktionierenden privaten Werke mithilfe ihrer Kantonalbanken auf.[16] Erfahrungen mit früheren Netzwerken führten zu einer Verdichtung der staatlichen Regulierung der Elektrizitätswirtschaft,[17] umso mehr als sich die elektrotechnischen Unternehmungen oft vertikal organisiert und somit Produktion, Transmission und Verteilung übernommen hatten.[18] Mit der Möglichkeit, Strom über längere Distanzen zu transportieren, erschlossen die Unternehmungen grössere Märkte,[19] wobei sie Kapitalkosten sparten, konnten sie die Produktion doch auf einige wenige Standorte konzentrieren.[20]

Im Zuge des Ersten Weltkrieges beziehungsweise danach[21] wurde die Elektrizität in Frankreich, Italien, Spanien und der Schweiz von der Öffentlichkeit als Retterin in einer energetischen Notlage und als strategisch wichtiger Energieträger begrüsst,[22] minderte sie doch die energetische Abhängigkeit von ausländischer Kohle, indem sie die heimischen Wasserkräfte nutzte. In der Folge breitete sich die Elektrizität rasant aus.[23] Ihre schnelle Adaption in der Schweiz beruhte gemäss David Gugerli auf dem «Systemsyndrom», das heisst, auf den Erfahrungen mit früheren Systemen wie der Landestopographie, dem Telegrafen, der Eisenbahn oder der Trinkwasserversorgung.[24] Einerseits entwickelten Banken und Finanz-

14 Ambrosius 1984: 54.
15 Millward 2005: 92.
16 Paquier 2005b: 168.
17 Millward 2005: 81.
18 Millward 2005: 76.
19 Millward 2005: 114.
20 Millward 2005: 115.
21 Gemäss Steinmann 2003: 143 dauerte die Energiekrise in der Schweiz von 1917 bis 1922.
22 Millward 2005: 114.
23 Millward 2005: 111.
24 Gugerli 1996: 134–149.

institute im Zuge des Eisenbahnbaus neue, dem Ausmass eines Infrastrukturnetzes angepasste Finanzierungsinstrumente wie die Aktiengesellschaft.[25] Andererseits griffen Politiker und die Bevölkerung auf ihre Erfahrungen mit früheren Energienutzungsformen wie Gas zurück, und Techniker aus der Industrie sowie Forscher an Hochschulen wie der ETH stellten ein Scharnier zwischen Theorie und praktischer Umsetzung durch die schweizerische Maschinenindustrie dar, welche die neue Technik ex- und importierte, durch die Kooperation mit ausländischen Partnern verbesserte und so die kleine, offene Volkswirtschaft Schweiz in technischer Hinsicht stützte.[26]

Zu betonen ist dabei die Zusammenarbeit von finanzwirtschaftlichen und industriellen Partnern, sprich Banken und Elektroindustrie, welche die Entwicklung der Elektrizität in grossem Stil in der Schweiz ankurbelten. Als sogenannte Finanzierungsgesellschaften initiierten sie Kraftwerke, die nicht mehr auf die lokale Nachfrage zielten, sondern Strom an Flüssen produzierten, wo er durch Laufkraftwerke in grossen Mengen hergestellt werden konnte.[27] Beispiele sind die Motor AG für elektrische Unternehmungen, die aus der Brown, Boveri & Cie. (BBC), der Allgemeinen Kreditanstalt Leipzig, der Bank Leu & Cie. und kleineren Schweizer Banken bestand, oder die Schweizerische Gesellschaft für Elektrische Industrie, kurz Indelec genannt, die aus der Zusammenarbeit von Siemens & Halske und deutschen sowie schweizerischen Banken hervorging.[28]

6.2 Elektrizitätspolitik

Die Vielfalt an Akteuren in der wachsenden schweizerischen Elektrizitätswirtschaft zeigt deutlich, dass die Privatwirtschaft am Anfang des neuen Netzwerkes stand. Allerdings zwang bereits 1891 die linke Basler Petition «Frei-Land» den Bundesrat und das Parlament zu einer Stellungnahme und brachte den ersten Politisierungsschub für das noch junge technische System. Sie verlangte ein eidgenössisches Monopol für die noch nicht konzessionierten Wasserkräfte und griff somit die kantonale

25 Balthasar 1993: 47.

26 Paquier 1998: 1087–1091.

27 Müller [1991]: 51.

28 Gugerli 1996: 225–245. Vergleiche dazu auch den Artikel von Fehr in diesem Band.

Konzessionierungshoheit an.[29] Zwar lehnten beide Räte die Petition 1895 ab, doch zeichneten sich in der Debatte die Topoi ab, die in den folgenden 20 Jahren die politische Diskussion über die schweizerischen Wasserkräfte beherrschen sollten: «Gemeingut», «öffentliche Wohlfahrt» und das «Interesse des Landes» standen ab diesem Zeitpunkt als diskursive Elemente fest.[30] Die Elektrifizierung der Städte und die Nachfragestagnation nach der Jahrhundertwende bewirkten weitere Politisierungsschübe. Schliesslich wurde die Idee, die Energieversorgung auf nationaler Ebene zu regeln, mitten im Ersten Weltkrieg (!) umgesetzt. Indem die Oberaufsicht des Bundes über die Nutzung der Wasserkräfte 1915 in der Verfassung verankert wurde, machte die Schweiz die Nutzung der Wasserkräfte zu einer nationalen Angelegenheit.[31] Entsprechend stand das daraus erarbeitete Gesetz von 1916 wegen der sich verdüsternden internationalen Lage im Zeichen einer nationalistisch ideologisierten Nutzung der schweizerischen Wasserkräfte. Darin erhielt der Bund die Oberaufsicht über die Nutzbarmachung der öffentlichen und privaten Gewässer,[32] doch die Kantone behielten ihre Konzessionierungshoheit.[33] Das Gesetz war ein helvetischer Kompromiss, weil es neben den Kantonen auch die privaten Gesellschaften und die SBB, denen darin ein Recht auf einen Konzessionskauf zwecks Elektrifizierung der Bahn zugesichert worden war, berücksichtigte.[34]

Die Kantone, denen die Konzessionierung oblag, verhielten sich anfänglich abwartend und konzentrierten sich auf die Konzessionsvergabe an Gemeinden und Private.[35] Nach 1905 stiegen die Kantone mit zunehmender technischer und wirtschaftlicher Sicherheit ein, wobei die Kantone Freiburg, Waadt und Bern die Elektrizitätswirtschaft in ihrem Gebiet vor 1905 unter ihre Kontrolle brachten.[36] Der Kanton Bern wurde allerdings erst aktiv, als die private Finanzierungsgesellschaft Motor AG durch die Zusammenlegung zweier von ihr erbauter Wasserkraftwerke in Spiez und Hagneck eine zu grosse und von ausländischem Kapital

29 Paquier 1998: 923–925.
30 Gugerli 1996: 257–258.
31 Gugerli 1996: 297, 308.
32 Gugerli 1996: 288.
33 Paquier 1998: 945.
34 Paquier 1998: 945.
35 Paquier 1998: 808.
36 Paquier 2005b: 168.

abhängige Macht zu werden drohte.[37] Um einer bundesstaatlichen Einmischung zuvorzukommen, gab sich der Kanton Bern 1906 überstürzt sogar ein eigenes Wasserrechtsgesetz, das sich an den Bedürfnissen der halb in Staatsbesitz übergegangenen Elektrizitätsunternehmung Vereinigte Kander- und Hagneckwerke AG (VKHW) orientierte.[38]

6.3 Elektrizität durchdringt den Alltag in der Zwischenkriegszeit: Einige Zahlen aus dem Kanton Bern

Wie sich die Elektrizität im täglichen Leben ausbreitete und wie die Elektrizitätsunternehmen für jeden einzelnen Anschluss kämpften, zeigen die Geschäftsberichte der VKHW, der späteren Bernische Kraftwerke AG (BKW). Zwischen 1903 und 1941 führten sie die neu angeschlossenen Bügeleisen einzeln auf! In der Tat veränderte die Elektrizität das tägliche Leben Schritt für Schritt: Neben der Vereinfachung der Beleuchtung, des Bügelns, Kochens und Waschens brachte die Elektrizität auch neue Kommunikationsmittel wie das Telefon oder das Radio mit sich.[39] Dies schlug sich bei den Elektrizitätswerken in den Statistiken nieder. Die meisten Motoren, die von der BKW entweder in eigenen Verteilungsanlagen oder in Gemeinde- und Genossenschaftsanlagen mit Strom versorgt wurden, befanden sich in privaten Haushalten und landwirtschaftlichen Betrieben; die Elektrizität eroberte die privaten Haushalte und landwirtschaftlichen Betriebe in der Zwischenkriegszeit unaufhaltsam.[40] Allerdings dominierten nicht die Motoren, sondern die Glühlampen das Geschäft. Sie waren die führenden «Verbrauchskörper», in denen Strom von der VKHW/BKW seiner Endnutzung zugeführt wurde. Offenbar wurde die Elektrizität vorwiegend für die Beleuchtung eingesetzt.

Die erste Elektrifizierungswelle führte anfänglich zum Aufbau des sogenannten Licht- und Kraftnetzes, das mengenmässig eine führende Stellung einnahm. Parallel dazu wurde das Bahnnetz aufgebaut: Die Entwicklung der Anzahl Kilowatt, welche die BKW ihren Abonnenten und

37 Pfister 1995: 280.

38 Müller [1991]: 63–64.

39 Zur sozialen Rezeption dieser Veränderungen im Alltag, siehe: Blumer-Onofri 1994: insbesondere Kapitel 7–12.

40 BKW-Geschäftsberichte 1909–1951.

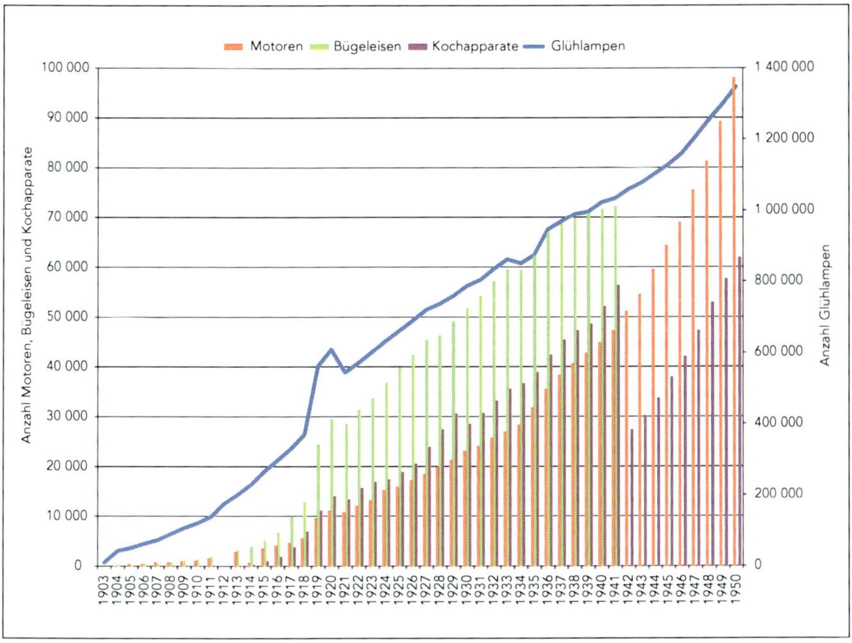

Abb. 1: Elektrizität wurde anfänglich vorwiegend für die Beleuchtung und erst danach für das Kochen oder Bügeln eingesetzt.
Quelle: VKHW-Geschäftsberichte 1903–1907; BKW-Geschäftsberichte 1908–1951.

den Bahnen zwischen 1909 und 1918 lieferte, zeigt, dass die absolute Entwicklung des Verbrauchs der Bahnen bis 1913 parallel zu derjenigen des Totalverbrauchs verlief. Der Anteil der Bahnen steigerte sich dabei von 15 Prozent im Jahr 1909 auf 35 Prozent im Jahr 1913 und fiel danach unter diese Höchstmarke. Dies war vor allem auf den Bau der BLS zurückzuführen, der von 1906 bis 1913 dauerte. Bei Betriebsbeginn im Sommer 1913 bezog die BLS als grösste Kantonsbahn einen Fünftel des total verbrauchten Stromes der BKW, während des Ersten Weltkrieges fiel ihr Anteil auf 10 Prozent (1918).[41]

41 Amacher 2006: 42.

6.4 Die elektrische Eisenbahn und ihre Förderung in der Schweiz[42]

Auch wenn die elektrische Eisenbahn kein «Sinnbild [...] für die vollendete Einbindung der Elektrotechnik in die soziotechnische Lebenswirklichkeit des ‹langen› 19. Jahrhunderts»[43] war, stellte sie zumindest die Verknüpfung zweier grosser technischer Systeme dar, die einzeln ihr wirtschaftspolitisches Potenzial bereits bewiesen hatten beziehungsweise am Beweisen waren. Nachdem in den 1890er Jahren vorwiegend schmalspurige Vororts- und Bergbahnen elektrifiziert worden waren, sah die Elektrizitätswirtschaft nach der Jahrhundertwende in der Elektrifizierung von Normalspurbahnen neue Absatzmöglichkeiten. Weil mit der Gründung der SBB 1902 ein entsprechender Akteur von schweizweiter Bedeutung ins Zentrum des Interesses gerückt war, forderte die Elektrizitätswirtschaft eine Lösung auf schweizerischer Ebene. Nach einer Absage an eine aktive Prüfung der Frage initiierte der Schweizerische Elektrotechnische Verein (SEV) 1902 die «Schweizerische Studienkommission für elektrischen Bahnbetrieb», die sich ausschliesslich des Themas annahm.

6.4.1 Die Schweizerische Studienkommission für elektrischen Bahnbetrieb[44]

Aufgeschreckt durch eine Wachstumsstagnation des Elektrizitätsmarktes infolge eines Nachfragerückgangs um die Jahrhundertwende und von der Regierung unterstützte Versuche der elektrischen Vollbahntraktion in Frankreich, suchte die schweizerische Elektrizitätswirtschaft, die sich im SEV organisiert hatte, nach Möglichkeiten zur Vergrösserung ihres Absatzmarktes. Neben der Bildung kantonaler Elektrizitätswerke, die ihr Zugang zu einer breiteren Bevölkerung zu verschaffen versprach, sah die Elektrizitätswirtschaft in der Elektrifizierung der Normalbahnen eine attraktive Option. Die Elektrifizierung der Normalbahnen bedurfte jedoch umfangreicher Versuche, deren Experimentier-, Organisations- und

42 Falls nicht anders vermerkt, folgt dieser Abschnitt: Gugerli 1997: 228–242.

43 Gugerli 1996: 308.

44 Falls nicht anders vermerkt, folgt dieser Abschnitt: Gugerli 1997: 228–242. Steinmann 2003: 38–46 erläutert die Studienkommission ebenfalls ausführlich.

Finanzierungskosten das Budget einer einzelnen Unternehmung überstiegen. Die Studienkommission vereinigte deshalb die an einer elektrischen Normalbahn interessierten Kreise wie Elektrizitätswirtschaft, Ausrüstungsgüterindustrie, Finanzierungsgesellschaften, Bundes- und Privatbahnen und Bundesbehörden. Der Bundesrat begnügte sich in der Frage nach der Elektrifizierung der Schweizer Bahnen mit einer Subvention an die Studienkommission, nachdem er innerhalb zweier Jahre zweimal aufgefordert worden war, sich der Frage aktiv anzunehmen. 1901 hatte Walter Wyssling, der «Doyen der universitären schweizerischen Elektrotechnik», den Bundesrat gebeten, als zukünftiger Besitzer der Bundesbahnen die Prüfung des elektrischen Betriebes auf Schweizer Bahnen zu unterstützen; ein Jahr später verlangte ein Postulat von Nationalrat Hans Dinkelmann, dem Direktor der elektrischen Burgdorf–Thun-Bahn, dasselbe.[45]

Das erste Arbeitsprogramm der Studienkommission sah vor, theoretisch die Fragen zu beantworten, wie der elektrische Betrieb der Schweizer Bahnen technisch und finanziell befriedigend bewerkstelligt werden konnte und welche Vor- und Nachteile er hätte. Subkommissionen sollten detaillierte Fragen behandeln wie die Ausgestaltung des elektrischen Betriebes, die Technik und Finanzierung unterschiedlicher Systeme, Beschaffung und Kosten der nötigen Kraft, betriebswirtschaftliche Bedingungen für eine Umstellung von Dampf auf Strom bei Vollbahnen, Grundsätze und Standards für Konstruktionen, Spannungen, Stromzuführungen sowie für Rollmaterial und Lokomotiven.

Um glaubwürdig zu sein, ging die Studienkommission gezielt vor. Erstens wollte sie das bestehende praktische und theoretische Wissen sammeln. Zweitens sollten mittels der Versuchsstrecken zwischen Seebach und Wettingen und am Simplon die skeptischen SBB – sie traten erst 1903 in die Studienkommission ein – und Bahnfachleute gewonnen werden. Dabei legte sie Wert auf die Wissenschaftlichkeit der Versuche, bei denen sie systematisch und experimentell vorging. Drittens publizierte sie die Versuchsergebnisse in Broschüren und besprach sie in der Fachpresse. So erschienen ab 1906 die *Mitteilungen der schweizerischen Studienkommission* als «permanentes öffentliches Forum von wissenschaftlichem Format». 1912

45 Steinmann 2003: 38–39, Zitat 38.

fassten Walter Wyssling und Walter Kummer alle Berichte in *Die Systemfrage und die Kostenfrage für den hydro-elektrischen Betrieb der schweizerischen Eisenbahnen* zusammen.[46]

Die gegen aussen kommunizierte Wissenschaftlichkeit konnte in der Studienkommission selbst nicht immer aufrecht erhalten werden. So erreichte sie eine Einigung über die Periodenzahl[47] für Wechselstrom 1912 nach langem Feilschen nur noch per Abstimmung. Die grosse Hoffnung von 1902 erfüllte sich jedoch nicht: Trotz Vor- und Schlussbericht entschieden sich die SBB 1912 nicht zur vollständigen Elektrifizierung,[48] da Bund und SBB der von der Elektrizitätswirtschaft gewünschten Mitsprache in Sachen Elektrifizierung der schweizerischen (Bundes-)Bahnen eine Absage erteilt hatten. Dies veranlasste den SEV, mit dem Wasserwirtschaftsverband 1915 eine «grosse öffentliche Diskussionsveranstaltung» zu organisieren, um die Resultate «der weitgehend aristokratischen Vorgehensweise einer Expertenelite» einer breiteren Öffentlichkeit zugänglich zu machen und die Interessenallianz für die Bahnelektrifizierung zu verbreitern. Trotzdem löste sich mit dem Abschluss der theoretischen Arbeiten die Studienkommission 1916 auf.

Die Verbindung der beiden Netzwerke Bahn und Elektrizität weckte offensichtlich Hoffnungen und mehr oder weniger starkes Engagement der wichtigen Akteure in Elektrizitätswirtschaft, Industrie und Behörden. Grosses Interesse zeigte insbesondere der Kanton Bern, der im ersten Jahrzehnt des 20. Jahrhunderts in beide Netze investierte. Durch die Verstaatlichung der Elektrizitätswirtschaft und mit dem Bau der BLS realisierte er zwei grosse, ausgesprochen langfristige Infrastrukturprojekte. Er machte sich damit zu einem ernst zu nehmenden Akteur auf dem schweizerischen Elektrizitätsmarkt. Mit dem Eintritt der Baudirektion des Kantons Bern am 21. Dezember 1907 als einziger (!) Kantonsbehörde in die Studienkommission unterstrich der Kanton sein wirtschaftspolitisches Interesse an der Entwicklung der elektrischen Bahntraktion und nahm mit

46 Gugerli 1997: 233–236, Zitat 236.

47 Eine Periode beispielsweise eines Wechselstromes beschreibt die Zeit, in der die Stromstärke von null auf den Maximalwert (Amplitude) steigt, wieder gegen null fällt, den Minimalwert erreicht und dann wieder auf null steigt. Die Anzahl Perioden pro Sekunde drückt die Frequenz (in Hertz) aus.

48 Gemäss Steinmann 2003: 143 entschieden sich die SBB erst 1918 für ein Gesamtelektrifizierungsprogramm, 1912 schufen sie jedoch bereits eine «Abteilung für die Elektrifikation des Bundesbahnen» (S. 46).

der elektrischen BLS vorweg, was ein Jahrzehnt später auf nationaler Ebene mit der Elektrifizierung der Bundesbahnen verwirklicht werden sollte.

6.4.2 Die Elektrifizierung der SBB

Die Elektrifizierung der SBB in der Zwischenkriegszeit war ein riesiges Investitionsprogramm, das nicht nur aus betriebswirtschaftlicher Notwendigkeit, sondern vor allem aus wirtschaftspolitischen Überlegungen und zugunsten der ganzen Schweizer Volkswirtschaft ausgeführt wurde. Zwar verkehrten die Züge durch den Simplontunnel seit seiner Eröffnung 1906 mit Strom, aber die SBB gehörten deswegen nicht zu den Vorreitern der Elektrifizierung in der Schweiz. 1920 betrug der Anteil der elektrifizierten Strecken der SBB rund 8 Prozent, während sich derjenige der Privatbahnen auf knapp 55 Prozent belief. Die Elektrifizierung in der Zwischenkriegszeit stellte einen regelrechten Modernisierungsschub dar, so dass bei Ausbruch des Zweiten Weltkrieges knapp 79 Prozent des gesamten Schweizerischen Streckennetzes elektrifiziert waren (Privatbahnen ca. 79 Prozent, SBB ca. 75 Prozent).[49]

Der Entscheid zur Elektrifizierung der SBB ist vielmehr als in einem elektrotechnischen in einem wirtschaftspolitischen und nationalistischen Kontext anzusiedeln. Der Erste Weltkrieg führte der Schweiz ihre energetische Abhängigkeit vom Ausland drastisch vor Augen, insbesondere als nach 1917 die Kohlepreise stark anstiegen (vgl. dazu auch den Beitrag von Pfister zur Energie).[50] Bereits der Ausbruch des Ersten Weltkrieges hatte der Schweiz ihre Dependenz vom Import von Kohle als ihrem wichtigsten Energieträger vor Augen geführt. Die schweizerischen Wasserkräfte sollten deshalb «rationell genutzt» werden, indem die Energieversorgung zentral, sprich auf nationaler Ebene geregelt wurde.[51] Das Wasserrechtsgesetz von 1916 sicherte den SBB daher ein Recht auf den Erwerb von Wasserrechtskonzessionen zu.[52] Die hohen Kosten einer Elektrifizierung

49 Alle Zahlen in diesem Abschnitt entstammen Steinmann 2010: 93.
50 Siehe dazu Steinmann 2003: 77–79.
51 Gugerli 1996: 297.
52 Paquier 1998: 945.

und die tiefen Kohlepreise liessen die SBB bis dahin jedoch zögern und begründeten die im Vergleich mit den elektrifizierten Privatbahnen spät einsetzende Elektrifizierung des Netzes der Bundesbahnen.[53]

Die SBB-Leitung widerstand der Elektrifizierung des Netzes also so lange, weil sie die hohen Kosten fürchtete und weil die Auswirkungen des hohen Kohlepreises erst 1918 spürbar wurden. Ihre Bedenken bestätigten sich: Zwischen 1918 und 1935 investierten die SBB rund 5.8 Milliarden Franken[54] in elektrische Lokomotiven, Oberleitungen sowie in die Verstärkung des Unter- und Oberbaus.[55] Finanziert wurden die Investitionen durch festverzinsliche Anleihen, die bis zum Zweiten Weltkrieg auf ungefähr einen Viertel der Gesamtschulden der SBB anwuchsen.[56] Die Elektrifizierung trug somit massgeblich zu einer Vergrösserung der Schuldenlast der SBB bei. Allerdings verfolgten die SBB damit auch volkswirtschaftliche Ziele. Im Zuge der unsteten Konjunktur der 1920er Jahre und der Weltwirtschaftskrise der 1930er Jahre bediente sich der Bund der SBB als Mittel zur Arbeitsbeschaffung. Aber auch die Schweizer Industrie sollte davon profitieren: Aus Sicht der Schweizer Maschinenindustrie stellte das Projekt «‹Elektrifizierung der SBB›»[57] einen neuen, grossen Absatzmarkt dar. Nachdem Kohlemangel und horrende Kohlepreise gegen Ende des Ersten Weltkrieges zu einer Reduktion der üblichen Personenzüge um einen Viertel geführt hatten, entschlossen sich die SBB 1918, ihr Netz innerhalb von 30 Jahren zu elektrifizieren.[58] Dies stellte eine grundlegende Veränderung des Inlandmarktes der schweizerischen Maschinenindustrie dar.[59] Gemäss Martin Pally verhinderte die Elektrifizierung der SBB etwa, dass die Maschinenfabrik Oerlikon (MFO) in eine Nachkriegskrise schlitterte.[60] Nachdem die BBC und die MFO den Markt an erwarteten Elektrifizierungsaufträgen unter sich aufgeteilt und damit de facto ein Kartell geschaffen hatten,[61] kam der Schweizer Maschinenindustrie die bundesrätliche Praxis in den frühen 1920er Jahren, nur bei inländischen Unter-

53 Steinmann 2010: 92–94.
54 Rund 717 Millionen Franken (1935), die Werte im Text sind auf 2014 umgerechnet.
55 Steinmann 2010: 94.
56 Steinmann 2010: 97.
57 Steinmann 2010: 97.
58 Pally 2008: 145–146.
59 Pally 2008: 140.
60 Pally 2008: 147.
61 Pally 2008: 144–145.

nehmen zu bestellen, zugute. Diese Praxis diente vorwiegend der Arbeitsbeschaffung, welche die grassierende Arbeitslosigkeit eindämmen sollte. Die MFO, die BBC und die S.A. des Ateliers de Sécheron mussten zwar garantieren, dass ein Teil eines Serienauftrages in den beiden anderen Unternehmungen ausgeführt werden konnte,[62] aber die ausländische Konkurrenz war damit ausgeschaltet.[63]

Der betriebswirtschaftliche Vorteil der Elektrifizierung der SBB trat erst in der Kriegswirtschaft des Zweiten Weltkrieges zu Tage: Mit einem erneuten Anstieg der Kohlepreise und beinahe versiegenden Kohleimporten ab 1944 konfrontiert, wurden die Ersparnisse offensichtlich, welche die SBB machten. Steinmann berechnete eine summierte hypothetische Einsparung für die Jahre von 1939 bis 1945 von rund 2.4 Milliarden Franken.[64] Angesichts der Steigerung der Transportleistung während des Zweiten Weltkrieges avancierte die Elektrifizierung der SBB zu einem nationalen Verdienst, das in der nationalistisch aufgeladenen Zeit als positive Projektionsfläche der Schweizer Bevölkerung und der politischen Eliten diente.[65] Dass die SBB für ihren elektrischen Betrieb sogar ein eigenes Stromnetz mit eigenen Kraftwerken aufbaute,[66] steht sinnbildlich für die energetische Unabhängigkeit, über die die Schweiz im Zweiten Weltkrieg (im Gegensatz zum Ersten Weltkrieg) dank der Elektrifizierung verfügte.

Der Schuldenberg der SBB musste trotz aller nationalistischen Verklärung abgetragen werden. Eine Revision des SBB-Gesetzes brachte 1944 eine Sanierung der SBB, und Investitionsprogramme wie die Elektrifizierung wurden unterbunden. Interessanterweise legitimierte aber gerade die Elektrifizierung der SBB die Sanierung im Umfange von rund 6.5 Milliarden Franken,[67] da die Sanierung als nachträgliche Kompensation für die Elektrifizierung verstanden wurde, welche die Schweiz vor einer Transportkrise im Zweiten Weltkrieg verschont habe.[68]

62 Pally 2008: 146.
63 Pally 2008: 145.
64 Rund 321 Millionen Franken (1945). Steinmann 2010: 98–99.
65 Steinmann 2010: 100.
66 Steinmann 2010: 94.
67 Rund 1.3 Milliarden Franken (1944).
68 Steinmann 2010: 77–78.

6.5 Die Elektrifizierung der Privatbahnen

Im Gegensatz zu den SBB war der Bestand der elektrischen Strecken am Streckennetz der Privatbahnen mit 55 Prozent am Vorabend des Ersten Weltkrieges beachtlich. Viele Privatbahnen wurden von Anfang an elektrisch betrieben, der Rest in der Zwischenkriegszeit umgerüstet. Mithilfe des Bundesgesetzes über die Unterstützung von privaten Eisenbahn- und Dampfschiffunternehmungen zum Zwecke der Einführung des elektrischen Betriebes vom 2. Oktober 1919 versuchte der Bundesrat die Elektrifizierung der Privatbahnen mittels einer Verbilligung der nötigen Kredite zu fördern, um in Zukunft ähnliche Transportkrisen wie während des Ersten Weltkrieges zu vermeiden.[69]

Bis dahin hatte die Politik situativ auf Fehlbeträge der Privatbahnen reagiert: Basierend auf dem Bundesgesetz über Verpfändung und Zwangsliquidation von Eisenbahn- und Schiffahrtsunternehmungen vom 25. September 1917, das eine ausserordentliche Stundung in Kriegszeiten oder anderen ausserordentlichen Verhältnissen für die Privatbahnen vorsah, konnten sie ihren Betrieb weiterführen, obwohl sie es eigentlich nicht mehr vermochten.[70] Die verbilligten Kredite trieben allerdings den Teufel mit dem Beelzebub aus: Einige Privatbahnen mussten sich so stark verschulden, dass ihr Fortbestehen gefährdet war.[71] Deshalb wurde 1939 ein Privatbahnhilfegesetz (PHG) nötig, das rund 1.1 Millionen Franken[72] aus der Bundeskasse – und mindestens ebensoviel aus den Kantonskassen – für Bilanzsanierungen und technische Verbesserungen derjenigen Privatbahnen vorsah, die danach lebensfähig sein sollten; der Rest wurde ihrem Schicksal und den Kantonen überlassen.[73] Dass sich nicht nur kleine Bahnunternehmungen oder solche, die spät mit der Elektrifizierung begonnen hatten, mit einer Sanierung befassen mussten, zeigt das Beispiel der BLS.

69 Steinmann 2010: 92–94.

70 Steinmann 2010: 68.

71 Steinmann 2010: 98.

72 140 Millionen Franken (1939).

73 Steinmann 2010: 68–69.

6.5.1 Das Fallbeispiel Bern–Lötschberg–Simplon-Bahn (BLS)[74]

Mit ihren 115 Kilometern stellte die BLS zusammen mit der Rhätischen Bahn (RhB, 390 Kilometer) hinsichtlich Schienenlänge eine Ausnahme unter den Privatbahnen dar, deren Sektor strukturell von Kleinunternehmen geprägt war.[75] Beide elektrifizierten ihre Linien vor den SBB – die BLS fuhr seit Betriebsbeginn 1913 ausschliesslich mit Strom, die RhB elektrifizierte ihr Netz ab 1913[76] – und beide wandten von Anfang an den einphasigen Wechselstrom an, den die Studienkommission 1912 nach langem Ringen empfohlen hatte. Die Betriebsaufnahme der BLS mit Einphasen-Wechselstrom im Juni 1913 zeigte, dass die Vollbahntraktion nicht nur theoretisch gelöst war, wie dies die Arbeiten der Studienkommission suggerierten, sondern auch den Praxistest erfolgreich bestand. Ihre Anwendung in der Fläche, namentlich auf dem SBB-Netz, stand allerdings noch aus. Auch die jährlichen Einsparungen der BLS betrugen dank des elektrischen Antriebs nur gut 2 Prozent der jährlichen Betriebskosten.[77] Wieso also setzte die BLS von Beginn an auf Strom als Antriebsenergie?

Die elektrische BLS basierte auf dem Zusammentreffen von verschiedenen Faktoren. Im Februar 1902 initiierte und gründete die Regierung des Kantons Bern ein «Bernisches Initiativkomitee für die Lötschbergbahn», das an ihrer Stelle die Lobbyarbeit, die Geldbeschaffung und die organisatorischen Aufgaben übernahm. Der leitende Ausschuss dieses Komitees setzte sich entsprechend der Präferenzen und der Zusammensetzung der Kantonsregierung vorwiegend aus Freisinnigen zusammen, der stärksten Partei im Kanton Bern um die Jahrhundertwende. Seine erste erfolgreiche Tätigkeit bestand im Lobbyieren für das dritte Eisenbahnsubventionsdekret, das der Lötschbergbahn eine namhafte finanzielle Anstossfinanzierung versprach und von einer überwältigenden Mehrheit der Stimmberechtigten im Kanton Bern angenommen wurde. Dem Prestigeprojekt des Freisinns drohte jedoch von internationaler Seite das Aus, als 1904 drei internationale Experten ihr Konkurrenzprojekt, das

74 Sofern nicht anders vermerkt, basieren die beiden folgenden Unterkapitel vollständig auf Amacher 2007: 77–150.

75 Steinmann 2010: 54.

76 Wägli 1998: 65–75.

77 Amacher 2006: 97.

Wildstrubelprojekt, empfahlen, das die aufstrebenden Sozialdemokraten unterstützten. Um seine Glaubwürdigkeit zu retten und angesichts massiver Interessensvertretung aus dem Kandertal durch den radikalen Grossrat Gottlieb Arnold Bühler, sah sich der leitende Ausschuss des Initiativkomitees gezwungen, ein überzeugendes Argument zugunsten des Lötschbergs zu finden.

Der in Argumentationsnotstand gekommene Freisinn trat deshalb die Flucht nach vorne an und setzte auf die einzige, aber unsichere Karte des elektrischen Betriebs. Wenn dieser tatsächlich – wie aufgrund einiger, aber nicht vergleichbarer Erfahrungen am Gotthard oder von der Burgdorf–Thun-Bahn zu vermuten war – tiefere Betriebskosten als der damals übliche Dampfbetrieb aufweisen sollte, war der Lötschberg dem Wildstrubel gegenüber mehr als legitimiert. Einige Mitglieder des leitenden Ausschusses hatten bereits Erfahrungen mit elektrischem Bahnbetrieb gesammelt, wenn auch nicht unter Bedingungen, wie sie eine Bahn durch den Lötschberg zu bewältigen haben würde. Diese Herausforderung beziehungsweise ein solches Investitionsobjekt für Risikokapital suchte jedoch ein französisch-schweizerisches Bauunternehmungs- und Bankenkonsortium, das, nachdem es sich am Bau des Suezkanals beteiligt hatte, 1904 einen Ersatz für sein unterlassenes Engagement am Panamakanal (Bauzeit 1904–1914) suchte. Aufgrund seiner Vorstudien schlug das Konsortium den Lötschberg à 27 Promille Maximalsteigung mit elektrischem Betrieb vor, was der Grosse Rat des Kantons Bern am 27. Juni 1906 annahm. Damit war der Weg frei für die Gründung der Berner Alpenbahngesellschaft Bern–Lötschberg–Simplon einen Monat später, in die das Initiativkomitee überging, und mit der das Konsortium, ab 1906 als Generalunternehmung bezeichnet, sogleich den Bauvertrag abschloss.

6.5.2 Wechsel- statt Drehstrom am Lötschberg

Der Entscheid zum elektrischen Betrieb spielte der jungen kantonalen Elektrizitätsunternehmung in die Hand: Ihr kam in ihrer Anfangszeit eine Grosskundin ausgesprochen gelegen, weil diese einen sicheren Absatz garantierte. So tätigte die VKHW/BKW Investitionen, um ihren Dreh- in den von der Bahn gewünschten Wechselstrom umzuformen. Denn die BLS hatte sich 1908 auf Anraten ihres Elektrifizierungsverantwortlichen, Ludwig Thormann, erneut für ein Wagnis entschieden: Die Lötschbergbahn sollte mit dem umstrittenen und relativ unerprobten Einphasen-Wechselstromsystem betrieben werden, weil es technisch und energetisch am ökonomischsten war und es im Vergleich mit Gleich- und Drehstrom die tiefsten Energiekosten aufwies.

Dies schloss Thormann aus seinen theoretischen Arbeiten, die er für die Studienkommission zwischen 1904 und 1907 verfasst hatte. Obwohl diese den Systemstreit (Gleich- vs. Dreh- vs. Wechselstrom) noch heftig führte und das Einphasen-Wechselstromsystem erst 1912 offiziell empfahl, war sich Thormann seiner Erkenntnis bereits 1908 genug sicher, um die BLS darüber entscheiden zu lassen – auch wenn bis zu diesem Zeitpunkt noch keine Lokomotivmotoren, welche die 27 Promille steile Strecke zu bewältigen vermochten, konstruiert worden waren! Dass dies möglich werden würde, hatte der BLS gegenüber besonders die MFO angetönt, deren Direktor, Emil Huber-Stockar, persönliche und berufliche Kontakte mit Thormann pflegte. Auf Drängen der BLS entwickelte die MFO die damals stärkste Lokomotive der Welt, wobei betont werden muss, dass die MFO nicht nur seitens der BLS unter Innovationsdruck stand, sondern sich auch in einer Konkurrenzsituation mit der BBC befand, die bereits den von den SBB betriebenen Simplon elektrifiziert hatte.

Die BBC vermochte vorderhand die SBB von dem von ihr propagierten Drehstrom zu überzeugen. Nicht zuletzt deshalb liessen die SBB die von der MFO betriebene Versuchsstrecke Seebach–Wettingen, auf der die MFO mit Einphasen-Wechselstrom experimentierte, abbrechen. Dieser Rückschlag entpuppte sich für die MFO 1910 allerdings als Glücksfall, als die BLS die elektrischen Anlagen der obgenannten Versuchsstrecke zwischen Spiez und Frutigen installierte, um selbst Erfahrungswerte sammeln zu können. Für den Erfolg der elektrischen BLS spielte diese eine wichtige Rolle, weil die Bahnangestellten darauf den Umgang mit dem elektrischen Betrieb lernten. Die SBB und die BLS zogen aus ihren jeweiligen Versuchsstrecken, die de facto aus denselben technischen Anlagen bestanden, allerdings unterschiedliche Schlüsse. Im Gegensatz zu den SBB erkannte die BLS das wirtschaftliche und technische Potenzial leistungsstarker elektrischer Traktion mittels Einphasen-Wechselstrom früher, wobei ihren realen Erfolg die unter Innovationsdruck stehende MFO ermöglichte. Schneller als der Bund sicherte sich somit der Kanton Bern für die Entwicklung seines Bahnnetzes eine technische und gleichzeitig wirtschaftliche Lösung, welche die SBB erst ein knappes Jahrzehnt später applizierte.

6.6 Fazit

Am Vorabend des Ersten Weltkrieges stellte der elektrische Bahnbetrieb kein technisches Problem mehr dar. Während Bahnen erfolgreich mit Drehstrom durch den Simplontunnel fuhren, betrieb die BLS ihre gesamte Strecke mit Einphasen-Wechselstrom. Trotzdem verkehrten zu diesem Zeitpunkt in der Schweiz noch etliche Bahnen mit Dampfantrieb, auch weite Strecken des SBB-Netzes wurden noch von Dampfbahnen befahren. Das Ansteigen des Kohlepreises im Ersten Weltkrieg verteuerte die Kohle als Antriebsmittel allerdings dermassen, dass diese Dampfbahnen so schnell wie möglich elektrifiziert werden mussten, das heisst mit Wasserkraft angetrieben werden sollten. Der Krieg wirkte dabei wie ein Katalysator: Mit der Elektrifizierung der schweizerischen Bahnen sollte nicht nur der Abhängigkeit von ausländischer Kohle Einhalt geboten, sondern auch die wirtschaftliche Belastung der Bahnunternehmen reduziert werden. Denn mit Wasser reich gesegnet, war die Schweiz plötzlich reich an eigener Energie, was sich auch in der Gesetzgebung niederschlug: 1916, mitten im Ersten Weltkrieg, stellte die Schweiz die Nutzung der landeseigenen Gewässer mit dem Bundesgesetz über die Nutzbarmachung der Wasserkräfte unter die Oberaufsicht des Bundes.

Die Nationalisierung der Wasserkräfte stand im Zeichen des herrschenden Nationalismus und versprach eine rationelle Nutzung, die der öffentlichen Wohlfahrt, dem Gemeinwohl und somit den Interessen des Landes dienen sollte. Ebenso im Dienste der Schweizer Bevölkerung stand die Elektrifizierung der SBB, wie sie 1918 an die Hand genommen wurde. Sie diente nicht nur der Modernisierung der SBB, sondern wurde auch zur Bekämpfung der Arbeitslosigkeit und zur Auftragssicherung für die schweizerische Maschinenindustrie eingesetzt. Dass sich die SBB dabei massiv verschuldeten, nahm die Schweizer Öffentlichkeit angesichts der ausgebliebenen Transportkrise während des Zweiten Weltkrieges später billigend in Kauf. Die elektrifizierte SBB stieg, nationalistisch überhöht, zu einem Symbol für die energetische Unabhängigkeit vom Ausland auf. Im Gegensatz zu einigen Privatbahnen elektrifizierten die SBB allerdings erst spät und nur auf äussersten wirtschaftlichen Druck hin ihr Netz.

Die Elektrifizierung der schweizerischen Bahnen einzig als Resultat von Krieg und Krise zu interpretieren, greift aber zu kurz; es bedurfte auch der wirtschaftlichen Not der Nachkriegsjahre, um ihre Umsetzung in der Fläche voranzutreiben. Die katalytische Funktion des Ersten Krieges führte jedoch dazu, dass bei Ausbruch des Zweiten Weltkrieges knapp vier Fünftel des Schweizer Schienennetzes elektrifiziert waren.

SEKTION III: DIE VERSORGUNGSKRISE

7. VOM WIRTSCHAFTSLIBERALISMUS ZUM STAATSINTERVENTIONISMUS. DER ERSTE WELTKRIEG ALS SCHARNIER DER SCHWEIZERISCHEN WIRTSCHAFTSPOLITIK

Maurice Cottier

7.1 Einleitung

Die zunehmenden Versorgungsschwierigkeiten während des Ersten Weltkrieges zwangen die Landesregierung erstmals in der Geschichte des Bundesstaates zu weitgehenden Eingriffen in die Aussen-und Binnenwirtschaft. Die Importmonopole, die Syndikate, die Kompensationsgeschäfte mit den Krieg führenden Staaten, die Rationierungsmassnahmen, der Zwangsanbau und der Aufkauf der einheimischen Kartoffel- und Getreideernte widersprachen den Maximen der liberalen Wirtschaftsordnung von 1848/74 – sie beruhte auf Handels- und Gewerbefreiheit, grenzüberschreitendem Handel und internationaler Arbeitsteilung – zutiefst. Der Beitrag stellt die versorgungspolitischen Interventionen während des Ersten Weltkrieges deshalb in einen grösseren wirtschaftspolitischen Kontext und zeigt ihren Stellenwert für die Abkehr der Schweiz von der liberalen Wirtschaftspolitik der Vorkriegszeit und die Herausbildung einer staatsinterventionistischen Wirtschaftspolitik in der Zwischenkriegszeit. Der Erste Weltkrieg wird in dieser Perspektive zu einem bedeutenden Scharnier der schweizerischen Wirtschaftspolitik.

7.2 Versorgungsdiskussion im liberalen Bundesstaat

Im 1848 gegründeten Bundesstaat waren private Produzenten und Importeure für die Versorgung in Friedenszeiten zuständig. Allein das Militär verfügte über einen kleinen Vorrat an Getreide und Konserven, der im Kriegsfall auch der Zivilbevölkerung zugute kommen sollte.[1] Nicht

1 BBl. 51 (1891): 674–683. Botschaft des Bundesrathes an die Bundesversammlung über die Kreditforderungen betreffend die Kriegsbereitschaft der schweizerischen Armee, 09.12.1891.

staatliche Vorräte, sondern Handelsverträge und Importe sollten witterungsbedingte Produktionseinbussen abfedern. Ganz abgesehen davon, dass die Anhäufung umfangreicher Vorräte den Staatshaushalt belastet hätte. Der Erfolg des wirtschaftsliberalen Modells beruhte auf der Möglichkeit, über das entstehende globale Verkehrsnetz Getreide über grosse Distanzen zu günstigen Preisen zu importieren. Nicht zuletzt deshalb wurde die Schweiz im ausgehenden 19. Jahrhundert immer abhängiger von Getreideimporten.[2]

Die Forderungen der Arbeiterschaft im Kanton Zürich gegen Ende der 1870er Jahre[3] und der Bauernverbände Mitte der 1890er Jahre[4] nach einem staatlichen Getreidemonopol fanden kein Gehör. Die Landesregierung stellte sich angesichts der grossen Importabhängigkeit nicht grundsätzlich gegen ein Getreidemonopol, sie ging jedoch davon aus, dass die Stimmbevölkerung die damit verbundene Erhöhung der Brotpreise nicht akzeptieren würde.[5] Die niedrigen Brotpreise stellten die Arbeiterschaft in der Getreidefrage zudem vorübergehend ruhig.

Das Vertrauen in die internationalen Getreidemärkte wurde 1898 durch den gigantischen Spekulationsversuch des US-Amerikaners Joseph Leiter erschüttert, der die Getreidepreise in der Schweiz unverhofft ansteigen liess.[6] Kurz vor der Jahrhundertwende stiegen auch die Preise auf den internationalen Kohlemärkten, weil mächtige Syndikate, schwankende Transportkosten durch militärische Konflikte und Spekulation an den Börsen das Angebot verknappten. Die protektionistische Wirtschaftspolitik anderer Staaten (Bevorzugung deutscher Lieferanten durch die deutschen Gruben) und Streiks verschärften die «Kohlennot» zusätzlich.[7]

Der Spekulationsversuch von Leiter und die Kohlennot stiessen eine kritische Diskussion über die Abhängigkeit der Schweiz von den internationalen Märkten an, die bis zum Ersten Weltkrieg nicht mehr abbrach. Für den Ökonomen Jakob Wirz, der sich in der Getreidefrage engagierte,

2 Bergier 1990: 115; Fueter 1928: 152–155. Nach Wirz wurden 1902 Vierfünftel des jährlichen Brotgetreidebedarfs der Schweiz importiert. Vgl. dazu: Wirz 1902: 143.

3 Seidel 1879.

4 Laur 1895.

5 BBl. 51 (1896): 296–304. Bericht des Bundesrathes an die Bundesversammlung über die Petition betreffend Schutz der schweizerischen landwirtschaftlichen Erzeugnisse und des Getreidebaus im besonderen, 12.03.1896.

6 Laur 1902: 17; Wirz 1902: 157.

7 Lindenmaier 1903: 84–88, hier 88.

war klar: «Diese Gefahr zu mildern und zu beseitigen ist die Pflicht des Staates.»[8] Der Staat sollte also nicht mehr einfach die gesetzlichen Rahmenbedingungen für eine sich selbstversorgende Marktwirtschaft setzen, sondern als stabiler Gegenpart zu den wechselhaften privaten Interessen auftreten.

Die zunehmenden Spannungen in Europa intensivierten die Auseinandersetzung über die Versorgungspolitik. 1908 brachte der demokratische Nationalrat Joseph Anton Scherrer-Füllemann eine Motion ein, die ein staatliches Getreidemonopol für die möglichen Auswirkungen eines «allgemeinen europäischen oder orientalischen Krieges» verlangte.[9] Der Bundesrat liess im folgenden Jahr einen Gesetzesentwurf ausarbeiten, der allerdings nie zur Abstimmung gelangte.[10]

Das Thema «Getreideversorgung» blieb aber aktuell.[11] 1912 verlangte der katholisch-konservative Nationalrat Joseph Anton Balmer in einer Motion erneut staatliche Massnahmen bei der Getreideversorgung. Der Motionär wies auf die Unsicherheit der Märkte hin und hielt fest:

> «Sollten bei Ausbruch eines Krieges unsere Weizenbestände derart niedrig sein, dass eine Teuerung oder gar eine Notlage entstünde, und wäre diese Notlage zurückzuführen auf ungenügende Vorsorgen von Seiten der Behörden, dann würde eine schwere Schuld und Verantwortung uns alle treffen.»[12]

Die Getreideversorgung schien nun nicht mehr allein ein Bestandteil der «drohenden sozialen Frage» zu sein,[13] sondern wurde als Problem der nationalen Sicherheit wahrgenommen. Die diskutierten Massnahmen nach der Motion Balmer waren grösstenteils die gleichen wie zuvor: Staatsmonopol, Subvention des Transports und der Lagerhaltung oder ein moderater Mehlzoll sollten helfen, die Getreidevorräte im Inland zu vermehren. Die Motion verlangte zudem die Förderung des einheimischen Anbaus.

8 Wirz 1902: 175.

9 Der Vorsteher des Handels-, Industrie- und Landwirtschaftsdepartementes, A. Deucher, an den schweizerischen Gesandten in Berlin, A. de Claparède, 15.6.1908. In: Diplomatische Dokumente der Schweiz, Bd. 5, 515–519, hier 519.

10 Milliet 1909.

11 Jöhr 1912; Fürst 1910/1911.

12 Motion von Herrn Balmer und Mitunterzeichnern, 19.06.1912. In: Amtliches stenographisches Bülletin der schweizerischen Bundesversammlung (ABBV) XXII 1912 (Nationalrat), 333–372, hier 337.

13 Seidel 1879: 58.

Das Spektrum der Lösungsvorschläge wurde aber in der Diskussion der Motion Balmer um eine – wie sich zeigen sollte – zukunftsweisende Dimension erweitert. Der Kohlenimporteur und freisinnige Nationalrat Johann Daniel Hirter schlug nämlich vor, dass der Staat nicht nur die freie Lagerhaltung und die Frachtpreise subventionieren, sondern mit finanziellen Anreizen die Lagerhaltung auch direkt fördern solle.

> «Hier wäre noch das zu tun, dass von Seiten des Bundes demjenigen, der sich verpflichtet, solche Lager eine gewisse Zeit zu unterhalten, in einem gewissen Masse zu einem billigen Warrantzinsfuss die Lager belehnt würden. Es könnte dies ohne weiteres geschehen, indem die Nationalbank beauftragt würde, es für die Rechnung des Bundes zu tun.»[14]

Der Sozialdemokrat und Genossenschaftsaktivist Bernhard Jaeggi schlug für die Getreideversorgung eine ähnliche Vorgehensweise vor. Der Staat sollte der privatrechtlichen Mühlengenossenschaft schweizerischer Konsumvereine die Verantwortung über die Getreidevorräte übertragen.[15] Sowohl Hirter als auch Jaeggi forderten eine Zusammenarbeit von Staat und Privatwirtschaft in der Versorgungsfrage. Ihre Ideen waren die ersten Vorboten einer interventionistischen Versorgungspolitik.

Die Motion Balmer stiess beim Bundesrat auf reges Interesse. 1913 wurde eine Kommission eingesetzt, die sich mit den vorgebrachten Vorschlägen beschäftigte. Trotzdem wurde letztlich keine der Massnahmen umgesetzt. Die Getreideversorgung blieb in den Händen des Militärdepartements, das die Getreidevorräte vor einem Krieg für einen Bedarf von 60 Tagen erhöhte.[16] Es war dann auch die Militärführung, die kurz vor Kriegsausbruch mündlich mit französischen und deutschen Armeespitzen die Lieferung einer bestimmten Quantität an Getreide und Kohle vereinbarte.[17]

Die Kommission, die das Anliegen der Motion Balmer weiterführte, lehnte die öffentlich-privaten Regelungsvorschläge von Hirter und Jaeggi mit der Begründung ab, dass die Importeure nur bei günstigem Angebot Vorräte anlegen würden. Gegen den Strich gelesen bedeutete dies, dass

14 Motion von Herrn Balmer und Mitunterzeichnern, 19.06.1912. In: ABBV XXII 1912 (Nationalrat), 333–372, hier 351.

15 Motion von Herrn Balmer und Mitunterzeichnern, 19.06.1912. In: ABBV XXII 1912 (Nationalrat), 333–372, hier 354.

16 Ochsenbein 1971: 33.

17 Ochsenbein 1971: 37–46.

Bundesrat und Parlament nicht in Erwägung zogen, die Handels- und Gewerbefreiheit einzuschränken, um privatrechtliche Organisationen zur Lagerhaltung zu verpflichten. Am ehesten umsetzbar wäre daher das Getreidemonopol, das den Getreidehandel zur Staatssache gemacht hätte, gewesen. Dies hätte jedoch zu einem Ausbau der Bundesverwaltung geführt und den Bundeshaushalt belastet.[18] Weil der Staat im vorherrschenden liberalen Wirtschaftsverständnis schlank und kostengünstig sein und sich nicht in private Bereiche einmischen sollte, wurde keiner der zahlreichen Vorschläge umgesetzt. Viele Zeitgenossen verspürten angesichts der Abhängigkeit vom Ausland und der drohenden Kriegsgefahr allerdings ein «Unbehagen», wie es ein Mitglied des Nationalrats 1912 ausdrückte.[19]

7.3 Widerwilliger Staatsinterventionismus im Ersten Weltkrieg

Nach Kriegsausbruch versuchte der mit Vollmachten ausgestatte Bundesrat vorerst, die wirtschaftliche Vorkriegsnormalität möglichst aufrechtzuerhalten. Er erliess kurzfristig Ausfuhrverbote für Nahrungs- und Futtermittel, verbot die Bildung von Trusts sowie den Wucher und ermächtigte die Kantone, selbstständig Höchstpreise festzulegen.[20] Gleichwohl war er bereits früh gezwungen, in den Bereich des Aussenhandels einzugreifen. Die Entente-Staaten begannen einen Monat nach Kriegsausbruch damit, einen Wirtschaftskrieg aufzuziehen, um zu verhindern, dass ihre Exporte über neutrale Staaten in Feindeshand gerieten.[21] Die Landesregierung

18 Die Forderung des Generalstabschefs Theodor von Sprecher nach einem Getreidevorrat von 100 Tagen wurde unter anderem aus finanziellen Gründen abgelehnt. Vgl. dazu: Ochsenbein 1971: 35–36. Aus finanziellen Gründen verzichtete auch die deutsche Reichsregierung vor dem Ersten Weltkrieg auf den Aufkauf grosser Mengen ausländischen Getreides und sie traf auch keine Vorbereitung zur Produktionssteigerung des inländischen Ackerbaus. Vgl. dazu: Förster 1995: 92–93.

19 Motion von Herrn Balmer und Mitunterzeichnern, 19.06.1912. In: ABBV XXII 1912 (Nationalrat), 333–372, hier 344.

20 Geering 1928: 7; Käppeli/Riesen 1925: 14, 84.

21 Ochsenbein 1971: 60–200.

musste rasch umsetzbare Ad-hoc-Lösungen finden: Zwischen 1915 und 1916 wurde die Einfuhr von Getreide, Zucker und anderen Lebensmitteln auf Druck Frankreichs monopolisiert.[22]

Wie die militärischen Abmachungen es vorsahen, lieferten die Krieg führenden Staaten fixe Kontingente, die vom Militärdepartement abgenommen wurden. Ab November 1915 verwaltete das Lebensmittelbureau für Zivilversorgung im Militärdepartement die Monopolwaren.[23] Für den Rohstoffimport aus den Entente-Staaten wurde die privatrechtliche Societé Suisse de Surveillance Économique (S.S.S.) gegründet. Die Schweizer Importeure mussten sich in Syndikaten zusammenschliessen und ihre Bücher der S.S.S. zur Kontrolle offenhalten.[24] Für den Rohstoffhandel mit Deutschland wurde im Juni 1915 die Treuhandstelle in Zürich für die Einfuhr deutscher Waren in die Schweiz als Teil des Politischen Departements gegründet.[25] Da Deutschland und Österreich in viel grösserem Masse als die Entente auf Importe aus der Schweiz angewiesen waren, wurde im Verlauf der ersten Kriegsjahre ein «Kompensationsverfahren» initiiert, in dem kontingentierte Mengen getauscht wurden.[26] Um die Einfuhr der wichtigsten Importgüter zu regeln, entstanden Zentralen oder Zentralstellen (für Kohle, Zucker, Eisen, Baumwollen, später auch Kartoffeln), die als privatrechtliche Genossenschaften organisiert wurden, die aber gleichzeitig dem Politischen Departement angegliedert waren.[27] Ab 1917 wurden gewisse kriegswichtige chemische Produkte direkt durch die Handelsabteilung des Politischen Departements eingeführt.[28] Im selben Jahr wurden zudem verschiedene Aktiengesellschaften gegründet, um den Import und Seetransport zu verbessern (Kohlen A.G.,

22 BBl. 23 (1921): 347–412, hier 354. Bericht des Bundesrates an die Bundesversammlung zu den Rechnungen und Bilanzen der Kriegsorganisationen für die Lebensmittelversorgung der Zivilbevölkerung. 1914–1918, 29.03.1921.

23 Käppeli/Riesen 1925: 72.

24 Zur Societé Suisse de Surveillance Économique vgl. Ochsenbein 1971: 201–246; Sieveking 1922: 14–17.

25 Käppeli/Riesen 1925: 75.

26 Ochsenbein 1971: 182.

27 Rossfeld/Straumann 2008: 39.

28 Insgesamt waren die Kontrollen der Mittelmächte weit weniger weitreichend als diejenigen der Entente-Staaten. Vgl. dazu: Die Abteilung für industrielle Kriegswirtschaft des Eidgenössischen Volkswirtschaftsdepartementes 1917–1919: 1; Geering 1928: 20–21.

Union maritime S.A. und Société financière Suisse). An der Kapitalbeschaffung beteiligten sich private Unternehmen und der Staat gleichermassen (vgl. dazu die Beiträge von Fehr und Pfister zur Energie).[29]

Die Interventionen im Bereich des Aussenhandels sollten das gewohnte Importvolumen erhalten. Dafür verlangten die Krieg führenden Staaten Garantien für eine entsprechende Verwendung ihrer Exporte. Teilweise bürgte der Bund, wie das Beispiel der Lebensmittelexporte durch das Militärdepartement zeigt. In der Regel übertrug er diese Aufgabe aber an neugegründete, privatrechtliche Syndikate, Genossenschaften und Aktiengesellschaften. Diese Aussenhandelspolitik war paradox. Einerseits entsprachen die privatrechtlichen Importorganisationen dem liberalen Staatsverständnis, andererseits unterliefen sie die Handels- und Gewerbefreiheit. Der Krieg ermöglichte es, staatliche Aufgaben an private Organisationen zu delegieren, wie es bereits 1912 für die Sicherung der Kohle- und Getreideversorgung vorgeschlagen worden war. Die strikte Grenze zwischen dem privaten und dem öffentlichen Bereich löste sich im Aussenhandel auf. Vorerst war die privatrechtliche Organisation von Importen nur als provisorische Lösung vorgesehen. Dieser Spagat ermöglichte es dem Bundesrat, den Binnenmarkt der freien Konkurrenz zu überlassen und so an der offiziellen liberalen Wirtschaftspolitik festzuhalten.[30]

Daneben gab es Stimmen, die eine weitergehende Anpassung der Schweizer Wirtschaft an die Kriegssituation forderten. Rund drei Wochen nach Kriegsausbruch verschickte der Sekretär des Schweizerischen Bauernverbands, Ernst Laur, einen von ihm verfassten «wirtschaftliche[n] Mobilmachungsplan» an General Ulrich Wille und Generalstabschef Theophil Sprecher von Bernegg. Anders als die Armeespitze hielt es der Bauernsekretär für möglich, dass die Schweiz als neutrales Land mehrere Jahre zwischen zwei verfeindeten Lagern wirtschaftlich überleben könne. Für ihn war klar, dass der Wirtschaftsliberalismus im Kriegsfall einer um-

29 Die Schweizerische Kriegswirtschaft 1939/1948, 114; BBl. 9 (1952): 253–405, hier 254. Botschaft des Bundesrats an die Bundesversammlung zum Entwurf eines Bundesgesetzes über die Seeschifffahrt unter der Schweizerflagge, 22.02.1952. Rossfeld/Straumann 2008: 39.

30 Das lange Festhalten des Bundesrates an der liberalen Wirtschaftsordnung ist vergleichbar, wenn auch nicht identisch, mit dem Versuch der liberalen britischen Regierung bis zu ihrem Fall im Mai 1915 *business as usual* aufrechtzuerhalten. Vgl. dazu: French 1982: 90–120.

fassenden staatlichen «Organisation des wirtschaftlichen Lebens» weichen müsse. Nach und nach sollte der Staat Preise bestimmen, einheimische Ernten aufkaufen, Lebensmittel rationieren, inländischen Bergbau fördern und Betriebe elektrifizieren.[31] Laurs wirtschaftlicher Mobilmachungsplan setzte sich über sämtliche Prinzipien des Wirtschaftsliberalismus hinweg. Er dokumentiert eindrücklich, wie weit die interventionistischen Ideen bereits kurz nach Kriegsausbruch ausgereift waren. Laur fand mit seinem Plan zunächst allerdings wenig Gehör (vgl. dazu den Beitrag von Moser).

Vom Sommer 1916 an traten kriegs- und witterungsbedingte Engpässe in der Versorgung mit Kartoffeln, Milch, Getreide und Kohle auf (vgl. die beiden Beiträge von Pfister sowie von Wipf). In der Folge wurden Lebensmittel und Heizmaterial knapp und die Teuerung verdoppelte die Lebenskosten im Vergleich zum Kriegsbeginn.[32]

Die Teuerung belastete breite Bevölkerungsschichten. In der Folge kam es in den Städten zu Demonstrationen.[33] Wieder zwang äusserer Druck, diesmal von der eigenen Bevölkerung, die Landesregierung zum Handeln. Um Kosten zu sparen, delegierte der Bundesrat die Massnahmen zur Bekämpfung der Teuerung zunächst an die Kantone. Sie sollten Höchstpreise festsetzen und die Rationierung von verschiedenen Lebensmitteln organisieren. Da sich die kantonalen Regelungen nicht bewährten, musste schliesslich der Bundesrat die Rationierung landesweit vereinheitlichen. Ab 1917 waren die meisten importierten und inländisch produzierten Grundnahrungsmittel rationiert,[34] die Preise über viele Güter wurden staatlich vorgeschrieben[35] und es bestand ein staatlicher

31 Schweizerisches Bundesarchiv (BAR): CH-BAR#E27#1000/721#12934*, Ernst Laur, wirtschaftlicher Mobilmachungsplan; Lüthi 1997: 18.

32 Gautschi 1988: 32 gibt «folgende Entwicklung des Lebensmittelindexes» an: «1914 = 100%, 1915 = 119%, 1916 = 139%, 1917 = 180%, 1918 = 229%». Vgl. auch: Lüthi 1997: 70.

33 Gautschi 1988: 27–43; Pfeifer 1993. Siehe dazu auch die kurz vor dem Abschluss stehende Dissertation zum Thema von Maria Meier im Rahmen des Sinergia-Projekts 160716.

34 Lüthi 1997: 79–92.

35 Käppeli/Riesen 1925: 101, 107.

Anbauplan zur Vermehrung der Agrarproduktion.[36] Auf institutioneller Ebene wurde eine Vielzahl unabhängiger Amtsstellen geschaffen, wie das Brot- oder das Milchamt (vgl. den Beitrag von Wipf).

Die Versorgungslage blieb aber schwierig und der äussere Druck auf den Bundesrat blieb bestehen. Das Oltener Aktionskomitee, eine im Februar 1918 neugegründete Gruppierung aus leitenden Vertretern der Gewerkschaften und der SP Parteileitung, forderte unter Androhung eines Generalstreiks weitergehende Massnahmen wie Preisstopps bei der Milch und beim Brot sowie eine Verstaatlichung des Kartoffelmarktes (vgl. dazu die Beiträge von Burkhard und Moser). Vor allem sollte eine zentrale Behörde zur Bewirtschaftung der Lebensmittel geschaffen werden.[37] Im September 1918, rund zwei Monate vor Kriegsende, wurden schliesslich die bisher auf das Militär- und das Volkswirtschaftsdepartement verteilten Versorgungsämter im Eidgenössischen Ernährungsamt zusammengefasst, das direkt dem Bundesrat unterstellt wurde.[38] Bereits im Juli 1917 war für die Bewirtschaftung von Energieträgern die Abteilung für industrielle Kriegswirtschaft im Volkswirtschaftsdepartement gegründet worden.[39]

Der Bundesrat wandte sich im Verlaufe des Krieges unter Druck von aussen und von innen schrittweise von seiner liberalen Wirtschaftspolitik ab, indem er immer stärker in die Wirtschaft intervenierte und die Verwaltung ausbaute. Bei Kriegsende waren nahezu alle Bereiche der Schweizer Wirtschaft mehr oder weniger reglementiert.[40]

Der Blick auf die Versorgungsdiskussion um 1900 zeigt allerdings, dass das Konzept einer staatlich angeordneten Bildung privatrechtlicher Importorganisationen zur Sicherung der Versorgung nicht vollständig aus der Not geboren war, sondern bereits vor Kriegsausbruch formuliert worden war. Im Weiteren zeigt der kurz nach Kriegsausbruch entstandene wirtschaftliche Mobilmachungsplan des Bauernsekretärs Laur, dass dieser

36 Baumann 1993: 296–301; Lüthi 1997: 93–110.

37 Eingabe des OAK an den Bundesrat, 08.03.1918, zitiert nach Gautschi 1988: 99–101.

38 Käppeli/Riesen 1925: 76; Lüthi 1997: 62–63.

39 Die Abteilung für industrielle Kriegswirtschaft des Eidgenössischen Volkswirtschaftsdepartements 1917–1919.

40 Der direkte Einfluss des wirtschaftlichen Mobilmachungsplans auf die versorgungspolitischen Massnahmen ab 1916 ist nicht eindeutig nachweisbar. Katharina Lüthi zeigt jedoch auf, dass sich «Brotversorgung» in der Praxis «an den Empfehlungen Ernst Laurs orientierte». Vgl. dazu: Lüthi 1997: 23.

bereits zu diesem Zeitpunkt eine umfassende staatliche Organisation der Wirtschaft ins Auge fasste, während der Bundesrat noch an seiner liberalen Doktrin festhielt.

7.4 Staatsinterventionismus in der Zwischenkriegszeit

Nach dem Waffenstillstand verbesserte sich die Versorgungslage nicht sofort. Die Bewirtschaftung vieler Güter wurde deswegen in den ersten Nachkriegsjahren weitergeführt.[41] Josef Käppeli, der ehemalige Direktor des Eidgenössischen Ernährungsamts, resümierte 1925, dass «der während des Krieges langsam errichtete Verteilungsapparat [...] [v]erhältnismässig rasch und ohne grosse Hindernisse» abgebaut werden konnte.[42] Diese Aussage bezeugt, dass in den 1920er Jahren die bürgerlichen Eliten bestrebt waren, das Land wieder auf einen liberalen Kurs zu bringen.[43]

Trotzdem hatten die kriegsbedingten Eingriffe in die Wirtschaft Spuren hinterlassen. Dies zeigte sich bei der Getreideversorgung. 1922 äusserte sich der Bundesrat folgendermassen: «In weitesten Kreisen besteht die Auffassung, es seien auch für die Zukunft Massnahmen zur Sicherung der Brotversorgung unseres Landes zu treffen, und zwar in weitgehenderem Masse, als es in der Vorkriegszeit der Fall gewesen war.»[44] Obwohl die Verarbeitungs-, Verkaufs- und Konsumvorschriften nach dem Krieg gleichzeitig mit denjenigen der anderen Lebensmittel aufgehoben wurden, blieb der Getreideimport Aufgabe des Staates, der auch weiterhin die inländischen Ernten zu ausgehandelten Mindestpreisen aufkaufte. Das Getreidemonopol wurde mehrere Male provisorisch verlängert, bevor 1929 eine Überführung der staatlichen Getreidepolitik – die sogenannte monopolfreie Lösung – ins ordentliche Recht erfolgte. Der Handel wurde unter der Bedingung reprivatisiert, dass sich die privaten Mühlen verpflichteten, die Hälfte der bundeseigenen Getreidevorräte unentgeltlich zu lagern. Im Gegenzug sollte der Bund die privaten Mühlen bei Bedarf

41 Geering 1928: 82–87; Rossfeld/Straumann 2008: 46.

42 Käppeli/Riesen 1925: 71.

43 Dabei handelte es sich um ein gesamteuropäisches Phänomen. Vgl. dazu: Bairoch 1993: 3–15.

44 BBl. 14 (1922): 549–558, hier 550. Botschaft des Bundesrates an die Bundesversammlung betr. die Förderung des inländischen Getreidebaues, 03.04.1922.

vor Dumpingimporten schützen. Der Bund verpflichtete sich auch weiterhin, die inländischen Getreideernten zu einem Mindestpreis aufzukaufen.[45]

Die monopolfreie Lösung entsprach nahezu der Motion Balmer von 1912. Bei der Getreideversorgung zeigt sich deutlich, dass der Erste Weltkrieg als Katalysator für eine interventionistische Wirtschaftspolitik diente. Nach der Versorgungskrise blieb die Getreideversorgung trotz der allgemeingültigen liberalen Wirtschaftsordnung auch in Friedenszeiten in der Hand des Staates. Der Bundesstaat respektierte in der Zwischenkriegszeit die Handels- und Gewerbefreiheit nicht mehr uneingeschränkt und setzte sich bei der Getreideversorgung mit einer interventionistischen Lösung über sie hinweg.[46]

Die monopolfreie Lösung diente allerdings nicht allein der Sicherung der Versorgung, sondern auch der staatlichen Unterstützung der Landwirtschaft. Wie eng in der Folge die interventionistische Struktur- und die Versorgungspolitik miteinander verwoben waren, zeigt sich dann bei der Bekämpfung der Weltwirtschaftskrise während der 1930er Jahre.

Die Situation nach dem Schwarzen Freitag im Herbst 1929 wies vorerst viele Parallelen zur unübersichtlichen Situation nach dem Kriegsausbruch 1914 auf. Der Bundesrat sah sich aufgrund der Dynamik der Krise in den frühen 1930er Jahren rasch zu Eingriffen auf dem Gebiet des Aussenhandels gezwungen. Wiederum ging er zunächst ohne grundle-

45 Bereits 1926 lehnte das Stimmvolk eine Vorlage des Bundesrats für eine dauerhafte staatliche Getreidepolitik ab. Obwohl ein Staatsmonopol nur in Kriegszeiten vorgesehen war, bekämpften die Gegner die Vorlage erfolgreich als Getreidemonopol. 1929 kam dann eine ähnliche Initiative wie bereits 1926 zur Abstimmung. Das Stimmvolk nahm schliesslich den Gegenvorschlag des Bundesrats, die sogenannte monopolfreie Lösung, an. Siehe dazu: BBl. 23 (1924): 401–461. Botschaft des Bundesrates an die Bundesversammlung betr. die Sicherung der Getreideversorgung des Landes, 27.05.1924. BBl. 2 (1927): 17–19. Botschaft des Bundesrates an die Bundesversammlung über das Ergebnis der Volksabstimmung vom 5. Dezember betr. eines neuen Artikels 23bis über die Getreideversorgung des Landes, 05.01.1927. BBl. 5 (1932): 133–195. Botschaft des Bundesrates an die Bundesversammlung zum Entwurf eines Bundesgesetzes über die Getreideversorgung des Landes, 26.01.1932.

46 Die monopolfreie Lösung stützte sich behelfsmässig auf Artikel 23 der liberalen Bundesverfassung von 1874, der «dem Bunde [...] das Recht» zugestand, «öffentliche Werke zu errichten». Sie war aber gerade kein öffentliches Werk, sondern ein öffentlicher Zwang zur privaten Lagerhaltung.

genden Plan vor. Er bekannte sich weiterhin zum Wirtschaftsliberalismus, intervenierte aber in dessen Namen in sämtlichen Bereichen des Aussenhandels. Ähnlich wie im Ersten Weltkrieg verfügte er dabei dank dem Mittel der dringlichen Bundesbeschlüsse über einen grossen Handlungsspielraum. Im Dezember 1931 erhielt der Bundesrat schliesslich vom Parlament sogar die Befugnis, ohne Rücksprache Einfuhrbeschränkungen zu beschliessen.[47] Er verglich die Situation mit dem Ersten Weltkrieg: «Damals mangelte es wohl an Lebensmitteln und andern wichtigen Waren, aber wir hatten durchweg genügend Arbeit und Verdienstmöglichkeiten.»[48] Der Bundesrat handelte auch entsprechend: Wie im Ersten Weltkrieg entwickelte sich in der Folge auf dem Gebiet des Aussenhandels wiederum ein «Kompensationsverkehr», wobei er im Vergleich zur Kriegszeit den umgekehrten Zweck verfolgte.[49] Es ging nicht mehr darum, möglichst viel zu importieren, sondern das Exportvolumen zu erhöhen.

Die frühe Krisenpolitik knüpfte an die Erfahrungen mit staatlichen Interventionen in die Wirtschaft während des Ersten Weltkrieges an. Der Einfluss der Kriegspolitik zeigt sich auch in der Verwaltungsstruktur der Krisenpolitik. Um die limitierten Einfuhrkontingente zu verwalten, griff der Bund auf die Praxis der privatrechtlichen Importorganisationen zurück. Ab 1932 entstanden erneut Zentralstellen für den Import, die als Vereine organisiert waren. Sie wurden von der Handelsabteilung des Volkwirtschaftsdepartements angewiesen, aus Ländern zu importieren, die im Gegenzug bereit waren, schweizerische Exporte abzunehmen.[50]

47 BBl. 50 (1931): 804–811. Botschaft des Bundesrates an die Bundesversammlung betref. die Beschränkung der Wareneinfuhr, 14.12.1931. Meier et al. 2002: 75.

48 BBl. 50 (1931): 807. Botschaft des Bundesrates an die Bundesversammlung betref. die Beschränkung der Wareneinfuhr, 14.12.1931.

49 BBl. 39 (1933): 365–409, hier 371. VII. Bericht des Bundesrates an die Bundesversammlung betreffend die gemäss Bundesbeschluss vom 23. Dezember 1931 über die Beschränkung der Einfuhr erlassenen Massnahmen, sowie Botschaft betreffend wirtschaftliche Massnahmen gegenüber dem Ausland, 25.9.1933.

50 Weitere Zentralstellen wurden für die Einfuhr von Zucker und Futtermehl sowie Getreide gegründet. Nur ein Jahr nach dem Inkrafttreten der monopolfreien Lösung für die Versorgung des Landes mit Getreide wurde daher die Getreideeinfuhr wieder weitgehend durch den Staat kontrolliert. Beim Malz und bei den Schmierölen waren direkt die Branchenverbände für die Verteilung der Importkontingente zuständig. Vgl. BBl. 39 (1933): 365–409, hier 371. III. Bericht des Bundesrates an die Bundesversammlung betreffend die gemäss Bundesbeschluss vom 23. Dezember 1931 über die

1933 wurden die «wirtschaftliche[n] Massnahmen gegenüber dem Ausland» weiter ausgedehnt. Die neue Kompensationspolitik, bei der vorzugsweise importiert wurde, wenn eine entsprechende Exportmöglichkeit bestand, stellte ein eigentliches aussenwirtschaftliches Programm zur Bekämpfung der Wirtschaftskrise dar.[51]

Die Massnahmen im Bereich der Aussenpolitik reichten jedoch nicht aus, um eine gesellschaftliche Krise abzuwenden. Als die Wirtschaftskrise in der Schweiz um 1933 ihren Höhepunkt erreichte, stand das Land nach dem Landesstreik vor einer zweiten schweren Integrationskrise. Korporativistische und sozialistische Ideen stellten den Wirtschaftsliberalismus und darüber hinaus die gesamte bürgerliche Gesellschaftsordnung in Frage. Anders als 1918 wurde nun ein Mittelweg gesucht und unter der Führung des Schweizerischen Gewerkschaftsbunds in Form der Kriseninitative und später der Richtlinienbewegung auch gefunden. Die weit über die traditionellen Klassen- und Parteigrenzen hinaus aktive Richtlinienbewegung vertrat die staatsinterventionistischen Ideen von John Maynard Keynes und forderte ein Umdenken in der Wirtschaftspolitik.[52] In diesem Kontext wurde 1937 die Revision der Wirtschaftsartikel in der Bundesverfassung eingeleitet. Die Verfassung sollte die Handels- und Gewerbefreiheit zwar weiterhin schützen, sie sollte es dem Bund aber ermöglichen, bei Bedarf von ihr abzurücken. Dies schuf die Möglichkeit, durch staatliche Eingriffe eine aktive Krisenpolitik zu betreiben, die Arbeitslosigkeit zu bekämpfen und bedrohte Gewerbe zu schützen. Einen Sonderschutz sollte dabei die Landwirtschaft erhalten.[53]

Obwohl die revidierten Wirtschaftsartikel offiziell erst 1947 durch das Stimmvolk angenommen wurden, leiteten sie die Wirtschaftspolitik des Bundes bereits ab dem Zeitpunkt ihres Entstehens. Der Staatsinter-

Beschränkung der Einfuhr erlassenen Massnahmen, sowie Botschaft über die Verlängerung des genannten Bundesbeschlusses, 12.9.1932. Meier et al. 2002: 83–84.

51 Der dringliche Bundesbeschluss von 1933 galt jeweils für drei Jahre und konnte nach Ablauf dieser Frist um weitere drei Jahre verlängert werden. Die Laufdauer dieses Beschlusses reichte bis weit in die Nachkriegszeit hinein. Der 86. und letzte dieser Berichte über wirtschaftliche Massnahmen gegenüber dem Ausland und andere aussenwirtschaftliche Fragen wurde im Januar 1973 vorgelegt. Vgl. dazu: Meier et al. 2002: 115.

52 Morandi 1995; Bänziger 1983.

53 BBl. 37 (1937): 833–902. Botschaft des Bundesrates an die Bundesversammlung über die Partialrevision der Wirtschaftsartikel der Bundesverfassung, 10.09.1937.

ventionismus wurde 1937 als neue Wirtschaftspolitik festgeschrieben; die Revision der Wirtschaftsartikel gab der interventionistischen Versorgungspolitik ab 1937 eine quasi-legale Grundlage, die während des Ersten Weltkrieges und auch noch bei der monopolfreien Lösung gefehlt hatte. Beflügelt durch den verfassungsmässig garantierten Schutz und in Anbetracht der aufziehenden Kriegsgefahr wurde die Landwirtschaftspolitik umgestaltet. Eine Neue Agrarpolitik sollte die Landwirtschaft auf den Binnenmarkt ausrichten und eine autonomere Versorgung ermöglichen. Dafür sollte vor allem die Ackerbaufläche ausgeweitet werden.[54]

Propagiert wurde die Neuausrichtung von einem alten Bekannten, Josef Käppeli, dem ehemaligen Direktor des Eidgenössischen Ernährungsamts während des Ersten Weltkrieges, und einem Newcomer, Friedrich Traugott Wahlen, der späteren Hauptfigur des Anbauwerks im Zweiten Weltkrieg. Hier trafen die Erfahrungen aus den ersten Gehversuchen einer staatlich geplanten Produktionsvermehrung während des Ersten Weltkrieges auf neue Ideen zur dauerhaften Reform der Landwirtschaft.[55] Die Unterschiede zwischen Krisen- und Strukturpolitik sowie Vorsorgemassnahmen für einen neuen Krieg waren nicht mehr trennscharf.[56] Damit löste sich auch der Widerspruch zwischen Versorgungssicherheit und Wirtschaftspolitik, der seit der Jahrhundertwende bestanden hatte.

Die Vorbereitungen auf einen allfälligen europäischen Krieg waren dank der staatsinterventionistischen Wirtschaftsdoktrin viel einfacher geworden als vor 1914. Dies zeigt das Sicherstellungsgesetz von 1938, das den staatlichen Zugriff auf private Lagerbestände ermöglichte. Dabei sah es drei verschiedene Gefahrenstufen vor: Der Bundesrat konnte jederzeit eine «Bestandesaufnahme» durchführen, in «unsicheren Zeiten» durften Private zur vermehrten Lagerhaltung verpflichtet werden und ab der Stufe «unmittelbare Kriegsgefahr» war der Bundesrat ermächtigt, gegen Entschädigung private Warenlager zu beschlagnahmen und Privatbesitz zu enteignen.[57] Das Sicherstellungsgesetz baute auf den Erfahrungen auf, die der Bundesrat mit der kriegsbedingten Aufweichung der Handels- und

54 BBl. 50 (1938): 1055–1091. Botschaft des Bundesrates an die Bundesversammlung über die Massnahmen zur weiteren Förderung des Ackerbaus,12.12.1938.

55 Zur Neuen Agrarpolitik und zum Anbauwerk vgl. Maurer 1985.

56 Zum fliessenden Übergang in der Schweizer Krisen- und Kriegspolitik in den späten 1930er Jahren vgl. Meier et al. 2002: 115.

57 BBl. 14 (1938): 552–556, hier 552–553. Bundesgesetz über die Sicherstellung der Landesversorgung mit lebenswichtigen Gütern, 01.04.1938.

Gewerbefreiheit während des Ersten Weltkrieges und mit der monopolfreien Lösung der Getreideversorgung von 1929/32 gemacht hatte. Auch hier war der Übergang von der Krisen- und Strukturpolitik zu Vorsorgemassnahmen für einen neuen Krieg fliessend, denn das Sicherstellungsgesetz wurde durch die Kommission für Wirtschaftsgesetzgebung vorgeschlagen, deren Aufgabe es war, die erwähnten Wirtschaftsartikel für die Verfassungsrevision auszuarbeiten.[58]

Die Idee für ein Sicherstellungsgesetz weitete schliesslich auch die Verfassungsreform zusätzlich aus. Die zuständige Nationalratskommission schlug vor, dass die «Kriegsvorsorge» als zusätzliche Möglichkeit zur Einschränkung der Handels- und Gewerbefreiheit in den revidierten Wirtschaftsartikel Eingang finden sollte.[59] Mit der interventionistischen Wirtschaftspolitik konnte sich die Schweiz im Vergleich zu den 1910er Jahren weit besser auf einen allfälligen Krieg vorbereiten. Auch die Bewirtschaftung des Binnenmarktes im Falle eines Krieges wurde in der 1938 gegründeten kriegswirtschaftlichen Schattenorganisation im Volkswirtschaftsdepartement bereits geplant.[60]

7.5 Fazit

Zwischen der Jahrhundertwende und dem Ausbruch des Zweiten Weltkrieges fand in der Schweiz eine heftige politische Auseinandersetzung um die Wirtschaftsordnung statt. In mehreren Etappen wurde der seit der Gründung des Bundestaats dominante Wirtschaftsliberalismus durch Staatsinterventionismus abgelöst. Die neue Doktrin hielt zwar weiterhin die Handels- und Gewerbefreiheit hoch, sah aber gleichzeitig vor, bei Bedarf bedeutende Teile der Wirtschaft durch staatliche Eingriffe zu

58 BBl. 37 (1937): 903–956. Bericht der begutachtenden Kommission für Wirtschaftsgesetzgebung an das eidgenössische Volkswirtschaftsdepartement, 04.06.1937.

59 Wirtschaftsartikel der Bundesverfassung. Abänderung, 27.04.1938. In: ABBV 1938 III, 322–347, hier 334. Die Wirtschaftsartikel wurden, verzögert durch den Krieg, 1947 durch das Volk angenommen. Zur Genese der Wirtschaftsartikel in den 1930er Jahren vgl. Bänziger 1983.

60 Am 24.11.1938 erliess das Eidgenössische Volkswirtschaftsdepartement ein «Reglement über die Aufgaben der Kriegswirtschaftsämter des Eidgenössischen Volkswirtschaftsdepartements». In: Die schweizerische Kriegswirtschaft 1939/1948: 3.

lenken. Eng eingebunden in diesen Veränderungsprozess war die Versorgungspolitik. Teilweise war sie für die Veränderungen sogar taktgebend.

Der Blick auf die Zeit vor dem Ersten Weltkrieg zeigt, dass bereits um die Jahrhundertwende nach Marktkrisen Politiker aus allen politischen Lagern staatliche Massnahmen für die Sicherung der Versorgung forderten. Die Versorgungsdiskussion intensivierte sich vor dem Krieg. Bereits zu diesem Zeitpunkt wurde die staatliche Verpflichtung zur privaten Lagerhaltung vorgeschlagen, was aber durch das Festhalten des Bundesrates an der Handels- und Gewerbefreiheit verhindert wurde.

Um 1900 begann sich für die Zeitgenossen ein Widerspruch zwischen Versorgungssicherheit und liberaler Wirtschaftsordnung aufzutun. Dieser Widerspruch prägte auch den Ersten Weltkrieg als Scharnier des wirtschaftspolitischen Veränderungsprozesses. Der Bundesrat blieb lange Zeit in seinem liberalen Staatsverständnis verhaftet, agierte zögerlich und intervenierte nur aufgrund äusseren Drucks. Die Eingriffe waren zudem nur als Notlösungen gedacht. Der Krieg bot aber schliesslich die Chance, interventionistische Ideen umzusetzen – zuerst im Aussenhandel und ab 1916 auch in der Binnenwirtschaft. Weil die meisten Eingriffe nach dem Krieg wieder rückgängig gemacht wurden, bestand in den 1920er Jahren weiterhin ein Widerspruch zwischen Versorgungssicherheit und liberaler Wirtschaftspolitik. Die kriegsbedingten Interventionen hinterliessen aber bleibende Spuren. In den frühen 1930er Jahren verwies der Bundesrat auf seine Aussenhandelspolitik während des Krieges und verwaltete den Aussenhandel auch auf ähnliche Weise. Durch diesen Rückgriff auf die interventionistische Kriegspolitik entfesselte der Bundesrat eine Dynamik, die schliesslich innerhalb eines Jahrzehnts den Staatsinterventionismus als neue Wirtschaftsordnung etablierte. Das wirkte sich auch auf die Versorgungspolitik aus, die aufgrund der Einschränkung der Handels- und Gewerbefreiheit durch die Revision der Wirtschaftsartikel durch den Staat aktiv gestaltet werden konnte. Der Widerspruch zwischen Versorgungs- und Wirtschaftspolitik war daher noch vor dem Ausbruch des Zweiten Weltkrieges gelöst und für das Gelingen der umfassenden Kriegswirtschaft zwischen 1939 und 1945 von grundlegender Wichtigkeit.

Die Betrachtung der wirtschaftspolitischen Entwicklung von der Jahrhundertwende bis zum Ausbruch des Zweiten Weltkrieges lässt die Versorgungskrise im Ersten Weltkrieg in eine den Krieg überspannende Krise der liberalen Wirtschaftsordnung einordnen. Die kriegspolitischen

Interventionen zur Linderung der Versorgungskrise nach 1916 stellten ein Mittelglied des Veränderungsprozesses dar, der um die Jahrhundertwende als versorgungspolitische Diskussion langsam Fahrt aufnahm und 1937 mit der Revision der Wirtschaftsartikel abgeschlossen wurde. Die Versorgungskrise des Ersten Weltkrieges stellte neben den Marktkrisen um 1900 und in den 1930er Jahren den wichtigsten Meilenstein auf dem Weg zum Staatsinterventionismus dar. Wegen ihrer Mittelposition bildete sie weniger eine absolute Zäsur, sondern nahm eher eine wichtige Katalysatorfunktion ein.

8. DIE MASSNAHMEN DES BUNDES ZUR VERMEHRUNG DER INLÄNDISCHEN KARTOFFEL- UND GETREIDEPRODUKTION WÄHREND DES ERSTEN WELTKRIEGES

Christian Wipf

Anfang 1917 wurde die Schweiz aufgrund weltweiter Missernten und der Intensivierung des Wirtschaftskrieges von ihren lebenswichtigen Getreideimporten abgeschnitten. Der inländische Getreide- und Kartoffelbau, der in der eidgenössischen Versorgungspolitik bis dahin nur eine Nebenrolle gespielt hatte, geriet plötzlich in den Fokus der Öffentlichkeit.[1] Wie ging die Politik, insbesondere die Bundesverwaltung, mit diesem «Autarkie-Schock» um? Welche Massnahmen wurden zur Steigerung der Inlandproduktion ergriffen und wie sahen ihre Resultate aus? Diese Fragen stehen im Zentrum des folgenden Beitrags. Er behandelt damit einen Teilaspekt der eidgenössischen Versorgungspolitik im Ersten Weltkrieg, der im Zusammenhang mit den politischen Massnahmen im Import- und Konsumbereich angesehen werden muss. Ebenso können bei der Betrachtung des Themas die übrigen Zweige der landwirtschaftlichen Produktion nicht ausgeblendet werden, insbesondere die Viehwirtschaft, die stark mit dem Ackerbau verflochten war.

Im vorliegenden Beitrag wird zunächst die schweizerische Getreide- und Kartoffelproduktion vor dem Krieg sowie ihr Beitrag zur Landesversorgung dargestellt. Dann werden in zwei weiteren Kapiteln die Massnahmen des Bundes sowie die Entwicklung der Inlandproduktion während des Krieges geschildert. Von 1914 bis 1916 funktionierte die Lebensmitteleinfuhr insbesondere beim Getreide noch recht gut und die Politik griff kaum in die Inlandproduktion ein. Nach dem Importeinbruch 1917 sah sich die Politik hingegen zu Zwangsmassnahmen genötigt. Dieser Aufbau folgt der gängigen Periodisierung der Schweizer Versorgungspolitik während des Ersten Weltkrieges.[2]

1 Dieser Artikel ist die gekürzte Version einer Seminararbeit des Verfassers. Diese kann angefordert werden unter: christian_wipf@gmx.ch.

2 Lüthi 1997: 37; Baumann 1993: 293–294.

8.1 Inländischer Getreide- und Kartoffelanbau vor dem Krieg

Im Verlaufe des 19. Jahrhunderts vollzog sich in der Schweizer Landwirtschaft ein tiefgreifender Wandel vom Getreidebau hin zur Milch- und Viehwirtschaft als zentralem Produktionszweig. Schwungrad dieser Entwicklung war eine Verschiebung im Preisverhältnis zwischen Getreide und Milch, das sich bereits in den 1830er Jahren zu Gunsten der tierischen Produkte zu verändern begann. Durch die Entwicklung der grossen technischen Systeme wie Dampfschiffe und Eisenbahnen sanken die Transportkosten. Ein Anstieg der Lohn- und damit der Produktionskosten im arbeitsintensiveren Getreidebau sowie eine zunehmende Nachfrage der Konsumenten nach tierischen Produkten verstärkten die Verlagerung ab den 1860er Jahren weiter.[3] Das Resultat dieser Entwicklung war eine «intensive, durch Bezug (Hilfsstoffe, Landmaschinen) wie durch Absatz stark in den Binnen- und Weltmarkt integrierte, zum Teil mit einer Verarbeitungsindustrie verknüpfte Landwirtschaft, in der die Milchwirtschaft dominierte».[4] Getreide- und Kartoffelbau hatten hingegen «fast jede kommerzielle Bedeutung verloren» – sie dienten zwar nach wie vor der Selbstversorgung, lieferten aber vor allem das Futter für die Vieh- und Milchwirtschaft.[5]

Der Getreidebau ging im 19. Jahrhundert sowohl flächen- wie auch ertragsmässig zurück. Die gesamte Anbaufläche sank von 300 000 Hektaren um 1850 auf 105 000 Hektaren vor dem Ersten Weltkrieg und die durchschnittliche Getreideernte ging trotz beträchtlicher Produktivitätssteigerungen von rund 470 000 Tonnen in den 1860er Jahren auf gut 260 000 Tonnen in den Jahren 1900–1913 zurück.[6] Etwa zwei Drittel der Fläche wurden mit Brotgetreide bepflanzt, was bei einem durchschnittlichen Ertrag von 2.12 Tonnen pro Hektare einer Ernte von knapp 150 000 Tonnen Brotgetreide pro Jahr entsprach.[7] Zieht man davon Rückstellungen für das Saatgut ab (ca. 13 Prozent)[8] und geht von einem

3 Baumann/Moser 2006: 363–364; Baumann 1993: 38; Lüthi 1997: 6–8.

4 Baumann/Moser 2008: 625.

5 Baumann 1993: 38–39.

6 Ritzmann 1996: 550. Die Bauern im östlichen Mittelland hielten länger am Getreidebau fest als jene im westlichen und zentralen Mittelland. Vgl. dazu: Pfister 1995: 210.

7 Baumann/Moser 2006: 364.

8 Durchschnittswert gemäss den Schätzungen von Ritzmann 1996: 554 zur Getreideverwendung.

durchschnittlichen jährlichen Verbrauch an Brotgetreide von 475 000 Tonnen aus,[9] ergibt sich ein theoretischer Selbstversorgungsgrad von gut 27 Prozent oder 100 Tagen pro Jahr.[10] Theoretisch vor allem deshalb, weil das in der Schweiz angebaute Brotgetreide fast ausschliesslich dem Eigenbedarf der Produzenten und teilweise wohl der Viehfütterung diente,[11] und dementsprechend für die Versorgung der restlichen Bevölkerung – vor allem in den Städten – nicht zur Verfügung stand. Die Schweiz war deshalb existentiell von Brotgetreideimporten abhängig, die parallel zum sinkenden Selbstversorgungsgrad angestiegen waren.[12] Vor dem Ersten Weltkrieg kam etwa die Hälfte der Importe aus Osteuropa (vor allem aus Rumänien und Russland), die andere Hälfte stammte aus Übersee (USA, Kanada, Argentinien).[13]

Der Kartoffelbau war flächenmässig kleiner als der Getreidebau. Da der Ernteertrag pro Fläche bei Kartoffeln aber quantitativ höher liegt als beim Getreide, fielen die Erträge insgesamt höher aus. Für die Vorkriegszeit geht Brugger von einer Fläche von 46 500 Hektaren aus (1850: 70 000 Hektaren), auf der durchschnittlich 650 000 Tonnen Kartoffeln pro Jahr geerntet wurden. Gut 60 Prozent davon waren Speisekartoffeln.[14] Der Kartoffelimport hing von den Ernteerträgen ab: Bei guter Inlandernte blieb er unter 100 000 Tonnen, bei einer Missernte konnte dieser Wert jedoch deutlich übertroffen werden. Im Durchschnitt der Periode 1900–1913 lag die eingeführte Kartoffelmenge bei rund 55 000 Tonnen pro Jahr.[15] Zusammen mit den angebauten Speisekartoffeln ergibt dies einen durchschnittlichen Jahresverbrauch von 400 000 Tonnen Kartoffeln.[16]

9 Schneider 1917: 319. Das entspricht einer Ration von 340 Gramm Getreide pro Person und Tag.

10 Dies entspricht mehr oder weniger der direkt von der Landwirtschaft lebenden Bevölkerung, die vor dem Ersten Weltkrieg auf gut ein Viertel der Gesamtbevölkerung geschätzt wurde. Vgl. dazu: BAr, E 7350, 1000011104, Bd. 71: Lorenz 1918.

11 Pfister 1995: 210.

12 Zwischen 1850 und der Zeit vor dem Ersten Weltkrieg stiegen die Getreideimporte um mehr als das Sechsfache. Vgl. dazu: Ritzmann 1996: 662.

13 Zur Zusammensetzung der Importe nach Ländern vgl. Baumann 1993: 292; Lüthi 1997: 8; Käppeli/Riesen 1926: 27–28.

14 Brugger 1968: 107; Ritzmann 1996: 530. Ernteerträge gemäss Ritzmann 1996: 550.

15 Ruchti 1930: 215; Ritzmann 1996: 662. Die davon abweichenden Zahlen bei Ritzmann 1996: 674 erscheinen im Vergleich zu den Angaben bei Ruchti als zu hoch.

16 Unter der Annahme, dass sämtliche importierten Kartoffeln für den Verzehr gebraucht wurden und dass 15 Prozent der Erntemenge für Saatkartoffeln zurückgestellt wurde. Vgl. dazu: Ritzmann 1996: 554.

Damit war die Importabhängigkeit bei den Kartoffeln viel geringer als beim Getreide. Die importierten Kartoffeln machten nur etwa 14 Prozent des Gesamtverbrauchs aus, was einem Selbstversorgungsgrad von 86 Prozent entsprach. Der inländische Kartoffelanbau war deshalb für die Versorgung der Bevölkerung wesentlich wichtiger als der Getreidebau.

8.2 Inlandanbau in den ersten drei Kriegsjahren 1914–1916

8.2.1 Die Massnahmen des Bundes

In den ersten Kriegsjahren setzte die Bundesverwaltung bei ihrer Versorgungspolitik vor allem auf die Sicherung des Importes durch Handelsverträge mit dem Ausland und eine geschickte Bewirtschaftung der Vorräte. Dadurch sollten Preis- und Importschwankungen auf dem Getreidemarkt ausgeglichen werden. Wie gering die Bedeutung des Inlandanbaus in der Wahrnehmung der Zeitgenossen war, zeigte sich beispielsweise an der Landesausstellung 1914, an der es nicht einmal einen Pavillon zum Thema gab. Die Ernährungsfrage der Schweiz wurde zu diesem Zeitpunkt in erster Linie als «Verkehrsproblem» angesehen.[17]

Bei der Inlandproduktion begnügten sich die Behörden mit einer «Politik der kleinen Mittel».[18] Getreu der liberalen Wirtschaftsauffassung setzten sie vor allem auf den freiwilligen Mehranbau durch finanzielle Anreize, da sie überzeugt waren, dass die Bauern bei steigenden Preisen auch mehr produzieren würden. So beschloss der Bundesrat am 8. September 1914 den Ankauf von Inlandgetreide zu einem fixen, nach seiner Ansicht lohnenden Preis von 949 Franken[19] pro 100 Kilogramm Weizen. Ein Preis, der 327.30 Franken[20] höher war als vor dem Krieg.[21] Bereits im August 1914 war zudem ein Verfütterungsverbot für mahlfähiges Getreide erlassen worden. Da viele Bauern den Getreidebau gar nicht mehr

17 Lüthi 1997: 38, 93; Zitat bei Baumann 1993: 288.

18 Lüthi 1997: 93.

19 29 Franken (1914), die Werte im Text sind auf 2014 umgerechnet.

20 10 Franken (1914).

21 Bereits eineinhalb Monate später wurde der Preis auf 30 Franken (2014: 981.80 Franken) angehoben, 1915 dann auf 36 Franken (2014: 1162 Franken) und 1916 auf 46 Franken (2014: 1401 Franken). Vgl. dazu: Studer 1925: 105.

kannten, versuchte der Bund, ihnen mit Subventionen bei der Beschaffung von Maschinen und Geräten sowie mit Instruktionskursen und Flugblättern (in Zusammenarbeit mit dem Bauernverband) behilflich zu sein. Die Bundesverwaltung hoffte zudem, durch den Einsatz von Maschinen die wegen dem Militärdienst in der Landwirtschaft fehlenden Arbeitskräfte und Zugtiere ersetzen zu können.[22] Bis 1917 blieben dies die einzigen Massnahmen zur Förderung des inländischen Brotgetreidebaus.[23]

Beim Kartoffelanbau ging der Bund noch zögerlicher vor. Die Beschaffung von Saatkartoffeln im Frühjahr 1915 durch das Volkswirtschaftsdepartement (EVD) und deren Abgabe zum Selbstkostenpreis an die landwirtschaftlichen Genossenschaften blieb die einzige Massnahme, die in die Produktion eingriff.[24] Erst die Aussicht auf eine Missernte 1916 veranlasste den Bundesrat zum Handeln. Nach einer Konferenz am 11. Juli 1916 ermächtigte er das EVD zur Festsetzung von Höchstpreisen und gliederte dem Departement am 11. August 1916 eine «Zentralstelle für Kartoffelversorgung» an, der ein Einkaufsmonopol für Kartoffeln übertragen wurde. Auch hier sollte das Problem durch vermehrte Importe gelöst werden.[25]

8.2.2 Die Entwicklung der Inlandproduktion

Im Neutralitätsbericht vom Mai 1916 gab sich der Bundesrat rückblickend optimistisch und er betonte, der Landwirtschaft gebühre Anerkennung. Sie habe «die gehegten Erwartungen auf Ausdehnung der Nahrungsmittelproduktion im allgemeinen erfüllt» und einen grossen Teil der für die Ernährung der Bevölkerung notwendigen Nahrungsmittel bereitgestellt.[26] Diese Einschätzung scheint angesichts der bescheidenen Fortschritte der Inlandproduktion beschönigend zu sein. Beim Getreide stieg die Anbaufläche zwischen 1914 und 1916 gesamthaft um circa 6 Prozent an.[27] Die Erträge stiegen also verglichen mit der Vorkriegszeit nicht

22 Lüthi 1997: 98–99; Studer 1925: 126–129.
23 Lüthi 1997: 38, 94.
24 Ruchti 1930: 216; BBl. 21 (1916): 621–622.
25 BBl. 39 (1916): 564–566.
26 BBl. 21 (1916): 609.
27 Brugger 1968: 106; Aeby 2009: 182. Dies gilt auch für das Brotgetreide.

substantiell an (vgl. dazu den Beitrag von Pfister zum Klima). Hingegen benutzten die Bauern anscheinend weniger Getreide zur Selbstversorgung und Verfütterung[28] und verkauften es stattdessen an die Nahrungsmittelindustrie, die daraus Kaffeesurrogate, Presshefe und Stärke herstellte. Da die Industrie nicht an Höchstankaufspreise gebunden war, konnte sie den Bauern höhere Preise bezahlen, als diese vom Staat erhielten.[29] Für die Versorgung der nicht-landwirtschaftlichen Bevölkerung fiel die einheimische Getreideproduktion daher trotz dieser Massnahmen weiterhin kaum ins Gewicht. Das zeigte sich auch daran, dass der Bund in diesen Jahren fast kein Inlandgetreide aufkaufen konnte. 1914 waren es 2000 Tonnen und 1915 gerade einmal 20 Tonnen, 1916 konnte gar nichts aufgekauft werden.[30] Die geringe Bedeutung des Inlandgetreides für die Inlandversorgung zeigte sich auch in der stabilen Vermahlung von ausländischem Getreide nach der Inlandernte im Herbst.[31]

Was waren die Gründe für den bescheidenen Mehranbau beim Getreide? Zwar stiegen die Preise für Ackerbauprodukte in den ersten Kriegsjahren mehrheitlich stärker an als diejenigen von tierischen Erzeugnissen, doch da viele Bauern den Krieg als vorübergehendes Ereignis betrachteten, waren sie nicht bereit, langfristige Investitionen in den Getreidebau zu tätigen. Sie forderten eine mehrjährige Abnahmegarantie mit festen Preisen für ihre Ernten durch den Bund, was dieser seinerseits mit Blick auf einen erhofften baldigen Frieden möglichst lange hinauszögerte.[32] Angesichts dieser ungewissen Aussichten ist es nicht erstaunlich, dass die Bauern die Anbauflächen kaum ausdehnten und ihr Getreide lieber an die Nahrungsmittelindustrie verkauften. Dieses Schlupfloch wurde erst mit dem Bundesratsbeschluss vom 29. Mai 1917 geschlossen, der den Verkauf von mahlfähigem Getreide an die Industrie verbot.[33] Der Effekt der gestiegenen Getreidepreise wurde zudem durch die hohe Rentabilität der Viehwirtschaft abgeschwächt. Die Futtermittelknappheit und der ver-

28 Studer 1925: 107.

29 Lüthi 1997: 96.

30 Studer 1925: 106.

31 Lüthi 1997: 95.

32 Erst für die Ernte 1918 erhielten die Getreideproduzenten garantierte Abnahmepreise für die nächsten zwei Jahre und der Preis betrug für die Ernte 1918 mit 64 Franken (2014: 1165 Franken) pro 100 Kilogramm Weizen mehr als das Doppelte der Vorkriegszeit. Vgl. dazu: Lüthi 1997: 97.

33 Lüthi 1997: 97.

mehrte Export von Fleisch und Vieh bis 1916 – sie wurden als Kompensationsgüter im Handel mit dem Ausland eingesetzt – führten im Inland zu einer Verknappung des Angebots, was die Fleisch- und Milchpreise ebenfalls deutlich steigen liess.[34] Daneben waren die Bauern seit Kriegsausbruch mit starken Importrückgängen bei Saatgut, Dünger und Kraftfutter konfrontiert, die eine Mehrproduktion erschwerten.[35]

Bei den Kartoffeln nahm die Anbaufläche im gleichen Zeitraum mit fast 17 Prozent deutlich stärker zu.[36] Trotz dieser Steigerung lagen die Ernten 1914 und 1916 mit gut 500 000 Tonnen deutlich unter dem Wert der Vorkriegsjahre, so dass von regelrechten Missernten gesprochen werden kann. Eine aussergewöhnlich gute Ernte brachte hingegen das Jahr 1915, «so dass die Versorgung für den zweiten Kriegswinter auf keine besonderen Hindernisse stiess».[37] Die Missernte von 1916 war hauptsächlich auf eine ungünstige Witterung zurückzuführen. Weil die Ernten auch im Ausland schlecht ausfielen, stiegen die Preise und die Importe wurden erschwert (vgl. dazu den Beitrag von Pfister zum Klima).[38]

8.2.3 Der Importeinbruch

Die Schweizer Getreideimporte verlagerten sich ab 1915 durch den kriegsbedingten Ausfall der russischen und rumänischen Getreidelieferungen noch stärker nach Übersee, vor allem in die USA.[39] Die Eröffnung des uneingeschränkten U-Boot-Krieges im Atlantik durch Deutschland im Januar 1917 traf die Schweiz daher hart. Der Kriegseintritt der USA im April 1917 verschärfte die Lage weiter, da sich Washington nun ebenfalls am Wirtschaftskrieg beteiligte und die Exporte in neutrale Länder wie die Schweiz einschränkte. Ausserdem wurde der amerikanische Schiffsladeraum nun für Truppentransporte benötigt. Ein starker Fracht-

34 Dies zeigt ein Vergleich der Produzentenpreisindices für die entsprechenden Waren zwischen 1914 (=100) und 1916: Weizen +82 Punkte, Kartoffeln +49 Punkte, Schweine +81 Punkte und Rinder +46 Punkte. Vgl. dazu: Ritzmann 1996: 481, 483.

35 Lüthi 1997: 99–100; Brugger 1968: 53.

36 Brugger 1968: 107.

37 Ruchti 1930: 216.

38 BBl. 47 (1916): 220.

39 Zwischen 1915 und 1918 stammten über 90 Prozent der Weizenimporte aus den USA. Vgl. dazu: Lüthi 1997: 28–29.

raummangel war die Folge und die Transportkosten stiegen im Vergleich zu den Vorkriegsjahren um das 15-fache an.[40] Dazu kamen weltweit schlechte Getreideernten im Sommer 1916 und 1917, die das Angebot verknappten (vgl. dazu den Beitrag von Pfister zum Klima).[41] Als Resultat dieser Entwicklungen erreichten die Brotgetreideimporte 1917 nur noch 60 Prozent und 1918 gar lediglich 15 Prozent der durchschnittlichen Vorkriegswerte; die Kartoffelimporte betraf es etwa im selben Ausmass. Insgesamt ging der Schweizer Lebensmittelimport auf 52.6 Prozent (1917) bzw. 34.8 Prozent (1918) des Vorkriegsstandes (Durchschnitt 1910–1914) zurück.[42]

Durch den Einbruch der Importe spitzte sich die Versorgungslage vor allem beim Brotgetreide dramatisch zu. Die Getreidevorräte des Bundes sanken zwischen Januar und Oktober 1918 auf unter einen Viertel des Höchststandes vom Januar 1917.[43] Angesichts dieser veränderten Umstände sahen sich die Bundesbehörden zu einer zunehmenden Regulierung des Nahrungsmittelsektors gezwungen. Neben der Zentralisierung und dem Ausbau der vorher im EVD und im Eidgenössischen Militärdepartement (EMD) versprengten Ämter für die Lebensmittelvorsorge und einer zunehmenden Kontrolle des Verbrauchs (Fütterungsverbote für Esswaren, Mahlvorschriften und schliesslich Rationierung der Lebensmittel) rückte die Ausdehnung der inländischen Kartoffel- und Getreideproduktion ins Zentrum des Interesses (vgl. dazu die Beiträge von Moser und Cottier).[44]

8.3 Zwangsmassnahmen 1917–1919

8.3.1 Vorbereitung und Durchsetzung des Zwangsanbaus

Aufgrund der schlechten Kartoffelernte 1916 sah sich der Bund zuerst auf diesem Gebiet zum Handeln gezwungen. Am 4. Dezember 1916 ordnete er eine Erhebung der Anbaufläche von 1916, der mutmasslichen Fläche

40 Baumann 1993: 294; Lüthi 1997: 32–34.

41 Studer 1925: 50.

42 Geering 1928: 23. Vgl. dazu auch: Ritzmann 1996: 674.

43 Lüthi 1997: 37.

44 Baumann 1993: 295.

von 1917 sowie der Kartoffelvorräte an.[45] Die Erhebung wurde am 10. Januar 1917 durchgeführt und ergab eine Anbaufläche von 54 442 Hektaren sowie eine mutmassliche Anbaufläche von 60 149 Hektaren für 1917. Die Vorräte betrugen 244 163 Tonnen Speise-, Saat- und Futterkartoffeln. Die Reserve an Speisekartoffeln diente jedoch hauptsächlich der Deckung des Eigenbedarfs der Kartoffelproduzenten (ca. 1.77 Mio. Personen); für die restliche Bevölkerung standen nur 1000 Tonnen «überschüssige» Speisekartoffeln zur Verfügung.[46] Zwar war die Versorgungslage im Winter 1916/17 aufgrund einiger Getreideimporte besser als befürchtet, insgesamt blieb die Lage aber angespannt und die Behörden hofften auf eine gute Ernte im Jahr 1917.[47]

Als Reaktion auf die schwieriger werdende Versorgungslage fand am 1. Februar 1917 eine Konferenz statt, an der die Möglichkeiten eines inländischen Mehranbaus erörtert wurden.[48] Unter dem Vorsitz von Bundesrat Edmund Schulthess, dem Vorsteher des EVD, tagten die an der Lebensmittelversorgung beteiligten Ämter des EVD und des EMD, die kantonalen Landwirtschaftsdirektoren, Vertreter des Bauernverbandes und Mitglieder der Armeeleitung. Zwar wurde an der Konferenz eindringlich «zur höchsten Anstrengung aller Kräfte im Dienste der Nahrungsmittelproduktion» aufgerufen,[49] der Bund setzte aber weiterhin vor allem auf freiwillige Mitarbeit. Zwangsmassnahmen wurden allerdings erstmals in Betracht gezogen. Der Bundesratsbeschluss vom 16. Februar 1917 ging weiter in diese Richtung, indem er die rechtlichen Grundlagen für eine Ausdehnung der Anbaufläche – notfalls mit Zwangsmassnahmen – schuf.[50] Der Bund ermächtigte Kantone und Gemeinden, gar nicht oder schlecht bewirtschaftetes Land selbst zu bebauen oder anderen zur Bebauung zuzuweisen, und gab ihnen damit das Recht, Pachtverträge zu sistieren oder ganz aufzulösen. Davon wurde offenbar derart reger Gebrauch gemacht, dass das Militärdepartement die Kantone eher bremsen musste.

45 BBl. 47 (1916): 222–223.

46 Kartoffelbestandsaufnahme 1917: 2–3; BBl. 11 (1917): 342–343.

47 BBl. 11 (1917): 342; BBl. 47 (1916): 222.

48 Ruchti 1930: 191; Baumann 1993: 297–298. Gemäss Lüthi dienten solche Konferenzen im Ersten Weltkrieg «als eine Art Ersatzparlament», an deren Beschlüsse sich der Bundesrat meistens hielt. Vgl. dazu: Lüthi 1997: 46–47.

49 Ruchti 1930: 191.

50 A.S. 1917, Bd. 33: 67–70; Lüthi 1997: 100–101; Käppeli/Riesen 1926: 45–46.

So musste der schweizerische Fussballverband im Herbst 1917 beispielsweise 85 Prozent seines gepachteten Landes zur Verfügung stellen[51] und im siebten Neutralitätsbericht vom 24. Mai 1917 schrieb der Bundesrat:

> «Unsere Bestrebungen zur Ausdehnung des Ackerbaues [...] scheinen im ganzen Lande die gewünschte Unterstützung zu finden. Erfreulich hierbei ist namentlich die Mitarbeit eines grossen Teils der Bevölkerung, die in einer stark vermehrten Bestellung der Felder mit Ackerfrüchten, sowie in der Anlage von Gärten und Bündten (Pflanzplätzen) zum Ausdruck kommt.»[52]

Nach dem Kriegseintritt der USA im April 1917 genügten solche unkoordinierten und auf Freiwilligkeit basierenden Massnahmen jedoch nicht mehr, «durchgreifende Massnahmen, die nicht nur wie bisher auf die Initiative der Kantone abstellten, wurden unvermeidbar».[53] Zur Festsetzung eines zwangsweisen Anbaus musste auch beim Brotgetreide die genaue Anbaufläche ermittelt werden. Die Anbauerhebung vom 16. Mai 1917 ergab eine Anbaufläche von 78 914 Hektaren für 1917; es stellte sich zudem heraus, dass die von den Bauern angegebene Fläche bei der Kartoffelbestandesaufnahme von gut 60 000 Hektaren für 1917 nicht erreicht wurde, die Anbaufläche im Vergleich zu 1916 aber trotzdem um gut 2000 Hektaren gesteigert werden konnte.[54]

Auf diesen Zahlen aufbauend legte der Bundesrat am 3. September 1917 den zwangsweisen Mehranbau an Brotgetreide für die einzelnen Kantone fest. Insgesamt sollte die Anbaufläche um 50 000 Hektaren gesteigert werden, ein Plus von 60 Prozent gegenüber der ursprünglich vorgesehenen Fläche. Die Verteilung auf die Kantone sollte den «natürlichen und wirtschaftlichen Verhältnissen» der einzelnen Kantone gerecht werden und unterstand der «Inlandgetreidestelle», einer von drei Abteilungen des am 10. August 1917 neu geschaffenen «Brotamts» im EMD.[55] Doch die Hauptarbeit der Organisation des Mehranbaus lag bei den Kantonen und Gemeinden. Erstere mussten ihre Quoten auf die einzelnen Bezirke

51 Lüthi 1997: 101.

52 BBl. 22 (1917): 254.

53 Lüthi 1997: 101.

54 A.S. 1917, Bd. 33: 269–273. Zu den Zahlen: Anbaustatistik 1917: 4.

55 Zitat: BBl. 49 (1917): 605. Zur organisatorischen Struktur: Lüthi 1997: 56.

und Gemeinden verteilen und die Einhaltung der Vorschriften kontrollieren. Die Gemeindebehörden sollten ihre Kontingente wiederum auf die einzelnen Produzenten verteilen.[56]

8.3.2 Die Ernten 1917

Trotz der Schwierigkeiten bei der Beschaffung von Saatkartoffeln fiel die Kartoffelernte im Herbst 1917 rekordverdächtig aus und überstieg «den normalen schweizerischen Bedarf um ein Beträchtliches».[57] Das Bauernsekretariat schätzte sie auf über 1 Million Tonnen und auch die Schätzung von Heiner Ritzmann in der *Historischen Statistik der Schweiz* liegt nur wenig tiefer.[58] Überdies konnten im Oktober 1917 20 000 Tonnen Speisekartoffeln aus Deutschland importiert werden, so dass die Bevölkerung im Herbst 1917 ausreichend mit Kartoffeln versorgt war.[59] Der Produzentenpreis für Kartoffeln sank sogar.[60]

Dennoch gab es Probleme bei der Verteilung der Kartoffeln, da sich die Landwirte nicht dazu bewegen liessen, ihre Vorräte für den vom Bund festgesetzten Preis von 406.40 Franken[61] pro 100 Kilogramm abzugeben. Sie verkauften die Kartoffeln stattdessen an nicht konzessionierte Aufkäufer, die ihnen mehr bezahlen konnten, weil sie nicht an Höchstpreise gebunden waren. Die Wohlhabenden konnten so ihren Bedarf reichlich decken, während die Nachfrage in den grossen Bevölkerungszentren nicht befriedigt werden konnte.[62]

Im Gegensatz zu den Kartoffeln konnten die Erträge beim Getreide trotz einer bis 1917 um gut 5000 Hektaren gesteigerten Anbaufläche nicht merklich erhöht werden. Die Ernte fiel mit einem Ertrag von 160 800 Tonnen Brotgetreide eher unterdurchschnittlich aus. Möglicherweise war dies ein Effekt des überaus kalten Frühlings, den Aeby erwähnt.[63] Diese Inlandernte sollte gemäss eines Beschlusses des Bundesrates vom 2. Au-

56 Vgl. Lüthi 1997: 103; A.S. 1917, Bd. 33: 701–705.
57 Käppeli/Riesen 1926: 65.
58 Ritzmann 1996: 550; Aeby 2009: 183.
59 BBl. 49 (1917): 641.
60 Aeby 2009: 119.
61 16 Franken (1917).
62 Ruchti 1930: 218–219.
63 Brugger 1968: 127. Zum Einfluss der Witterung vgl. Aeby 2009: 101.

gust 1917 als Vorarbeit zur Brotrationierung (abzüglich Saatgut und Selbstversorgung der Produzenten) komplett beschlagnahmt und vom Bund zu einem festgesetzten Preis aufgekauft werden. Auf diese Weise erhielt der Bund bis im Frühjahr 1918 immerhin 37 550 Tonnen Brotgetreide, knapp ein Viertel der Gesamtproduktion.[64]

8.3.3 Winter 1917 bis Sommer 1918 – die Lage spitzt sich zu

Mit dem Winter 1917/18 brach «die schärfste, aber letzte Kriegsphase» an, «welche die gesamten wirtschaftlichen Kräfte d. Landes aufs äusserste anspannte», wie die Bundesbeamten Josef Käppeli und Max Riesen im Nachhinein notierten.[65] An zahlreichen Konferenzen wurden weitere Möglichkeiten zum Mehranbau diskutiert und vorbereitet. Im Bereich der Kartoffelversorgung beschloss der Bundesrat dreierlei: eine erneute Aufnahme der Kartoffelvorräte im Januar 1918, darauf aufbauend die Zwangsaneignung der Vorräte, die den Eigenbedarf überstiegen (zur Vorbereitung der Rationierung), und wie beim Getreide einen Zwangsanbau im Umfang von zusätzlichen 12 000 Hektaren.[66] Besonders in Arbeiterkreisen war eine grosse «Kartoffelnot» entstanden, die Wut und Misstrauen gegenüber den Bauern geschürt hatte.[67]

Die Anbauerhebung im Januar 1918 ergab einen Kartoffelvorrat von gut 360 000 Tonnen, davon waren gut 50 Prozent Speisekartoffeln, 45 Prozent Saatkartoffeln und 5 Prozent Futterkartoffeln.[68] Dieser Befund bedeutete, «um es gleich zu erklären, eine Enttäuschung».[69] Von der 1917 eingefahrenen Rekordernte war nur noch gut ein Drittel übrig geblieben, das heisst, allen Kantonen fehlten für die sechs Monate bis zur nächsten

64 BBl. 50 (1918): 270. Die Brotrationierung wurde im Oktober 1917 eingeführt.

65 Käppeli/Riesen 1926: 47. Der Agronom Josef Käppeli (1872–1942) war der Direktor der Abteilung für Landwirtschaft im EVD. Der Jurist Max Riesen (1887–1957) war Generalsekretär des 1918 geschaffenen Ernährungsamtes.

66 A.S. 1917, Bd. 33: 1057–1063; BBl. 53 (1918): 986–996. Dass man den Kartoffelbau nicht im selben Ausmass zu steigern versuchte wie den Getreidebau, mag damit zusammenhängen, dass dieser bereits stärker verbreitet war und mehr Arbeitskräfte und Düngemittel benötigte als der Getreidebau. Vgl. dazu: Aeby 2009: 107–108.

67 Kartoffelbestandesaufnahme BBl. 21 (1918); Baumann 1993: 334–335.

68 Kartoffelbestandesaufnahme BBl. 21 (1918): 2–3.

69 BBl. 22 (1918): 134.

Ernte Kartoffeln. Der stark gestiegene Kartoffelverbrauch dürfte erstens damit zusammenhängen, dass die Bevölkerung seit der Rationierung des Brotes Anfang Oktober 1917 vermehrt Kartoffeln gegessen hatte und widerspiegelte zweitens die Tatsache, dass das Verfütterungsverbot nicht so funktionierte, wie es sich die Behörden vorstellten.[70] Die politischen Anstrengungen gingen nun vor allem dahin, genügend Saatkartoffeln für den geforderten Mehranbau aufzutreiben. Denn der Bundesrat erachtete «[d]ie Ausdehnung und die zweckmässige Durchführung der Kartoffelkultur» als «eine der wichtigsten Massnahmen zur Sicherstellung der Lebensmittelversorgung des Landes».[71]

Der Bund förderte mit Subventionen zudem Massnahmen zur Verbesserung der Böden[72] und er wollte per Beschluss vom 15. Januar 1918 die städtische Eigenproduktion steigern, indem auch Gemüse, Rüben und Hülsenfrüchte anbaupflichtig wurden und Ziergärten, Sport- und Spielplätze bebaut werden sollten.[73] Auch das Problem der mangelnden Arbeitskräfte versuchten die Behörden anzugehen, indem alle in der Schweiz wohnhaften Personen zwischen 14 und 60 Jahren «bei landesüblicher Entschädigung» zur Bestellung der von der öffentlichen Hand bebauten Grundstücke und zu Bodenverbesserungsarbeiten herangezogen werden sollten (Zivildienstpflicht). Die Idee scheiterte jedoch am Widerstand der Sozialdemokraten und der Arbeiterschaft.[74]

In den Städten wurden daraufhin die öffentlichen Plätze in Kartoffeläcker verwandelt. «Die grosse Wiese vor dem Bahnhof Zürich-Enge, wo in normalen Zeiten das Karussell und die Seiltänzer sich niederliessen, wurde durch einen Zug Landsturmsoldaten umgegraben.»[75] Auf den Waffenplätzen der Armee wurden ebenfalls Weizen und Kartoffeln angebaut und das EVD rief im Januar 1918 alle anderen Departemente dazu auf, ihre Grundstücke ebenfalls zu bepflanzen.[76] Der Winterthurer Agronom Hans Bernhard, der die Abteilung Landwirtschaft im Zürcher Ernährungsamt leitete, forderte die Industrieunternehmer auf, firmenweise Arbeitsgruppen zu bilden, die auf gepachtetem Land Meliorations- und

70 BBl. 22 (1918): 134–135.
71 BBl. 22 (1918): 137.
72 Käppeli/Riesen 1925: 48.
73 A.S. 1918, Bd. 34: 83–92; Käppeli/Riesen 1925: 48.
74 Baumann 1993: 338–341.
75 Ruchti 1930: 195.
76 Baumann 1993: 299; Lüthi 1997: 104.

Pflanzarbeiten durchführen sollten. Dadurch sollten auch die wachsenden Spannungen zwischen Bauern und Arbeitern abgebaut werden. Selbst die Golfwiese des Hotels Dolder in Zürich wurde mit Kartoffeln bepflanzt.[77]

Doch «all diese erfreulichen Anstrengungen» vermochten «das Hungergespenst nicht zu bannen».[78] Die Vorräte waren in der Zwischenzeit bedenklich zusammengeschrumpft, da seit Jahresbeginn 1917 praktisch kein ausländisches Getreide mehr in die Schweiz gelangt war. Zwar hatte die Bundesverwaltung im Dezember 1917 ein Abkommen mit den USA abgeschlossen, das die Lieferung von insgesamt 240 000 Tonnen Brotgetreide bis am 31. August 1918 vorsah, doch von diesem Getreide war bis Ende März 1918 erst ein kleiner Bruchteil in der Schweiz eingetroffen. Auch mit dem Import aus anderen Ländern sah es nicht gut aus; beispielsweise lagerten im Mai 1918 100 000 Tonnen aufgekaufter Weizen in Argentinien, die aufgrund von Schiffs- beziehungsweise Tonnagemangel nicht verschifft werden konnten.[79]

Als «das Schweizervolk» Ende Juli 1918 schliesslich «vor leeren Vorratshäusern stand» und «die Not am grössten war»,[80] trat unerwartet eine Wendung in der schwierigen Versorgungslage ein, weil die Zufuhren aus den USA nun regelmässig eintrafen. Dazu stellten die USA sogar eigene Dampfer zur Verfügung, denn auf dem Frachtermarkt war es praktisch unmöglich geworden, eigene Schiffe zu chartern. Bis Ende Jahr gelangten so gut 150 000 Tonnen der vertraglich zugesicherten 240 000 Tonnen ins Land, vor allem in Form von Mehl. Trotz dieser Besserung blieben die Vorräte gering und der inländische Bedarf an Kohlenhydraten konnte nur durch den zusätzlichen Import von Mais und Reis gedeckt werden.[81] Gerade deshalb blieben die inländischen Ernten 1918 und damit die Wirkung der Anbaupläne für die Ernährung der Bevölkerung von grosser Bedeutung.

77 Baumann 1993: 299–300.

78 Ruchti 1930: 195.

79 BBl. 22 (1918): 88–89; Lüthi 1997: 33.

80 Ruchti 1930: 196.

81 BBl. 50 (1918): 268–269; Baumann 1993: 300; Lüthi 1997: 45.

8.3.4 Die Ernten 1918 und die Wirkung der Anbaupläne

Gemäss offiziellen Schätzungen war die Brotgetreidebaufläche zwischen 1917 und 1918 um fast 39 000 Hektaren (statt der angestrebten 50 000) auf gut 116 000 Hektaren angestiegen.[82] Damit wurde das Ziel des Zwangsanbaus flächenmässig zu fast 75 Prozent erreicht. Die Anbaufläche für Brotgetreide war damit seit Kriegsbeginn um 45 400 Hektaren gewachsen, ein Anstieg von fast 65 Prozent. Die Erntemenge lag bei etwa 271 500 Tonnen Brotgetreide, was einer überdurchschnittlich guten Ernte entsprach.[83]

Ein grosser Teil der Erträge diente jedoch weiterhin der Selbstversorgung der Getreideproduzenten, deren Anzahl allerdings beträchtlich angewachsen war und die längst nicht nur Bauern umfassten.[84] An den Bund wurden 88 200 Tonnen Brotgetreide abgeliefert, ein knappes Drittel der Ernte.[85] Bei einem eingeschränkten Verbrauch der restlichen Bevölkerung von etwa 830 Tonnen pro Tag hätte die nicht-landwirtschaftliche Bevölkerung damit gut drei Monate ernährt werden können.[86] Das heisst, ohne die neuen Brotgetreideimporte aus den USA hätte die Bevölkerung der Schweiz mit dieser Ernte und den noch vorhandenen Vorräten bis etwa Ende Oktober 1918 versorgt werden können.[87] Danach wäre es zumindest beim Getreide knapp geworden.

Der Mehranbau bei den Kartoffeln fiel flächenmässig eher enttäuschend aus. Eine Erhebung der Anbaufläche durch das EVD im Mai 1918 ergab 59 800 Hektaren, was einer Steigerung um 3100 Hektaren (statt der angepeilten 12 000) entsprach.[88] Die Ernte fiel offenbar regional sehr unterschiedlich aus,[89] insgesamt war sie mit 926 900 Tonnen aber nicht

82 BBl. 50 (1918): 270.

83 Brugger 1968: 126.

84 Im Oktober 1918 betrug die Anzahl Selbstversorger 870 357 Personen (BBl. 50 [1918]: 271) bei einer landwirtschaftlichen Bevölkerung von ca. 520 000 Personen (Brugger 1968: 4).

85 Brugger 1968: 131.

86 Die Zahl stammt von Studer (1925: 152). Zum Vergleich: 1917: 40 bzw. 46 Tage, 1942/43: knapp 5 Monate.Vgl. dazu: Lüthi 1997: 109–110.

87 Lüthi 1997: 44.

88 BBl. 50 (1918): 285.

89 Laur 1918; BBl. 50 (1918): 290.

schlecht.[90] Eine Erhebung im Januar 1919 ergab, dass die Kartoffelversorgung damit gesichert war. Die im September 1918 eingeführte Rationierung von 90 Kilogramm Speisekartoffeln pro Person und Monat konnte deshalb bereits im März 1919 wieder aufgehoben werden.[91] Im Frühjahr 1919 war in der Schweiz abzüglich von Saat- und Futterkartoffeln sogar ein Überschuss von 20 000 Tonnen Kartoffeln vorhanden, so dass der Bundesrat die Hälfte davon zum Export freigab und den Rest für Hilfsaktionen in anderen Ländern zur Verfügung stellte.[92]

Obwohl sich die Aussichten für die Nahrungsmittelversorgung mit dem Kriegsende und dem Abschluss des Waffenstillstandes im November 1918 wesentlich gebessert hatten, trat keine sofortige Entspannung ein. Die Demobilisierung der Truppen der in den Krieg verwickelten Länder benötigte zahlreiche Transportmittel, die Tonnagekosten und Transportpreise blieben daher weiterhin hoch. Der Bundesrat befand deshalb, die Schweiz könne nicht «mit Sicherheit auf ungestörte Zufuhren rechnen», weshalb die Bestrebungen zur Erhöhung der Inlandproduktion fortgesetzt werden sollten.[93] Allerdings wurden die Bestimmungen etwas gelockert: Die bebaute Fläche musste nicht weiter ausgedehnt, sondern nur noch erhalten werden und die Produzenten konnten selbst bestimmen, ob sie auf der Anbaufläche Getreide, Hackfrüchte oder Hülsenfrüchte anbauen wollten. Nur der Kartoffelbau war weiterhin vorgeschrieben.[94]

Die Anbauerhebung im Sommer 1919 ergab, dass die Anbauflächen im Vergleich zu 1918 bereits wieder abgenommen hatten. Bei den Kartoffeln um knapp 5000 Hektaren, beim Brotgetreide um fast 12 000 Hektaren.[95] Dank der guten Inlandernten und den wieder zunehmenden Importen fiel dies aber nicht so stark ins Gewicht.

90 Die Kartoffelernten von 1918 und 1919 wurden aus der Multiplikation der Flächen aus den Anbaustatistiken (inklusive Kleinpflanzer) und den durchschnittlichen Ernteerträgen aus Brugger (1968: 102, 127) errechnet.

91 BBl. 22 (1919): 251–252.

92 Ruchti 1930: 224.

93 BBl. 22 (1919): 231, 254.

94 A.S. 1919, Bd. 35: 125–130; Lüthi 1997: 104.

95 Anbaustatistik 1920: 2–3.

8.4 Fazit

Was wurde erreicht mit der «Anbauschlacht» im Ersten Weltkrieg? Beim Brotgetreidebau kam es in den ersten Kriegsjahren (bis und mit 1917) zu einer Ausweitung der Anbauflächen um gut 8300 Hektaren; die Erntemengen, und damit die Bedeutung für die Inlandversorgung, stiegen jedoch nicht substantiell an. Beim Kartoffelbau kam es während der gleichen Zeitspanne zu einer markanten Ausdehnung der Pflanzfläche um über 10 000 Hektaren (Futter- und Speisekartoffeln), die sich trotz den beiden Missernten von 1914 und von 1916 auch ertragsmässig auswirkte und 1917 in einer Rekordernte gipfelte.

Obwohl der Zwangsanbau für Getreide mit dem Beschluss vom 3. September 1917 für die Aussaat des Wintergetreides sehr spät erfolgte, wurde die Anbaufläche im Folgejahr um knapp 39 000 Hektaren ausgedehnt, was fast 75 Prozent der geforderten 50 000 Hektaren entsprach. Dank guter Erntebedingungen konnte im Herbst 1918 eine überdurchschnittlich gute Ernte eingefahren werden. Allerdings blieb diese Erhöhung ein Tropfen auf den heissen Stein. Sie hätte zwar die gesamte Schweizer Bevölkerung gut drei Monate ernähren können, danach hätte jedoch für die Nicht-Selbstversorger (gut 3 Millionen Menschen) Getreide importiert werden müssen. Bei den Kartoffeln war die Flächenvermehrung zwischen 1917 und 1918 mit 3100 Hektaren (von 12 000 geforderten Hektaren) enttäuschend. Anscheinend gaben viele Bauern bei der Aussaat für 1918 dem Getreidebau den Vorrang. Die Ausdehnung und die gute Ernte von 1918 genügten jedoch, um die Kartoffelversorgung des Landes zu gewährleisten.

Das Soll der Anbaupläne wurde damit knapp (Getreide) beziehungsweise deutlich (Kartoffeln) verfehlt. Trotzdem war das Resultat angesichts der ungünstigen Voraussetzungen, der kriegsbedingten Schwierigkeiten und des Verhaltens der Behörden erstaunlich gut. Zunächst hatte die Schweiz, verglichen mit anderen Ländern in einer ähnlichen Situation, eindeutig am meisten Einwohner pro Ackerfläche und prozentual relativ wenige Menschen, die noch in der Landwirtschaft tätig waren und sich selbst versorgen konnten.[96] Die einseitige Ausrichtung der Landwirtschaft auf die tierische Produktion (in gewissen Gebieten war das Fachwissen

96 Lorenz 1918.

für den Getreidebau praktisch verloren gegangen) erschwerte zusammen mit der grossen Importabhängigkeit beim Getreide und den Düngemitteln den Weg in Richtung Autarkie.

Durch den Krieg kamen weitere Faktoren hinzu. Aufgrund des Militärdienstes bestand ein Mangel an Arbeitskräften und Zugtieren, was den arbeitsintensiven Ackerbau erschwerte. Hier waren es vor allem die Frauen, welche die «Männerarbeit» auf den Feldern übernehmen mussten.[97] Hemmend kam der zunehmende Mangel an Düngemitteln hinzu, da die Importe seit Kriegsbeginn – mit Ausnahme der Kalidünger – markant zurückgegangen waren (vgl. den Beitrag von Pfister zum Klima). Lorenz befürchtete, der Landwirtschaft drohe «eine Düngernot, welche die Ausdehnung des Anbaus besonders erschwert» – Ähnliches war von Ernst Laur zu hören.[98] Andere Stimmen waren jedoch der Ansicht, dass die in der Vorkriegszeit stark gedüngten Böden noch genügend Dünger enthielten, um die Ausfälle verkraften zu können.[99] Die guten Ernten 1918 sprechen eher für Letzteres.

Ein riesiges Problemfeld bot schliesslich die Organisation und Umsetzung des Mehranbaus durch die Behörden. Das von Lüthi konstatierte «reaktive Verhalten» der Bundesverwaltung, das sich stets der jeweiligen Import- und Vorratslage anpasste und den «Anforderungen des Augenblicks» gehorchte,[100] bestätigte sich. Was beim Mehranbau mit einer Konferenz und einem Beschluss im Februar 1917 begann, wurde erst im September 1917 realisiert, also ganze sieben Monate später und nur unter dem Druck des Kriegseintritts der USA, stockender Importe und ständig abnehmender Getreidevorräte. Sicherlich fehlten die staatlichen Organe, um eine von oben geleitete, gewissermassen planwirtschaftliche Umstellung der Produktion durchzusetzen. Und der Rückgriff auf private Organisationen, vor allem auf den Schweizerischen Bauernverband und das Bauernsekretariat, konnte diese nicht ersetzen.[101] Zudem konnten die Behörden weder auf frühere Erfahrungen – einziger Referenzpunkt war der Deutsch-Französische Krieg von 1870/71 – noch auf statistische Daten zurückgreifen (vgl. dazu die Artikel von Moser und Cottier). Handlungs-

97 Baumann 1993: 307–310; Aeby 2009: 81–83.

98 Lorenz 1918; Laur 1918.

99 Aeby 2009: 77.

100 Lüthi 1997: 60, 77, 79.

101 Insbesondere auf Kantons- und Gemeindeebene fehlten die Strukturen zur Umsetzung und Kontrolle des Mehranbaus. Vgl. Lüthi 1997: 101, 107.

grundlagen wie die Anbauerhebungen mussten erst geschaffen werden. Es fehlten aber auch der politische Wille und die Bereitschaft, von gewissen Prinzipien abzurücken. Liberale Kernauffassungen wie das Vertrauen in das Funktionieren des Weltmarktes, der Glaube an eine automatische Regulierung der Produktionsmenge über den Preis, eine Scheu vor Staatseingriffen sowie der (zweck-)optimistische Glaube an ein baldiges Kriegsende stellten sich in der Krisensituation als schlechte Ratgeber heraus. Sie führten zu einem langsamen und zögerlichen Verhalten und hinderten die Behörden daran, aktiv Pläne für alternative (und keineswegs unwahrscheinliche) Szenarien wie einen Zusammenbruch der Getreideversorgung auszuarbeiten beziehungsweise rechtzeitig grössere Vorräte aufzubauen. Dank der wieder einsetzenden Getreideimporte aus den USA rächte sich dies Ende 1918 allerdings nicht.

9. DIE MASSNAHMEN DES ZÜRCHER STADTRATS ZUR VERBESSERUNG DER LEBENSMITTEL-VERSORGUNG 1914–1921

Ismael Albertin

9.1 Einleitung

In der Schweiz waren die Bewohner der Städte wesentlich stärker von den Auswirkungen des Ersten Weltkrieges betroffen als die Menschen auf dem Land. Die hohe Bevölkerungsdichte und die Abhängigkeit von der Lebensmittel- und Rohstoffzufuhr exponierten urbane Zentren im Kriegsfall besonders. Vor allem in Zürich mussten die Behörden rasche und effiziente Lösungen finden, weil die Situation bereits vor dem Krieg angespannt war. Der Landesstreik von 1918, der in Zürich ausbrach, blieb als Höhepunkt und eindrücklichstes Ereignis der Krisenzeit im kulturellen Gedächtnis der Schweizerinnen und Schweizer haften.[1]

Die folgenden Ausführungen konzentrieren sich auf die Nahrungsmittelversorgung in der Stadt Zürich von 1914 bis 1921. Einerseits zeigte sich ihre Verletzlichkeit besonders in diesem Bereich eindrücklich, andererseits nahmen die Zeitgenossen die Ernährungsfrage als zentrales Problem der Kriegsjahre wahr.[2] Der Beitrag zeigt zunächst, weshalb es zu einem Lebensmittelmangel kam und wie sich die Versorgungslage der Stadt Zürich entwickelte. Anschliessend beantwortet er die Frage, welche Strategien die Verantwortlichen anwendeten und welche Massnahmen sie ergriffen, um die Versorgungsprobleme zu bewältigen. Durch die Erschütterung des Systems während des Krieges kam es langfristig zu Veränderungen der städtischen und nationalen Versorgungsstrukturen, die in diesem Beitrag allerdings nur gestreift werden (vgl. die Beiträge von Cottier und Moser).

Die Ausführungen basieren hauptsächlich auf den Geschäftsberichten und Protokollen des Zürcher Stadtrats[3] sowie auf dem ausführlichen

1 Jost 1988: I-V.

2 Auderset/Moser 2012: 133–134.

3 Der Stadtrat ist in Zürich die städtische Exekutive, der Grosse Stadtrat – bis zu seiner Umbenennung in Gemeinderat im Jahr 1934 – ist die Legislative. Auf Kantonsebene ist der Regierungsrat die Exekutive und der Kantonsrat die gesetzgebende Kammer.

Schlussbericht zu den Krisenjahren von 1922.[4] Die Texte haben neben ihrer informellen Funktion auch einen Rechenschaftscharakter, der nicht ausser Acht gelassen werden darf, weil die Massnahmen umstritten waren.

9.2 Die exponierte Lage der Stadt Zürich unmittelbar vor dem Ersten Weltkrieg

Seit der letzten kriegsbedingten Krise während des Deutsch-Französischen Krieges 1870/71 hatten sich die wirtschaftlichen und sozialen Rahmenbedingungen in der Schweiz und insbesondere in der Stadt Zürich grundlegend verändert. In der zweiten Hälfte des 19. Jahrhunderts kam es zu einem tiefgreifenden Strukturwandel in der Landwirtschaft mit weitreichenden Folgen für die Lebensmittelversorgung der Schweiz und den Arbeitsmarkt (vgl. die Beiträge von Burkhard, Moser und Pfister zum Klima).[5] Zeitgleich beschleunigte sich die Urbanisierung. Menschen aus ländlichen Gebieten wanderten während der Agrarkrise der 1880er Jahre und der anschliessenden Hochkonjunktur der Belle Époque vermehrt in die Zentren ab. Zu ihnen stiessen Migrantinnen und Migranten aus dem nahen Ausland. Die Stadtzürcher Wohnbevölkerung wuchs zwischen 1880 und 1910 von 78 345 auf 190 733 Einwohner, wobei die Wanderungsüberschüsse die Geburtenüberschüsse meistens deutlich überstiegen.[6] Die Verstädterung und die Konzentration auf die Viehwirtschaft bewirkten einen Rückgang der Ernteerträge bei einer steigenden Bevölkerungszahl und damit eine Senkung des Selbstversorgungsgrades. Die Schweiz wurde zunehmend von Importen und dem internationalen Preisgeschehen abhängig. In den letzten Jahrzehnten vor dem Krieg deckte die schweizerische Getreideproduktion nur noch einen Achtel des Bedarfs.[7]

Die voranschreitende Industrialisierung verursachte soziale Probleme und Spannungen. Obwohl in der Stadt Zürich die grossflächigen Eingemeindungen der Vororte für einen regelrechten Bauboom sorgten, blieb der Wohnraum knapp. Die hohen Mieten verschlechterten die

4 Stadtrat Zürich 1912–1924a; Stadtrat Zürich 1915–1919b; Stadtrat Zürich 1922c.

5 Frey 2008: 32–44; Veyrassat 2012: 35–41, 51–53.

6 Die Zahlen stammen aus der Eidgenössischen Volkszählung von 1910. Vgl. dazu: Gruner/Wiedmer 1987: 42, 44.

7 Lüthi 1997: 8.

Lebensbedingungen eines Grossteils der Bevölkerung zusehends und die damit verbundene soziale Entmischung führte zur Verarmung der Arbeiterquartiere Aussersihl, Wiedikon und Wipkingen. Soziale Spannungen entluden sich um die Jahrhundertwende in Konflikten zwischen Gruppen verschiedener Nationalitäten und in Streiks. Im Juli 1912 wurde in Zürich erstmals ein Generalstreik ausgerufen.[8]

Auf der politischen Ebene spitzten sich die Gegensätze ab den 1880er Jahren ebenfalls zu. Die Sozialdemokraten waren in der Stadt ab 1907 die stärkste Partei. Die bürgerlichen Parteien dominierten dagegen den Regierungs- und den Kantonsrat. Als schärfste Gegner der Arbeiter erwiesen sich die Bauern.[9] Der Graben zwischen Stadt und Land sollte die Lebensmittelversorgung Zürichs während des Ersten Weltkrieges zusätzlich erschweren.

Die Abhängigkeit der Schweiz vom ausländischen Getreidemarkt, die anfälligen Transportrouten und die mangelhafte Lebensmittelversorgung beschäftigten Politik, Gewerbe und Handel schon vor dem Krieg.[10] 1913 forderte der eidgenössische Generalstabschef die Lagerung von Getreide für 100 Tage, der Bundesrat und das Militärdepartement einigten sich jedoch auf Vorräte für lediglich 60 Tage. Wirkungsvollere Massnahmen wurden durch drei Annahmen blockiert: Erstens diente als Vergleichsereignis der Deutsch-Französische Krieg. Der Generalstab ging deshalb von einer maximal sechsmonatigen kriegerischen Auseinandersetzung aus. Zweitens vertrauten die Verantwortlichen auf die Wirksamkeit internationaler Handelsvereinbarungen. Drittens rechneten die Verantwortlichen damit, dass die Versorgungswege mindestens in einem Nachbarland offen blieben. Falls nötig, sollte sich die Schweiz einem der Krieg führenden Blöcke annähern. Am Ende erwiesen sich alle drei Annahmen als falsch (vgl. die Beiträge von Segesser und Cottier).[11]

8 Gruner/Wiedmer 1987: 41–45, 239–272; Fritzsche/Lemmenmeier 1994: 187–198, 241–242.

9 Fritzsche/Lemmenmeier 1994: 236–239.

10 Die Getreideversorgung der Schweiz 1913: 8–16.

11 Ochsenbein 1971: 19–24, 35–36, 313.

9.3 Der Kriegsausbruch und seine Folgen bis 1916

9.3.1 Die Stadt Zürich greift in den Markt ein

Der Kriegsausbruch im Sommer 1914 führte in den ersten Augusttagen zu steigenden Lebensmittelpreisen. Ausser Frankreich sperrten die Nachbarländer die Grenzen für Getreidetransporte und in der Schweiz wurden die landwirtschaftlichen Arbeitskräfte durch die Mobilmachung mitten in der Erntezeit von den Feldern eingezogen. Die Marktpreise schwankten durch die unsichere Lage erheblich: Die Kartoffelpreise stiegen binnen weniger Wochen von durchschnittlich 4.60 Franken pro Kilogramm auf 11.45–13.10 Franken[12] pro Kilogramm.[13]

Der Bundesrat erliess am 10. August 1914 die «Verordnung gegen die Verteuerung von Nahrungsmitteln und anderen unentbehrlichen Bedarfsgegenständen».[14] Er vertraute dabei zunächst dem freien Lebensmittelmarkt und begnügte sich mit gesetzlichen Bestimmungen gegen Kettenhandel, Wuchergeschäfte und Hamsterei.[15] Um die Preistreiberei einzudämmen, übertrug er den Kantonen das Recht, die Preise einzelner Güter zu begrenzen. Ab dem Jahr 1915 monopolisierte der Bund wichtige Gebrauchsgegenstände und Lebensmittel wie Reis, Zucker und Getreide. Ausserdem ordnete er für die Monopolwaren und für Teigwaren, Hafer-, Gerste- und Maisprodukte sowie für verarbeitete Milchprodukte nach und nach Höchstpreise an (vgl. den Beitrag von Wipf).[16]

Der Zürcher Stadtrat verzichtete unmittelbar nach dem Ausbruch des Krieges auf Massnahmen zur Sicherung der Nahrungsmittelversorgung; er entschied sich vorerst gegen städtische Lebensmitteldepots. Er ging davon aus, dass sich die Bevölkerung selbstständig mit Notreserven eindecke und die Zulieferungen aus dem Ausland nicht gefährdet seien.[17] Die Lage entspannte sich jedoch nicht und der zunehmend unter Druck stehende

12 Von durchschnittlich 14 Rappen pro Kilogramm auf 35–40 Rappen pro Kilogramm (1914), die Werte im Text sind auf 2014 umgerechnet.

13 Käppeli/Riesen 1925: 13, 86; Stadtrat Zürich 1915b: 81.

14 Schweizerisches Justiz- und Polizeidepartement 1914: 40–44.

15 Sieveking 1922: 33–34.

16 Statistisches Amt der Stadt Zürich: 9*–16*.

17 Stadtrat Zürich 1915b: Geschäfte 1019, 1025. Zur Situation von Zürich zu Beginn des Krieges vgl. auch Herber 2014.

Stadtrat kam auf seinen Entscheid zurück. Sein Handlungsspielraum war durch kantonale und nationale Bestimmungen allerdings eingeschränkt. Höchstpreise konnte er beispielsweise nicht ohne Einwilligung des Regierungsrates erlassen. Auch die Lagerhaltung von monopolisierten Produkten wie Zucker oder Getreide war ihm untersagt. Er versuchte deshalb in den ersten beiden Kriegsjahren sowohl den Handel als auch den Zwischenhandel mit Grundnahrungsmitteln punktuell zu regulieren. Er erliess Vorschriften zur Beschriftung von Preisen, hielt die Marktpolizei an, regelmässige Kontrollen durchzuführen, beschränkte den Verkauf von Kartoffeln an Privatpersonen und legte Vorräte von nichtmonopolisierten Produkten an. Schrittweise betätigte sich die Stadt auch als Produzentin, Zwischenhändlerin und Verkäuferin von einzelnen Lebensmitteln wie Kartoffel, Obst und Gemüse.[18]

Als in den Herbstmonaten 1914 die ärmeren Schichten der Stadt Zürich immer stärker unter den hohen Kartoffelpreisen litten und sich die Händler weigerten, aufgrund der unsicheren Marktbedingungen Kartoffeln im Ausland zu kaufen, beauftragte der Stadtrat eine neu gegründete Kommission mit der Beschaffung von Lebensmitteln. Bereits in den Wintermonaten 1914/15 trafen daraufhin 2 961 751 Kilogramm Kartoffeln aus Dänemark und Holland in Zürich ein. Mit den Lieferungen sollte nicht nur die städtische Nachfrage nach Kartoffeln gedeckt werden, der Stadtrat erhoffte sich auch eine Beeinflussung der inländischen Marktpreise und wollte im Falle einer «Brotnot»[19] einen Lebensmittelersatz bereit halten. Das städtische Abfuhrwesen lagerte und verkaufte die Waren, weil sich die Engrosmärkte nicht für den Vertrieb der Kartoffeln einspannen liessen. Bestellungen über 100 Kilogramm lieferte das Abfuhrwesen den Kunden nach Hause, der Verkauf von kleineren Mengen erfolgte über das genossenschaftlich organisierte Detailhandelsunternehmen Migros. In einem Lokal an der Uraniabrücke 6 wurde zudem ein öffentlicher Verkauf eingerichtet, der wegen des starken Andrangs teilweise polizeiliche Hilfe benötigte.[20]

Zu einer beispielhaften Lösung zwischen Produzenten und dem Kanton Zürich kam es bei den Getreide- und Brotpreisen. Die Zürcher Müller produzierten nach einer Anfrage des Zürcher Regierungsrats vom

18 Stadtrat Zürich 1916b: Geschäft 684; Stadtrat Zürich 1917b: Geschäft 737.

19 Stadtrat Zürich 1922c: 15.

20 Stadtrat Zürich 1922c: 14–17.

2. August 1914 nur noch Vollkornmehl. Der Bund zog einen Monat später mit einer gleichlautenden Bestimmung nach. Auf Handelsebene führte der Bund ausserdem am 30. September 1914 Höchstpreise für Getreide ein. Die Zürcher Bäcker vereinheitlichten die Brotpreise daraufhin selbstständig und entschieden fortan gemeinsam über allfällige Anpassungen.[21]

Obwohl sich der Lebensmittelmarkt in den ersten Monaten 1915 beruhigte, drohte im Sommer eine erneute Verschärfung der Teuerung. Der Stadtrat ersuchte im Juli 1915 deshalb den Regierungsrat um die Einführung von einheitlichen kantonalen Regelungen und zusätzlichen Höchstpreisen. Der Regierungsrat erliess im August vorerst Richtlinien für Milch und Butter. Die Stadt musste bis 1916 auf die Bewilligung warten, um selbst Höchstpreise für Eier, Kartoffeln, Bohnen, Kirschen und Äpfel festsetzen zu können.[22] Die städtischen Preisbeschränkungen führten dazu, dass die Bauern ihre Ware nicht mehr in der Stadt verkauften. Die unkoordinierten Einzelaktionen der Kantone und Gemeinden schufen eine Konkurrenzsituation, welche die Knappheit verschärften und die Preise weiter in die Höhe trieben. Vor allem bei den Kartoffeln liessen die Massnahmen zu wünschen übrig. Der Stadtrat bemühte sich wiederholt sowohl beim Regierungsrat als auch beim Bundesrat vergeblich um kantonale und eidgenössische Höchstpreise für Kartoffeln. Das eidgenössische Handelsdepartement sperrte sich gegen eine einheitliche Marktregulierung, weil sie keine spürbare Verbesserung bringe.[23] Die Festsetzung von Höchstpreisen konnte – wie in der Stadt Zürich bei den Kartoffeln – Lebensmittel plötzlich vom Markt verschwinden lassen. Es bedurfte zudem einer strengen Marktkontrolle und durch die Festsetzung der Preise drohten gar Verschiebungen in der Produktion, beispielsweise von der Milchwirtschaft zur Viehaufzucht.[24]

Die Stadt musste für die von ihr ergriffenen Massnahmen mehrfach Lehrgeld bezahlen, denn der internationale Markt blieb 1914 und 1915 unberechenbar. Die Kartoffelkäufe von 1915 bescherten ihr beispielsweise einen Verlust von 3.3 Millionen Franken,[25] weil die Nachfrage und die Fäulnisverluste falsch eingeschätzt wurden. Mitte 1916 wurden zudem

21 Statistisches Amt der Stadt Zürich 1917: 8*–9*.

22 Statistisches Amt der Stadt Zürich 1917: 12*–20*.

23 Stadtrat Zürich 1922c: 4, 14–18; Stadtrat Zürich 1917b: Geschäft 987.

24 Sieveking 1922: 37.

25 103 000 Franken (1915).

zehn Wagenladungen Kartoffeln, welche die Stadt auf eigene Rechnung in Holland bestellt hatte, in Deutschland konfisziert. Die Stadt wurde dabei wahrscheinlich zu einem Opfer des internationalen Wirtschaftskrieges zwischen den Mittelmächten und der Entente. Die Entente verweigerte der Schweiz im April 1916 die Ausfuhrerlaubnis für Kompensationsware, die vom Deutschen Reich bereits bezahlt worden war. Die deutsche Regierung reagierte darauf im Juni 1916 ihrerseits mit einem Lieferstopp für Waren in die Schweiz.[26]

9.3.2 Aus der Not geboren: erste Massnahmen zur Nothilfe

Viele Arbeiterfamilien, aber auch breite Teile des Mittelstandes, wurden wegen der Teuerung und ausbleibenden Lohnzahlungen nach dem Kriegsausbruch hilfsbedürftig. Neben den ineffizienten Eingriffen in den Lebensmittelmarkt baute die Stadt in kurzer Zeit mit der Kriegsnot- und der Mietnotunterstützung sowie den Suppenküchen eigene Hilfsprogramme auf, die den Notleidenden direkt zugute kommen sollten.

Die Aufsicht über die Hilfstätigkeiten übernahm das städtische Gesundheitswesen. Die Organisation und Ausführung übertrug der Stadtrat der halbamtlichen Freiwilligen- und Einwohnerarmenpflege der Stadt Zürich. Diese nutzte die Infrastruktur ihrer bestehenden zwölf Quartierkommissionen und ergänzte sie mit zwei weiteren. Die ehrenamtlich tätigen Mitglieder der Freiwilligen- und Einwohnerarmenpflege erhielten zudem Unterstützung von bezahlten Hilfskräften.[27]

Die Kriegsnotunterstützung war als Nothilfe gedacht. Ab dem 1. September 1914 wurden regelmässig Gutscheine für Suppe, Brot und andere Lebensmittel an Notleidende abgegeben. Später kamen Brennmaterialen dazu. Der Stadtrat bestimmte die Unterstützungsquoten und arbeitete Zulassungsrichtlinien aus. Nach einiger Zeit wurde der Betrag auf Wunsch auch in Bargeld ausgehändigt. Die Kosten für die Kriegsnotunterstützung deckten die Stadt und private Spender.[28]

Die Suppenküchen waren eine unbürokratische Hilfe für Arbeiter und Familien. Die Freiwilligen- und Einwohnerarmenpflege betrieb in

26 Stadtrat Zürich 1922c: 14–18; Sieveking 1922: 17.
27 Stadtrat Zürich 1915a: 132–134.
28 Stadtrat Zürich 1915a: 132–134.

verschiedenen Quartieren Suppenküchen. Sie bot qualitativ hochwertige Speisen zu tiefen Preisen an. Das Angebot wurde geschätzt: Zwischen dem 1. September 1914 und dem 31. Dezember 1915 zählten die Verantwortlichen 1 853 850 Liter ausgeschenkte Suppe.[29]

Obwohl die Mietnotunterstützung nicht mit der Lebensmittelversorgung in Verbindung stand, bildete sie einen wichtigen Teil der städtischen Hilfsaktion. Sie unterstand ebenfalls der Freiwilligen- und Einwohnerarmenpflege. Das Mietnotbüro begann seine Tätigkeit am 25. September 1915 mit der Unterstützung von 1183 Haushalten, deren Gesuche gutgeheissen worden waren. Bald übernahm das Mietnotbüro bis zur Hälfte des Mietzinses der Gesuchsteller.[30]

Die grösste Not schien im Herbst 1915 überwunden zu sein. Im Jahr 1915 sollen insgesamt 7928 Personen in der Stadt Zürich Kriegs- und Mietnotunterstützung bezogen haben. Ein Jahr später waren es nur noch 1321 Personen, was bei circa 202 800 Einwohnern 0.6 Prozent der Bevölkerung entsprach.[31] Die Zahl der Menschen, die von der Hilfe der Stadt profitierten, lag allerdings um ein Vielfaches höher, weil in den Statistiken Familien als ein Unterstützungsfall aufgeführt wurden. Zahlreiche hilfsbedürftige Stadtbürger wurden dem Armenwesen zugewiesen und eine unbekannte Anzahl von Personen profitierte von den verbilligten Suppen, Kartoffeln und anderen Lebensmitteln.[32]

Die steigende Teuerung verunmöglichte es jedoch vielen Familien, «trotz äusserster Anspannung der Kräfte und trotz grösster Einschränkungen in der Lebenshaltung, [...] ihre wirtschaftliche Selbständigkeit aufrecht zu erhalten oder zurückzugewinnen».[33] Eine unbekannte Anzahl von Personen nahm aus Angst vor einer Rufschädigung die staatliche Hilfe nicht in Anspruch. Andere waren durch die hohen Anforderungskriterien und eine strenge Auslegung derselben durch das Unterstützungsnetz gefallen. In Zürich und einigen anderen Schweizer Städten kam es deshalb im Juli und August 1916 zu den sogenannten Marktdemonstrationen. Meist sozialdemokratisch organisierte Frauen traten in Gruppen

29 Stadtrat Zürich 1916a: 131.

30 Stadtrat Zürich 1922c: 1; Stadtrat Zürich 1915a: 135–136.

31 Stadtrat Zürich 1922c: 2; Statistisches Amt der Stadt Zürich 1918: 3.

32 Stadtrat Zürich 1922c: 2; Stadtrat Zürich 1915a: 130–132; Stadtrat Zürich 1917a: 136–138.

33 Stadtrat Zürich 1916a: 300.

auf einen Marktstand zu und verlangten Preisreduktionen. Es war «ein Ausdruck der zunehmenden Politisierung vieler von der Not betroffener Frauen».[34]

Der Stadtrat reagierte auf die Misere, indem er 1915 und 1916 bei der Kriegsnot- und der Mietnotunterstützung die Regelungen für Hilfesuchende lockerte. Das bestehende Fürsorgeangebot wurde im Oktober 1916 zusätzlich durch ein Programm für bedürftige Familien erweitert, die schon eine bestimmte Zeit in der Stadt wohnten und denen es trotz regelmässigem Einkommen unmöglich war, alle Familienmitglieder zu ernähren.[35]

9.4 Zürich während der Lebensmittelkrise 1917–1921

Im Jahr 1917 nahm die Lebensmittelknappheit durch die Wirtschaftsblockaden und die Ernteausfälle eine neue Dimension an (vgl. die Beiträge von Segesser und Pfister zum Klima). Der Konsum sank 1917 infolge der Teuerung und der sinkenden Kaufkraft auf «rund drei Viertel des Vorkriegsniveaus».[36] Der Aufschlag auf die wichtigsten Lebensmittel betrug für eine fünfköpfige minderbemittelte Familie zwischen 1912 und 1918 151.9 Prozent; eine Untersuchung in Zürich und Winterthur zeigte, dass die effektive Teuerung 50.6 Prozent ausmachte, den Rest sparten die Familien durch Einschränkung ein.[37] Erst als der Widerstand gegen die hohen Preise wuchs, beteiligte sich der Bund an den Aufwendungen und subventionierte das Getreide. Um die Grundversorgung in der ganzen Schweiz gewährleisten zu können, mussten für wichtige Lebensmittel Kopfquoten eingeführt werden. Der Bund übertrug die Lebensmittelverteilung an die Kantone, welche die Aufgaben wiederum an die Gemeinden delegierten – die anfallenden Kosten wurden von oben nach unten überwälzt.[38] Das folgende Kapitel widmet sich daher der Frage, wie die

34 Pfeifer 1993: 103.

35 Stadtrat Zürich 1916a: 130–131; Stadtrat Zürich 1917a: 137–138.

36 Lüthi 1997: 71.

37 Sieveking 1922: 55.

38 Lüthi 1997: 72, 88.

Behörden der Stadt Zürich die zusätzlichen Aufgaben bewältigten, bevor auf die Lebensmittelverteilung und die Hilfsmassnahmen eingegangen wird.

9.4.1 Reorganisation der Lebensmittelversorgung

Die Vielzahl neuer Bestimmungen und Aufgaben erschwerte die auf insgesamt sieben Ämter verteilte Lebensmittelversorgung in der Stadt. Am Ende beschloss der Stadtrat, die Lebensmittelversorgung bis Mitte 1918 auf zwei Ämter zu konzentrieren. Die neu geschaffenen Ämter, das Lebensmittelamt und das Landwirtschaftsamt, wurden dem Amt für Gesundheitswesen zugeteilt. In die Zuständigkeit des Lebensmittelamtes fielen die Rationierung, die Handelskontingentierung und -kontrolle. Es organisierte im Weiteren die Bezugszentrale, die städtischen Regieverkäufe ohne die Grünwaren, die Notstandsaktionen, die Kriegs-, Mietnot- und Bedürftigenunterstützung. Das Lebensmittelamt war zudem für die Erhebung der Lebensmittelbestände, die Lebensmittelrequisitionen und die kriegswirtschaftliche Polizeikontrolle verantwortlich. Kantons- und Bundesbehörden zogen das Lebensmittelamt häufig zu Konferenzen zur Lebensmittelversorgung heran.[39] Das Landwirtschaftsamt war hauptsächlich für die Beschaffung, die Produktion und die Lagerung von Nahrungsmitteln und Futter zuständig.[40]

Im Landwirtschafts- und im Lebensmittelamt kam es wiederholt zu internen Umstrukturierungen, die auch auf Druck der zunehmend stärker werdenden Arbeiterschaft erfolgten. Die Arbeiterunion regte beispielsweise einen Beirat zum Lebensmittelamt an, der am 3. Juli 1918 entstand und dem 15 prominente Mitglieder, unter anderen die Sozialdemokraten Ernst Nobs und Rosa Bloch, angehörten. Dieses Gremium sollte – wahrscheinlich als Reaktion auf Missstände – Wünsche und Anregungen von Konsumenten und Produzenten einbringen.[41] Laut der Zentralkommission des Vereins für Freiwilligen- und Einwohnerarmenpflege waren die «abgeordneten Vertreter der Arbeiterschaft»[42] der Grund dafür, dass dem

39 Stadtrat Zürich 1918a: 92.
40 Stadtrat Zürich 1922c: 5.
41 Stadtrat Zürich 1922c: 5.
42 Freiwilligen- und Einwohnerarmenpflege 1919: 11.

Verein die Kriegs-, Mietnot- und Bedürftigenunterstützung samt Arbeitslosenfürsorge entzogen und dem Lebensmittelamt übertragen wurden. Die Trennung von Armenpflege – die weiter der Freiwilligen- und Einwohnerarmenpflege oblag – und Kriegsfürsorge sollte die Bezüger der Letzteren vom stigmatisierenden «armenrechtlichen Beigeschmack» befreien.[43] Ausserdem entsprach die Arbeitsweise der halbprivaten Freiwilligen- und Einwohnerarmenpflege auch nicht dem Sinn und Zweck der umfassend angelegten Kriegsmassnahmen: Der Verein begründete seine unter Kritik geratene Umsetzung der Kriegsfürsorge mit seinen prinzipiellen Vorbehalten gegenüber dem Programm, das «sich auf eine bedingungslose Unterstützung auch da beschränkt, wo die Verarmungsumstände umfassendere Fürsorgemassnahmen erfordern».[44] Im September 1918 wurde schliesslich das Ernährungsamt des Bundes, das die einzelnen Stellen zusammenfasste, auf Drängen der Arbeiterschaft gegründet.[45]

Die Reorganisationen liessen eine zunehmende Professionalisierung der Lebensmittelversorgung erkennen. Mit der Zentralisierung in den beiden Ämtern und der Untergliederung in weitere Abteilungen wurden die Kompetenzen geklärt und das Fachwissen konzentriert. Überdies verhandelte das Lebensmittelamt direkt mit den Kantons- und den Bundesbehörden. Die Institutionalisierung der Lebensmittelversorgung äusserte sich zudem eindrücklich im stetig wachsenden Personalbestand. Waren im März 1917 erst sieben Personen im Lebensmittelamt beschäftigt, zählte es im Dezember 1918 bereits 270 Angestellte.[46]

9.4.2 Rationierung und Verfügbarkeit wichtiger Lebensmittel

Im Frühjahr 1917 beschloss der Bundesrat, die Monopolwaren Reis und Zucker direkt an die Kantone abzugeben. Danach folgten bis zum Ende des Jahres im Monatstakt nationale Rationierungs- und Verbilligungsaktionen von Notstandsmilch, Teigwaren und Brot.[47] Die unzähligen, teilweise kurzfristig erlassenen und vielfach unklaren nationalen

43 Stadtrat Zürich 1918a: 188–191.
44 Freiwilligen- und Einwohnerarmenpflege 1919: 10–11.
45 Sieveking 1922: 44.
46 Stadtrat Zürich 1918a: 89–92; Stadtrat Zürich 1919a: 158.
47 Stadtrat Zürich 1918a: 89–94.

Weisungen und Bestimmungen, die Organisation der Lebensmittelkontingentierungen und die komplizierten Abrechnungssysteme überforderten die städtischen Behörden. Als die Brotrationierung eingeführt wurde, konnte der Stadtrat beispielsweise die Zuteilung der Spezialrationen für Schwerarbeiter nicht vorschriftsgemäss durchführen. Die Zahl der Bezüger dieser begehrten Extramarken sank nach genauen «Nachprüfungen» innert dreier Monate um mehr als 1000 Personen.[48] Die Städte Zürich, Bern und Basel beschwerten sich in einem gemeinsamen Protestschreiben über unausführbare Regelungen und die gewaltigen Kosten durch die Mehrarbeit.[49]

Der Stadtrat versuchte, die Rationierung trotz der Schwierigkeiten möglichst «kundenfreundlich» zu organisieren. Um der Bevölkerung lange Wartezeiten an den Rationierungsmarkenschaltern zu ersparen, legte er 92 Rationierungskreise fest und lieferte die Bezugsscheine nach Hause.[50]

9.4.2.1 Brotversorgung

Die Zeitgenossen sahen die Einführung der Brotkarte 1917 als die am stärksten einschneidende Massnahme in der Lebensmittelversorgung an. Sie wurde nötig, weil in der ersten Hälfte des Jahres die Getreideeinfuhren um 33 Prozent gegenüber dem gleichen Zeitraum des Vorjahres eingebrochen waren.[51] Der Brotpreis stieg in der Stadt Zürich vom 10. September 1914 bis am 7. Juli 1917 um 82.5 Prozent. Nicht zuletzt deshalb kaufte die Stadt im Sommer 1918 grosse Kontingente Ersatzmehl (28 700 Kilogramm Erbsenmehl, 34 600 Kilogramm Kastanienmehl, 20 000 Kilogramm Darisbackmehl, 3800 Kilogramm Kanariensaatmehl)[52] an und lagerte sie in Turnhallen. Die Brot- und Getreiderationen für Schwerarbeiter und Minderbemittelte konnten erst im Dezember 1918 leicht er-

48 Stadtrat Zürich 1918a: 100.

49 Lüthi 1997: 87–89.

50 Lüthi 1997: 80–81; Stadtrat Zürich 1918a: 94–95; Stadtrat Zürich 1918a: 94.

51 Statistisches Amt der Stadt Zürich 1918: 10*.

52 Kanariensaat, auch bekannt unter den Namen Spitzsaat oder Glanz, ist ein Süssgrass mit kleinen Samenbeständen. Das Mehl wurde wahrscheinlich aus dem Maghreb und von der Iberischen Halbinsel importiert.

höht werden. Dank einer guten Ernte und reichlich Importen entspannte sich die Situation in den ersten Monaten des Jahres 1919 merklich, die Schweiz exportierte in diesem Jahr sogar wieder Getreide.[53]

9.4.2.2 Kartoffel- und Gemüseversorgung

Die Lage blieb auch bei der Kartoffelversorgung angespannt. Die am 17. Dezember 1917 vom Bundesrat angeordnete Erhebung der Kartoffelvorräte war für Zürich erschreckend, weil die Vorräte nur noch für zwei Monate reichten. Der Stadtrat führte daraufhin im Februar 1918 mit sofortiger Wirkung die Rationierung der Kartoffeln auf 7 Kilogramm pro Person und Monat ein und ersuchte den Bund um zusätzliche Lieferungen. Er forderte ihn zudem auf, die Kartoffeln unverzüglich in der ganzen Schweiz zu rationieren, um die bestehenden Missständen und Ungleichheiten bei der Kartoffelversorgung zu beseitigen. Trotz der Rationierung in Zürich verschlechterten sich die Zustände zusehends. Der Bund schickte nur 150 der 575 Wagenladungen, die im Herbst 1917 bestellt worden waren. Am 1. März 1918 sollen 131 000 Einwohner keine Kartoffelvorräte besessen haben. Das eidgenössische Ernährungsamt teilte der Stadt als Ersatz Kartoffelmehl, Haferprodukte, Reis und Mais zu. Das Lebensmittelamt der Stadt beschaffte seinerseits in Eigenregie Teigwaren aus Spanien. Am 17. Juni 1918 wurde die von Zürich ersehnte gesamtschweizerische Rationierung angeordnet und ein Ausgleich zwischen den Kantonen geschaffen. Der Bund zog die Sommerernte ein, beschränkte die Verfütterung und der Kartoffelhandel wurde den Amtsstellen übertragen.[54]

Die Kartoffelrationierung konnte in der Stadt Zürich am 10. März 1919 aufgehoben werden. Die Stadtverwaltung gab in der gesamten Krisenzeit 27 862 537 Kilogramm Kartoffeln über den Handel an die Bevölkerung ab. Die Aktion verursachte einen Verlust von 8.6 Millionen Franken,[55] der durch die hohen Zusatzkosten für die Lagerung und die

53 Statistisches Amt der Stadt Zürich 1923: 10*–13*; Stadtrat Zürich 1922c: 9.

54 Stadtrat Zürich 1922c: 19–20.

55 562 219.60 Franken (1919).

Preisschwankungen aufgelaufen war. Trotz roter Zahlen fiel das Fazit des Stadtrats positiv aus, denn der Bevölkerung konnten fast immer genügend verhältnismässig günstige Kartoffeln zugewiesen werden.[56]

Der Kartoffelmangel hatte einen direkten Einfluss auf die Nachfrage nach Gemüse und Obst. Der nationale Gemüsehandel war starken Schwankungen unterworfen und aus unterschiedlichen Gründen für die auf Ankäufe angewiesene Stadt Zürich schwer kalkulierbar. Die Verantwortung im Gemüsehandel lag bei den Kantonen. Einige liessen dem Gemüsemarkt freien Lauf, andere verhängten Ausfuhrverbote. Die Stadt Zürich kaufte in den Sommern 1916–1919 für die Winterzeit grosse Mengen an Äpfeln und 1917 und 1918 Gemüse wie Speisekarotten, Kabis, Blumenkohl, Zwiebeln und Räben. Solche Grosseinkäufe von Kantonen und Städten, die sie dann für Notstandsaktionen einsetzten, wirkten sich negativ auf den Gemüsemarkt aus. Ausserdem führten die schlechten Lagerungsbedingungen jeweils zu grossen Warenverlusten.[57]

9.4.2.3 Milchversorgung

Milch war bis 1916 in grossen Mengen vorhanden. Die Preise blieben durch die vom Bundesrat eingeleitete Milchmarktordnung im Rahmen der Käseunion und den halbjährlich stattfindenden Preisvereinbarungen zwischen den Milchproduzenten, den Käsern, den Exporteuren und dem Bund mehr oder weniger stabil. Auf kantonaler Ebene musste Zürich 1915 trotzdem kurzzeitig Milchhöchstpreise einführen, um die regionalen Milchproduzenten zu Milchpreisvereinbarungen zu bewegen. Die Versorgungslage änderte sich durch den Futtermangel nach den schlechten Ernten im Sommer 1916 allerdings innerhalb weniger Monate (vgl. die Beiträge von Burkhard, Moser und Pfister zum Klima).[58] Im Winter 1917 war die Milchmenge in Zürich so gering, dass die vom Regierungsrat verlangte Mindesttagesmenge von einem Liter pro Person vom Zürcher Stadtrat nicht mehr garantiert werden konnte. Er forderte vom Bund vergeblich eine eidgenössische Milchrationierung und war gezwungen, am 28. November 1917 den Milchbezug in der Stadt zu beschränken. Men-

56 Stadtrat Zürich 1922c: 21–22.

57 Sieveking 1922: 48-49; Stadtrat Zürich 1922c: 31–32.

58 Brodbeck 2003: 57–75; Stadtrat Zürich 1918a: 100.

schen ab zehn Jahren durften nur noch 0.5 Liter Milch pro Tag beziehen. Mit den Einsparungen konnte wenigstens für Kinder, Schwangere und Minderbemittelte der verlangte Liter sichergestellt werden.[59]

Die nationale Milchpolitik empörte den Grossen Stadtrat derart, dass er sich mit einem Forderungskatalog, dem sich auch der Stadtrat anschloss, an den Bundesrat wandte. Sie behaupteten, die Politik des Bundes bevorteile die ländlichen Gegenden. Damit eine gleichmässige Erfassung und Verteilung der Milchbestände garantiert werden könne, verlangte der Grosse Stadtrat die sofortige Einführung der Rationierung auf eidgenössischer Ebene. Im Weiteren beantragte er Massnahmen zur Einschränkung der Milch- und Käseausfuhr ins Ausland. Der Grosse Stadtrat nannte es einen «Skandal», dass das Volk «Kriegsgewinnern» zuliebe weniger Milch bekomme.[60] Der Bundesrat verteidigte in seiner Antwort die Ausfuhr von Milchprodukten als Notwendigkeit, denn sie sei die einzige Tauschware, um an wichtige Nahrungsmittel und Rohstoffe zu kommen (vgl. die Beiträge von Moser und Burkhard). Er beschwichtigte die Kommunalpolitiker zudem mit einer geplanten, für die gesamte Schweiz geltenden Milchkarte – diese wurde jedoch erst zehn Monate später, im November 1918, eingeführt.[61] Trotz der eidgenössischen Rationierung reichten die Kontingente vom Januar bis im September 1919 nicht aus und die Stadt konnte 4000 Einwohnern die Normalration von 5 Deziliter pro Kopf und Tag nicht austeilen. Im Winter 1919/20 entspannte sich die Situation und die Rationierung wurde im März 1920 wieder aufgehoben. Die Milchpreise verharrten nach einem Ausbruch der Maul- und Klauenseuche allerdings auf einem hohen Niveau und erreichten im Oktober 1920 den höchsten Stand seit Kriegsbeginn. Die Städte Zürich und Basel waren deshalb kurzfristig gezwungen, den Milchkonsum wieder einzuschränken. Von einer Normalisierung der Preise konnte erst im Mai 1922 gesprochen werden.[62]

59 Stadtrat Zürich 1919b: Geschäfte 137, 196.
60 Stadtrat Zürich 1919b: Geschäft 196.
61 Stadtrat Zürich 1919b: Geschäft 488.
62 Statistisches Amt der Stadt Zürich 1923: 15*.

9.4.2.4 Fleisch- und Eierversorgung

Die Fleischpreise hatten im Winter 1916/17 «eine solche Höhe erreicht, dass weite Kreise vom Genusse von Fleisch beinahe ausgeschlossen waren».[63] Zwischen 1914 und 1918 stieg der Preis für Schweinefleisch beispielsweise um 255 Prozent.[64] Schlachtereien erhielten monatliche Kontingente zugeteilt und der Fleischverkauf wurde auf zwei Wochentage beschränkt. Der Bund führte im September 1917 Höchstpreise für Kalbfleisch ein. Die Stadt verkaufte ab 1916 immer wieder Fleisch zu reduzierten Preisen, unter anderem schaffte sie 20 000 Konserven an, die sich jedoch als ungeniessbar herausstellten.[65]

Die Eierpreise schnellten von 6.10 Franken pro Stück im Jahre 1916 bis auf 9.15 Franken im Jahre 1919.[66] Trotz grossem Eiermangel setzte der Bund weder Höchstpreise fest noch wurde eine Rationierung eingeführt. Wie beim Gemüse führten Ausfuhrverbote einzelner Kantone in den Städten zu Versorgungsengpässen, die Eierzufuhr versiegte manchmal sogar ganz.[67]

Das Lebensmittelamt blieb vor weiteren Missgeschicken nicht gefeit. Um zukünftige Engpässe bei der Nahrungsmittelversorgung zu verhindern, animierte das Eidgenössische Volkswirtschaftsdepartement im Jahr 1918 die Gemeinden, Dörranlagen zu bauen. Deren Bau und Betrieb kamen die Stadt jedoch teuer zu stehen, weil die Nachfrage nach Dörrprodukten nach Kriegsende sofort einbrach. Es resultierte ein Defizit von 13 Millionen Franken;[68] den grössten Teil, 11.1 Millionen Franken,[69] übernahm das Eidgenössische Volkswirtschaftsdepartement.[70]

Die Presse kritisierte die städtische Kartoffel-, Butter- und Gemüseversorgung der Jahre 1918/19 heftig. Der Stadtrat musste sich unter anderem gegen «Gerüchte über Verderbnis der Butter in der Sammelstelle der Stadt» wehren.[71] Vorwürfe über Versäumnisse bei der Lagerung von Ge-

63 Stadtrat Zürich 1922c: 6.
64 Sieveking 1922: 56.
65 Stadtrat Zürich 1922c: 11–12; Statistisches Amt der Stadt Zürich 1918: 16*–17*.
66 Von 20 Rappen pro Stück (1916) auf 60 Rappen (1919).
67 Statistisches Amt der Stadt Zürich 1918: 18*; Statistisches Amt der Stadt Zürich 1923: 24*; Sieveking 1922: 56.
68 711 251 Franken (1918).
69 611 000 Franken (1918).
70 Stadtrat Zürich 1922c: 45, 51.
71 Stadtrat Zürich 1918a: 99.

müse wies er zurück und er schob die Verantwortung für die verdorbene Ware auf die Lieferanten ab. Auch die Bürger waren in den Augen der städtischen Behörden nicht immer unschuldig an ihrer Lage. In einem Fall hatten sie so lange auf eine mögliche zusätzliche Verbilligung der vorhandenen Kartoffeln gewartet, bis die Ware verfault war. Der Bund musste sich zudem den Vorwurf gefallen lassen, dass er zu zögerlich agierte.[72]

Die prekäre Versorgungslage im Sommer 1918 trieb wiederholt Menschen auf die Strasse. «Interpellationen im Grossen Stadtrat und Demonstrationen vor dem Rathaus lösten einander in kurzer Folge ab.»[73] In den Jahren 1917 und 1918 kam es zu Krawallen mit Toten. Das Thema Hunger wurde von den Gewerkschaften und Arbeiterparteien als Mobilisierungsfaktor in der politisch ohnehin schon angespannten Lage benutzt (vgl. die Beiträge von Moser und Segesser). Diese und der daraus resultierende politische Druck bilden wohl auch eine Erklärung, warum die Stadt Zürich einige Massnahmen bedeutend früher ergriff als zum Beispiel die Stadt Bern. Die Milch- und Kartoffelrationierung führte der Stadtrat in Zürich im November 1917 beziehungsweise im Januar 1918 ein, in Bern wurde der Milchkonsum im Januar 1918 eingeschränkt und die Kartoffeln erst im August 1918 rationiert.[74]

9.4.3 Notstandsaktionen, Verbilligungen, Massenspeisungen und Armenwesen

Der Bund beteiligte sich zunehmend an der Subventionierung von Lebensmitteln. Ab 1917 erweiterten der Stadtrat und der Bund die Palette der verbilligten Lebensmittel. Vor allem für Familien mit geringem Einkommen waren Notstandsaktionen von erheblicher Bedeutung: Im Jahr 1917 waren 41 279 Personen, also rund ein Fünftel der Einwohner der Stadt Zürich, notstandsberechtigt.[75] Im Jahr 1918 wurden neben Milch und Brot auch Kartoffeln, Hausbrandkohle und Kochgas in die Notstandsaktion einbezogen. Der Bund übernahm bei der Milch und dem Brot jeweils zwei Drittel der Verbilligungen, je einen Sechstel trugen der

72 Stadtrat Zürich 1922c: 22, 29.
73 Stadtrat Zürich 1922c: 31.
74 Fahrni 2004: 18.
75 Stadtrat Zürich 1918a: 101.

Kanton und die Stadt. Bei der Milch machten die Verbilligungen bis zu 34 Prozent aus, beim Brot waren es maximal 31 Prozent. Der Stadtrat subventionierte die Notstandskartoffeln ab August 1918 zusätzlich, bis der Kanton den Kartoffelpreis für die gesamte Bevölkerung auf 3.65 Franken[76] pro Kilogramm ermässigte. Nach der Einwilligung des eidgenössischen Fürsorgeamtes durften auch verschiedene Jugendheime, Kinderkrippen und Herbergen die Schülerspeisung beanspruchen sowie eine kleine Anzahl anderer Anstalten Notstandsmilch und -brot beziehen.[77] Die Notstandsaktionen wurden mit der Normalisierung auf dem Lebensmittelmarkt im Jahr 1919 eingestellt.[78]

Um der Bevölkerung zu helfen, verkaufte die Stadt seit dem Winter 1914/15 auch direkt Lebensmittel an speziellen Verkaufsstellen und turnusmässig in Turnhallen. Diese Regieverkäufe mit vielseitigem Angebot waren primär für Notstandsberechtigte gedacht. Es gab unter anderem Mais, Schweinefleisch, Marmelade, Sauerkraut und Dörrprodukte. Ab Mitte August 1918 mussten die Regieverkäufe unter anderem wegen einem Mangel an Vorräten eingestellt werden. Das Lebensmittelamt eröffnete zwischen April und August 1919 dann vier ständige Verkaufsstellen mit Kartoffeln, Grün- und Dörrgemüse, Obst, Ersatzmehl, Fleisch- und Fischkonserven. Gemüse aus dem städtischen Gutsbetrieb wurde bis 1921 verkauft.[79]

Die 13 in den ersten drei Kriegsjahren erfolgreich aufgebauten Suppenküchen wurden 1918 vom Lebensmittelamt unter dem Namen «Volksküchen» weitergeführt und wegen der grossen Nachfrage ausgebaut. Die neue Betriebsleitung begann, neben Suppen auch Eintopfgerichte mit Fleisch und Käse abzugeben. Die Suppenküchen waren auch für die Schülerspeisung zuständig, das heisst, sie bereiteten das Essen auf Bestellung zu und die Schulverwaltung übernahm die Verteilung. Während des Jahres 1918 wurden 4 673 172 Liter Suppe ausgeschenkt. Gegen Ende des Jahres 1919 stellte der Regierungsrat die kantonalen Subventionen ein. Obwohl die Stadt die Subventionsausfälle nicht vollumfänglich abfedern konnte, führte sie die Volksküchen weiter.[80]

76 20 Rappen (1918).

77 Tabeastift, Heilstätte Ägeri, Mutter- und Säuglingsheim, Herberge zur Heimat «Geigerhaus» und «Seilerhof», Fürsorge für Lungenkranke usw.

78 Statistisches Amt der Stadt Zürich 1923: 13*–18*; Stadtrat Zürich 1919a: 174–181.

79 Stadtrat Zürich 1919a: 181; Statistisches Amt der Stadt Zürich 1923: 30*.

80 Stadtrat Zürich 1920a: 184.

Im Jahr 1918 nahm der Unterstützungsaufwand für die Stadt noch einmal erheblich zu. Die Spanische Grippe und die zunehmende Teuerung verschärften die Notlage empfindlich. Um die anfallenden Kosten zu decken, musste der städtische Beitrag an die Freiwilligen- und Einwohnerarmenpflege von rund 2.4 Millionen Franken auf rund 4.6 Millionen Franken angehoben werden.[81] Auch die Ansätze für die Kriegsnot-, Mietnot- und Bedürftigenunterstützung wurden an die Umstände angepasst. Trotz des Krieges liess die Wohnungsnot nicht nach; am 31. Dezember 1918 soll es in der Stadt sechs freie Wohnungen gegeben haben, die im finanzierbaren Bereich der Masse der Mieter lagen. 1918 wurden «78 obdachlos gewordene Familien» untergebracht. Die Mieten einer Vierzimmerwohnung stiegen zwischen 1916 und 1918 im Schnitt um 93 Prozent.[82]

Neben Notstandsaktionen für bestimmte Bevölkerungsgruppen gab es auch Verbilligungsaktionen für die gesamte Bevölkerung. In den Jahren 1918 bis 1919 wurden Lebensmittel und Heizmaterial mit Verbilligungsmarken oder Rückvergütungen durch die Stadt, den Kanton und den Bund subventioniert. Die Preispolitik wurde nicht nur von Staatsseite beeinflusst. Demonstrationen mit bis zu 15 000 Frauen führten im Sommer 1918 zu einer Milchpreissenkung von 55 Rappen[83] pro Liter.[84]

Während in der ersten Hälfte des Jahres 1919 die Kriegshilfemassnahmen noch einmal ausgebaut wurden, erfolgte in der zweiten Hälfte bereits deren Abbau. Am 17. März 1920 hob der Stadtrat das Lebensmittelamt auf. «Die Arbeitslosen-, Bedürftigen- und Notstandsfürsorge wurde als ‹Abteilung für Unterstützungswesen› dem städtischen Gesundheitswesen angegliedert.»[85]

Die Krise traf besonders die Mittelschicht. Untersuchungen deuten darauf hin, dass sich die Ernährungssituation von Schwangeren und Kindern aus der Unterschicht, relativ zur Mittel-und Oberschicht betrachtet, durch die ergriffenen Notstandsmassnahmen in den Jahren 1917 und 1918 verbesserte.[86]

81 Von 130 000 Franken auf 250 000 Franken (1918).
82 Stadtrat Zürich 1919a: 122–123; Sieveking 1922: 59.
83 3 Rappen (1918).
84 Stadtrat Zürich 1919a: 177–181; Stadtrat Zürich 1920a: 181–182.
85 Stadtrat Zürich 1921a: 153.
86 Vgl. dazu zum Beispiel Bauer 2015: 77–87, 90–99.

9.4.4 Marktkontrollen und kriegswirtschaftliche Übertretungen

Die Preisbildung war ab 1916 sowohl auf nationaler als auch auf lokaler Ebene ein zentrales Thema. Der Bund verschärfte das Gesetz, um den Zwischenhandel und die Schieberei besser kontrollieren zu können, und die Stadt Zürich setzte eine Marktkommission ein. Ihre Aufgabe bestand darin, Normalpreise und Verkaufsrichtlinien auf dem Engros- und dem Wochenmarkt festzusetzen. Ferner war sie für die Überprüfung des Vollzugs der Massnahmen zuständig. Laut dem abschliessenden Bericht des Stadtrates zu den Kriegsmassnahmen gab es allein im Winter 1918/19 48 Beanstandungen wegen verdorbenen Waren, zudem kam es mehrfach zu Betrügereien bei Qualitätsbezeichnungen und Haltbarkeitsangaben.[87] Einer besonderen Abteilung des Lebensmittelamtes wurden im Juli 1918 durch eine kantonale Verordnung und das Statthalteramt zusätzliche Kompetenzen zur Beschlagnahmung und Enteignung von Vorräten bei Widerhandlungen gegen Kriegsverordnungen, sogenannte kriegswirtschaftliche Übertretungen, eingeräumt. 1918 nahm das Amt 72 Hausdurchsuchungen vor, die zu 15 Warenenteignungen führten. 1236 Verfahren wegen Anhäufung von Lebensmitteln, Rationierungsdelikten, betrügerischer Inanspruchnahme von Notstandsberechtigungen und so weiter wurden eingeleitet, es wurden jedoch nur 643 Verfahren weiterverfolgt.[88]

Die zuständigen Verwaltungsbehörden und Private stiessen sich häufig an den unklaren Formulierungen in den eidgenössischen Verordnungen und gelangten mit ihren Klagen wiederholt vergeblich an die Bundesbehörden. Delikte wie «Hamstern», «unerlaubte Vorräte» oder Kategorien wie «gewöhnliche Geschäfts- oder Haushaltsbedürfnisse» liessen viel Interpretationsspielraum offen. Der Vorstand des Zürcher Gesundheitswesens wurde darum 1918 aktiv und unterbreitete dem Bundesrat einen Vorschlag für eine Verordnung mit ausformulierten Strafbeständen und Strafmassen, die Verbesserung der Lebensmittelsituation machte eine vertiefte Auseinandersetzung mit dem Vorschlag jedoch überflüssig.[89]

87 Stadtrat Zürich 1922c: 47–48.

88 Stadtrat Zürich 1919a: 186–187.

89 Stadtrat Zürich 1919b: Geschäft 2067.

9.4.5 Die Tätigkeiten des Landwirtschaftsamts im Bereich der Lebensmittelversorgung

Das Landwirtschaftsamt übernahm wichtige Bereiche der Lebensmittelversorgung, wobei die Steigerung der Produktion die wichtigste Aufgabe darstellte. Der zunehmende Rückgang der Lebensmittelimporte veranlasste den Bundesrat 1918, die Förderung von Kulturgewächsen voranzutreiben, und er legte Anbauziele für die Kantone fest (vgl. den Beitrag von Wipf).[90] Der Stadtrat rief 1917 eine Anbaukommission ins Leben, die er dem Landwirtschaftsamt angliederte. Damit die vom Bund formulierten Ziele erreicht werden konnten, wurde die Anbaukommission auf drei Ebenen aktiv: Erstens erliess sie strenge Anbaubestimmungen und Massnahmen zur verbesserten Nutzung von bestehendem Kulturland auf Stadtgebiet. Die Umsetzung der Anbaubestimmungen bereitete vielen Stadtzürcher Produzenten Mühe, denn beim Anbau von Korn fehlten ihnen sowohl die nötigen Erfahrungen als auch die erforderlichen Geräte (vgl. die Beiträge von Moser und Wipf). Zweitens wurde durch Pacht, Meliorationsarbeiten und die Umnutzung von Gärten neues Kulturland erschlossen. «Um den zum Anbau verpflichteten Besitzern von Ziergärten mit gutem Beispiel voranzugehen», wurden öffentliche Anlagen und Sportplätze umgebrochen und mit Kartoffeln und Rüben bebaut.[91] Drittens versuchte die Kommission mit der Abgabe von Anbauflächen die Anzahl der Produzenten und der Selbstversorger zu erhöhen.[92]

Bereits 1915 stellte die Stadt dem Verein für Familiengärten Land zur Verfügung, das dieser an andere Interessenten verpachtete. Ab 1918 kam ein Teil des Bodens dazu, der vom Kanton in Zwangspacht genommen worden war. Einen weiteren Teil bewirtschafteten private Grossproduzenten und die Städtische Gemüsegärtnerei. Die Ernten nahmen nach der Bildung der Anbaukommission zwischen 1917 und 1919 bei einzelnen Produkten fast um das Dreissigfache zu, speziell beim Gemüse sowie bei Hack- und Hülsenfrüchten. Die Anbaufläche konnte beinahe verfünffacht

90 Stadtrat Zürich 1922c: 39.

91 Stadtrat Zürich 1920a: 164. Zur Umnutzung siehe zum Beispiel das Coverbild.

92 Stadtrat Zürich 1922c: 40.

werden. Die Selbstversorger durften einen festgesetzten Anteil des Brotgetreides behalten, den Rest mussten sie an die Inlandgetreidestelle in Bern abgeben.[93]

Insgesamt fiel die Bilanz der Stadt zum Mehranbau zwiespältig aus: Während die Verpachtung von Acker- und Weideland für viele Betriebe, Familien und Pferdehalter zu einer Verbesserung der Lage führte, verursachte die vorübergehende Umnutzung von Waffen-, Park- und Sportanlagen sehr hohe Kosten, die den Pächtern von Familiengärten nicht in Rechnung gestellt werden konnten. Der Fehlbetrag wurde im Geschäftsbericht des Stadtrats als Beweis dafür gesehen, «dass die städtische Bevölkerung auch ihrerseits den rechten Willen hatte, ihr Möglichstes zur Hebung der landwirtschaftlichen Produktion beizutragen».[94]

Es ist bezeichnend, dass die Verordnungen zur Vermehrung der Lebensmittelproduktion teilweise bis ins Jahre 1920 in Kraft blieben, weil die Importengpässe, die witterungsbedingten Produktionsausfälle und die Viehseuchen so lange ihre Spuren hinterliessen (vgl. den Beitrag von Pfister zum Klima). Trotzdem hielt es der Stadtrat nach dem Krieg wegen ausbleibender Renditen nicht für sinnvoll, für zukünftige Krisen zusätzliches Land oder einen Bauernhof zu kaufen.[95]

9.5 Fazit

Das Beispiel der Stadt Zürich dokumentiert, dass die Verletzlichkeit des wirtschaftlichen Systems der Stadt unterschiedliche Gründe hatte. Die nationalen und regionalen Akteure wurden von der Heftigkeit der Krise überrascht. Die Folgen eines mehrjährigen Krieges überstiegen ihre Vorstellungskraft: Die letzte kriegsbedingte Krise lag 40 Jahre zurück und wies einen anderen Charakter auf. Der Selbstversorgungsgrad Zürichs war seit dem Deutsch-Französischen Krieg zudem stark gesunken und die Stadt war von internationalen Lebensmittelimporten abhängig. Weder der Bund noch der Zürcher Stadtrat verfügten über ein Gesamtkonzept zur Lebensmittelversorgung und beide Instanzen begegneten Missständen nur reaktiv.

93 Stadtrat Zürich 1922c: 41.
94 Stadtrat Zürich 1921a: 168.
95 Stadtrat Zürich 1922c: 50.

Die Stadt Zürich wurde sowohl wirtschaftlich als auch politisch zu einem wichtigen Akteur. Während der Bund vorerst nur zögerlich in den Markt eingriff, schreckte die Stadt Zürich schon kurz nach Kriegsbeginn nicht vor einschneidenden Massnahmen zurück, denn Preisanstiege bei den Lebensmitteln machten grossen Teilen der städtischen Bevölkerung zu schaffen. Der zunehmende Druck der Wähler und der Gewerkschaften zwangen die städtischen Politiker und Beamten, ihren Handlungsspielraum auszunutzen und den Markt schneller als in anderen Städten zu regulieren bzw. Bedürftige mit einem breiteren Angebot zu unterstützen als andernorts.

Der Stadtrat bekundete in den ersten beiden Kriegsjahren Mühe, auf die schwer einschätzbare Lage adäquat zu reagieren. Die Stadt litt unter der liberalen Politik des Bundes, der erst 1917 seine Position langsam zu verändern begann (vgl. die Beiträge von Cottier, Moser und Wipf). Ausserdem benachteiligte der freie Markt die Stadt in der Lebensmittelversorgung. Sie hatte im Vergleich zu den ländlichen Gemeinden nicht zuletzt deshalb mit ungleich hohen Preisen zu kämpfen. Das föderale System der Schweiz brachte zudem lange Entscheidungswege mit sich, war während der Krisenzeit personalintensiv und schränkte die Entscheidungsfreiheit der Stadtregierung ein. Der Stadtrat bemühte sich deshalb auf kantonaler und nationaler Ebene um einheitliche Regelungen im Lebensmittelbereich.

Trotz etlicher Misserfolge und Fehlkalkulationen dürfte ein Grossteil der Zürcher Bevölkerung von den Interventionen der Stadtbehörden profitiert haben, wobei die verbilligte Abgabe von Nahrungsmitteln und die Suppenküchen zur Linderung der Not beitrugen. Grundlegende Nothilfeprogramme wie die Kriegsnot- und die Mietnotunterstützung, die bereits in der ersten Kriegsphase implementiert wurden, erwiesen sich ebenfalls als erfolgreiche Ansätze und mussten nach der Zuspitzung der Kriegsnot nur noch ergänzt und ausgebaut werden. Die Organisation der Hilfe und ihre Ausführung wurden ab 1917 professionalisiert und zentralisiert. Trotz allen Bemühungen bildete der Erste Weltkrieg für einen Grossteil der Zürcher Stadtbevölkerung eine äusserst entbehrungsreiche Zeit.

10. DIE KONTROVERSE UM DIE MILCHPREIS-TEUERUNG IN DER SCHWEIZ WÄHREND DES ERSTEN WELTKRIEGES

Daniel Burkhard

Obschon die Schweiz im Ersten Weltkrieg von direkten Kampfhandlungen verschont blieb, verdichteten sich während der Kriegsjahre die sozialen, wirtschaftlichen und politischen Probleme, die im Herbst 1918 schliesslich im Landesstreik mündeten. Die Gründe für den Landesstreik sowie die damit verbundenen politischen Vorgänge wurden von Willi Gautschi[1] bereits aufgearbeitet. Ebenso wurden die mentalitätsgeschichtlichen Rahmenbedingungen der ersten Hälfte des 20. Jahrhunderts von Hans-Ulrich Jost[2] in den Blick genommen und interessante umweltgeschichtliche Aspekte dieser Zeit von François Walter[3] analysiert. Beat Brodbeck und Peter Moser[4] haben sich zudem mit der Entwicklung der Milchwirtschaft im 20. Jahrhundert beschäftigt und lieferten mit ihrer Arbeit wertvolle Erkenntnisse für die weitere Untersuchung der politischen Milchpreisdebatte am Ende des Ersten Weltkrieges in der Schweiz. Eine aktuelle Übersicht zur Versorgung der Schweizer Bevölkerung mit Alltagsgütern im Ersten Weltkrieg bietet zudem der Band von Georg Kreis.[5]

Der folgende Beitrag versucht durch die Fokussierung auf die Gestaltung und öffentliche Thematisierung des Milchpreises in den Jahren 1914–1918 eine Perspektive einzunehmen, die einerseits die komplexen Vorgänge in der Landwirtschaft berücksichtigt (vgl. den Beitrag von Pfister zum Klima) und andererseits die öffentliche Wahrnehmung und mediale Inszenierung der Landwirtschaft in der Kriegszeit thematisiert. Gerade der Milchpreis entwickelte sich während des Ersten Weltkrieges vor dem Hintergrund einer Nahrungsmittelkrise ab 1917 zu einem wichtigen Politikum, über das heftig gestritten wurde. Die sozialdemokratische Presse bezichtigte die Bauern der Preistreiberei, während die milch-

1 Gautschi 1968.

2 Jost 2004.

3 Walter 1996: 105–161.

4 Moser/Brodbeck 2007.

5 Kreis 2014: 165–175.

produzierenden Landwirte auf die erschwerten Produktionsverhältnisse hinwiesen, um ihre Forderungen nach höheren Preisen zu legitimieren. Um diesen Konflikt besser verstehen zu können, sollen – nach einer kurzen thematischen Einleitung – in einem ersten Schritt die Rahmenbedingungen der landwirtschaftlichen Produktion, des Handels und der Distribution thematisiert und in einem zweiten Schritt die realpolitischen Interessen der beteiligten Akteure sowie deren öffentliche Argumentation im Hinblick auf die Milchpreisfrage beleuchtet werden. Dabei soll insbesondere die Frage geklärt werden, ob die Milchpreisteuerung als Verteilungs- oder als Produktionsproblem wahrgenommen wurde. Abgerundet wird der Beitrag mit einem Fazit.

10.1 Die Transformationen und Umbrüche vor 1914

Der schweizerische Milchmarkt erfuhr vor dem Ersten Weltkrieg erhebliche Veränderungen. Mitte des 19. Jahrhunderts erlebten die Milch- und vor allem die Käseproduktion einen Aufschwung, der durch mehrere, sich überlagernde Faktoren begünstigt wurde. Die verbesserte Produktionsweise durch die organische Agrarmodernisierung und die neuen Transportsysteme ermöglichten billige Getreideimporte aus dem Ausland, was den Bauern in der Schweiz wiederum Anpassungen bei der Produktionsweise erlaubte. Sie spezialisierten sich vermehrt auf die Produktion von tierischen Nahrungsmitteln (vgl. dazu u.a. die Beiträge von Moser und Pfister zum Klima).[6]

10.1.1 Die Überwindung der Dominanz des Käsehandels

Der Milchmarkt entwickelte sich in der zweiten Hälfte des 19. Jahrhunderts zum wichtigsten Zweig der schweizerischen Landwirtschaft. Besonders die Käsehändler, die international gut vernetzt waren, bestimmten die Rahmenbedingungen auf dem Milchmarkt, da der Käse das wich-

6 Moser 1994: 15.

tigste Exportgut der Schweizer Nahrungsmittelproduktion war. Der Milchpreis im Inland war infolge dieser Strukturierung während langer Zeit eng an den internationalen Käsepreis gebunden.[7]

Die Dominanz des Käsehandels wurde erst um die Jahrhundertwende gebrochen, als die industrielle Produktion der Nahrungsmittel auch den Milchmarkt erfasste. Veränderte Ernährungsgewohnheiten sowie das stetige Wachstum der Städte im In- und Ausland führten zu einem neuen Konsumverhalten. Kondensmilch und feste Essschokolade wurden im Laufe dieser Entwicklung zu den neuen Exportschlagern der Schweiz. Diese Veränderungen schufen neue Beziehungsverhältnisse unter den Akteuren. So waren beispielsweise Milchbauern nicht mehr länger gezwungen, ihre Milch ausschliesslich der Käseproduktion zuzuführen, da sich nun auch alternative Absatzmöglichkeiten ergeben hatten. Die Milchproduzenten mussten sich dank der neuen Marktkonstellation nicht mehr länger dem Diktat der Käsehändler unterwerfen, sondern konnten die Preise mitgestalten. Die Bauern begannen, sich in überregionalen Verbänden zusammenzuschliessen, um ihre Interessen besser zu vertreten und politische Entscheidungen zu beeinflussen. Allerdings organisierten sich neben den milchproduzierenden Bauern auch die Konsumenten und die Käsehändler in Verbänden.[8]

10.1.2 Die Transformationen auf der politischen Ebene

Die Verbandsbildungen und die damit einhergehende Strukturveränderung auf dem Milchmarkt können als Merkmale einer generellen «Verwirtschaftlichung der Politik»[9] betrachtet werden. Die verschiedenen Akteure verstärkten ihren Einfluss auf die politischen Parteien ab 1900 durch die Gründung von Verbänden. Neue Gruppierungen konnten von diesen Entwicklungen profitieren, an die Interessen der primär wirtschaftlich ausgerichteten Akteure anknüpfen und diesen eine ideologische Heimat schaffen. Die etablierten politischen Kräfte gehörten allerdings zu den Verlierern dieser Entwicklung. Besonders der Freisinn, der sich als offene und integrationsstarke Bewegung verstand und die Politik der Schweiz

7 Moser/Brodbeck 2007: 93–97.
8 Moser/Brodbeck 2007: 23–54.
9 Fenner 1981: 8.

im 19. Jahrhundert dominiert hatte, musste um 1900 Abspaltungen von diversen Interessengruppen verkraften. So spalteten sich an den Polen der freisinnigen Bewegung Arbeiter auf der linken und national-konservative Kräfte auf der rechten Seite ab und verfolgten fortan eigene politische Ambitionen. 1888 wurde die Sozialdemokratische Partei der Schweiz (SP) gegründet, die sich unter Robert Grimm in den ersten Jahren des 20. Jahrhunderts radikalisierte und den Generalstreik als probates Mittel zur Erreichung politischer Ziele erachtete.[10] Dieser Prozess muss vor dem Hintergrund der politischen Ohnmacht der Partei verstanden werden, denn das Majorzwahlrecht zementierte die bürgerliche Dominanz der schweizerischen Politik. Allerdings wahrte Grimm immer Distanz zu revolutionären, bolschewistischen Ideen; er wollte der SP die Partizipation am politischen Prozess ermöglichen und seine Ziele auf parlamentarischem Weg erreichen.[11]

Vom Freisinn enttäuscht waren auch national-konservative Kräfte. Sie warfen ihm vor, eine industrie- und konsumentenfreundliche Politik zu betreiben und darüber den Mittelstand und das Bauerntum zu vernachlässigen, welche die Pfeiler des wirtschaftlichen Erfolgs der Schweiz bilden würden. Diese neuen rechten Gruppierungen machten zudem eine Entartung der Gesellschaft geltend, die sie durch die Rückkehr zu einem traditionellen, landwirtschaftlich geprägten Lebensstil wieder zu beseitigen hofften. Meistens waren die rechten Gruppierungen lose organisiert, sie fanden im Laufe des Ersten Weltkrieges in den Regionen Zürich und Bern aber eine ideologische Heimat in Bauernparteien.[12]

Die Zeit um 1900 kann somit sowohl auf der politischen als auch auf der milchmarktwirtschaftlichen Ebene als eine Zeit des Umbruchs betrachtet werden, in der eine neue Ordnung gesucht wurde und in der einzelne Akteure probierten, ihre Interessen durchzusetzen. Auf der einen Seite versuchten die Milchbauern, ihre neue Marktstellung bei der Ausgestaltung des Milchpreises zu nutzen. Auf der anderen Seite erhofften

10 Grimm 1906: 21–23.

11 Wigger 1997: 48.

12 Im Jahr 1917 formierten sich in den Kantonen Bern und Zürich erste Bauernparteien; 1921 erfolgte der Zusammenschluss der regionalen Parteien und die Umbenennung in Bauern-, Gewerbe- und Bürgerpartei (BGB, die heutige Schweizerische Volkspartei SVP). Erst im Dezember 1936 wurde die BGB als nationale Partei konstituiert, lange nach der Wahl von Rudolf Minger 1929 in den Bundesrat. Vgl. dazu: Skenderovic 2013.

sich die Konsumenten durch die Etablierung der SP, ihre Interessen besser vertreten zu können. In dieser Konstellation war bereits das Konfliktpotenzial angelegt, das sich im Ersten Weltkrieg zwischen der Leitung der Sozialdemokraten und den landwirtschaftlichen Nahrungsmittelproduzenten entzünden sollte (vgl. dazu auch den Beitrag von Moser).

10.2 Der Erste Weltkrieg und die Versorgungslage

10.2.1 Der Wirtschaftskrieg und die Gründung der Käseunion

Der Erste Weltkrieg war nicht nur ein militärischer Konflikt, sondern auch ein wirtschaftlicher. Die Krieg führenden Parteien versuchten, die Versorgung des Feindes mit Nahrungsmitteln und anderen Rohstoffen mit Blockaden zu unterbinden und ihn mit diesen Angriffen an der Heimatfront in die Knie zu zwingen.[13] Kein europäisches Land war bei Kriegsausbruch im Sommer 1914 in der Lage, sich autark mit Lebensmitteln zu versorgen; alle waren auf regelmässige Importe aus Osteuropa und Übersee angewiesen. Die Unterbrechung der lebensnotwendigen Handelswege bot sich daher als effektives Kriegsmittel an, um den Gegner wirtschaftlich zu isolieren und zu schwächen (vgl. dazu die Einleitung und den Beitrag von Segesser). Avner Offer beschrieb den Ersten Weltkrieg treffend als «not only a war of steel and gold, but a war of bread and potatoes».[14]

Obwohl die von Krieg führenden Staaten umschlossene Schweiz von direkten Kampfhandlungen verschont blieb, beeinflusste der entfesselte Wirtschaftskrieg das wirtschaftliche, politische und soziale Leben erheblich. Besonders die Versorgung mit Nahrungsmitteln wurde zu einem Problem (zur Energiekrise vgl. die Beiträge von Amacher Hoppler, Fehr und Pfister). Seit der Ausrichtung der Landwirtschaft auf die Produktion von tierischen Fetten im 19. Jahrhundert importierte die Schweiz den

13 Erste wirtschaftliche Blockademassnahmen gegen die Mittelmächte wurden bereits im September 1914 in London zwischen Frankreich und England beschlossen. An der interalliierten Wirtschaftskonferenz Ende Juni 1916 in Paris wurden die Blockademassnahmen verschärft, was auch den Kompensationshandel der Schweiz mit ihren direkten Nachbarstaaten betraf. Vgl. dazu: Soutou 1989: 111–117, 304–306; Ochsenbein 1971: 60–68; 256–266.

14 Offer 1989: 1.

Grossteil des Getreides, das sie zur Versorgung der Bevölkerung benötigte. Die angestrebte Blockade der Mittelmächte durch die Entente und die weiteren Kriegshandlungen versperrten ab 1914 die traditionellen Handelswege und liessen im Verlauf des Krieges die Getreideimporte aus Russland, Rumänien, den USA und Argentinien beinahe versiegen (vgl. die Beiträge von Pfister zum Klima, Segesser und Wipf). Damit die Schweiz nicht als Transitland missbraucht werden konnte, stellten sowohl die Mittelmächte als auch die Entente den Handel mit der Schweiz unter verschärfte Kontrolle.[15] Die von den Alliierten im Oktober 1915 errichteten Kontrollen führten zu einem System des Tauschhandels. Die Schweiz exportierte im Nahrungsmittelbereich nährstoffreiche Milchprodukte und erhielt im Gegenzug Getreide und landwirtschaftliche Hilfsgüter wie beispielsweise Kraftfutter für die Milchkühe (vgl. dazu die Beiträge von Cottier und Pfister zur Energie).

Die schweizerische Regierung, die bereits zu Beginn des Krieges durch eine Bevollmächtigung des Bundesrats stark zentralisiert worden war, sah sich im Bereich der Nahrungsmittelsicherheit mit einer schwierigen Situation konfrontiert: Zum einen musste verhindert werden, dass zu viele Milchprodukte aus der Schweiz ausgeführt wurden, um den Binnenkonsum weiter decken zu können. Zum anderen war das Land auf den Export angewiesen, um andere wichtige Güter importieren zu können. Einem anfänglichen Wirtschaftskollaps bei Kriegsausbruch und dem damit zusammenhängenden Exportstopp für alle Nahrungsmittel am 31. Juli und am 2. August 1914 folgten schon bald Verhandlungen, um eine Institution zu schaffen, die den Export von Milch- und Milchprodukten ermöglichen, gleichzeitig aber auch die Versorgung des Inlands gewährleisten und stabile Preise garantieren sollte.[16] Es drohte eine Übersättigung des Binnenmarktes, wenn der Exportstopp für Milchprodukte nicht aufgehoben werden konnte. Um diesen Missstand zu beheben, gründeten Mitte August 1914 im Berner Casino Käsehändler, Milchproduzenten, Konsumentenvereine und Mitglieder des Bundesrates die Käseunion. Neben wirtschaftlichen Überlegungen standen bei der Gründung wohl sozial- und versorgungspolitische Motive im Vordergrund: Der Staat setzte Höchstpreise für Milch und Milchprodukte fest und deckte die Differenzen, die zwischen den Markt- und Höchstpreisen ent-

15 Ochsenbein 1971.
16 Käppeli 1925: 14.

standen, mit den Gewinnen aus den Exporten. Dadurch konnte der Milchpreis trotz der rasant steigenden Nachfrage relativ tief gehalten und die Konsumenten vorerst vor einer weiteren Preiserhöhung verschont werden.[17]

Es mag auf den ersten Blick erstaunlich erscheinen, dass sich die Bauern, die erst kurz zuvor das Joch des Preisdiktats der Käsehändler abgeschüttelt hatten, sich nun die Preise vom Staat vorschreiben liessen. Die Milchproduzentenverbände erfuhren durch die Schaffung der Käseunion jedoch eine erhebliche Aufwertung, weil der Bundesrat weder über die notwendigen Kenntnisse des Milchmarkts noch über die Infrastrukturen zur Distribution der Güter in der ganzen Schweiz verfügte. Aus diesem Grund griff er auf die Wirtschaftsverbände zurück und stattete sie mit halbamtlichen Befugnissen aus, was ihren Machtradius erheblich erweiterte. Im Fall der Käseunion war es vor allem der Zentralverband Schweizer Milchproduzenten (ZVSM), der dank dem halbamtlichen Status seine Legitimität in der Öffentlichkeit erheblich stärken konnte.[18]

Die Käseunion kann in diesem Sinn als interventionistisches Pilotprojekt verstanden werden, das sowohl den Aussenhandel als auch die inländische Verteilung von Milch und Milchprodukten an die Konsumenten im Blick hatte und versuchte, die beiden Marktbereiche in einer drohenden Krisenzeit bestmöglich zu harmonisieren. Die fehlenden Instrumente und Kapazitäten des Staats wurden durch Rückgriffe auf die Ressourcen der Wirtschaftsverbände kompensiert. Dank der Käseunion sowie der starken Nachfrage nach Milchprodukten aus dem Ausland konnte in den ersten Kriegsjahren 1914–1916 eine Teuerung auf dem Milchmarkt abgewendet und der Tauschhandel mit dem Ausland aufrechterhalten werden.[19]

10.2.2 Die Entwicklung der Krise auf dem Lebensmittelmarkt ab 1916

In den Jahren 1914–1916 wurden aufgrund des etablierten Tauschsystems ausreichend Nahrungsmittel in die Schweiz eingeführt. Trotzdem war der

17 Brodbeck 2005: 187.

18 Moser/Brodbeck 2007: 101.

19 Brodbeck 2005: 187–188.

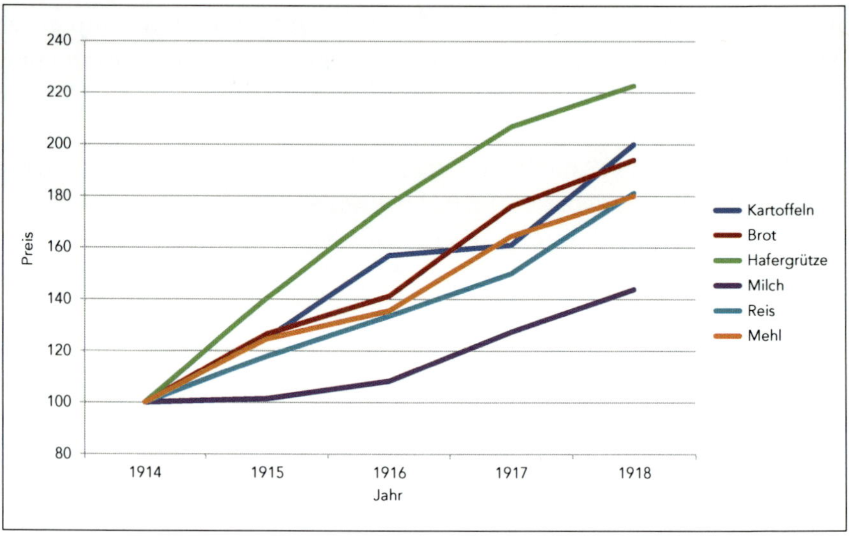

Abb. 1: Relative Lebensmittelpreise im Durchschnitt der Städte Zürich, Bern und Basel 1914–1918 (1914=100%).
Quelle: Bundesamt für Statistik (Hg.): Kleinhandelspreise in den Städten Zürich, Bern und Basel 1890–1966. Sowie: URL: http://www.bfs.admin.ch/bfs/portal/de/index/dienstleistungen/history/01/00/05/01.html (Zugriff 1. März 2016).

Zugang zu Nahrungsmitteln für die unteren Schichten eingeschränkt. Nur die Milchprodukte konnten in diesem Zeitraum relativ günstig erstanden werden (vgl. Abbildung 1 sowie den Beitrag von Moser).

Im Milchsektor konnten hohe Gewinne erzielt und dadurch der Milchkonsum der Schweizer quersubventioniert und so die inländischen Milchpreise weit unter dem Weltmarktniveau gehalten werden. Man könnte für die Jahre 1914–1916 gar von einer Hochkonjunktur in der Milchwirtschaft sprechen.[20] Besonders Kondensmilch und Tafelschokolade waren in den Krieg führenden Staaten (besonders in England) beliebt, weil sie nahrhaft und zugleich konsumfertig waren.[21] Von 1916 an verknappten sich Nahrungsmittel aufgrund von Missernten und verringerten Importen (vgl. den Beitrag von Pfister zum Klima).

20 Rossfeld/Straumann 2008: 31–32.

21 Besonders das Militär wurde zum Abnehmer von Kondensmilch und Tafelschokolade. Am 5. Juni 1915 vereinbarte z.B. die britische Armee mit der Firma Nestlé, dass in Zukunft Kondensmilch zur Notration der britischen Soldaten gehören sollte. Vgl. dazu: Fenner 2008: 324; Rossfeld 2007: 136–137.

Parallel zu den Produktionsengpässen traten Verteilungsprobleme auf. Da die Milch und deren veredelte Produkte im Vergleich zu anderen Lebensmitteln vergleichsweise günstig zu erstehen waren, stieg der Verzehr von Trinkmilch, Käse und Butter im Verlauf des Krieges rasant an. Besonders die städtische Bevölkerung konsumierte frische und gekühlte Trinkmilch in grossen Mengen. Der relativ tiefe Preis konnte aber nur dank der Quersubventionen aus dem Aussenhandel realisiert werden, der 1916 einzubrechen begann. Der Bundesrat sah sich gezwungen, stärker in die Milchwirtschaft einzugreifen, um mögliche Spannungen in der Bevölkerung durch einen steigenden Milchpreis abzuwenden. Er räumte der Versorgung der Bevölkerung Priorität ein und drosselte die Produktion anderer Milchprodukte wie beispielsweise Kondensmilch. Zudem wurden die industriellen Nahrungsmittelproduzenten nachträglich in das System der Käseunion integriert, zu Abgaben verpflichtet und dazu angehalten, in Notstandszeiten die eingelagerte Milch dem inländischen Konsum zuzuführen.[22]

Die Massnahmen des Bundes führten zu einem weiteren Rückgang der ausgeführten Nahrungsmittel, was eine Negativspirale in Gang setzte: Der rückläufige Export führte dazu, dass die Gewinne zur Quersubventionierung der Konsummilch und damit die Unterstützungszahlungen für die Milchbauern schrumpften. Gleichzeitig stiegen die Kosten für die ohnehin knappen Futtermittel, was die Bauern veranlasste, vom Bund eine Erhöhung des staatlich festgesetzten Milchpreises zu verlangen, weil dieser 1916 10 Prozent unter dem Weltmarktniveau lag.[23] Der Bundesrat versuchte zunächst, die Preiserhöhung nicht den Konsumenten aufzubürden, da soziale Unruhen befürchtet wurden. Stattdessen sollte die Differenz zwischen Höchst- und Weltmarktpreisen auf die Händler, die Industrie und die öffentliche Hand überwälzt werden.[24] Lange liess sich diese Massnahme aber nicht aufrechterhalten: Unter dem Eindruck des witterungsbedingten Einbruches der Milchproduktion (vgl. den Beitrag von Pfister zum Klima) wurde der Milchpreis im Frühjahr 1917 von 6.85 auf 8.40 Franken[25] pro Liter angehoben und parallel zu diesem Schritt ein Fürsorgeamt eingerichtet, das den Bezug von staatlich verbilligter Milch

22 Fenner 2008: 325–326.

23 Baumann 1993: 318.

24 BBl. 37 (1916): 519. 4. Neutralitätsbericht vom 9. September 1916.

25 Von 27 auf 33 Rappen (1917), die Werte im Text sind auf 2014 umgerechnet.

für Bedürftige organisieren sollte.[26] Um die Wirkung der Teuerung verständlich zu machen, kann man die Preise inflationsbereinigt ins Verhältnis zum heutigen Lohnniveau setzen: Im Verhältnis zum Lohnniveau von 2014 kostete ein Liter Milch im Frühjahr 1917 7.90 Franken.[27]

Der Bundesrat beabsichtigte mit seinen Massnahmen, die gestiegenen Produktionskosten zu kompensieren und zugleich den damit verbundenen Preisauftrieb für Minderbemittelte abzufedern. Weil die Milcheinlieferung durch die kleineren Kuhbestände und die schlechtere Fütterung bis 1918 weiter zurückging (vgl. den Beitrag von Pfister zum Klima), kam es wiederholt zu Preiserhöhungen. Wie von der Landesregierung befürchtet, schürten diese die sozialen Spannungen und vertieften den Graben zwischen Stadt und Land.[28]

10.2.3 Die sozialen Spannungen während des Ersten Weltkrieges

Während in der Industrie und in der Landwirtschaft in den ersten beiden Kriegsjahren hohe Gewinne erzielt werden konnten, litten die Arbeitnehmer bereits unter steigenden Lebenshaltungskosten.[29] Staatliche Sozialprogramme, welche die Last der unteren Schichten hätten mindern können, wurden nur zögerlich aufgegleist. Dieser Missstand verstärkte die bereits vor dem Krieg vorhandenen ideologischen Differenzen zwischen der städtisch geprägten Arbeiterschaft und der eher konservativ geprägten ländlichen Bevölkerung (vgl. dazu den Beitrag von Albertin). Die Bauern erlebten die staatliche und militärische Bevormundung während des Krieges als Eingriff in ihre wirtschaftliche und kulturelle Freiheit. Dazu litten viele Höfe unter dem Mangel an Arbeitskräften, Zugtieren und Material. Die Anfeindungen aus den Reihen der städtischen Konsumenten vergrösserten den Groll der Bauern.[30] Aus ihrer Sicht erbrachten sie viele Opfer, arbeiteten härter als andere Berufsgruppen in der vaterländischen

26 Baumann 1993: 317.

27 31 Rappen (1917). Vgl. dazu: Pfister/Studer; Bundesamt für Statistik (Hg.): Kleinhandelspreise in den Städten Zürich, Bern und Basel 1890–1966 (Datei: hs-d-05.02.02.04.), URL: http://www.bfs.admin.ch/bfs/portal/de/index/dienstleistungen/history/01/00/05/01.html (Zugriff 1. März 2016).

28 Baumann 1993: 319–320.

29 Gautschi 1968: 31–32.

30 Baumann 1993: 307–312.

Absicht, der Bevölkerung genügend Nahrungsmittel zur Verfügung zu stellen.[31] Als sich die städtischen Konsumenten vermehrt abfällig über die Bauern äusserten, stiessen sie diese vor den Kopf. Als die Bauern ab 1916 mit Missernten und Produktionsausfällen zu kämpfen hatten, in deren Folge der Preis für die inländische Milch anstieg, verschärften sich die Spannungen zwischen Arbeiterschaft und Bauern weiter bis zum Landesstreik im Herbst 1918.

Den Arbeitern fehlte die Möglichkeit weitgehend, durch zusätzliche Einkommensquellen ihre Lage substantiell zu verbessern. Es erstaunt daher nicht, dass sich die lohnabhängige Bevölkerung vermehrt den Vorstellungen einer «moralischen Ökonomie» mit «gerechten» Preisen zuwandte.[32]

Vorstellungen eines gerechten Preises waren beiden, den Konsumenten und den Bauern, eigen. Doch fehlte ein Konsens darüber, was unter «gerecht» zu verstehen sei. Die Bauern verlangten kostendeckende Preise, die dem Weltmarktniveau entsprachen. Die Konsumenten pochten auf erschwingliche Nahrung. Die Konzeption eines angemessenen Preises für ein Nahrungsmittel bezieht den gesamten Prozess der Herstellung, der Verarbeitung, der Verteilung und der Konsumation mit ein. An diesem Prozess waren verschiedene Akteure mit unterschiedlichen Meinungen beteiligt, und nicht alle besassen die gleichen wirtschaftlichen und politischen Interessen und Machtanteile. Diesen Konfliktlinien um die Vorstellungen einer moralisch gerechten Wirtschaft soll im letzten Teil anhand der Diskussionen um den Milchpreis nachgegangen werden.

10.3 Die politischen Milchpreisdiskussionen

Die Eckpunkte des Konflikts zwischen der Arbeiterschaft und den Bauern zeichneten sich bereits zu Beginn des Krieges in einem Briefwechsel zwischen Ernst Laur und Robert Grimm ab. Grimm machte in seinen Briefen deutlich, dass er den Export von und den Handel mit Nahrungsmitteln in wirtschaftlich schwierigen Zeiten als Ausdruck einer agrarischen Gewinnsucht verstand. Grimm hielt fest, dass es Meldungen gebe

31 Schweizerisches Zentralblatt für Milchwirtschaft, 01.06.1916.
32 Thompson 1971: 76–136.

«[...] wonach grosser Überfluss an Milch, Käse, Kalbfleisch und Schweinefleisch vorhanden sei. Sie [die Bauern] wünschen, dass die Konsumenten in erster Linie diese Produkte kaufen. Trotz dieses von ihnen öffentlich festgestellten Überflusses sind die Milch- und Käsepreise fast überall auf der bisherigen Höhe gehalten worden [...]. Vom Land wird gemeldet, dass die Milch verfüttert werde, der Käse verfaule und zugrunde gehe. [...] Im gleichen Moment, wo die Konsumenten ihren Milch- und Käseverbrauch der hohen Preise wegen – hoch im Vergleich zu der wirtschaftlichen Leistungsfähigkeit – einschränken müssen, bewilligt der Bundesrat die Ausfuhr. Ich brauche Ihnen das Gefühl, das der Mittellose und Hungernde gegenwärtig empfindet, nicht zu schildern. Sie dürfen sich wohl in die Lage dieser Leute, die keine Milch, keinen Käse, kein Fleisch kaufen können, obwohl alles im Überfluss vorhanden ist und Teile davon – wie ich ohne Weiteres zugebe aus handelspolitischen Rücksichten – ins Ausland wandern, hineindenken. Diese Stimmung darf nicht unterschätzt werden.»[33]

Diese Argumentation Grimms ist vor dem Hintergrund zu verstehen, dass durch die Schaffung der Käseunion im August 1914 der Export von Milch- und Milchprodukten wieder zugelassen wurde. Seine Einschätzung sollte die Rhetorik der Sozialdemokraten während des ganzen Krieges bestimmen. Gemäss Grimm schritt der Staat nicht gegen die Gewinnsucht der Bauern ein, ja er warf den Behörden sogar vor, vor der Lobbyarbeit des Bauernsekretärs Laur zu Kreuze zu kriechen. Die agrarische Preistreiberei, protegiert durch die Untätigkeit der Behörden, wurde zu einem Dauerbrenner in der sozialdemokratischen Presse. Die Bauern rechtfertigten die Erhöhung des Milchpreises wiederum mit den gestiegenen Produktionskosten. Mit der steigenden Not verhärteten sich die Fronten: Die Bauern wurden zum Feind der Arbeiter und die Arbeiterbewegungen zur Hauptgefahr für die traditionelle Ordnung der bäuerlich-bürgerlichen Welt erklärt. Neben ökonomischen Interessen waren auf beiden Seiten kulturelle Vorurteile und politische Zielsetzungen im Spiel (vgl. dazu den Beitrag von Moser).

33 Grimm 1914: 31.

10.3.1 Die sozialdemokratische Strategie

Die Linke um Robert Grimm entschloss sich bereits Ende 1914 nach der Aufkündigung des Burgfriedens, die Ernährungsfrage zu einem Hauptagitationsmittel ihrer Politik zu machen.[34] Welche Überlegungen spielten dabei eine Rolle?

Die Marschrichtung lässt sich durch die politische Position erklären, welche die SP während des Ersten Weltkrieges innehatte. Das politische Machtzentrum war liberal-bürgerlich dominiert und die SP war als Oppositionspartei von allen kriegswirtschaftlichen Entscheidungsprozessen ausgeschlossen, obschon sie im Laufe des Krieges eine immer grössere Anhängerschaft mobilisieren konnte. Das Majorzwahlrecht zementierte die bürgerliche Dominanz in der Regierung und im Parlament. Zum Gefühl der politischen Ohnmacht traten interne Richtungskämpfe: Eine radikale Linke forderte nach leninistischem Vorbild die Revolution, während die Grütlianer als gemässigte Arbeitervertreter einen reformistischen Kurs befürworteten. Robert Grimm lavierte zwischen diesen beiden Polen. Er wollte mit klassenkämpferischen Mitteln die politische Partizipation erkämpfen, ohne das politische System zu revolutionieren. Im Zentrum seiner Forderungen stand die Einführung des Proporzwahlrechts, das der SP eine grössere politische Einflussnahme ermöglichen sollte. Grimm erfasste die angespannte Stimmung in der städtischen Bevölkerung als Redaktor der *Berner Tagwacht* früh. Er verwendete eine mediale Protestsprache, um die moralisch aufgeladene Nahrungsmittelfrage als Thema zu besetzen und mit den realpolitischen Interessen seines Parteiflügels zu verknüpfen.[35]

Manuel Eisner, der sich theoretisch mit dem Verlauf von Themenkarrieren beschäftigt hat, macht darauf aufmerksam, dass kollektive Gruppen, die ein Interesse verfolgen, Gelegenheitsstrukturen erkennen müssen, in denen Kommunikationsstrategien angewandt werden können, die sich einerseits durch eine glaubhafte Definition des Problems, andererseits aber auch durch eine Verknüpfung mit einer moralischen Ebene auszeichnen.[36] Diese Rahmenbedingungen für Interessengruppen, die das Thema «Nahrungsmittelknappheit» medial besetzen wollten, waren im Ersten Weltkrieg fast idealtypisch gegeben. Die *Berner Tagwacht* übernahm unter

34 Baumann 1993: 334.

35 Burkhard 2012: 77–81.

36 Eisner 2001: 26–30.

Grimm die Rolle des Problempromotors, der «andere von der Existenz und Dringlichkeit eines Problems zu überzeugen» versuchte.[37] Dabei verlangte diese Strategie eine Pauschalisierung und Personalisierung des Problems. Grimm verstand es meisterhaft, den öffentlichen Diskurs in diesem Sinn zu moderieren und die Karriere «seines» gesellschaftlichen Problems zu befördern (vgl. dazu den Beitrag von Moser).

Die *Berner Tagwacht* reduzierte die Teuerung der Nahrungsmittel auf eine ungerechte Verteilung und ging nicht auf die Produktionsengpässe in den letzten beiden Kriegsjahren ein. Der Verband Schweizerischer Konsumentenvereine (VSK) unter ihrem Präsidenten Bernhard Jäggi engagierte sich auf eigenen Produktionsstätten für die Herstellung von Lebensmitteln. Jaeggi kam aufgrund seiner Erfahrungen in der Lebensmittelproduktion zum Schluss, «dass die Landwirtschaft ihre Stellung nicht ungebührlich ausgenutzt hat».[38] Nicht zuletzt deshalb unterstützte der VSK die Forderungen des ZVSM nach einer Anhebung der Produzentenmilchpreise im Jahr 1918 auf 5.85 Franken[39] pro Liter, da der VSK auf seinen eigenen Höfen Produktionskosten von 5 Franken[40] pro Liter errechnet hatte.[41] Der aus diesen Zahlen resultierende Gewinn erschien den Konsumentenvertretern nicht den Massstäben zu entsprechen, welche die Rede von Wucher legitimiert hätte.

Gleichwohl warf Grimm seinem Parteigenossen Jaeggi – er neigte den Grütlianern zu – im Anschluss an seine Aussagen Verrat an der eigenen Partei vor: «Die VSK-Leitung stehe jenseits der Barriere bei den Herren Schulthess, Laur und Konsorten.»[42] Der VSK liess den Angriff nicht unbeantwortet:

> «Die angefochtenen Funktionäre, allen voran Jäggi, hatten den Fehler begangen, über den Tag hinauszusehen und die Beschaffung von Waren für den Lebensunterhalt für notwendiger zu erachten als Demonstrationen auszuführen. Sie deshalb als Verräter zu schelten und zu verunglimpfen hat die sozialdemokratische Bewegung gegen die Teuerung nicht wirksamer gemacht, denn sie wurde dadurch von ihren eignen Urhebern dem Verdachte ausgesetzt, dass es ihnen eigentlich doch eher um ein politisches Geschäft als um die Notabstellung zu tun sei.»[43]

37 Eisner 2001: 27.
38 Protokoll VSK 23.06.1915, zitiert nach Baumann 1993: 334.
39 32 Rappen (1918).
40 27.4 Rappen (1918).
41 Baumann 1993: 334.
42 Schweizerischer Konsumverein 1916, Nr. 35, zitiert nach Baumann 1993: 336.
43 Genossenschaftliches Volksblatt, Nr. 36, 08.09.1916.

Abb. 2: «Die Jungfrau streicht mit Seelenruh die Butter auf die Alpenschuh'; dieweil sie im Gesang verkünd't: „Auf der Alm, da gibt's kei Sünd!"»
Quelle: Nebelspalter, Jg. 43, 1917, Nr. 35, Im Zeichen der Butternot.

Die SP instrumentalisiere die Milchpreisdiskussion aus populistischen Gründen, klagte der VSK. Der Vorwurf ist sicher nicht ganz von der Hand zu weisen, vor allem wenn berücksichtigt wird, dass der Milchpreis in der Schweiz im Verlauf des Krieges nie das Weltmarktniveau erreichte und im Vergleich mit anderen Nahrungsmitteln relativ tief blieb (vgl. Abbildung 1). Das Beispiel des VSK zeigt, dass die Situation auf dem Milchmarkt zu komplex war, als dass sie «einer idealtypischen Vorstellung [einer] klassenkämpferischen Polarität»[44] hätte entsprechen können. Die *Berner Tagwacht* musste jedoch auf dieser Protestwelle reiten, um ihre Anhängerschaft bei der Stange zu halten.[45]

> «Die Milchnot ist nicht einzig in der Futtermittelnot begründet. Die Bauern wollen keine Milch abgeben. Die Milch den Schweinen, die Milch dem Jungvieh, die Milch für die Verbutterung, nur für die Konsumenten solange nicht, als der Bundesrat nicht in eine Heraufsetzung der Milchpreise einwilligt. Was der Bauer etwa noch an Milch in die Stadt gibt, das geschieht, nach der Leseart der Agrarier, aus

44 Fenner 1981: 103.
45 Burkhard 2012: 77.

> einem Gefühl des lodernden Patriotismus heraus! Dankt ihm also, ihr Konsumenten, dass er überhaupt noch liefert, dankt es ihm auf den Knien und – bewilligt höhere Milchpreise.»[46]

Auch die satirische Zeitschrift *Nebelspalter* nahm sich der Thematik an und trug zur Verhärtung der Kommunikationskultur bei (vgl. Abbildung 2).

Der sozialdemokratische Vorwurf, die Landwirte würden die Milch und die daraus entstandenen Erzeugnisse horten und verschwenden, um den Marktpreis in die Höhe zu treiben, wird in dieser Darstellung überspitzt dargestellt.[47] Besonders die Leichtigkeit, mit der die Bäuerin die luxuriöse Arbeit verrichtet, wird der agrarischen Realität nicht gerecht. Gerade die Bäuerinnen sahen sich während des Krieges mit einem sehr grossen Mehraufwand an Arbeit konfrontiert. Die Darstellung musste daher von den landwirtschaftlichen Produzenten als enorme Provokation gelesen werden. Denn weder die Mühsal der landwirtschaftlichen Arbeit noch die Entbehrungen, die sich aufgrund der Produktionseinbrüche seit 1916 ergaben, werden in diesem Bild berücksichtigt. Der satirische Hintergrund der Darstellung muss natürlich mitgedacht werden, doch mit dieser Darstellung wird die herrschende Diskussionskultur deutlich gemacht. Diese war vor allem von Unwissenheit und Vorurteilen über die Lebenswelten des Gegenübers geprägt. Entsprechend versuchten die Landwirte das öffentliche Bild in den Medien zu korrigieren.

10.3.2 Die bäuerliche Perspektive

Die Nahrungsmittelkrise diente auch den Bauern und ihren Vertretern als kommunikatives Vehikel für ihre Interessen. Obschon die Bauern

46 Berner Tagwacht, Nr. 284, 02.12.1916.

47 Butter war im Ersten Weltkrieg Mangelware, weil sie vor dem Krieg ein Importgut war. In der Schweiz fiel als Nebenprodukt der Käseherstellung zwar Käsereibutter an, diese wies aber im Vergleich zur importierten Feinbutter qualitative Mängel auf. Während des Krieges wurde 1917 eine Zentralstelle für Butterversorgung mit dem Ziel geschaffen, die gesamte Butterproduktion und den Import unter Kontrolle zu stellen. Der Behörde fehlten aber die notwendigen Kontrollinstanzen, was den Verdacht des Wuchers im Bereich des Butterhandels nährte. Vor dem Hintergrund der Witterungslage in den Jahren 1916 und 1917 ist aber nicht davon auszugehen, dass mit den spärlich vorhandenen Futtermitteln überschüssige Milch produziert werden konnte. Vgl. dazu: Moser/Brodbeck 2007: 150–153 sowie den Beitrag von Pfister zum Klima.

1914–1918 relativ hohe Gewinne erzielen konnten und bereits zu Beginn in die Ausgestaltung der Kriegswirtschaft miteinbezogen worden waren, fürchteten sie, sie hätten diesen Prestige- und Machtgewinn nur dem Krieg zu verdanken und sie stünden nach dessen Beendigung erneut vor einer schweren Zeit. Viele Bauern argwöhnten, ihre Interessen könnten in einer industrialisierten Gesellschaft marginalisiert und ihre Tätigkeiten entwertet werden. Sie wünschten sich eine Bauernpartei, die sich ausschliesslich ihren Interessen annehmen würde.

Primär interessierte sich der Bauernstand wohl dafür, die wirtschaftlichen Erfolge absichern zu können. So schrieb Ernst Laur in seiner programmatischen Schrift *Die Schweizerische Bauernpolitik im Lichte einer höheren Lebensauffassung*, dass «keine bürgerliche Partei [es] wagt, grundsätzlich und offen zu erklären, wir stehen für eine Preispolitik ein, welche dem Bauern einen angemessenen Arbeitslohn und Verdienst sichert».[48]

Im gleichen Atemzug verwies Laur darauf, dass eine mögliche Bauernpartei nicht als reine Interessenpartei zu verstehen sei. Vielmehr gehe es darum, den Landwirten zu ermöglichen, zu den grossen «sittlichen, religiösen und sozialen Fragen der Menschheit»[49] Stellung zu beziehen. Laur unternahm in dieser Schrift überhaupt den Versuch, das Bauerntum als konstitutives Element der schweizerischen Eidgenossenschaft zu etablieren und die reale Interessenpolitik der Bauernschaft mit einer patriotisch-konservativen Ebene zu verknüpfen.[50]

Mit der Etablierung einer agrarisch geprägten Partei versuchte Laur die bäuerliche Basis, die sich zunehmend von den behördlich geprägten Verbänden entfremdete, zu beruhigen. Denn seit der ZVSM im Jahr 1916 vom Bundesrat mit der Milchversorgung der Städte beauftragt worden war, nahm die wirtschaftliche Belastung der Milchbauern zu, die zur Abgabe von Frischmilch verpflichtet wurden. Infolge dieser Entwicklung begannen sich vor allem in der Westschweiz einige Milchbauern, die von den milchproduzierenden Verbänden als «Wilde» bezeichnet wurden, eigene Absatzwege zu suchen und die Milch nach eigenem, meist profitablerem Gutdünken zu verwerten. Der Bundesrat versuchte, diesem Treiben durch einen Bundesbeschluss Einhalt zu gebieten. Am 25. März 1916 dehnte er den Wirkungskreis der Käseunion in einer Verordnung

48 Laur 1918: 29.
49 Laur 1918: 29.
50 Burkhard 2012: 75–77.

auf die Schokolade- und die Kondensmilchindustrie aus, um die Absatzkanäle der Wilden zu kappen. Somit waren die beiden Industriezweige nicht nur an finanzielle Abgaben an die Union gebunden, sondern auch verpflichtet, bei Milchknappheit die eingelagerte Milch an den ZVSM abzuliefern, um den Inlandkonsum sicherzustellen. Allerdings fehlten dem Bundesrat die nötigen Kontrollmechanismen: Die Käseunion war als interventionistisches Versuchsmodell mit sehr liberalem Charakter entworfen worden und setzte auf die freiwillige Mitarbeit der Beteiligten. Während der Krise wurde es aber immer schwieriger, die bäuerliche Basis zur Einhaltung ihrer Verpflichtungen anzuhalten. Dies lag vor allem im Umstand begründet, dass der staatliche Milchpreis in den Augen der Bauern zu tief war. Hinzu kamen die Anfeindungen aus der sozialdemokratischen Presse, die zu einem tiefen Misstrauen der Bauern gegenüber der städtischen Bevölkerung führten. Laurs ideologische Haltung förderte indes wohl zwei verschiedene Wahrnehmungen bei den Bauern: Zum einen wurde ein Selbstbild gefördert, in dem der Bauer als arbeitsam und tüchtig seinen Verpflichtungen zum Wohle der Nation nachkam, zum anderen wurde durch Laurs Antimaterialismus die Stadt als Hort der «Überkultur und Entartung»[51] diffamiert.[52]

Im Presseorgan des ZVSM herrschte im Vergleich zu den sozialdemokratischen Blättern eine eher gemässigte Sprache vor.[53] Dies ist dem Umstand geschuldet, dass sie als Mediatoren zwischen der bäuerlichen Basis und den Behörden agieren mussten. Generell verfolgten die Milchbauernorganisationen eine Rhetorik des Verlustes:[54] Ihre Artikel verwiesen auf die Gefahr, bei einem zu tiefen Milchpreis die Versorgung der Bevölkerung nicht mehr aufrechterhalten zu können. Strategisch wurden so

51 Laur 1918: 9.

52 Burkhard 2012: 75–76; 78.

53 Hier wird etwa die Forderung nach höheren Milchpreisen mit dem Weltmarktpreis legitimiert: «Wir haben jahrelang dafür gekämpft, dass die Weltmarktlage der Milchprodukte für den Preis der Konsummilch massgebend sein müsse. Wenn diese Basis heute als massgebend gelten würde, dann würden wir einen Detail-Milchpreis haben, der wohl 5 Rappen [2014: 1.50 Franken] höher wäre, als er heute ist.» Aus: Schweizerisches Zentralblatt für Milchwirtschaft, Nr. 20, 18.05.1916.

54 Eisner 2001: 38.

einerseits die Forderungen der Basis befriedigt, andererseits wurde den Behörden signalisiert, dass sie sich ernsthaft um die Erfüllung der übertragenen Aufgaben bemühten.[55]

Auch die Bauern und ihre Verbände versuchten, über eine Problempromotion ihre eigenen Interessen zu protegieren. Diese bestanden vor allem darin, die politischen Einflussmöglichkeiten und die wirtschaftlichen Erfolge in die Nachkriegszeit zu retten. Hinsichtlich der Milchpreisteuerung verwiesen die landwirtschaftlichen Presseorgane auf die Erschwernisse in der Produktion, um die Notwendigkeit einer Preiserhöhung herauszustreichen.

10.4 Fazit

Gegen Ende des Ersten Weltkrieges verdichteten sich in der Schweiz die politischen, sozialen und ökonomischen Probleme zu einer gefährlichen Gemengelage. Die Teuerung der Nahrungsmittel, die 1917 in breiten Bevölkerungsschichten spürbar wurde, verschärfte die sozialen Spannungen dramatisch. Die Diskussionen um den Milchpreis können als Beispiel für das polarisierte politische Klima dienen. Die sozialdemokratische Presse betrachtete die Engpässe auf dem Milchmarkt generell als Verteilungsproblem, während die landwirtschaftliche Seite die (witterungs- und importbedingten) Produktionseinbussen in den Vordergrund rückte. Letztlich überlagerten sich die beiden Ebenen in der Krise. Einerseits verteuerten und verknappten die versiegenden Importe die für die Milchleistung der Kühe bedeutsamen Futtermittel, andererseits verschärften die Witterungsextreme der Jahre 1916 und 1917 die Produktionsausfälle, die jedoch von den zeitgenössischen Akteuren – soweit diese ausserhalb der Landwirtschaft standen – nicht wahrgenommen wurden. Letztlich führte die Überlagerung dieser beiden Ebenen zu den Milchpreiserhöhungen in den beiden letzten Kriegsjahren. Besonders problematisch war die Tatsache, dass die Institution zur Verbilligung der Milch – die Käseunion – unter dem Eindruck eines Verteilungsproblems entwickelt worden war. Die Quersubventionierung der Milchprodukte durch Exporte setzte eine reibungslose landwirtschaftliche Produktion voraus. Als die Milchmenge nach 1916 zurückging, verschärfte sich der generelle Nahrungsmittel-

55 Burkhard 2012: 78–79.

engpass zusätzlich. Nicht zu vernachlässigen waren durch die globalen Missernten und den Kriegsverlauf auch die allgemein rückläufigen Im- und Exporte.

Der Milchpreis blieb in der Schweiz trotz der Krise und der Teuerung deutlich unter dem Weltmarktpreis. Auch im Vergleich mit anderen Grundnahrungsmitteln bewegte er sich 1914–1918 auf einem tiefen Niveau. Doch aufgrund der grossen Bedeutung der Milch als Grundnahrungsmittel stiessen selbst moderate Preiserhöhungen bei weiten Teilen der notleidenden Bevölkerung auf Unverständnis. Die Lebensmittelfrage wurde vor allem von der SP zum Zweck ihrer politischen Legitimierung instrumentalisiert und öffentlichkeitswirksam eingesetzt. Die Bauern ihrerseits reagierten auf die polemischen Angriffe aus dem linken Lager mit Verweisen auf die Opfer, welche die Landwirtschaft täglich erbringe, um die Schweizer Bevölkerung zu ernähren, und sie diffamierten die sozialdemokratischen Anhänger als Agitatoren einer revolutionären Linken. Dieser politisch angeheizte Gegensatz zwischen Stadt und Land trug wesentlich zum Aufbau der Spannungen bei, die sich 1918 im Landesstreik entluden. Erstaunlich ist, dass beim Ausbruch des Landesstreiks die Milchpreisdebatte in der Argumentation der Landesstreikagitatoren des Oltener Aktionskomitees keine entscheidende Rolle mehr spielte (vgl. den Beitrag von Moser).

Dennoch setzte sich diese Betrachtungsweise in der Historiographie weitgehend fest. Der Landesstreik wurde von konservativen Historikern lange als bolschewistischer Umsturzversuch (fehl-)interpretiert oder von neueren Forschungen retrospektiv als Sieger- und Verlierergeschichte verstanden.[56] Der Perspektive der Politikgeschichte ist diese neue Interpretation wohl angemessen, doch verdeckt die dichotome Wahrnehmung, dass die Nahrungsmittelkrise nicht nur soziale Desintegration, sondern wie im Fall des VSK auch Akteure hervorgebracht hatte, die sich um eine pragmatische Lösung des Problems unter Einbezug aller politischen Interessensvertreter und der beiden Ebenen Verteilung und Produktion bemühten.[57] Die Erkenntnis, dass die Lebensmittelteuerung im Ersten Weltkrieg sowohl als Produktions- als auch als Verteilungsproblem zutage trat und

56 Auderset/Moser 2012: 137.
57 Auderset/Moser 2012: 137.

zudem auch der Hintergrund der politischen Agitation berücksichtigt werden muss, eröffnet neue historische Perspektiven, die für gesellschaftliche Integrationsprozesse Verständnis schaffen können.

SEKTION IV: DIE GESUNDHEITSKRISE

11. DIE GRIPPEPANDEMIE 1918–1919 IN DER SCHWEIZ

Christian Sonderegger und Andreas Tscherrig

11.1 Einleitung

Zwischen 1918 und 1919 überzog eine Infektionskrankheit den Erdball, die mit 50–100 Millionen Opfern in ihrer Gewalttätigkeit ihresgleichen sucht und als «the single worst demographic disaster of the twentieth century»[1] gilt. Und doch wurde dieses Jahrhundertereignis weder ein «Erinnerungsort»[2] für die nachfolgenden Generationen noch kam es in der Geschichtswissenschaft über ein Mauerblümchendasein hinaus. Dies galt, und gilt zum Teil noch immer, auch für die Schweiz. Der vorliegende Beitrag basiert auf der Lizenziatsarbeit von Christian Sonderegger[3] und wird durch einen Überblick über den sich seit den 1990er Jahren veränderten Forschungsstand sowie einen Ausblick auf offene Forschungsfragen abgerundet. Durch die quantitative Analyse soll aufgezeigt werden, dass die in der Schweiz gegen 25 000 Opfer fordernde Pandemie[4] mehr ist als ein letztlich nicht erklärbares Anhängsel der politischen Geschichte zwischen Weltkriegsende und Landesstreik.

11.1.1 Forschungsstand

Den besten Überblick über die Forschungsergebnisse auf globaler Ebene vor 1998 bietet der Sammelband *The Spanish Influenza Pandemic of 1918–19. New Perspectives*.[5] Besonders verdienstvoll ist die darin enthaltene rund

1 Phillips/Killingray 2003a: 3.

2 Als kollektives Gedächtnis einer sozialen Gruppe im Sinne des französischen Historikers Pierre Nora verstanden. Vgl. dazu: Nora 1984–1992.

3 Sonderegger 1991.

4 Während eine Epidemie ein gehäuftes und in ursächlichem Zusammenhang stehendes Auftreten einer übertragbaren Krankheit in einem Gebiet in einem definierten Zeitraum bezeichnet, weist der Begriff «Pandemie» auf deren weltumspannenden Charakter hin. Spencker 1999: 109–110.

5 Phillips/Killingray 2003b.

600 Titel umfassende Bibliografie von Jürgen Müller.[6] In der Einleitung zum Tagungsband sowie in einem späteren Artikel versuchte Howard Phillips[7] die Forschungsarbeiten zur Grippepandemie von 1918 zu typologisieren, eine Einteilung, die später auch Wilfried Witte[8] übernahm. Phillips unterscheidet vier Konzeptionen, die er als *epidemiology, high drama, social science and ecology* und *scientific drama* bezeichnet. Ihnen können alle seither veröffentlichten Studien zugeordnet werden.[9]

Die ersten Arbeiten, die kurz nach dem Abflauen der Pandemie meist von Medizinern verfasst wurden, konzentrierten sich auf Ursprung, geografische Verbreitung, quantitatives Ausmass (absolute Zahlen, Mortalität, Morbidität, Letalität) und mögliche Ursachen der Katastrophe (zu den Begriffen vgl. Abbildung 1).[10] Die aktuellsten Darstellungen epidemiologischer Natur stammen von K. David Patterson und Gerald F. Pyle sowie von Niall P.A.S. Johnson und Jürgen Müller.[11] Im weiteren Sinne kann auch Müllers Aufsatz von 2003, in dem er den Einflüssen des Ersten Weltkrieges auf Ausbreitung, Krankheitsverlauf und Perzeption der Pandemie nachgeht, in diese Gruppe eingereiht werden.[12]

Die Geschichtswissenschaft hingegen schwieg lange. Erst im Zusammenhang mit den Grippepandemien von 1957/58 (Asiatische Grippe) beziehungsweise 1968/69 (Hongkong-Grippe) rückte auch die Spanische Grippe[13] wieder ins Blickfeld. Die in dieser Epoche entstandenen Arbeiten schildern die Pandemie als grosses soziales Drama *(high drama)*, oft romanhaft, zuweilen klischiert. Beispielhaft für dieses Genre ist Richard Colliers *The Plague of the Spanish Lady,*[14] der in 1700 Befragungen von Zeitzeugen eine gewaltige Menge an persönlichen Erinnerungen sammelte. Dieser Tradition verpflichtet ist auch das 2004 erschienene Werk

6 Müller 2003a.

7 Phillips 2004; Phillips/Killingray 2003a: v.a. 12–21.

8 Witte 2010.

9 Phillips 2004: 122–123.

10 Für Beispiele siehe Müller 2003a: 345–346; Sonderegger 1991: 5–6.

11 Patterson/Pyle 1991; Johnson/Mueller 2002.

12 Müller 2003b.

13 Der Begriff «Spanische Grippe» wird in der Forschung oft synonym zur Pandemie 1918–1919 verwendet. Er entstand dadurch, dass erste Berichte in Europa aus dem nicht von der Zensur betroffenen Spanien kamen. Spanien wurde allerdings erst nach den Krieg führenden Mächten von der Seuche ergriffen. Vgl. Michels 2010: 6. Zur Grippe in Spanien: Echeverri 2003.

14 Collier 1974.

Morbidität	Letalität	Mortalität
Krankheitshäufigkeit bezogen auf eine bestimmte Bevölkerungsgruppe Wenn 20 von 1000 Personen erkranken, ergibt dies eine Morbiditätsrate von 2%.	Sterbehäufigkeit bezogen auf die Gruppe der Erkrankten Wenn 2 von 20 Erkrankten sterben, ergibt dies eine Letalitätsrate von 10%.	Sterbehäufigkeit bezogen auf eine bestimmte Bevölkerungsgruppe Wenn 2 von 1000 Personen sterben, ergibt dies eine Mortalitätsrate von 0.2% oder 2‰.

Abb. 1: Definition der Begriffe Morbidität, Letalität und Mortalität.

von John M. Barry,[15] das die *Chicago Tribune* als «authoritative and disturbing morality tale» ankündigte.[16] Für diesen eher impressionistischen Zugang stehen im deutschen Sprachraum am ehesten die populärwissenschaftlichen Publikationen von Manfred Vasold.[17]

Der dritte Ansatz *(social science and ecology)* entwickelte sich seit den 1970er Jahren im Zusammenhang mit der Hinwendung der universitären Geschichtswissenschaft zu sozial-, alltags-, kultur- und mentalitätsgeschichtlichen Fragestellungen. Alfred W. Crosbys Werk *Epidemic and Peace 1918* von 1976 steht am Anfang dieser Forschungsrichtung.[18] Seine Leistung besteht unter anderem darin, Medizin-, Sozial- und Politikgeschichte verbunden, den Blick der Historiografie geweitet und die Pandemie oder das Krankheitsgeschehen generell als der geschichtswissenschaftlichen Forschung würdiges historisches Objekt emanzipiert zu haben. In der Nachfolge von Crosby entstand weltweit eine ganze Reihe von Regionalstudien. Nationale Gesamtdarstellungen, die lokale und regionale Studien zusammenfassen und nicht nur den Seuchenverlauf nachzeichnen, sondern auch die soziale Gliederung der Opfer, die Erklärungsversuche der Menschen, der Medizin, der staatlichen Behörden oder der Kirchen sowie die sozialen und psychologischen Auswirkungen auf die Überlebenden, auf die Familienstrukturen und auf die Gesellschaft insgesamt untersuchen, blieben aber Mangelware.

15 Barry 2004.
16 Barry 2004: Einband.
17 Vasold 2009, 2008.
18 Crosby 1976. Siehe dazu auch die Neuauflage von 1989.

Eine erste länderübergreifende Studie im deutschen Sprachraum publizierte Marc Hieronimus. Er verglich den Umgang mit der Pandemie in Frankreich, England und dem Deutschen Reich. Vor dem Hintergrund unterschiedlicher politischer und gesellschaftlicher Situationen untersuchte er die medizinischen und gesundheitspolitischen Massnahmen zur Eindämmung der Seuche, die Handlungsspielräume der verantwortlichen Akteure und die mediale Darstellung der Katastrophe.[19]

Die Ergebnisse des vierten Ansatzes *(scientific drama)*, jener der Viroarchäologie, werden in pandemischen Zeiten gerne verkürzt von der Tagespresse rekapituliert. Es geht dabei in erster Linie um die Suche nach den virologischen Ursachen der ungeheuer hohen Sterblichkeit der Pandemie von 1918 und um die genetische Rekonstruktion des Virus. Letzteres gelang einem Team um den Virologen Jeffery K. Taubenberger, das mittels molekularbiologischer Untersuchungen an Geweberesten von Grippeopfern die vollständige Genom-Sequenz entschlüsselte.[20]

Bis zu Beginn der 1990er Jahre mag das Schlagwort von der «vergessenen Seuche» die globale Forschungssituation noch zutreffend beschrieben haben, angesichts der reichhaltigen und spezifischen Literatur seit 2000 ist dieses Urteil aber teilweise zu revidieren. Trotzdem wird die grösste demografische Katastrophe des 20. Jahrhunderts in den nationalen Geschichtsschreibungen nach wie vor als Fussnote des Ersten Weltkrieges[21] – oder wie in der Schweiz des Landesstreiks – abgehandelt. Stellvertretend dafür ist etwa Volker Reinhardts *Geschichte der Schweiz* von 2008 zu nennen, in der zwar die vier Toten der Unruhen in Zürich im November 1917 Erwähnung finden, nicht aber die circa 25 000 Opfer der Grippepandemie von 1918/19.[22] Eine etwas breitere Würdigung findet das Ereignis in den beiden anderen neueren Überblicksdarstellungen zur Schweizer Geschichte von François Walter und Thomas Maissen.[23]

Die Geschichtsschreibung zur Pandemie 1918–1919 in der Schweiz folgt den Mustern der internationalen Historiografie. Während und unmittelbar nach der Grippe waren es vor allem Mediziner, die sich zur Seuche äusserten. Von den 19 bei Müller erwähnten Publikationen zur

19 Hieronimus 2006. Zum Deutschen Reich siehe: Witte 2006b.

20 Taubenberger 2006.

21 So etwa für Deutschland bei Wehler 2003: 232. Zitiert nach Michels 2010: 4.

22 Reinhardt 2008: 106–107.

23 Walter 2010: 134–135; Maissen 2010: 245.

Grippepandemie in der Schweiz erschienen allein 14 in den Jahren 1919 und 1920, durchwegs lokale Teilstudien zur Epidemiologie und fokussiert auf medizinische Fragestellungen.[24] Bis zur nächsten wissenschaftlichen Studie dauerte es ein halbes Jahrhundert und wieder war es mit Hans Thalmann ein Arzt, der sich – bei weitgehendem Verzicht auf quantitatives Material und einer Beschränkung auf den Raum Zürich – an die Aufarbeitung des Ereignisses machte.[25] 1981 folgte ihm sein Berner Berufskollege Walter Nussbaum, der in seiner Studie die Auswirkungen der Seuche auf die Schweizer Armee behandelte.[26]

Die Geschichtswissenschaft wandte sich erst 1991 mit der Lizentiatsarbeit von Christian Sonderegger der Katastrophe von 1918 zu. Neben einer quantitativen Analyse, die auf nationaler und regionaler Ebene Ausmass, Verlauf und Mortalitätskriterien der Epidemie zu erfassen versuchte, ging der Autor gleichzeitig deren Instrumentalisierung durch Politik und Medien nach.[27] In deren Folge entstand an den Schweizer Universitäten eine ganze Reihe von Forschungsarbeiten regionaler Ausrichtung, so für das Wallis,[28] für Genf,[29] die beiden Basel[30] und die Innerschweiz[31] sowie ein Vergleich des Krisenmanagements zwischen der Schweiz und dem Deutschen Reich.[32] Einen neuen Weg beschritt Andi Zogg. Er untersuchte die Verflechtung von Medizin und Gesellschaft zur Zeit des Landesstreiks und belegte, wie medizinische Begrifflichkeiten in den gesellschaftlichen Raum eindrangen, wie sie die Kampfrhetorik der Sozialdemokratie und des Bürgertums alimentierten und wie die Gesundheitswissenschaften mittels ihrer Deutungshoheit indirekt soziale Diagnosen stellten und soziale Massnahmen vorzuschlagen begannen.[33]

Im ausseruniversitären Bereich entstandene Arbeiten wie jene von Armin Rusterholz zu den Grippeopfern in der Armee (insbesondere im Kanton Glarus) und Erwin Horat zur Rolle der Grippeepidemie im

24 Müller 2003a: 345–346.
25 Thalmann 1968.
26 Nussbaum 1981, 1982.
27 Sonderegger 1991.
28 Marino 2009.
29 Ammon 2000.
30 Tscherrig 2014. Vgl. spezifisch zum Baselbiet: Wohlgemuth 2015.
31 Wittwer 2013.
32 Weber 2008.
33 Zogg 2000.

politischen Kontext in der Zentralschweiz nach dem Ersten Weltkrieg lieferten weitere Puzzleteile zu einem schweizerischen Gesamtbild des Grippegeschehens.[34]

11.1.2 Kurzer Steckbrief der Grippe

Das jährliche Auftreten und der eigene Erfahrungshintergrund täuschen darüber hinweg, dass bei keiner anderen Krankheit «so viel Unkenntnis, um nicht zu sagen Konfusion»[35] herrscht wie bei der Grippe. Daher sollen im folgenden Abschnitt einige Grundkenntnisse zur Influenza vermittelt werden.[36] Dazu zählt erstens das Faktum, dass Viren und nicht Bakterien für Grippeinfektionen verantwortlich sind: eine Entdeckung, die erst 1933 mit der Erfindung des Elektronenmikroskops möglich geworden war.[37] Wichtig zu wissen ist zweitens, dass das Influenzavirus zwar in drei Varianten (A, B und C) auftritt, dass es sich beim Auslöser von Epidemien und Pandemien bei Menschen bisher aber meist um Typus A gehandelt hat. Die Anatomie ist bei allen Typen nahezu identisch: Grippeviren sind kugelförmig aufgebaut (Durchmesser: ca. 100 nm) und besitzen an der Oberfläche stachelartige Ausprägungen, die Antigene Hämagglutinin (H) und die Neuraminidase (N).[38] Eine dritte Eigenschaft des Grippevirus, seine enorme Mutationsfähigkeit, ist mitverantwortlich für die Entstehung von Pandemien. Dazu muss sich die Oberflächenstruktur des Virustyp A einerseits plötzlich so verändern *(shift)*, dass die Infizierten in der Regel gegen den neuen Subtyp nicht immun sind. Andererseits mu-

34 Rusterholz 2008; Horat 2006.

35 Haas 1979: 205.

36 Neuere Übersichten zum Charakter des Virus finden sich bei Taubenberger/Morens 2010; Vasold 2009: 34–36; Taubenberger 2006; Barry 2004: 99–106, 107–115 und 231–238; Müller 2003b: 322–324.

37 Die Mehrheit der zeitgenössischen Mediziner betrachtete den Pfeiffer-Bazillus als Ursache für die Influenza. Vgl. Witte 2006a: 7–15; Eyler 2010.

38 Antigene sind körperfremde Stoffe, die dazu führen, dass das Immunsystem zur Abwehr gegen fremde Mikroben Antikörper bildet. Hämagglutinin (H) ist verantwortlich für die Anbindung an und das Eindringen des Virus in die Wirtszelle und verursacht die Verklumpung der roten Blutzellen. Neuraminidase (N) ist ein Enzym, also in der Lage, Substanzen zu verändern, ohne selber verändert zu werden, und ermöglicht das «Ausbrechen» neuer Viruszellen aus der Wirtszelle. Aus: Barry 2004: 104; Beveridge 1977: 120–121.

tiert das Virus auch allmählich über einen längeren Zeitraum *(drift)*.[39] William Beveridge veranschaulicht diese beiden Rekombinationen der Antigene anhand des Farbspektrums: Während ein *shift* einen Farbwechsel darstellt, handelt es sich bei einem *drift* lediglich um eine Nuance derselben Farbe. Zusammengefasst heisst das: Ein *shift* der H- oder N-Antigene führt zu neuen Subtypen und pandemischen Ausbrüchen, während ein *drift* dieser Antigene neue Varianten eines Subtypen bildet, die aufgrund der bereits vorhandenen Immunität aber nur lokale oder «normale» epidemische Ausmasse annehmen können.[40] Ein viertes zentrales Charakteristikum der Grippe ist die Übertragung von Mensch zu Mensch mittels Tröpfcheninfektion und/oder via Direktkontakt über die Schleimhäute der Augen, der Nase oder des Mundes.

Der typische Verlauf einer Infektion lässt sich so beschreiben: Nach 1–3 Tagen treten erste Symptome relativ plötzlich auf, zunächst gekennzeichnet durch einen raschen Anstieg der Körpertemperatur, oft mit Schüttelfrost und einem allgemeinen Krankheitsgefühl, begleitet von einem schmerzhaften, trockenen Husten. Bei üblichem Fortgang verschwindet das Fieber nach 2–4 Tagen, jedoch bleiben Krankheitsgefühl (Mattigkeit, Ermüdbarkeit, Schweissneigung) und Husten noch mehrere Tage bestehen.[41] Obwohl an dieser Stelle nicht auf die Geschichte der Grippe eingegangen werden kann, gilt es festzuhalten, dass diese Symptome bereits im 16. Jahrhundert beschrieben wurden.[42] Diese Konstante, eine fünfte typische Eigenschaft der Krankheit, beschreibt Edwin Kilbourne folgendermassen: «Influenza is an unvarying disease caused by a varying virus.»[43] Dieses allgemeine Krankheitsbild kann mit weiteren epidemiologischen Eigenschaften der (nicht pandemischen) Grippe ergänzt werden: plötzlicher Ausbruch der Krankheit an einem Ort, hohe Virulenz mit hoher Morbidität aller Bevölkerungssegmente sowie niedrige

39 Vgl. dazu: Taubenberger/Morens 2010: 18; Barry 2004: 109–113; Müller 2003b: 322; Beveridge 1977: 70–72.

40 Beveridge 1977: 71–72.

41 Vasold 2009: 34–36; Müller 2003b: 323; Beveridge 1977: 11–14.

42 Ob es sich bei vergangenen Krankheiten um eine Grippeerkrankung handelte, kann nur mit virologischen Tests oder durch die Bestimmung der Antikörper im Blutserum nachgewiesen werden. Taubenberger 2006; Kilbourne 1987: 256. Zur Geschichte der Grippe Witte 2008: 23–33; Sonderegger 1991: 9–16; Kilbourne 1987: 3–20; Beveridge 1977: 24–35.

43 Kilbourne 1987: 157.

Letalität. Unter der üblicherweise geringen Zahl an Todesfällen sind vor allem Säuglinge, Kleinkinder und ältere Menschen zu finden (U-förmige Mortalitätskurve).[44]

11.1.3 Besondere Charakteristika der Pandemie 1918–1919

Die Pandemie von 1918–1919 unterschied sich in mehreren Punkten signifikant von den skizzierten Eigenschaften der endemischen Form der Grippe. So fanden sich 1918 unübliche Krankheitsbilder in grosser Zahl wie virale Lungenentzündungen, die innerhalb von 24 Stunden abliefen und sich an bläulicher Gesichtsfarbe und blutigem Sputum erkennen liessen, oder Hyperinfektionen, die unter anderem bakterielle Lungenentzündungen auslösten. Letztere traten 1918 meistens in Form von tödlichen Rückfällen bei scheinbar genesenen Patienten auf. Eine wirksame Bekämpfung mit Antibiotika war noch nicht möglich.[45]

Eine weitere Differenz war die veränderte altersspezifische Sterblichkeit, die sich von nicht-pandemischen Grippewellen diametral unterschied. 1918–1919 waren vor allem jene Altersklassen betroffen, die sich normalerweise als besonders resistent gegen Infektionskrankheiten erweisen (W-förmige Mortalitätskurve). Besonders hoch war die Mortalitätsrate der 20–40-Jährigen, ein Umstand, dessen Ursache bis heute nicht vollständig geklärt ist.[46]

Der globale Verlauf der Pandemie zeigt neben der weltweit erkennbaren überdurchschnittlichen Mortalität auch, dass besonders Asien und Afrika – vor allem abgelegene Regionen *(virgin soil populations)*, die bis 1918 kaum mit Grippeviren in Kontakt gekommen waren – in Mitleidenschaft gezogen wurden. Die extrem hohen Morbiditätsraten in diesen Teilen der Erde liessen die Mortalitätsraten in die Höhe schnellen, da Krankenpflege und Nahrungsversorgung vielerorts vollständig zusammenbrachen.[47]

44 Müller 2003b: 323–324; Beveridge 1977: 18.

45 Taubenberger/Morens 2010: 20; Taubenberger 2006: 106; Barry 2004: 152–153, 242–247, 317; Phillips/Killingray 2003a: 5–12; Beveridge 1977: 14–17.

46 Taubenberger 2006: 91–92; Müller 2003b: 333, 342. Zu den neuesten Erkenntnissen siehe: Worobey et al. 2014.

47 Michels 2010: 26; Phillips/Killingray 2003b: 10.

Die Pandemie 1918–1919 trat wellenförmig auf, wobei sich Häufigkeit und Schübe je nach Region unterschieden. Erkennbar sind zwei Hauptwellen (Frühjahr/Sommer und Herbst) im Jahr 1918, denen in einigen Regionen im Frühjahr 1919 eine dritte Welle folgte. Weltweit betrachtet, war die Herbstwelle 1918 mit 66 Prozent der Opfer die weitaus aggressivste.[48] Insgesamt ist für die Influenza 1918–1920 aber vor allem charakteristisch, dass sie bis dato die heftigste aller bisher bekannten Grippepandemien gewesen ist. Heutige Berechnungen gehen, unter Einbezug einer grossen Dunkelziffer aufgrund unvollständiger Quellenbestände, von 50–100 Millionen Opfern aus.[49]

Der Ursprungsort des Erregers konnte bis heute genauso wenig eruiert werden wie der Übertragungsweg. Nach neueren Erkenntnissen spricht vieles für eine Übertragung eines Vogelvirus auf den Menschen über einen bis heute unbekannten Zwischenwirt.[50] Zurückverfolgen lässt sich die Pandemie bis in den März 1918, als die US-Streitkräfte in ihren Truppenlagern im Mittleren Westen erstmals einen Influenzabefund konstatierten. Im gleichen Monat gelangte die Seuche mittels Truppentransporter nach Europa, wo sie innert weniger Monate die Krieg führenden Mächte erfasste und Ende Juli / Anfang August auch die Schweiz erreichte.[51]

11.2 Die Grippeepidemie in der Schweiz

11.2.1 Die Quellen

Das hier verwendete und nach quantitativen Methoden bearbeitete Zahlenmaterial stammt in erster Linie aus unveröffentlichten Beständen des

48 Johnson/Mueller 2002: 107; Patterson/Pyle 1991: 4; Michels 2010: 25–26.

49 Johnson/Mueller 2002: 115. Seit der ersten Berechnung von Jordan 1927 (ca. 21 Mio. Tote) wurden die Zahlen ständig nach oben korrigiert. So etwa bei Patterson/Pyle 1991 (25–39 Mio. Tote). Zur Problematik der Quellenbestände siehe: Hieronimus 2006: 11–12; Barry 2004: 396–398; Müller 2003b: 331; Johnson/Mueller 2002: 109, 111–112, 115.

50 Taubenberger/Morens 2010: 18–20; Taubenberger 2006: 92–93, 95; Barry 2004: 456–458.

51 Michels 2010: 5–7; Taubenberger 2006: 90; Barry 2004: 169–170, 176; Müller 2003b: 324–328; Patterson/Pyle 1991: 5–7.

Bundesamtes für Statistik (BAS).[52] Die angedeutete Problematik der Quellenlage trifft auch auf die Schweiz zu. Einerseits bestand zum Zeitpunkt des Seuchenausbruchs im Sommer 1918 keine Meldepflicht seitens der Ärzte. Das Schweizerische Gesundheitsamt, der Vorläufer des Bundesamts für Gesundheit (BAG), ging 1919 von zwei nicht angezeigten Fällen auf eine gemachte Meldung aus.[53] Andererseits änderte sich auch nach der vom Bundesrat beschlossenen Einführung der Meldepflicht am 11. Oktober 1918 wenig an der Zuverlässigkeit der Daten.[54] Die Ärzte waren überlastet, die neue Vorschrift wurde angesichts des Arbeitsanfalls als Belästigung empfunden. Ein Umstand, an dem sich 1919 nach dem Abklingen der Grippeepidemie nichts änderte.[55] Zudem ergaben Nachforschungen im BAG zu Beginn der 1990er Jahre, dass circa 750 000 Patientenfichen vernichtet wurden.[56] Für die Schweiz können deshalb weder Morbiditäts- noch Letalitätsraten präzise erfasst werden. Die folgende epidemiologische Analyse beschränkt sich daher auf die Mortalitätsraten.

11.2.2 Der Verlauf

Nach der Epidemie 1889–1894, der letzten vor 1918, blieb die Grippe in der Schweiz stets präsent und verursachte jährlich um die 750 Todesopfer (Grippe-Mortalitätsrate durchschnittlich circa 0.02 Prozent). 1918 waren es dann auf einen Schlag 21 491 Todesfälle. Abbildung 2 verdeutlicht die Heftigkeit, mit der die Grippe in der Schweiz 1918 ausbrach, und illus-

52 BAS 1954 (Gestorben infolge Grippe nach Geschlecht, Sterbemonat und Kantonen 1918–1920. Bern 1954). Hierbei handelt es sich um Auszüge aus den Todesursachenstatistiken, die aufgrund der durch die Zivilstandsämter ausgefüllten Sterbekarten erstellt wurden. Im Folgenden wird dieser Korpus als BAS 1954 zitiert. Das Gleiche gilt für den Quellenkorpus BAS 1990 (Tote infolge Grippe nach Geschlecht und Alter 1877–1989. Bern 1990).

53 Bulletin SGA 27/1919: 279.

54 Bulletin SGA 42/1918: 486–487.

55 So wurde im Kanton Appenzell Innerrhoden 1919 nur eine Grippeerkrankung gemeldet, obwohl laut Bundesamt für Statistik 24 Personen an der Grippe starben. BAS 1954; Sonderegger 1991: 23.

56 Laut Auskunft der Herren Gurtner und Zimmermann, damaligen Mitarbeitern des BAG im April 1991.

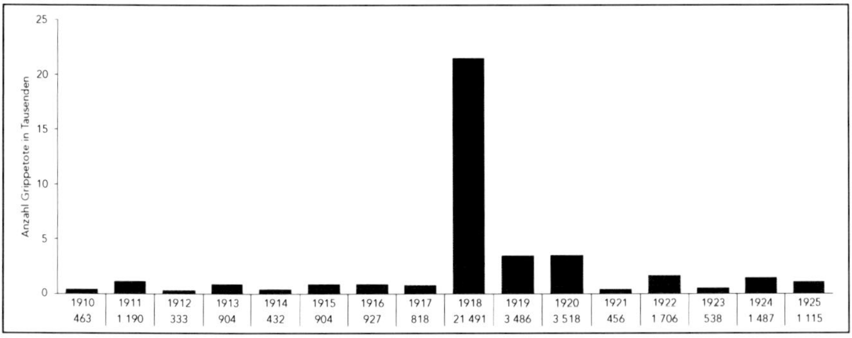

Abb. 2: Jährliche Grippetote in der Schweiz 1910–1925.
Quelle: BAS 1990.

triert den gewaltigen Unterschied zwischen der endemischen und der epidemischen Spielart des Virus.[57]

Durch die permanente Anwesenheit des Grippeerregers in der Bevölkerung erweist sich die Beantwortung der Frage nach Anfang und Ende der Epidemie als schwierig. In der Schweiz kommt es erstmals Mitte Mai 1918 zu gehäuften, allerdings erst im Nachhinein der Epidemie zugeordneten Erkrankungsfällen.[58] Im *Bulletin des Schweizerischen Gesundheitsamtes* (Bulletin SGA) erscheinen die ersten Meldungen in der ersten Juliwoche 1918. Sie zeichnen ein Bild mit mehreren Seuchenherden, verteilt über die ganze Schweiz.[59] Tatsächlich ist es nahezu unmöglich, den Zeitpunkt des erstmaligen Auftauchens des Virus und seinen Weg innerhalb der Schweiz zu rekonstruieren. Die Vermutung, es habe aus nördlicher und nordwestlicher Richtung kommend via Basel die Schweiz erreicht, wird zumindest durch die Mortalitätsraten bei Ausbruch der Epidemie nicht bestätigt.[60] Da eine präzise Bestimmung letztlich nicht möglich ist, liegt es nahe, dem Bulletin zu folgen und den Ausbruch der Seuche auf den Monatswechsel Juni/Juli 1918 festzulegen, eine Annahme, die durch den explosionsartigen Anstieg der Mortalitätsrate bestärkt wird.[61] Das Absinken der Grippeopferzahlen auf das endemische Niveau

57 Sonderegger 1991: 24; BAS 1990.
58 Bulletin SGA 27/1919: 279.
59 Bulletin SGA 26/1918: 300 und 308.
60 Basierend auf der Annahme, die Grippe sei zuerst unter den Soldaten der Bahnhofswache Basel ausgebrochen. Koenen 1970: 20; Nussbaum 1981: 14.
61 Bulletin SGA 26/1918: 308–309.

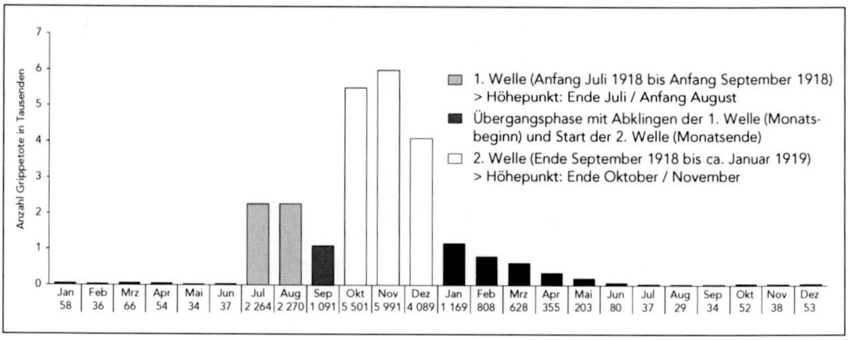

Abb. 3: Epidemieverlauf in der Schweiz 1918–1919.
Quelle: BAS 1990.

im Juli 1919 definiert das Epidemieende. Damit bilden die zwölf Monate Juli 1918 bis Juni 1919 den epidemischen Zeitraum.[62]

Die schweizerische Ausprägung der Grippepandemie verläuft in zwei Wellen (vgl. Abbildung 3), doch war ihr Ausbruch im Juli 1918 keineswegs in der gesamten Schweiz gleichermassen spürbar.[63] In erster Linie ist ein West–Ost-Gefälle entlang der Brünig–Napf–Reuss-Linie auszumachen. Von der ersten Welle sind vor allem Westschweizer Kantone und ihre Nachbarn im westlichen Mittelland (mit Ausnahme von Freiburg) betroffen. Hier steigt die Grippemortalität über 0.5 Promille pro Monat, während östlich davon von der Grippe noch wenig zu bemerken ist. Am stärksten sind im Juli Neuenburg (1.74 Promille) und Bern (1.11 Promille) grippeverseucht.[64] Auch der angedeutete Zweifel am Eingangstor Basel verdichtet sich, da sich in der Stadt am Rhein keine erhöhte Epidemietätigkeit feststellen lässt. Eine Einschleppung der Seuche aus westlicher Richtung erscheint naheliegender. Der Schwerpunkt der Epidemie verlagert sich im August ein wenig nach Osten, in weiten Teilen der Westschweiz flaut die erste Welle in dieser Zeit hingegen allmählich ab. Eine Ausnahme bildet das Wallis, wo sich die Intensität erneut steigert und der Höchstwert in diesem Monat erreicht wird (Mortalität von 3.1 Promille). Ebenso steigen im August in verschiedenen Kantonen östlich der Reuss und der Zentralalpen die Mortalitätswerte erstmals über 0.5 Promille,

62 Sonderegger 1991: 25.
63 Sonderegger 1991: 25, 39; BAS 1954; Patterson/Pyle 1991: 7, 9.
64 Sonderegger 1991: 102, 105.

während sich das östliche Mittelland sowie der Kanton Graubünden weitgehend grippefrei zeigen. Der Monat September markiert einen Wendepunkt im Epidemieverlauf. In den meisten Kantonen scheint die Seuche ein Ende gefunden zu haben.[65]

Die zweite Welle folgt schon Anfang Oktober. Sie ergreift nun alle Teile des Landes. In den städtischen Zentren sowie im Mittelland erreicht die Seuche in diesem Monat ihren Höhepunkt. Ebenso heftig wütet die Grippe in den Innerschweizer Kantonen Zug und Nidwalden mit Mortalitätsraten von fast 3 Promille. Im November verlagert sich der Mortalitätsschwerpunkt in die Alpentäler. Die Heftigkeit in den schon arg betroffenen Gebieten der Innerschweiz steigert sich, ebenso erreichen Graubünden, Glarus und Freiburg ihren epidemischen Peak (monatliche Mortalitätsraten von über 2 Promille). Uri und das Wallis bleiben, wohl aufgrund der Durchseuchung in den Monaten zuvor, relativ verschont. Die Verspätung in den ländlichen Gebieten deutet auf die Städte als Ausgangspunkt hin. Die letzten Monate des Jahres 1918 schliessen die intensive Phase der Epidemie ab. Einzig im Kanton Genf ist die Seuche bereits erloschen. Die verminderte Intensität der Grippe darf nicht über den Umstand hinwegtäuschen, dass sie auch im Dezember schweizweit nochmals über 4000 Tote fordert.[66]

Die Betrachtung der kantonalen Mortalitätsraten der Epidemie machen regionale Differenzierungen deutlich. Die 25 verschiedenen, sich untereinander teilweise aber ähnelnden kantonalen Verlaufsmuster lassen folgende Typologie der Epidemie in der Schweiz zu (vgl. Abbildung 4).[67]

11.2.3 Die Opfer

Wie bereits erwähnt, basieren Aussagen zur Morbidität einzig auf den (lückenhaften) offiziellen Krankenstatistiken. Für die Jahre 1918 und 1919

65 Sonderegger 1991: 27–28; Patterson/Plye 1991: 8.

66 Sonderegger 1991: 35; Patterson/Pyle 1991: 8–10.

67 Typologie erstellt nach: Sonderegger 1991: 35–39 und 65–66. Die Kantone Appenzell Innerrhoden, Basel-Landschaft, Basel-Stadt, und Tessin stellen Mischformen dar. Basierend auf Schätzungen der kantonalen Bevölkerungszahlen für 1918. Diese Daten entstanden anlässlich einer Kartoffelbestandesaufnahme am 17.01.1918. Statistisches Jahrbuch 1919: 39; BAS 1954.

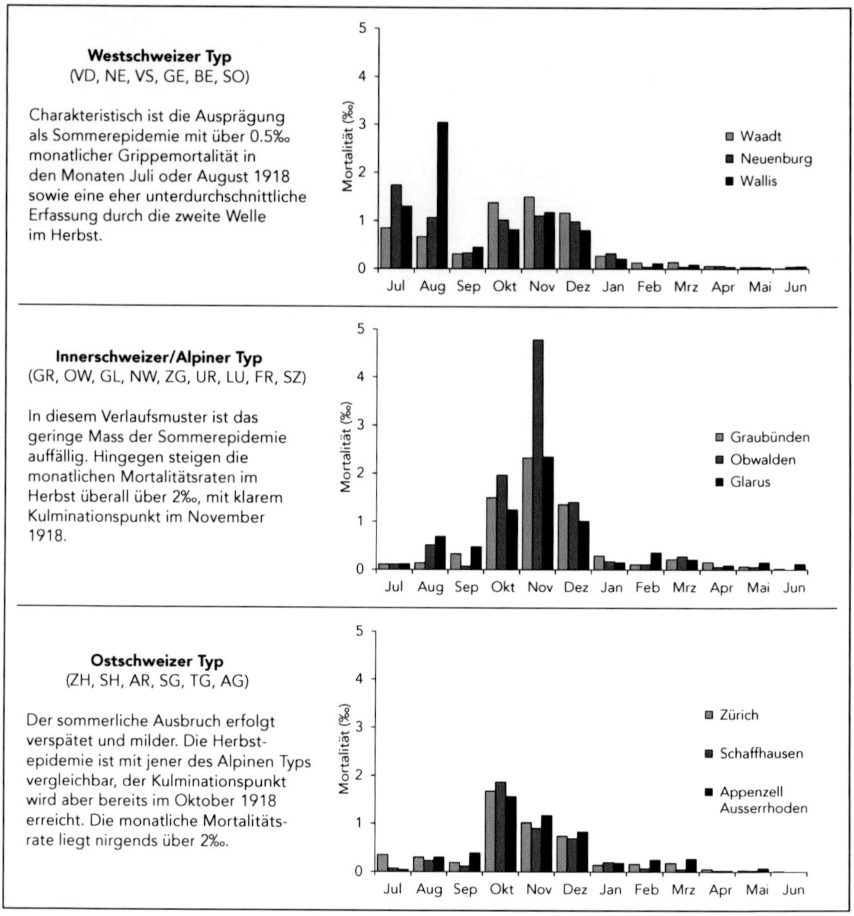

Abb. 4: Übersicht der Schweizer Epidemietypen (Juli 1918 bis Juni 1919).
Quelle: BAS 1954.

meldete das Bulletin rund 750 000 Erkrankungen,[68] was je nach Berechnungsgrundlage eine Morbiditätsrate von 19.8 Prozent[69] oder 18.8 Prozent[70] ergibt. Das Gesundheitsamt ging für das Jahr 1918 sogar von «un-

68 Bulletin SGA 27/1919: 279; Bulletin SGA 22/1920: 229–230.

69 Bevölkerung: 3 753 293 Personen (Volkszählung 1910). Statistisches Jahrbuch 1919: 36.

70 Bevölkerung: 3 970 482 Personen (Schätzung 1918). Statistisches Jahrbuch 1919: 39.

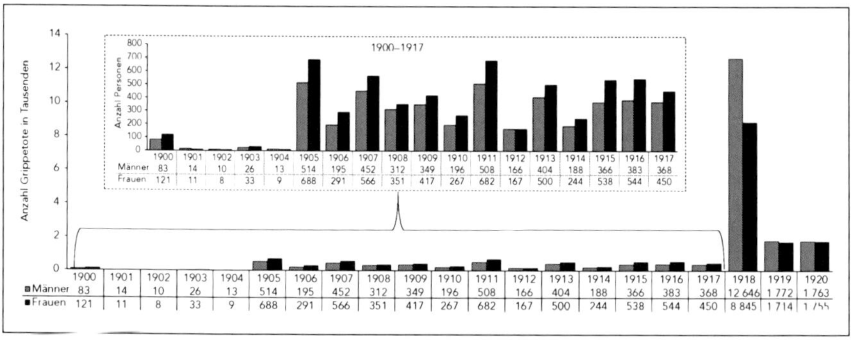

Abb. 5: Geschlechtsspezifische Mortalität 1900–1920.
Quelle: BAS 1990.

gefähr 2 Millionen Influenzaerkrankungen in der Schweiz» aus.[71] Bei anderen Autoren finden sich ähnliche Angaben, so dass eine Erkrankungsrate von um die 50 Prozent als wahrscheinlich betrachtet werden kann.[72] Aufgrund der Beschränkung auf die monatlichen Mortalitätsraten bleibt das epidemiologische Gesamtbild unvollständig, nur die Zahl der Todesfälle kann quantitativ einigermassen exakt erfasst werden: Im oben definierten epidemischen Zeitraum starben in der Schweiz 24 449 Personen an der Grippe,[73] was eine Grippe-Mortalitätsrate von 0.65 Prozent beziehungsweise 0.62 Prozent ergibt.[74]

Werden die Grippetoten nach Geschlecht und Alter aufgeschlüsselt, finden wir auch in der Schweiz nahezu umgekehrte Sterblichkeitsmerkmale gegenüber nicht-epidemischen Perioden vor. Während vor 1918 die Frauen unter den Grippetoten stets und zum Teil massiv übervertreten sind, ist die Übersterblichkeit der Männer im Epidemiezeitraum mit 58 Prozent aller Grippetoten offensichtlich (vgl. Abbildungen 5 und 6). Erst gegen Ende der Epidemie, das heisst im Frühjahr 1919, näherte sich die geschlechtsspezifische Grippesterblichkeit wieder dem vorepidemischen Muster an. Auf der Basis der Volkszählung von 1910 ergeben sich

71 Bulletin SGA 27/1919: 279.

72 Thalmann 1968: 8. Thalmann nennt eine Morbiditätsrate von 56% oder 2.25 Millionen Patienten.

73 BAS 1954. Nussbaum gibt mit dem gleichen Zahlenmaterial inkl. Juni 1918 und Juli 1919 (je 37 Tote) 24 523 Tote an. Nussbaum 1981: 25. Thalmann hingegen ohne präzise Quellenangaben 21 846 Toten. Thalmann 1968: 8.

74 Auch hier je nach Basis: Volkszählung 1910 (0.65%) oder Schätzung 1918 (0.62%).

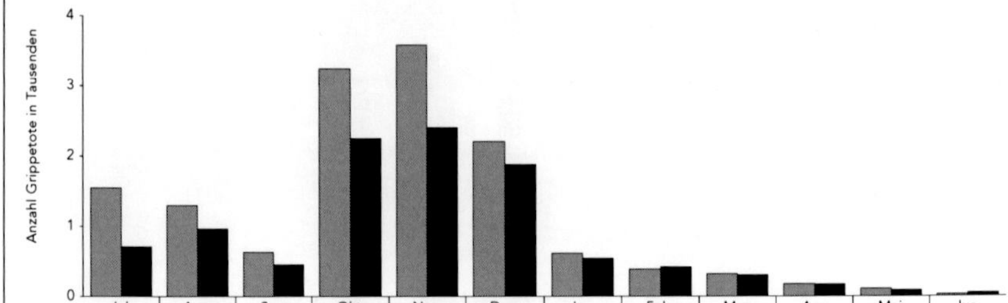

	Jul	Aug	Sep	Okt	Nov	Dez	Jan	Feb	Mrz	Apr	Mai	Jun
Männer	1 548	1 297	634	3 247	3 582	2 207	617	388	320	180	112	29
Frauen	716	973	457	2 254	2 409	1 882	552	420	308	175	91	51

Abb. 6: Geschlechtsspezifische Mortalität Juli 1918 bis Juni 1919.
Quelle: BAS 1954.

für die geschlechtsspezifische Mortalität im Epidemiezeitraum Werte von 0.77 Prozent für die Männer und von 0.54 Prozent für die Frauen. Auch der Blick auf die Kantone zeigt, mit Ausnahme des Tessins, dass die Mortalitätsraten der Männer höher als diejenige der Frauen sind.[75]

Auch die global massive Übervertretung der jungen Erwachsenen ist in der Schweiz feststellbar. Nicht weniger als 59.7 Prozent aller Toten stammen aus dem Alterssegment, das sich in der Regel gegenüber Infektionskrankheiten als besonders resistent erweist. Obwohl beide Geschlechter von der aussergewöhnlichen Übersterblichkeit bei jungen Erwachsenen betroffen sind, erweisen sich die Männer wiederum als weniger widerstandsfähig als die Frauen (vgl. Abbildung 7).[76]

Die vorgenommenen Differenzierungen (Alter, Geschlecht, kantonaler Verlauf) ergeben zusammengefasst eine deutliche Übervertretung der Männer unter den Todesopfern, eine massiv erhöhte Sterblichkeit der jungen Erwachsenen und eine Mortalitätsverteilung, die nicht dem Muster der Grippe in nicht-epidemischen Zeiten entspricht. Erkennbar werden zudem grosse Unterschiede zwischen den Kantonen, sowohl hinsichtlich Verlauf wie bezüglich Ausmass der Epidemie. Dass einzig kantonal unterschiedliche geschlechts- und altersspezifische Anteile an den Risikogruppen (Männer und Anteil 20–40-Jähriger) für die auseinanderklaffenden kantonalen Mortalitätsraten verantwortlich zu machen sind,

75 Sonderegger 1991: 42–45.
76 Sonderegger 1991: 46–47.

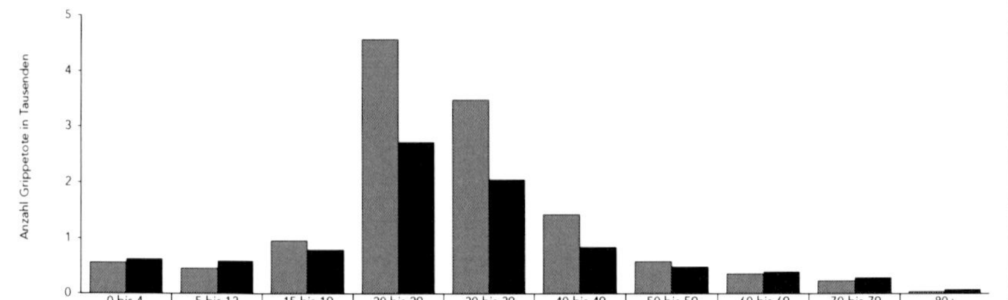

	0 bis 4	5 bis 12	15 bis 19	20 bis 29	30 bis 39	40 bis 49	50 bis 59	60 bis 69	70 bis 79	80+
männlich	557	448	953	4 572	3 481	1 428	578	359	234	36
weiblich	623	586	784	2 723	2 054	839	482	393	288	73

Abb. 7: Altersspezifische Mortalität 1918.
Quelle: BAS 1990.

widerlegen diesbezügliche Korrelationsberechnungen (vgl. Abbildung 8.): Weder die Korrelation «Anteil Männer an Kantonsbevölkerung zu kantonaler Mortalitätsrate» noch die Korrelation «Anteil 20–40-Jähriger an Kantonsbevölkerung zu kantonaler Mortalitätsrate» zeigen statistische Signifikanz. Mit anderen Worten: Die Spitzenreiter unter den Kantonen sind weder überproportional «männlich» noch verfügen sie über einen überproportional grossen Anteil an 20–40-Jährigen.[77]

Was hingegen in der Rangierung der Kantone nach Mortalitätsraten (vgl. Abbildung 8) auffällt, ist die Übervertretung der Bergkantone in den vorderen Rängen sowie die schwächere Intensität des Grippegeschehens in den städtisch geprägten Gebieten. Als einziges quantifizierbares Kriterium für die Definition der «Ländlichkeit» eines Kantons, den Peripheriegrad, bietet sich für diese Epoche der Anteil der im Agrarsektor beschäftigten Personen an. Der Zusammenhang zwischen den beiden Variablen «Anteil Agrarsektor» und «kantonale Mortalitätsrate» ist signifikant. Die Aussage scheint zulässig, dass die ländlichen Räume abseits der Städte und der Verkehrswege von der Grippe, zieht man die Mortalitätsraten als Massstab heran, stärker betroffen gewesen zu sein scheinen als die urbanen Zentren.[78]

77 Sonderegger 1991: 48–51.

78 Sonderegger 1991: 51.

Rang	Kanton	Bevölkerung*	Grippetote absolut	Mortalität in %	Männerquote in %	Anteil 20–40 Jähriger in %	Agraranteil in %
1	OW	17161	171	1.00	50.9	27.17	49.5
2	UR	22113	184	0.83	51.7	29.55	39.8
3	VS	128381	1043	0.81	52.1	29.04	60.2
4	ZG	28156	216	0.77	49.1	29.73	30
5	FR	139654	1064	0.76	50.6	27.44	49.8
6	SO	117040	882	0.75	49.6	29.38	23.1
7	GR	117069	860	0.73	50.4	32.66	41.3
8	TI	156166	1138	0.73	46.2	29.46	35.9
9	GE	154415	1121	0.73	46	37.13	8.6
10	BE	645877	4658	0.72	50.3	29.34	31.8
11	AI	14659	105	0.72	48	27.85	36.6
12	NE	133061	945	0.71	47.3	30.83	13.7
13	GL	33316	234	0.70	46.4	28.76	19.1
14	LU	167223	1173	0.70	50.7	30.57	39.7
15	VD	317457	2221	0.70	49.4	31.66	30.9
16	NW	13788	90	0.65	49.6	26.78	42.6
17	BL	76488	470	0.61	49.8	29.79	23.2
18	AG	230634	1360	0.59	49.3	28.54	31.3
19	SZ	58428	328	0.56	49.6	28.4	38.5
20	BS	135918	760	0.56	46.5	35.17	1.8
21	TG	134917	734	0.54	49.9	30.64	28.9
22	ZH	503915	2662	0.53	48.9	34.17	16.6
23	SH	46097	239	0.52	49.4	30.56	27.5
24	SG	302896	1515	0.50	48.2	32.27	20.2
25	AR	57973	276	0.48	48.2	29.58	16.3
Korrelationskoeffizient mit Mortalität					0.326	-0.311	0.544
* Angaben nach der Volkszählung von 1910				***T-Test***	1.654	1.892	3.109

Abb. 8: Rangliste Kantone nach Mortalität 1918–1919.
Quelle: BAS 1954. Angaben zur Bevölkerung, Männerquote, Anteil 20–40-Jährige und Agraranteil basierend auf der Volkszählung von 1910.

11.2.4 Einordnung in den globalen Kontext

Ein Vergleich der Ergebnisse der quantitativen Analyse für die Schweiz mit Studien aus anderen Regionen ergibt zahlreiche Übereinstimmungen und einige wenige Abweichungen: Wie andernorts erfassten auch hierzulande zwei Wellen die Bevölkerung, wobei in der Schweiz wie in den meisten anderen Staaten die Herbstwelle deutlich mehr Opfer forderte.[79] Die schweizerische Mortalitätsrate befindet sich im europäischen Rahmen, ist mit 0.65 Prozent aber relativ hoch.[80] Inwiefern das für die Schweiz festgestellte Zentrum-Peripherie-Gefälle bezüglich Mortalität auch für andere Länder gilt, ist zu prüfen.[81] Immerhin hält auch Eckard Michels fest, dass in Europa und in den USA die Bevölkerung ländlicher und abgelegener Gebiete stärker betroffen war.[82] Die Übersterblichkeit

79 Vgl. mit Johnson/Mueller 2002: 107; Patterson/Pyle 1991: 13; Müller 2003b: 324.

80 Johnson/Mueller 2002: 113. Johnson/Mueller kommen in ihren Berechnungen für die Schweiz – ohne Quellenbelege – bei 23 277 Opfern auf eine Mortalitätsrate von 0.61%.

81 Crosby 1989: 64, 66 verneint dies z.B. für die USA. Ähnlich auch Michels 2010: 18–19.

82 Michels 2010: 29.

der 20–40-Jährigen ist in sämtlichen Untersuchungsräumen ebenfalls nachgewiesen. Weniger klar erscheint der Befund der in der Schweiz vorgefundenen Übersterblichkeit der Männer. Studien über die USA und Frankreich bestätigen ihn, Untersuchungen über Grossbritannien, Spanien und das Deutsche Reich kommen zu abweichenden Schlussfolgerungen.[83]

11.2.5 Erklärungsmodelle

Zeitgenössische Versuche, die Pandemie an sich oder ihre besonderen Merkmale zu erklären, blieben mangels ausreichenden medizinischen Wissens spekulativ: So wurden etwa, neben dem Pfeiffer-Bazillus, das Kampfgas in der Atmosphäre, schlechte Ernährung, fehlende Hygiene oder Bakterien als feindliche biologische Waffe als Auslöser in Betracht gezogen.[84]

Lange Zeit dominierte die Erklärung, wonach die Immunität der älteren Menschen auf die letzte Grippepandemie 1889–1894 zurückzuführen sei. Ihr widerspricht die moderne Virologie, die von einer spezifischen Immunitätsdauer von wenigen Wochen oder höchstens Monaten ausgeht. Zudem wäre nach dieser Theorie das Alterssegment der 30–40-Jährigen geschützt gewesen, was aber nicht zutrifft.[85]

Ein anderer Ansatz stellte die bereits in den 1920er Jahren diskutierte Symbiosetheorie dar: Zwei pathogene Stoffe, die bei isoliertem Auftreten unterschiedliche Krankheiten hervorrufen, hätten in ihrer Symbiose die Spanische Grippe erzeugt. Die moderne Bakteriologie sowie medizinische Erkenntnisse seit der Grippewelle von 1957 falsifizierten diese Theorie. Eine dritte Lehrmeinung ging von einem Grippevirus aus, das sich konstant in Mutation befand. Diese Argumentation erklärt zwar die mehrfache Erkrankung von Individuen, nicht jedoch den Anteil derart vieler junger Erwachsener an den Todesfällen.[86]

83 Crosby 1989: 213 (USA); Zylberman 2003: 197, 200 (Frankreich); Johnson 2003: 139–141 (Grossbritannien); Hieronimus 2006: 24; Michels 2010: 27–28 (Deutsches Reich); Echeverri 2003: 183–187 (Spanien).

84 Zu den zeitgenössischen Ansichten Michels 2010: 11–13, 15–16; Witte 2006a: 7–11; Müller 2003b: 336–337.

85 Michels 2010: 11; Taubenberger/Morens 2006: 19; Crosby 1989: 215.

86 Crosby 1989: 217–220.

Eine nach wie vor überzeugende Theorie formulierten Frank Macfarlane Burnet und Ellen Clark 1942. Ihr zufolge war das Virus von 1918 äusserst virulent und für den menschlichen Organismus vollkommen neuartig. Grundsätzlich löse eine derartige Konstellation bei allen Menschen die gleiche Reaktion aus: Entzündungen an den betroffenen Stellen sowie die Produktion von Blut, Flüssigkeit und Antikörpern. Die Intensität der Reaktion hingegen, das heisst der Entzündungsgrad, hänge wesentlich vom Alter ab, wobei bei Kindern die Reaktion des Körpers in der Regel nicht so heftig ausfalle. Für Burnet und Clark war nicht das Virus die Ursache für die hohe Sterblichkeit junger Erwachsener, sondern die durch das Virus ausgelöste Abwehrreaktion des Körpers. Bei Erwachsenen generalisiere der Körper die Reaktion und er überschwemme sich mit Entzündungszellen (heute als Zytokin-Sturm bekannt). Bei Kindern hingegen sei die Mobilisierung der Abwehrkräfte meistens nur lokal festzustellen.[87] Auch wenn diese Erklärung plausibel scheint, ist sie bis heute wissenschaftlich nicht endgültig bestätigt worden.[88] Und so gilt weiterhin die Einschätzung von Taubenberger, dem führenden Experten bei der Entschlüsselung des Codes des Virus von 1918: «Despite the progress made to sequence, reconstruct, and evaluate the 1918 influenza virus in experimental animals, the reasons for these unexpected patterns remain obscure.»[89]

11.3 Das statistische Bild der Grippe – eine einseitige Wahrnehmung

Eine quantitative Auswertung erlaubt sowohl eine Analyse des Verlaufs und des Ausmasses der Epidemie 1918/19 als auch eine grobe regionale und soziologische Differenzierung der Mortalität. Ein Gesamtbild der Katastrophe vermag sie aber nicht zu zeichnen. Mortalitätszahlen erfassen keine zeitgenössischen Erklärungsmuster oder die Behandlungsmöglich-

87 Michels 2010: 16–17; Barry 2004: 248–252; Müller 2003b: 342; Burnet/Clark 1942: 90–99.

88 Zu den neuesten Erkenntnissen siehe: Worobey et al. 2014.

89 Taubenberger/Morens 2010: 21.

keiten der Medizin, die regionalen Verlaufstypen sagen nichts aus über die (unterschiedlichen) Reaktionen der kantonalen und kommunalen Behörden, geschweige denn über deren Handlungsspielräume.

Ein kurzer Blick auf den historischen Kontext der Pandemie zeigt, dass der Alltag in der Schweiz zum Zeitpunkt des Seuchenausbruchs vor allem durch die Last der Kriegsjahre geprägt war: Teuerung, Lebensmittelrationierung und vor allem in den Städten eine drückende Wohnungsnot. Steigende Devisenzuflüsse sowie Güterknappheit lösten eine Inflation aus. Die Reallohneinbusse betrug 1914–1918 rund 25–30 Prozent. Die Lebenshaltungskosten stiegen um 130 Prozent, in städtischen Zentren gar um 150 Prozent. Während die lohnabhängigen Arbeiter und Angestellten zu leiden hatten, profitierten die für das In- und Ausland produzierenden Industriesektoren (z.B. Nahrungsmittel-, Chemie- und Maschinenindustrie) sowie der Bauernstand (vgl. dazu die Beiträge von Albertin, Burkhard, Moser und Pfister zum Klima). Die sozialen Gegensätze verschärften sich zudem durch die Lage der eingezogenen Wehrmänner, die lange Dienstzeiten bei geringer Entschädigung und fehlendem Erwerbsersatzeinkommen zu leisten hatten.[90] «Die Schweizer Behörden waren auf den Krieg weder wirtschafts- noch sozialpolitisch zureichend vorbereitet. Auch als sich eine lange Kriegsdauer abzuzeichnen begann, blieben die getroffenen Massnahmen ungenügend.»[91] Die angespannte soziale Lage wurde durch politisch umstrittene Entscheide sowie die seit Kriegsbeginn immer wieder auftauchenden politischen Affären zusätzlich angeheizt. Schliesslich kulminierten die sich verschärfenden Spannungen im Landesgeneralstreik von 1918. Die gleichzeitig grassierende Grippeepidemie spielte dabei vor allem im militär- und sozialpolitischen Kontext eine Rolle, sei es als Ursache einer politischen Krise, sei es als verschärfendes Element in einer ohnehin angespannten Situation.

11.3.1 Eine «militärpolitische» Epidemie?

Diese teils krisengenerierende, teils krisenverschärfende Rolle der Pandemie 1918 wurde in zwei (militär-)politischen Ereignissen deutlich: zum

90 Maissen 2010: 242–243; Sonderegger 1990: 72–73.
91 Bürgi 2013.

einen in der Affäre Hauser, einer Pressekampagne im Juli 1918 gegen den Oberfeldarzt und Chef der Abteilung für Sanität Carl Hauser, zum anderen im Landesstreik im November 1918 beziehungsweise ihrer nachfolgenden politischen Instrumentalisierung.

Die Affäre Hauser nahm ihren Anfang, als die Tagespresse, durch erboste Wehrmänner informiert, die unhaltbaren Zustände bei der Versorgung von grippeerkrankten Soldaten im Sommer 1918 auf ihren Titelseiten zu thematisieren begann. Im Zentrum der Kritik stand zunächst einzig Hauser, bis er Mitte Juli auf Druck von General Ulrich Wille in der bürgerlichen Presse etwas aus der Schusslinie genommen wurde. Die Suche nach den Schuldigen für die Lage in der Armee weitete sich auf den Bundesrat sowie die Armeeführung aus. Öffentlicher und politischer Druck veranlassten schliesslich die Einsetzung einer Untersuchungskommission, um den «anonymen Systemfehlern» auf die Spur zu kommen. Die Frage nach der Zusammensetzung der Kommission führte zu einer politischen Krise zwischen General Wille, dem Bundesrat und der vom Parlament eingesetzten ständigen Neutralitätskommission. Sie endete mit einem für den General, der mit seinem Rücktritt drohte, und den Bundesrat einigermassen befriedigenden Ausgang: Im August wurde eine Untersuchungskommission nach ihren Vorstellungen eingesetzt. Deren Ergebnisse, die aufgrund des Landesstreiks erst im Frühjahr 1919 publiziert werden konnten, interessierten nach dem Abflauen der Pandemie im Sommer 1919 kaum mehr. Abgesehen von der Reorganisation der Militärversicherung hatte der Kommissionsbericht keine langfristigen Konsequenzen.[92]

Die Intensität der Grippe-Berichterstattung folgte dem Epidemieverlauf.[93] Nach dem Ende der Sommerwelle verschwand das Thema aus den Zeitungsspalten, in die es erst im Zusammenhang mit dem Landesstreik wieder zurückkehrte.[94] Wie schon bei der Affäre Hauser stand auch beim Landesstreik die Frage, wer die Verantwortung für die grosse Zahl an Grippetoten trug, im Zentrum des Interesses. Vom Bundesrat noch vor Beginn des Streiks geäusserte Bedenken gegen einen Armeeeinsatz mitten in der Epidemie traten bald hinter die von General Wille vorgebrach-

92 Vgl. zur Affäre Hauser Rusterholz 2008: 61–67, 73–90; Zogg 2000: 22–54; Sonderegger 1991: 73–90, 97; Nussbaum 1982: 250–253.

93 Sonderegger 1991: 97.

94 Sonderegger 1991: 73, 89, 97.

ten Argumente für ein rasches Handeln zur Wiederherstellung der öffentlichen Ordnung zurück. Während des Landesstreiks finden sich keine Hinweise darauf, dass die Epidemie einen Einfluss auf das politische Verhalten der Konfliktparteien hatte. Trotzdem instrumentalisierten beide Seiten die Grippetoten in der Armee für ihre politische Propaganda, indem sie dem politischen Gegner die Schuld am Massensterben gaben.[95]

Die teilweise erbitterte Auseinandersetzung endete erst kurz vor Weihnachten 1918. Der zeitgenössische Vorwurf, dass der Streik beziehungsweise das militärische Aufgebot – je nach politischem Standpunkt – die vielen Sterbefälle in der Armee verursacht habe, geht ins Leere. Zum einen fand der Landesstreik nach dem Truppenaufgebot statt, zum anderen zeigt ein Blick auf die altersspezifische Sterblichkeit der Pandemie, dass die aufgebotenen Soldaten dem Bevölkerungssegment (Alter, Geschlecht, ländliche Herkunft) mit der höchsten Gefährdung angehörten.[96]

Auffällig ist, dass die mediale Berichterstattung in erster Linie die militärischen Opfer beklagte und sich fast ausschliesslich auf die beiden Konflikte beschränkte, während sie die Leiden der Zivilbevölkerung kaum thematisierte, und wenn, dann in Form von dürren Statistiken oder dem Abdruck amtlicher Verlautbarungen. Debatten über die Zweckmässigkeit der zivilbehördlichen Massnahmen zur Eindämmung der Seuche, etwa im Zusammenhang mit dem Versammlungsverbot,[97] scheinen zumindest auf nationaler Ebene kaum stattgefunden zu haben.[98] Die selek-

95 Vgl. zur Instrumentalisierung der Grippetoten Rusterholz 2008: 139–143; Zogg 2000: 95–117 v.a. 106–110, 116–117; Sonderegger 1991: 91–97. Zum Landesstreik: Degen 2013; Maissen 2010: 244–246.

96 Zogg 2000: 110–111; Sonderegger 1991: 99.

97 Zu den bundesrätlichen Beschlüssen gehörten: die Ermächtigung der Kantone und Gemeinden zum Erlass von Versammlungsverboten (18.07.1918), eine ärztliche Meldepflicht für Influenzaerkrankungen (11.10.1918), finanzielle Absicherung von Pflegepersonal im Falle von Krankheit und Tod (23.10.1918), finanzielle Zuschüsse an Kantone und Gemeinden für Ausgaben zur Grippebekämpfung und Unterstützung von Personen, die durch das Versammlungsverbot arbeitslos geworden waren (19.11.1918). Alle Massnahmen wurden nach dem Abklingen der Epidemie am 31.5.1919 wieder aufgehoben. Die Beschlüsse sind unter http://www.amtsdruckschriften.bar.admin.ch/ (Stand 21.07.2013) abrufbar.

98 Sonderegger 1991: 73. Für Reaktionen zum Versammlungsverbot in der Stadt Zürich Zogg 2000: 69–74. Für Genf: Ammon 2000: 54–59. Für die Stadt Bern: Brack 2012: v.a. 16–39.

tive Wahrnehmung mit der einseitigen Fokussierung auf die Affäre Hauser und den Landesstreik fand ihre Fortsetzung lange Zeit in der historiografischen Forschung, auch wenn mittlerweile erste Arbeiten vorliegen, die andere Schwerpunkte setzen.[99]

11.3.2 Der «vergessene» zivile Aspekt – ein Forschungsdesiderat

Um das einleitend formulierte Ziel zu erreichen – die Grippepandemie 1918/19 als eigenständiges Objekt der Geschichtswissenschaft zu etablieren, sie von ihrem Fokus auf Armee, Landesstreik und Affäre Hauser zu lösen und in allen ihren sozialen, wirtschaftlichen, politischen und psychologischen Aspekten im Sinne der *histoire totale* zu würdigen –, ist es noch ein gutes Stück Weg. Es sind weitere regionale und lokale Untersuchungen nötig, die nicht nur die quantitativen Analysen auf nationaler Ebene weiter differenzieren, sondern auch die Handlungsspielräume der nichtmilitärischen, kantonalen, kommunalen, kirchlichen und gemeinnützigen Akteure ausloten.[100] Ein Raster wie etwa bei Catherine Ammon und Laura Marino, das neben Politik und Öffentlichkeit auch Kirche und Wirtschaft beleuchtet, scheint hierfür besonders nützlich.[101] Kantonale Analysen erlauben zudem interkantonale Vergleiche über die Sprachgrenzen hinweg, um damit und quasi *bottom-up* zu einem «Gesamtbild» der Grippepandemie von 1918/19 in der Schweiz zu kommen. Auf kommunaler Ebene könnte etwa der in diesem Artikel nicht thematisierte, von Sonderegger angedeutete Zusammenhang zwischen Mortalität und sozioökonomischen Faktoren in der Stadt Bern für andere Schweizer Städte überprüft werden.[102]

Ausstehend sind zudem Untersuchungen zur Rezeption der Seuche in den wichtigsten (Partei-)Zeitungen sowie ihre Darstellung bei nach-

99 Marino 2009; Ammon 2000; Zogg 2000.

100 Neuere kantonale Untersuchungen auf unterschiedlicher akademischer Stufe sind u.a.: Tscherrig 2014 (beide Basel); Wittwer 2013 (Uri, Nidwalden und Luzern); Marino 2009 (Wallis); Ammon 2000 (Genf) und Brack 2012 (Stadt Bern). Bei Ammon 2000: 25–28 und Marino 2009: 134–138 finden sich für Genf und das Wallis Beiträge zu den Landeskirchen. Rusterholz 2008: 91–99 thematisiert die Nichtregierungsorganisationen, ebenso Nussbaum 1982: 254–256.

101 Marino 2009; Ammon 2000.

102 Sonderegger 1991: 64, 69.

folgenden Pandemien oder Pandemiebedrohungen. Anders als in der internationalen Forschung ist auch die Genderfrage erst ansatzweise angegangen worden.[103] Schliesslich sind in Abkehr vom bisher dominanten deskriptiven Rahmen neue Zugänge wie etwa jener von Andi Zogg vonnöten, der mit seiner Analyse der medizinischen Terminologie und ihrer Verwendung durch Politik und Presse die Konstruktion politischer Wirklichkeit aufzeigt.[104] Neue Einsichten brächte sicherlich auch die Anwendung neuerer interdisziplinärer Ansätze wie des Vulnerabilitätskonzepts, das Bewältigungsstrategien und Handlungsspielräume von Gesellschaften in Krisensituationen untersucht.[105]

103 Zur Rolle der Frauen im Grippedienst der Armee: Rusterholz 2008: 91–99. Zur Situation des Pflegepersonals in der Stadt Basel vgl. Braunschweig 2014.

104 Zogg 2000: 78–82, 92–93, 98–102. Zur Entstehung dieser Rhetorik: Gradmann 2004.

105 Füssel 2007.

12. DER VERMESSENE MENSCHLICHE KÖRPER ALS SPIEGEL DER ERNÄHRUNGS- UND GESUNDHEITSVERHÄLTNISSE AM ENDE DES ERSTEN WELTKRIEGES

Kaspar Staub

12.1 Einleitung

«Der Einfluss der schlechter werdenden Ernährungsverhältnisse machte sich auch bei unseren Schulkindern bemerkbar. Um ein objektives Bild darüber zu erhalten, wurden alle Kinder der Primarschulen im Sommer 1918 und im Frühjahr 1919 gemessen und gewogen.»[1] So kommentierte der Stadt-Berner Schularzt Paul Lauener die körperlichen Folgen der Ernährungssituation am Ende des Ersten Weltkrieges sowie die behördliche Reaktion darauf im Rechenschaftsbericht des Berner Schularztamtes für das Jahr 1918. Lauener, im Amt 1917–1956, war einer der führenden Schweizer Schulärzte in der ersten Hälfte des 20. Jahrhunderts und stets ein aufmerksamer Beobachter der Entwicklungsverhältnisse der Berner Schulkinder.[2] Seine Feststellung fasst im Wesentlichen zusammen, welche Intentionen der vorliegende Beitrag verfolgt.

Erstens soll anhand von publizierten und von neu erhobenen anthropometrischen Daten verschiedener Herkunft (Schulkinder, Neugeborene, Stellungspflichtige) differenziert werden, wie es um den Ernährungsstatus in den Schweizer Städten gegen Ende des Ersten Weltkrieges stand. Spiegelt der menschliche Körper die sich verschlechternde Versorgungslage wider? Hintergrund dieser Fragestellung ist der in der Geschichtswissenschaft noch ungeklärte Punkt, wie stark die Schweizer Bevölkerung gegen Kriegsende unter Mangelernährung zu leiden hatte. In den Tageszeitungen wurde 1918 oft ein düsteres Bild gezeichnet:

> «Die Lebensmittelversorgung der Schweiz gestaltet sich mit jedem Tag trüber und schwieriger. Davon wissen nicht nur die Behörden, sondern auch alle Hausfrauen, namentlich aber die proletarischen Volksschichten zu erzählen, die alle diese

1 Verwaltungsbericht der Städtischen Schuldirektion für das Jahr 1918: 64–65.
2 Hofmann 2008: 15; Lauener 1918, 1931, 1947.

> Schwierigkeiten am eigenen Leibe zu spüren bekommen, bei denen längst der nackte Hunger Einzug gehalten hat. Das wenige, das überhaupt noch erhältlich, ist unerschwinglich teuer, erfährt Woche für Woche neue Preisaufschläge.»[3]

Presseberichte wie dieser flossen später in die historischen Aufarbeitungen zum Ersten Weltkrieg und zum Landesstreik ein. Jakob Ruchti[4] und später Willi Gautschi[5] berichteten aufgrund von solchen Zeitungsberichten, wie namhafte Teile der Bevölkerung unter den Folgen von Spekulation und Wucher Mangel leiden mussten, Frauen und Kinder vor Geschäften weinten, weil keine Lebensmittel mehr erhältlich waren, und in vielen Familien eine Schar von hungrigen Kindern nicht mehr versorgt werden konnte. Allerdings wurde kein Fall von Hungertod bekannt und die Not muss in der Schweiz im Vergleich beispielsweise mit Deutschland relativiert werden. Die Frage nach dem Ausmass der Mangelernährung gegen Ende des Krieges birgt als einer der gewöhnlich aufgeführten Hauptgründe für den Landesstreik 1918 zudem eine gewisse Brisanz.

Zweitens zeigt der Beitrag exemplarisch für die Stadt Bern, wie die Sorge um den Ernährungszustand der Schulkinder gegen Ende des Krieges zur Geburtsstunde intensivierter sozial- und präventivmedizinischer Massnahmen wurde, die bis heute fortwirken. Dabei wird dem Weg nachgegangen, wie die Berner Behörden 1918 regelmässige Schulkindervermessungen im Sinne des heute immer noch angewandten Ernährungsstatus-Monitorings seitens der Schulärzte einsetzten, und wie diese Erhebungen zur Intensivierung weitergehender Massnahmen wie der Schülerspeisungen oder der Ferienerholung führten.

Diesem Artikel liegen ein dreijähriges Nationalfondsprojekt am Historischen Institut der Universität Bern sowie daraus hervorgegangene Publikationen verschiedener Ausrichtungen zu Grunde.[6] Es soll vorausgehend festgehalten werden, dass die vorliegende Zusammenstellung exemplarischer Natur ist und einer weitergehenden, vergleichenden Prüfung

3 Berner Tagwacht 26/18 (1918): Beilage S. 1.

4 Ruchti 1928–1929: 280.

5 Gautschi 1968: 33.

6 Das SNF-Projekt 109802 (Der biologische Lebensstandard in der Schweiz seit 1800) an der Abteilung Wirtschafts-, Sozial- und Umweltgeschichte der Universität Bern wurde 2005–2009 durch Christian Pfister und Kaspar Staub geleitet und ausgearbeitet. Ausgewählte Publikationen: Staub 2010, 2011; Schoch/Staub/Pfister 2012; Staub et al. 2010, 2011a, 2011b, 2013.

für andere Landesteile und Länder bedarf. Einleitend wird zunächst der Zusammenhang zwischen Wachstum, Körperform und Ernährungszustand beleuchtet, anschliessend folgt ein Überblick über die sich verschlechternden Ernährungsverhältnisse in der Schweiz gegen Ende des Ersten Weltkrieges.

12.1.1 Der Körper als Spiegel des Ernährungszustandes

Die Form des menschlichen Körpers und das menschliche Körperwachstum reflektieren sowohl auf der Ebene des Individuums als auch auf der Ebene ganzer Populationen direkt den Ernährungsstatus. Bis zum Erwachsenenalter durchläuft das Wachstum verschiedene Stadien und mehrere starke Schübe (im Alter von 0–3 und 7–8 Jahren sowie in der Adoleszenz). Dabei sind die Determinanten des Wachstums vielfältig und in einem komplexen Kausalitätsgefüge verbunden. Auf individueller Ebene bestimmen die Gene rund 80–90 Prozent der Variabilität. Die Umwelt legt innerhalb des genetisch abgesteckten Wachstumspotentials die Entwicklungsrichtung fest. Als Nettokonzept wird der Ernährungsstatus eines Individuums als Gleichgewicht zwischen Nährstoffaufnahme (Ernährung, v.a. tierische Proteine) und Ernährungsbedürfnis (durch Krankheitsbekämpfung und physische Arbeitsbelastung) definiert. In Zeiten der Entbehrung durch Mangelernährung oder Krankheit wird das Wachstum verlangsamt oder sogar unterbrochen. Folgen danach bessere Zeiten, kehrt das Wachstum durch überschnelles Aufholwachstum auf seine vorgegebenen Pfade zurück. Tritt über längere Zeit keine Besserung ein, kann das Wachstum dauerhaft unterdrückt bleiben. Mangelernährung, Infektion und Immunabwehr sind dabei eng verbunden und verstärken einander gegenseitig. Mangelernährung hat eine Senkung der Immunabwehr und eine grössere Anfälligkeit für Infektionskrankheiten zur Folge. In Umkehrung verstärken Infektionen die Mangelernährung, da Appetitlosigkeit eine zureichende Nahrungsaufnahme und -verwertung blockiert.[7]

Anthropometrie – das Vermessen des menschlichen Körpers – ist die Standardmethode zur Bestimmung der Körperform und zur Überwachung des Ernährungszustandes, die seit den 1960er Jahren auch durch

7 Staub 2011: 4–6; Bogin 1999.

die Weltgesundheitsorganisation (WHO) in Drittweltländern angewendet wird.[8] Bildet die Körperhöhe im Erwachsenenalter eher die kumulierte Ernährungserfahrung während den ersten 20 und besonders stark der ersten 2–3 Wachstumsjahre des Lebens ab, gelten die Körperhöhe zu einem bestimmten Zeitpunkt während des Wachstums, der Body-Mass-Index (BMI) und die Körperumfangmasse (Brust- und Oberarmumfang) eher als Abbild des unmittelbaren Ernährungszustandes zum Zeitpunkt der Messung.

Die wenigen wissenschaftlichen Arbeiten zu den anthropometrischen Auswirkungen des Ersten Weltkrieges zeigen ein ambivalentes Bild. Bernard Harris findet für Grossbritannien keinen eindeutigen Hinweis für signifikante Veränderungen der Körperhöhe 5–13-jähriger Schulkinder 1908–1925 unter dem Einfluss des Krieges.[9] Ganz anders die Körperhöhenmessungen von Schülerinnen und Schülern verschiedener Altersklassen an Volks- und Oberschulen in Stuttgart 1914–1958: Die gegen Ende des Krieges gemessenen Kinder und Jugendlichen aller Altersgruppen sind im Vergleich mit ihren Altersgenossen zu Beginn und nach dem Krieg deutlich leichter und sogar kleiner. Der Erste Weltkrieg stellte also unweit der Schweiz einen empfindlichen Einbruch in der sonst stetigen Zunahme des Längenwachstums (säkularer Trend) seit dem Ende des 19. Jahrhunderts dar.[10] Für diese schwerwiegenden Mangelspuren gegen Ende des Ersten Weltkrieges in Deutschland finden sich in der Literatur viele Belege, unter anderem wird von Proteinmangelernährung, Gewichtsverlusten von 20–25 Prozent, Auftreten von Rachitis und Wachstumsrückständen gesprochen.[11] Dass sogar bleibende Wachstumshemmungen in den Nachbarländern nicht auszuschliessen sind, zeigen Verlaufskurven der mittleren Körperhöhen 19–21-jähriger und damit fast ausgewachsener Stellungspflichtigen in Frankreich und Schweden, die für die Rekrutierungsjahre am Ende des Ersten Weltkrieges zumindest stagnieren.[12]

8 Mascie-Taylor 1994; Gibson 2005; WHO 1966; WHO/Unicef 2009.
9 Harris 1993: 343–366.
10 Paschlau/Paschlau 1961: 1–26.
11 Roerkohl 1991: 287–309.
12 Floud 1994.

a) Arbeiterfamilie	1912	1918	1919	1920	1921	1922	1923	1936
Gesamtausgaben Haushalt (SFr.)	2814	3750	4810	5400	5200	5300	5234	5097
Ausgabenanteil Nahrung (SFr.)	1320	1945	2600	2450	2500	2100	2031	1619
Prozent Ausgabenanteil Nahrung	46.9	51.9	54.1	45.4	48.1	39.6	38.8	31.8
Index (1912=100%)	100.0	110.6	115.2	96.7	102.5	84.5	82.7	67.7

b) Beamten- und Angestelltenfamilie	1912	1918	1919	1920	1921	1922	1923	1936
Gesamtausgaben Haushalt (SFr.)	4135	6299	8600	8000	8450	8550	7777	6824
Ausgabenanteil Nahrung (SFr.)	1340	2400	3300	2990	2450	2300	2381	1703
Prozent Ausgabenanteil Nahrung	32.4	38.1	38.4	37.4	29.0	26.9	30.6	25.0
Index (1912=100%)	100.0	117.6	118.4	115.3	89.5	83.0	94.5	77.0

Tab. 1: Absoluter und relativer Anteil der Nahrungsmittelausgaben am gesamten Haushaltbudget von a) Arbeiter- sowie b) Beamten- und Angestelltenfamilien in der Stadt Bern 1912–1936.
Quelle: Statistisches Amt der Stadt Bern 1941.

12.1.2 Ernährung und Gesundheit gegen Ende des Ersten Weltkrieges

Gegen Ende des Krieges war in der Schweiz der Nahrungsmittelverbrauch auf drei Viertel des Vorkriegsniveaus gesunken, den Schweizern standen bereits 1917 rund 25–30 Prozent weniger Kalorien zur Verfügung als vor dem Krieg. In der Stadt Bern stieg sowohl in Arbeiter- als auch in Beamten- und Angestelltenfamilien der Anteil der Ausgaben für Nahrungsmittel am gesamten Haushaltbudget erheblich an (Tabelle 1).[13] In Arbeiterfamilien erhöhte er sich von 46.9 Prozent 1912 auf 54.1 Prozent 1919 (indexierte Zunahme um 15.2 Prozent). In Beamten- und Angestelltenfamilien war der Anstieg sogar noch etwas grösser (18.4 Prozent), wenn 1912 32.4 Prozent für Nahrungsmittel ausgegeben werden mussten, verglichen mit 38.4 Prozent im Jahre 1919.

Dass der Ernährungsmangel nicht so gravierend war wie in den Krieg führenden Nachbarländern, ist wohl zum Teil dem relativ lange und künstlich tief gehaltenen Milchpreis zu verdanken (vgl. dazu die Beiträge von Moser und Burkart). Milch verteuerte sich von allen Grundnahrungs-

13 Statistisches Amt der Stadt Bern (Hg.): Bern und seine Entwicklung: graphisch-statistischer Atlas. Bern 1941.

mitteln am wenigsten. Der Milchkonsum lag zuerst noch 19 Prozent über dem eines Normaljahres und nahm bis 1916 sogar zu.[14] Der prozentuale Anteil an den gesamten Nahrungsmittelausgaben, die eine fünfköpfige Normalfamilie (mit drei Kindern) in der Stadt Basel im Monat aufwenden musste, um pro Tag 4 Liter Milch zu kaufen, ging von 34 Prozent im Jahr 1912 auf 21 Prozent in den Jahren 1918 und 1919 zurück.[15]

Bei den Veränderungen des Gesundheitszustands gegen Ende des Krieges rücken vor allem Infektions- und Mangelkrankheiten wie Rachitis ins Zentrum des Interesses. Während es betreffend Mangelerkrankungen kaum verlässliche Informationen gibt, sind bei Infektionskrankheiten in erster Linie Wechselwirkungen zwischen der Spanischen Grippe 1918 und dem schlechteren Ernährungszustand zu betrachten. In der Schweiz erkrankten rund 2 Millionen Menschen (rund 50 Prozent der damaligen Bevölkerung) an der Spanischen Grippe (vgl. dazu den Beitrag von Sonderegger/Tscherrig).[16] Sicherlich hatten die allgemein schlechten Ernährungsverhältnisse durch die verringerte Immunisierung einen verstärkenden Einfluss auf das Ausmass der Grippe und deren Folgen. Im Sinne selektiver Effekte überlebten viele geschwächte Menschen die Krankheit nicht, bei überlebenden Erkrankten verschlechterte sich der Ernährungszustand zusätzlich. Neben dem Extremereignis der Spanischen Grippe interessiert auch der Verlauf der (gemeldeten) Erkrankungszahlen anderer übertragbarer Infektionskrankheiten wie Masern, Scharlach, Diphterie oder Keuchhusten während der Kriegsjahre. Ein Blick in die Literatur zeigt kein eindeutiges Bild, auf jeden Fall kann zwischen 1912 und 1919 keine sprunghafte Zunahme beobachtet werden.[17]

12.2 Anthropometrische Spuren des verschlechterten Ernährungszustandes

In der Folge soll anhand von publizierten und neu erhobenen anthropometrischen Daten untersucht werden, ob der verschlechterte Ernährungs-

14 Staub 2003: 50–54; Lüthi 1997; Brodbeck 2003.

15 Statistisches Amt des Kantons Basel-Stadt 1923 (Hg.): Statistisches Jahrbuch des Kantons Basel-Stadt 1921 (1. Jahrgang). Basel 1923, S. 193.

16 Sonderegger 2007.

17 De Roche 1941: 305–341; Jessen 1924: 1165–1176; Statistisches Amt des Kantons Basel-Stadt (Hg.): Statistisches Jahrbuch des Kantons Basel-Stadt 1925 (1926), S. 121.

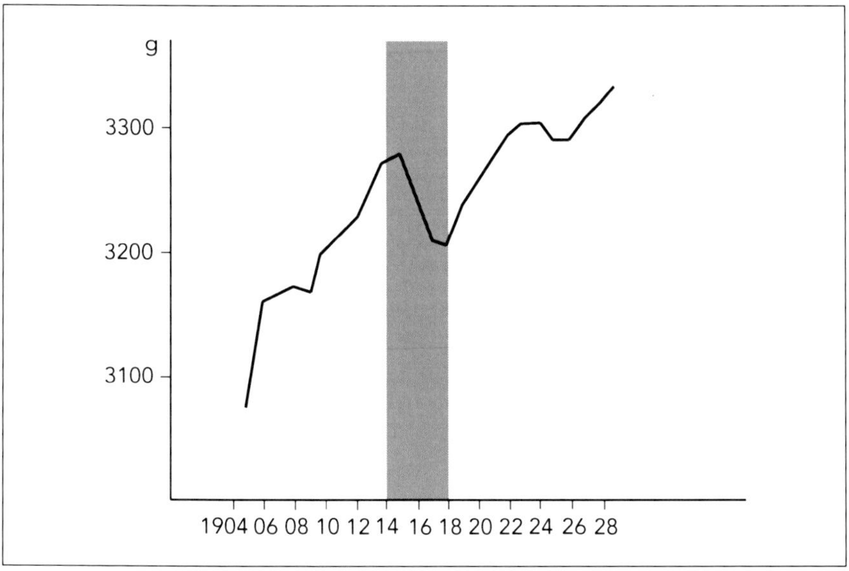

Abb. 1: Einbruch des mittleren Geburtsgewichts aller Erst- und Zweitgeburten im Frauenspital der Stadt Basel, 1904–1928.
Quelle: Solth/Abt 1951: 58.

zustand gegen Ende des Ersten Weltkrieges Spuren im menschlichen Körper hinterlassen hat. Aufgrund der zugänglichen Datenquellen (Geburtsregister von Frauenspitälern, Vermessung von Schulkindern und Stellungspflichtigen) beschränkt sich die Aussagekraft der folgenden Indiziensammlung auf die grossen Schweizer Städte.

12.2.1 Das Gewicht Neugeborener im Frauenspital Basel

Ein sensitiver Indikator für den Ernährungsstatus ist das Geburtsgewicht von Kindern. Dieses bildet sowohl die Ernährungsverhältnisse des Kindes als auch der Mutter ab.[18] K. Solth und K. Abt[19] untersuchten 1951 die Entwicklung des mittleren Geburtsgewichts von 88 465 Neugeborenen im Frauenspital Basel 1900–1950. Die Geburtsregister des Frauenspitals Basel sind für eine solche Untersuchung besonders gut geeignet, weil in

18 Ward 1993.
19 Solth/Abt 1951.

Basel zu Beginn des 20. Jahrhunderts die Mehrheit aller Geburten (rund 60 Prozent) im Frauenspital stattfand (auch für viele minderbemittelte Familien), weshalb der Anteil an nicht abgebildeten Hausgeburten und Geburten in anderen Anstalten relativ gesehen klein ist.

Der Verlauf des mittleren Geburtsgewichtes (Abbildung 1) zeigt sehr deutlich eine Abnahme gegen Ende des Ersten Weltkrieges, wodurch der grundsätzlich positive Trend kurzfristig unterbrochen wird. Erst circa 1922 ist das Vorkriegsniveau des mittleren Geburtsgewichtes wieder erreicht. Solth und Abt heben 1951 hervor, dass die Gewichtsabnahme während des Ersten Weltkrieges grösser war als während des Zweiten Weltkrieges. Der Ernährungsstatus von werdenden Müttern und Neugeborenen hatte am Ende des Ersten Weltkrieges also merklich gelitten.

12.2.2 Wachstum, Körpergewicht und Gesundheitszustand von Schulkindern in Bern, Basel und Genf

In der Stadt Bern wurde ein hauptamtlicher Schularzt erstmals 1913 eingesetzt. Zu seinem Pflichtenheft gehörte es, alle schuleintretenden (1. Schuljahr) und schulaustretenden Kinder (9. Schuljahr) auf ihren Gesundheitszustand zu untersuchen. Er erhob dabei, wie viele der Knaben und Mädchen unter einer bestimmten Mindestkörpergrösse lagen oder rachitische Symptome aufwiesen. Die Ergebnisse dieser Erhebungen wurden in den jährlichen Verwaltungsberichten des Schularztamtes zwischen 1913 und 1935 abgedruckt.[20] Grosser Wert wurde auf die Beurteilungskriterien gelegt, damit die Untersuchungsergebnisse vergleichbar waren. Abbildung 2 (oben) zeigt, wie der eigentlich sinkende prozentuale Anteil Knaben und Mädchen des 1. und 9. Schuljahres mit Rachitis-Symptomen jäh unterbrochen wird von einem deutlichen Anstieg der (Vitamin-D-) Mangelkrankheit im Jahr 1918. Unten wird der Prozentsatz an Knaben und Mädchen unter 108 Zentimeter in allen 1. Klassen und unter 148 Zentimeter in den 9. Klassen abgebildet.

Die Mangelzeiten am Ende des Ersten Weltkrieges hatten einen Einfluss auf das Wachstum zumindest der 15-jährigen Jugendlichen, der in den Jahren 1918 und 1919 bei den Knaben stärker war als bei den Mädchen, wenn der Prozentanteil der Schulkinder unter dem Grenzwert von

20 Verwaltungsberichte der Städtischen Schuldirektion für die Jahre 1913–1935.

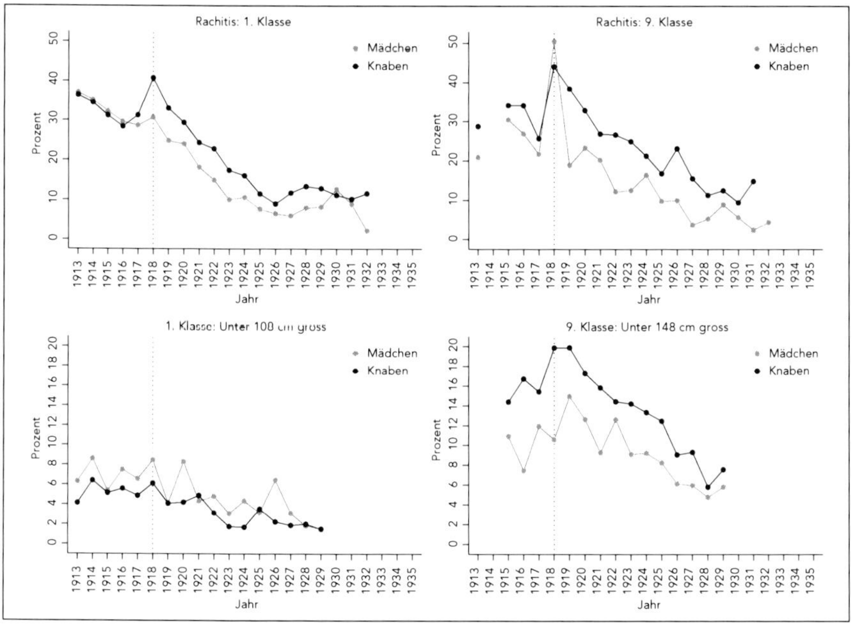

Abb. 2: Relativer Anteil an Mädchen und Knaben mit Symptomen für Rachitis (oben) und relativer Anteil an Mädchen und Knaben unter dem Richtwert 108 cm bzw. 148 cm (unten) in allen 1. (jeweils links) und 9. (jeweils rechts) Klassen der Stadt Bern, 1913–1932. Quelle: Verwaltungsberichte der Städtischen Schuldirektion 1913–1935.

148 Zentimeter ansteigt gegenüber den Vorjahren. Allerdings haben die Mangelzeiten Ende des Ersten Weltkrieges das Wachstum der Schulkinder in der 1. Klasse nicht so stark beeinflusst. Betreffend Verlangsamung des Grössenwachstums kann somit kein eindeutiger Schluss gezogen werden. Es könnte sein, dass die Mangelzeiten auf Jugendliche mitten im pubertären Wachstumsschub durchaus wachstumsverzögernde Wirkungen hatten.

Wie in der Stadt Bern hatte der Ernährungsmangel am Ende des Ersten Weltkrieges auch in der Stadt Basel Vermessungen der Schulkinder zur Folge: Schularzt Emil Villiger untersuchte 1918 Schüler auf die Veränderung der körperlichen Entwicklung durch den Krieg und hielt fest:

> «Heute, im vierten Kriegsjahr, wird wohl niemand mehr behaupten, dass der Krieg und die Änderungen in der Ernährung ohne Einfluss auf die Entwicklung des Kindes geblieben ist.»[21]

21 Villiger 1918: 144.

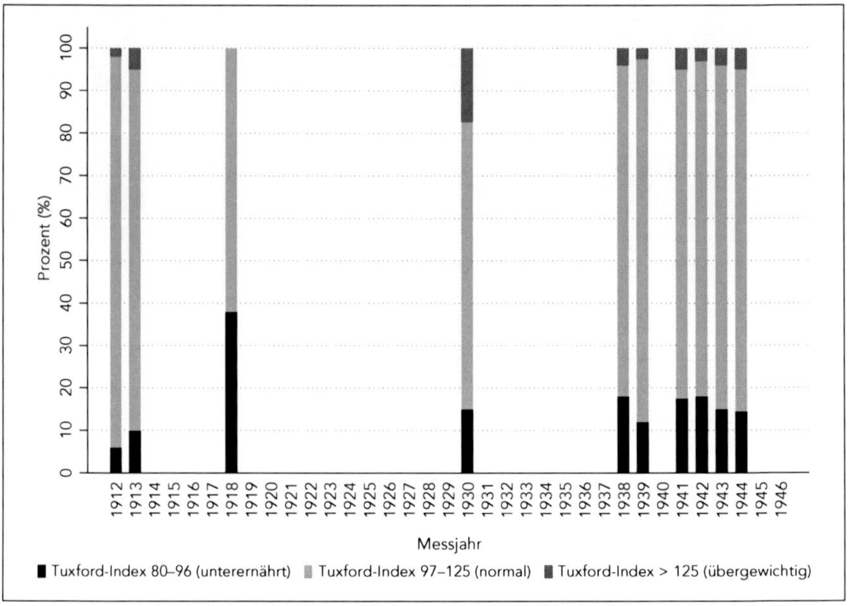

Abb. 3: Der kategorisierte Tuxford-Index für den Ernährungszustand der 6- bis 13-jährigen Genfer Schulkinder 1912–1944.
Quelle: Martin/Schweizer 1945: 469.

Er stellte an 110 untersuchten Kindern im Alter von 6–7 Jahren fest, dass Kinder aus reicheren Quartieren grösser waren als diejenigen aus ärmeren Gegenden. Allerdings habe der Krieg die Körperhöhe nur in einem geringen Masse beeinflusst, ein längerfristiges Zurückbleiben sei auszuschliessen. Umso stärker aber seien die Auswirkungen betreffend die Gewichtsabnahme in erster Linie bei Kindern aus weniger bemittelten Haushalten.

In die gleiche Richtung weisen die von Eric Martin und Catherine Schweizer 1945 neu ausgewerteten, rund 5000 Grössen- und Gewichtsmessungen des Schulärztlichen Dienstes der Stadt Genf für die Jahre 1912–1944.[22] Dabei wird die Körperfülle retrospektiv für die Zeit des Ersten Weltkrieges entsprechend der geltenden Lehrmeinung in den 1940er Jahren mit dem sogenannten Tuxford-Index für den Ernährungszustand gemessen, der auf einer altersangepassten Formel aus Körpergrösse und

22 Martin/Schweizer 1945: 468–472.

Gewicht basiert.[23] Aus der Perspektive von 1945 bewerten die Autoren die Werte von 1918 als «inquiétantes». Abbildung 3 zeigt, wie der Anteil unterernährter Kinder (mit einem Tuxford-Index unter 97) mit 38 Prozent im Jahr 1918 gegenüber den Jahren 1912 und 1913 markant angestiegen ist. Übergewichtige Kinder hingegen sind gegen Ende des Krieges offenbar gänzlich aus dem Genfer Strassenbild verschwunden.

Schliesslich bestätigen die Resultate von Martin R. Du Pan zum sich verändernden Wachstum der Schulkinder während des 20. Jahrhunderts in der Westschweiz den bisher gewonnen Eindruck: 7- und 8-jährige Genfer Knaben waren 1914/1915 durchschnittlich schwerer als ihre Altersgenossen nach dem Krieg 1923/1924. Dazu verlangsamte sich die Grössenzunahme während des Ersten Weltkrieges, wenn die Schulkinder verschiedener Altersgruppen (trotz stetiger Grössenzunahme seit Ende des 19. Jahrhunderts) im Jahr 1914 gleich gross waren wie gleichaltrige Kinder 1921.[24]

In den grossen Schweizer Städten verloren die Kinder gegen Ende des Krieges anscheinend deutlich an Körpergewicht und das Grössenwachstum verlangsamte sich. Ebenfalls dürften Anzeichen für Mangelernährung zum Beispiel in Form von Rachitis zugenommen haben. Insgesamt dürften diese körperlichen Folgen bei den Kindern sowohl für Fachleute wie Schulärzte als auch als auch für Laien im Strassenbild augenfällig gewesen sein.

12.2.3 Körperhöhe und Körperform von 19-jährigen Stellungspflichtigen

Die während der medizinischen Untersuchung der Rekrutierung vorgenommenen Körpermessungen von Stellungspflichtigen bieten für historisch-anthropometrische Studien eine aussagekräftige Datengrundlage. Die Messungen wurden nach strikten Instruktionen schweizweit seit 1875 durch medizinisches Fachpersonal standardisiert durchgeführt. Die individuellen Messresultate sind in den Sanitarischen Kontrollbüchern notiert worden und können heute für viele Kantone bis um 1950 in den Staatsarchiven eingesehen werden. Die Kontrollbücher enthalten auch die

23 Tuxford 1939: 203–216.
24 Du Pan 1959: 34–66.

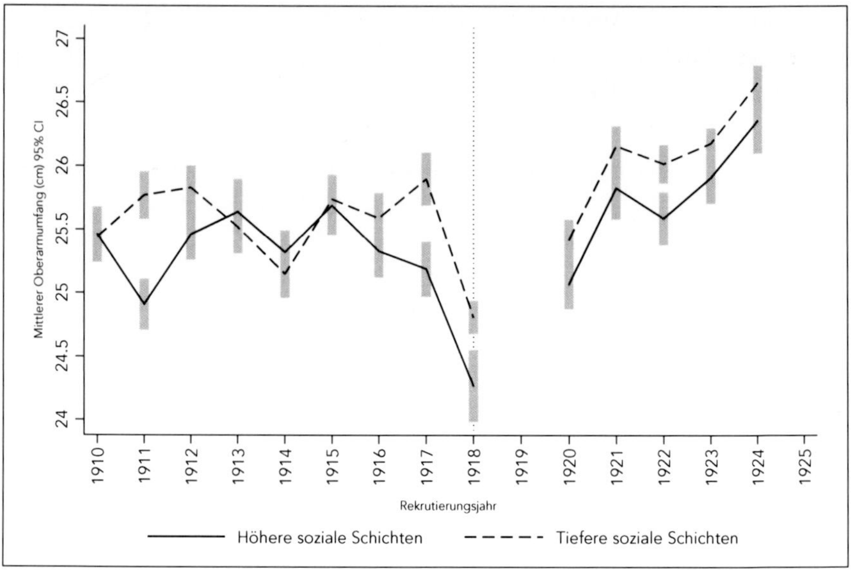

Abb. 4: Mittelwert des Oberarmumfangs 19- und 20-jähriger Stellungspflichtiger in der Stadt Zürich 1910–1924 (nach sozialer Schicht). N=2107, graue Balken=95%-Konfidenzintervall, 1919 keine Rekrutierung.
Quelle: Schoch/Staub/Pfister 2012.

Messungen derjenigen Stellungspflichtigen, die später für untauglich befunden oder zurückgestellt wurden. Über individuelle Berufsangaben kann der sozio-ökonomische Hintergrund der jungen Männer rekonstruiert werden. Stichproben haben überdies ergeben, dass die in den sanitarischen Kontrollen enthaltene Population der Stellungspflichtigen nahezu identisch ist mit der Population der lebenden jungen Männern in der Schweiz. Insgesamt bieten die Körpermessdaten von Stellungspflichtigen betreffend Repräsentativität und Vergleichbarkeit eine ideale Datenquelle, um Jahr für Jahr das Körperwachstum und die Körperfülle junger Männer nachzuzeichnen. Seit 1879 wurde das Körpergewicht nicht mehr gemessen, weshalb für die Zeit des Ersten Weltkrieges der Oberarmumfang als Indikator für den unmittelbaren Ernährungszustand dient.[25]

Einerseits gilt es festzuhalten, dass ausnahmslos alle bisher für die Schweiz erhobenen Datensätze der Körperhöhen von Stellungspflichtigen keinen Einbruch in der mittleren Körperhöhe gegen Ende des Ersten

25 Staub 2010.

Weltkrieges zeigen.[26] Dies gilt für Stellungspflichtige, die um 1918 geboren wurden, genauso wie für Stellungspflichtige, die während des Krieges als 19-Jährige gemessen wurden. Das erstaunt insofern nicht, als dass nur langeandauernde und ausgesprochen schwere Mangelzeiten das Wachstum derart unterdrücken können, dass das anschliessende Aufholwachstum in besseren Zeiten die Rückstände nicht wieder wettmachen kann. Andererseits konnte gezeigt werden, dass die aufgrund eines steigenden Lebensstandards seit Ende des 19. Jahrhunderts stetige Zunahme der mittleren Körpergrösse der Stellungspflichtigen deutlich verlangsamt wurde: Die Zuwachsraten der Körperhöhe waren für die Kriegsjahrgänge deutlich weniger hoch als für die vor und nach dem Weltkrieg Geborenen.[27]

Betrachtet man den Verlauf des mittleren Oberarmumfangs einer Stichprobe von Stellungspflichtigen in der Stadt Zürich zwischen 1910 und 1924 (Abbildung 4), fallen sofort die stabile Entwicklung während den ersten Kriegsjahren und der signifikante Einbruch im Jahr 1918 auf, sowohl bei sozial höher gestellten Berufsgruppen (Händler, Beamte) als auch bei sozial tiefer gestellten Berufsgruppen (Handwerker, gelernte und ungelernte Arbeiter). Augenfällig ist auch, dass sich der Oberarmumfang der beiden sozialen Schichten 1917 erstmals signifikant unterscheidet. Angehörige der tieferen Schichten haben länger mehr Oberarmumfang, was im Einbruch 1918 erneut abgebildet ist. Da die Rekrutierung 1919 ausgesetzt wurde, sind für dieses Jahr keine Werte vorhanden. Spätestens 1921 scheint sich die Ernährungslage wieder verbessert zu haben.

Die unterschiedlichen Reaktionen der sozialen Schichten auf die Ernährungsknappheit am Ende des Krieges vor dem Hintergrund der Rationierungen, die tieferen Schichten eher zugutegekommen sind, ist im Moment Gegenstand laufender Forschungen am Lehrstuhl für Wirtschaftsgeschichte an der Universität Zürich. Insgesamt hat also der unmittelbare Ernährungszustand der Stellungspflichtigen (hier gemessen am Oberarmumfang in der Stadt Zürich) gegen Ende des Ersten Weltkrieges deutlich gelitten und die Grössenzunahme wurde abgebremst, allerdings waren die Mangelzeiten wohl zu wenig gravierend und zu kurz, als dass das Längenwachstum nachhaltig unterdrückt worden wäre.

26 Schoch/Staub/Pfister 2012.
27 Staub 2010.

12.3 Entstehungshintergrund und Auswirkungen der Schulkindermessungen am Ende des Ersten Weltkrieges am Beispiel der Stadt Bern

Schon vor dem Ersten Weltkrieg waren in den Städten Lausanne, Basel, Bern sowie im Kanton Zürich Kinder im schulärztlichen Kontext auf ihren Ernährungsstatus und ihre Entwicklungsverhältnisse hin untersucht und teilweise auch vermessen worden.[28] Die Systematik, mit welcher die Messungen der Körperhöhe und des Körpergewichts am Ende des Ersten Weltkrieges in der Stadt Bern ein- und durchgeführt sowie danach periodisch wiederholt wurden, ist aber wohl betreffend Aufwand und Umfang in der (Deutsch-)Schweiz bis zum Einsetzen der umfassenden Reihenmessungen in der Stadt Zürich 1934 unübertroffen.[29] Dem Entstehungshintergrund dieser systematischen Reihenuntersuchungen 1918 in der Stadt Bern, deren kurzfristigen Folgen in den 1920er Jahren, den mittelfristigen Nachwirkungen im Zweiten Weltkrieg und den langfristigen Auswirkungen bis in die Gegenwart soll hier exemplarisch nachgegangen werden.

12.3.1 Von der Motion Marbach zu den ersten Vermessungen 1918

Nachdem schon innerhalb der Lehrerschaft im Jahr 1917 Klagen über den Ernährungszustand der Kinder in der Stadt Bern laut geworden waren, hoben auch Fachleute den Warnfinger. Alexander Lipschütz, Physiologe an der Universität Bern, referierte am 11. September 1917 vor der Anthropologischen Sektion der Schweizerischen Naturforschenden Gesellschaft in Zürich über den Einfluss der (Kriegs-)Ernährung auf die Körpergrösse.[30] Er malte ein düsteres Bild, weil er fürchtete, in den nächsten Jahren könnte sich eine Tendenz zur Herabsetzung der mittleren Körperhöhe bemerkbar machen. Die Diskussion um die körperlichen Auswirkungen des Mangels auf die Kinder fand danach auch den Weg in die Politik.

28 Combe 1896; Stéphanoff 1903; Schaffner 1901; Spiess 1888; Kraft 1901; Frey 1901.
29 Steinmann 1940.
30 Lipschütz 1917.

Ausgangspunkt der systematischen Grössen- und Gewichtsmessungen in Bern war auf politischer Ebene im Stadtrat die sogenannte Motion Marbach. Die sozialistische Motion wurde am 3. Januar 1918 eingereicht und zielte auf eine ärztliche Untersuchung der Schulkinder zwecks Feststellung des Ernährungszustandes und die anschliessende Bekämpfung einer allfälligen Unterernährung ab. Am 22. Februar 1918 wurde die Motion im Stadtrat diskutiert: Von Seiten der Lehrerschaft werde schon seit Langem geklagt, die Schüler seien nicht mehr bei genügender, physischer Kraft und von den Schülerspeisungen würden dic Berichte über den Ernährungszustand der Kinder ebenfalls sehr ungünstig lauten. Vielen Familien mangle es an Lebensmitteln und vielfach seien die Kinder hygienisch schlecht untergebracht. Besonders die Wohnverhältnisse im Mattequartier seien sehr beunruhigend. Zur Hebung des Gesundheitszustandes der Schuljugend sei eine Untersuchung sämtlicher Schulkinder anzustreben, deren Resultat dann eine vermehrte und ununterbrochene Schülerspeisung als geeignete Gegenmassnahme stützen würde.[31]

Schuldirektor Rudolf Schenk antwortete, die Behörden würden die Ernährung der Schuljugend aufmerksam verfolgen, die Ärzte bezeichneten den Ernährungszustand der Kinder allerdings nicht als ungünstig. Es werde schon sehr viel unternommen von Behörden und Privaten (Schülerspeisungen, Ferienerholung, Abgabe verbilligter Lebensmittel, Eigenproduktion von Lebensmitteln). Schenk erklärte weiter:

> «Mit der Untersuchung der Schulkinder auf ihren Ernährungszustand ist der Gemeinderat einverstanden und es hat der Schularzt bereits den Vorschlag gemacht, die Schulkinder auf Körperlänge und Gewicht zu untersuchen und in Fällen, wo die Minimalwerte nicht erreicht werden, die betreffenden Kinder einer Spezialuntersuchung zu unterziehen.»[32]

Dieses Vorgehen habe sich anderwärts als praktisch erwiesen. Die Motion wurde anschliessend vom Rat einstimmig als erheblich erklärt.

31 Protokoll der Sitzung des Stadtrates, Freitag, den 22. Februar 1918, nachmittags 5 Uhr im Vortragssaal der Französischen Kirche. In: Protokolle des Stadtrates von Bern. Bern 1918, S. 32–37, hier 33.

32 Protokoll der Sitzung des Stadtrates, Freitag, den 22. Februar 1918, nachmittags 5 Uhr im Vortragssaal der Französischen Kirche. In: Protokolle des Stadtrates von Bern. Bern 1918, S. 32–37, hier 33.

12.3.2 Die Resultate der ersten Vermessungen 1918

Paul Lauener, Schularzt seit 1917, legte noch im gleichen Jahr die Ergebnisse seiner Messungen und Untersuchungen aller rund 10 000 Schulkinder der Stadt nach Altersgruppen und nach Geschlecht differenziert vor. In der Publikation der Ergebnisse aus dem Jahr 1918 geht er zuerst auf die Bedeutung der Ernährung für das wachsende Kind sowie auf Wege und Mittel gegen die drohende Unterernährung ein und hält gleich zu Beginn fest: «Der grosse Krieg hat es zu Stande gebracht, dass man sich in allen Ländern in einem hohen Masse mit der Volksernährung beschäftigen muss.»[33] Er hebt die Bedeutung der Proteine hervor, wobei Wachsende mehr benötigten. Gerade arme Kinder würden diesbezüglich zurückliegen. Und dies «ist aber nicht zum kleinsten Teil auf den Mangel an Eiweissnahrung zurückzuführen».[34] Der allgemeine Mangel sei während des Krieges empfindlich gestiegen, «so dass vielleicht im nächsten Jahr, wenn nicht geeignete Massnahmen einsetzen, die Unterschiede noch grösser werden könnten».[35]

Lauener untersuchte zusätzlich 1032 Stadtberner Primarschüler des 4. Schuljahres (gemessen im späten Winter 1918) speziell im Hinblick auf die sozioökonomische Stellung des Elternhauses. Kinder reicher Eltern waren im Durchschnitt 138.9 Zentimeter gross und 32 Kilogramm schwer, diejenigen des guten Mittelstandes 136.1 Zentimeter und 30.5 Kilogramm, im schlechten Mittelstand 133 Zentimeter und 28.7 Kilogramm und diejenigen Kinder armer Eltern massen 131.1 Zentimeter und wogen 27.9 Kilogramm. Dementsprechend fielen auch die Unterschiede nach Quartieren aus: Kinder aus der unteren Altstadt und der Matte waren klein, Kinder aus der oberen Altstadt, dem Kirchenfeld und dem Breitenrain gross. Auch bei der Mangelkrankheit Rachitis machten sich soziale Unterschiede deutlich bemerkbar: Nur 7.8 Prozent der Kinder reicher Eltern hatten Rachitis, bei Kindern armer Eltern waren es 41.1 Prozent. Lauener bemerkte, für gutes Geld könne sich in der Tat jeder satt essen, «aber steigen sie mal mit mir hinab in die Arbeiterquartiere!»[36] Fleisch sei viel zu teuer, es sei kaum möglich, eine mehrköpfige Familie ausreichend

33 Lauener 1918: 119.
34 Lauener 1918: 123.
35 Lauener 1918: 123.
36 Lauener 1918: 136.

zu ernähren. Sehr schlecht sei die Situation bei den Arbeitern und den kleinen Beamten. Dabei seien die Kinder die Leidtragenden, da sie noch im Wachstum seien. Lauener schliesst daraus, dass «eine körperliche Minderwertigkeit der Kinder der unteren Volksschicht besteht, dass bei den Nahrungsmittelpreisen, die jetzt herrschen, dem Unbemittelten unmöglich ist, eine Familie genügend zu ernähren».[37] Abhilfe sah Lauener durch Schülerspeisungen und den Ausbau der Ferienversorgung: «Wir haben einen Weg, den wir nun weiter ausbauen müssen: Der Weg heisst: Die Schülerspeisung!»[38]

Die *Berner Tagwacht* kommentierte die Untersuchung der Schulkinder auf der Titelseite der Abendausgabe des 12. Juli 1918 im Hauptartikel:

> «Was der aufmerksame Beobachter auch ohne statistische Angaben konstatieren konnte, wird hier wissenschaftlich festgestellt. Körpergewicht und Körperlänge bleiben zurück, weil die Ernährungs- und Unterkunftsverhältnisse prekär sind und das in einem Alter, das für die ganze spätere Entwicklung des Menschen entscheidend ist.»[39]

12.3.3 Intensivierung der Schülerspeisungen und der Ferienerholung als unmittelbare Folge am Ende des Krieges

Die Resultate der Messungen lieferten die quantitative Basis, um die Gesundheitsfürsorge der Schulkinder am Ende des Ersten Weltkrieges in beispielloser Manier zu intensivieren. Schon seit 1876 wurden in der Schweiz im Sommer bedürftige Schulkinder in Ferienheime auf dem Land zur Erholung geschickt. In der Stadt Bern wurde die Ferienerholung ab 1879 zuerst von Privaten organisiert, dann kaufte die Stadt auch eigene Ferienheime. Zuerst war der Anteil der von der Ferienerholung profitierenden Schulkinder mit rund 5 Prozent gering, ab 1894 und neuen Ferienheimen seitens der Stadt erhöhte er sich auf rund 10 Prozent. Es folgte eine leicht ansteigende Tendenz während des Ersten Weltkrieges und schliesslich die Intensivierungen nach dem Krieg Anfang der 1920er Jahre, als eine Verdoppelung stattfand und ein Viertel der Primarschulkinder während des

37 Lauener 1918: 139.

38 Lauener 1918: 140.

39 Berner Tagwacht, Abendausgabe, 12. Juli 1918, Titelseite.

Sommers mehrere Wochen zur Erholung auf dem Land verbringen konnten. Die bedürftigen und berechtigten Kinder aller Altersstufen wurden dabei vom Schularzt ausgewählt.[40]

Das Gegenstück der Ferienkolonien im Sommer waren die Schülerspeisungen im Winter. Unterernährten und bedürftigen Schulkindern wurden mittags Suppe, Brot und Milch abgegeben, teilweise auch Kleidungsstücke. Im Gegensatz zur Ferienerholung wurde die Schülerspeisung auch in ländlichen Gebieten durchgeführt. Bei den Schülerspeisungen ist nach dem Ersten Weltkrieg ebenfalls eine sprunghafte Zunahme der Ausgaben pro Schulkind zu verzeichnen. In den 1920er Jahren stieg so der Anteil der profitierenden Kinder auf circa 33 Prozent aller Primarschulkinder, die während des Winters teilweise täglich zusätzlich in der Schule ernährt wurden. Die positive und präventive Wirkung dieser beiden sozial- und präventivmedizinischen Massnahmen wurde erkannt, das Engagement blieb in der Zwischenkriegszeit hoch und wurde während des Zweiten Weltkrieges weiter intensiviert.[41]

12.3.4 Mittelbare Nachwirkungen der Schulkindervermessungen von 1918

Die 1918 erstmals vorgenommene Vermessung der Körperhöhe und des Körpergewichts aller Berner Schulkinder wurde in der Folge im Abstand von je sechs Jahren 1924 und 1930 wiederholt und die Ergebnisse publiziert. Insgesamt wurden in den drei Vermessungsjahren in der Stadt Bern über 40 000 Schulkinder vermessen, immer um dieselbe Jahreszeit nach gleichen Rahmenbedingungen. In seinen zahlreichen Publikationen ging Lauener immer wieder auf die Relevanz der Messungen ein. 1926 etwa stellte er die Resultate von 1918 und 1924 einander gegenüber und hielt fest, dass Messungen und Standardmasse dazu da seien, um den Ernährungszustand und die Entwicklung der Schulkinder beurteilen zu können, die massgeblich durch Krankheiten, Störungen im Bereich der Drüsen oder soziale Stellung beeinflusst würden.[42] Die Entwicklungs- und Gesundheitsverhältnisse der Berner Schulkinder wurden nachfolgend

40 Staub 2010: 169–172; Staub 2011: 28–33.

41 Staub 2010: 169–172; Staub 2011: 28–33.

42 Lauener 1926.

auch während des Zweiten Weltkrieges wieder eingehend untersucht. Im Unterschied zum Ersten Weltkrieg wurden die Messungen bereits ab Kriegsbeginn durchgeführt und mit zunehmender Kriegsdauer aus Sorge um Rationierung, Wohnungsnot sowie ansteckende Krankheiten zunehmend beachtet.[43]

12.4 Einordnung: Der Ernährungszustand von Berner und Genfer Schulkindern im Zweiten Weltkrieg

Die einzige Untersuchung, die aufgrund einheitlicher Daten einen direkten und verlässlichen Vergleich des Ersten und Zweiten Weltkrieges zulässt, ist diejenige von Martin und Schweizer.[44] Sie analysiert retrospektiv die Körperfülle von 5000 Stadtgenfer Schulkindern für die Jahre 1912–1944 anhand des Tuxford-Index.[45] Während die Prozentanteile normal- und untergewichtiger Schulkinder 1938–1944 konstant auf einem befriedigendem Niveau blieben, war der Anteil der untergewichtigen Kinder im Jahr 1918 mit 38 Prozent mehr als doppelt so hoch wie 1944 (vgl. Abbildung 3). Martin und Schweizer ordneten den Ernährungszustand gegen Ende des Zweiten Weltkrieges folgendermassen ein: «Cet état de nutrition est beaucoup meilleur que celui de 1918.»[46]

Laueners Analysen des Tuxford-Index von Stadtberner Schulkindern 1941–1946 lassen keinen direkten Vergleich mit dem Ersten Weltkrieg zu, seine errechneten Tuxford-Mittelwerte zeigten aber ebenfalls eine stabile Entwicklung auf befriedigendem Niveau bis über das Kriegsende hinaus (gestrichelte Linie in Abbildung 3). Gemäss Lauener – er war sowohl 1918 als auch 1946 Berner Schularzt – waren während des Zweiten Weltkrieges trotz Altersunterschieden und saisonalen Schwankungen die Entwicklungsverhältnisse der Berner Kinder normal geblieben. Mit Blick auf die Städte Zürich und Genf schloss Lauener, dass im Gegensatz zum Ersten

43 Lauener 1947a: 81–120.

44 Martin/Schweizer 1945: 468–472.

45 Tuxford 1939: 203–216.

46 Martin/Schweizer 1945: 472.

Weltkrieg kein ungünstiger Einfluss der Kriegsernährung auf das Wachstum der Kinder bestand und die Situation nach dem Zweiten Weltkrieg eine bedeutend bessere war als 1918.[47]

12.5 Fazit

Eine Intention des vorliegenden Beitrages war es, zu differenzieren, inwiefern sich die verschlechterte Ernährungssituation gegen Ende des Ersten Weltkrieges im menschlichen Körper widerspiegelte. Die Daten sprechen eine eindeutige Sprache: Der menschliche Körper reagierte auf die Verknappung der Ernährung sowie wohl auch auf die Verschlechterung des Krankheitsumfeldes (Grippe). Sowohl das mittlere Geburtsgewicht im Frauenspital Basel, das Körpergewicht von Basler Schulkindern, der Tuxford-Index von Genfer Schulkindern als auch der Oberarmumfang von Stadtzürcher Stellungspflichtigen zeigen spätestens 1918 einen deutlichen Einbruch des unmittelbaren Ernährungszustandes an. Das seit dem 19. Jahrhundert zunehmende Längenwachstum von Berner und Genfer Schulkindern sowie der Stellungspflichtigen auf nationaler Ebene wurde vorübergehend verlangsamt. Allerdings muss festgehalten werden, dass die mittlere Körperhöhe im Erwachsenenalter keinen Einbruch erlitten hat. Dies ist ein deutliches Zeichen dafür, dass die Mangelzeiten zu wenig gravierend waren und zu kurz andauerten, und dass das Aufholwachstum um 1920 in der Lage war, die angesprochenen Wachstumsverlangsamungen wieder wettzumachen. Der Vergleich des Ernährungsstatus von Genfer Schulkindern zwischen dem Ersten und Zweiten Weltkrieg fällt klar zu Ungunsten des Ersten Weltkrieges aus: Der Prozentanteil untergewichtiger Kinder war 1918 mehr als doppelt so hoch wie 1944.

Der anthropometrische Blick über die Landesgrenzen zeigt, dass der menschliche Körper während des Ersten Weltkrieges durch Ernährungseinbussen in Deutschland wohl stärker beeinträchtigt wurde als in der Schweiz. In der Schweiz werden einerseits der vergleichsweise lange tiefbleibende Milchpreis (und damit eine relativ gute Proteinversorgung) so-

47 Lauener 1947b: 23.

wie andererseits die beispiellose Intensivierung der Schulkinderfürsorge (Schülerspeisungen, Ferienerholung) ihre Wirkung bezüglich körperliche Anzeichen der Mangelzeiten Wirkung gezeigt haben.

Die zweite Intention des Artikels war es, am Beispiel der Stadt Bern aufzuzeigen, wie die Sorge um den Ernährungszustand der Schulkinder gegen Ende des Krieges zur Geburtsstunde nachhaltig intensivierter, sozial- und präventivmedizinischer Massnahmen wurde. Heute ist die Welt geprägt von einem Gegensatz zwischen Mangelernährung und Untergewicht in Entwicklungsländern sowie Überernährung und zunehmendem Übergewicht in den entwickelten Ländern. Beide Extreme des Ernährungszustandes werden in erster Linie durch die Anthropometrie untersucht. Auch in der Schweiz werden heute Schulkinder vermessen, wobei der Fokus auf dem Übergewicht liegt.[48] Dabei gehen die Wurzeln dieser systematischen anthropometrischen Überwachung des Ernährungszustandes zurück auf die grosse Sorge um Unterernährung der Schulkinder während den Mangelzeiten gegen Ende des Ersten Weltkrieges. Die Vermessung der Grösse und des Gewichts der Berner Schulkinder lieferte schliesslich die quantitative Argumentationsbasis, um die Schulkinderfürsorge (Schülerspeisungen, Ferienerholung) entscheidend und nachhaltig auszubauen. Die systematische Prüfung des Ernährungszustandes durch die Anthropometrie etablierte sich in der Zwischenkriegszeit und wurde aufgrund der Erfahrungen am Ende des Ersten Weltkrieges im Zweiten Weltkrieg von Beginn weg zu einem wichtigen Beobachtungsinstrument des Gesundheitszustandes der Kinder und Erwachsenen.[49]

48 Lamprecht et al. 2012; Ledergerber/Steffen 2011.
49 Fleisch 1947; Stutz 1943; Billeter 1948.

SYNTHESE

13. DIE VERLETZLICHKEIT DER SCHWEIZERISCHEN WIRTSCHAFT UND GESELLSCHAFT WÄHREND DES ERSTEN WELTKRIEGES – DER VERSUCH EINER SYNTHESE

Daniel Krämer

13.1 Das Konzept der Verletzlichkeit

Kaum ein Ereignis trifft Gesellschaften umfassender als grosse Kriege. In ihrem Gefolge treten unweigerlich Nahrungsmittel-, Energie- und Ressourcenkonflikte auf. Nicht zuletzt deshalb drehte sich der Erste Weltkrieg nicht nur um Stahl und Gold, sondern auch um Brot, Kartoffeln und – um das Diktum von Avner Offer leicht abzuwandeln – Kohle.[1] Aus der Perspektive der Wirtschafts-, Sozial- und Umweltgeschichte drängt sich daher die Frage auf, weshalb sich während des Krieges nicht alle Gesellschaften und Personen(gruppen) als gleich verletzlich erwiesen haben.

Es entbehrt nicht einer gewissen Ironie, dass die Wurzeln des Konzepts der Verletzlichkeit im militärischen Bereich liegen. In den 1940er Jahren lancierte das Bomberkommando der Vereinigten Staaten mit den *Strategic Bombing Surveys* ein breit angelegtes Forschungsprojekt, um die physischen und psychologischen Auswirkungen der Flächenbombardements zu studieren. Während des Kalten Krieges wurde aus dem militärischen zusehends ein zivilgesellschaftliches Konzept, weil sich die Forschung vermehrt der systematischen Untersuchung möglicher Schwachstellen gesellschaftlicher Systeme zuwandte. Aus den *Strategic Bombing Surveys* war ein interdisziplinäres Brückenkonzept entstanden, das eine ganze Reihe von Faktoren (ökologische, gesellschaftliche, kulturelle), Skalen (Gesellschaften, Haushalte, Individuen) und Ebenen (räumliche, historische, biologische) verband.[2]

Die wachsende Popularität des Konzepts führte zu einer gewissen Beliebigkeit und zur Verwässerung des Begriffs «Verletzlichkeit». Jörn Birkmann unterschied 2006 bereits fünf «Generationen» des Konzepts und Dominik Collet führte 2012 mehr als 20 Semiotiken und 30 Defini-

1 Offer 1989: 26–31. Vgl. dazu auch die Einleitung zu diesem Band.
2 Bankoff 2004: 24; Collet 2012: 15–16, 18; Dombrowsky 2008: 64.

tionen von Verletzlichkeit an.[3] Um die Differenzen zwischen den verschiedenen Konzeptualisierungen und Traditionen von Verletzlichkeit zu überbrücken, entwickelte Hans-Martin Füssel mithilfe einer Minimalkonstruktion eine konsistente Terminologie.

Er differenzierte einerseits zwischen vier grundlegenden Dimensionen der Verletzlichkeit: dem zu analysierenden System,[4] dem zu untersuchenden Teilbereich des Systems, dem auslösenden Ereignis und dem Zeitpunkt seines Auftretens. Einem System ordnete er human-ökologische Systeme, Bevölkerungsgruppen, ökonomische Sektoren, geografische Regionen und natürliche Systeme zu. Der zu untersuchende Teil wurde durch das auslösende Ereignis bedroht. Es konnte sich dabei um Menschenleben, die Gesundheit, das Einkommen, die kulturelle Identität einer Gemeinschaft, die Biodiversität, den Kohlenstoffausstoss oder den Holzschlag in einem Ökosystem handeln. Als wichtig stufte Füssel ausserdem den Untersuchungszeitpunkt ein, weil sich die Verletzlichkeit eines Systems im Laufe der Zeit verändern konnte und es nicht immer den gleichen Risiken ausgesetzt war.[5]

Andererseits bildete er zwei voneinander unabhängige Kategorien, damit seine Klassifikation auf alle Situationen anwendbar war. Füssel unterschied zwischen einem internen und einem externen Wirkungskreis sowie zwischen einer sozio-ökonomischen und einer biophysikalischen Wissenschaftstradition (vgl. Abbildung 1).[6]

Bei der Untersuchung der Verletzlichkeit eines Systems stellt sich stets die Frage, welchen Störungen es ausgesetzt war, welche Bestandteile durch Störungen verletzlich waren, welche Bestandteile sich durch Störungen veränderten und wie das System auf sie reagierte, wie es sie bewältigte und wie es sich erholte. Trotz den verschiedenen Konzeptualisierungen und Traditionen von Verletzlichkeit kristallisierten sich drei Kategorien heraus, um die herum sich das Problem der Verletzlichkeit strukturieren lässt: Exposition, Sensitivität und Bewältigung/Resilienz.[7]

3 Birkmann 2006; Collet 2012: 18. Die folgenden Ausführungen basieren auf Krämer 2015: 106–107.

4 Füssel verstand unter einem System zum Beispiel ein gekoppeltes Mensch-Umwelt-System, eine Bevölkerungsgruppe, einen Wirtschaftssektor, eine geografische Region oder ein Ökosystem. Vgl. dazu: Füssel 2007: 157.

5 Füssel 2007: 157.

6 Füssel 2007: 158–159.

7 Krämer 2015: 205.

		Wissenschaftstradition (knowledge domain)	
		sozioökonomisch/sozialwissenschaftlich	*biophysikalisch/naturwissenschaftlich*
Wirkungskreis (sphere)	*intern*	- Haushaltseinkommen - soziale Netzwerke - Zugang zu Informationen	- Topographie - Umweltbedingungen - Bodenbeschaffenheit
	extern	- Krieg - Steuern und Abgaben - Kornsperren/Embargos	- Naturkatastrophen - Witterungsanomalien und -extreme - Epidemien und Viehseuchen

Abb. 1: Die vier Kategorien der Verletzlichkeit. Füssel differenziert zwischen den Kategorien Wirkungskreis (sphere) und Wissensgebiet (knowledge domain). Innerhalb des Wirkungskreises wird zwischen internen und externen Kategorien unterschieden. Welcher Kategorie ein Faktor zugeordnet wird, hängt von der Untersuchungsebene ab. Die Politik eines Staates ist ein interner Faktor, wenn der Staat analysiert wird; wenn der Fokus auf einer Gemeinde liegt, handelt es sich um einen externen Faktor. Sozio-ökonomische Verletzlichkeit bezieht sich auf ökonomische Ressourcen, Machtverteilung, soziale Institutionen und kulturelle Praktiken. Ihre Untersuchung wird den Geisteswissenschaften zugeordnet. Sozio-ökonomische und biophysikalische Verletzlichkeit können sich überlappen (z.B. bei gebauter Infrastruktur).
Quelle: Abbildung adaptiert nach: Füssel 2007: 158.

- Exposition: Normalerweise beginnt die Analyse der Verletzlichkeit(en) mit der Bestimmung der bedrohten Einheit. Es kann sich dabei um Individuen, Haushalte, Gesellschaften, Staaten, Tiere, Pflanzen oder Ökosysteme handeln. Anschliessend wird untersucht, wie oft, wie stark und wie lange die gewählte Einheit durch eine oder mehrere Störungen einem Risiko ausgesetzt ist. Sowohl die Wahl der Untersuchungseinheit als auch die Wahl der kausalen Faktoren schränken die Reichweite der Untersuchung ein.
- Sensitivität: Die Forschung widmete den Veränderungen des Systems durch biophysikalische, sozio-ökonomische und politische Prozesse nach Störungen bisher nur wenig Aufmerksamkeit. Weil die Bewältigung nicht nur auf Strategien beruht, sondern bisweilen auch von Zufälligkeiten bestimmt wird, ist der Zusammenhang zwischen Exposition und Veränderung nicht immer eindeutig.
- Bewältigung/Resilienz: Gesellschaften, Haushalte und Personen besitzen mehrere Möglichkeiten, um eine Störung zu bewältigen oder aus ihren Folgen zu lernen. Sie können Risiken antizipieren und sich ihnen gar nicht erst aussetzen; sie können Anpassungen vornehmen, um die Folgen einer Störung mit kurzfristigen Massnahmen zu lindern ohne das System zu verändern; und sie können mit Adaptionen

einen Wandel des Systems herbeiführen und seine Resilienz erhöhen.[8]

Sowohl die Wahl der bedrohten Einheit als auch der Bewältigungsstrategie hängt von der Wahrnehmung der Zeitgenossen, ihrer Deutung des Risikos und der Prozesse sowie ihrer Erinnerung an vergleichbare Ereignisse in der Vergangenheit ab.[9] Als das Oltener Aktionskomitee (OAK) am 8. März 1918 mit der Forderung an den Bundesrat gelangte, «der Versorgung der Bevölkerung mit Lebensmitteln und Bedarfsartikeln alle Aufmerksamkeit zu schenken»,[10] erinnerte der vorgeschlagene Massnahmenkatalog an den sogenannten Teuerungskanon früherer Jahrhunderte.[11] Die Ausschaltung des Zwischenhandels, die Festsetzung von Preisen, Ausfuhrverbote für Nahrungsmittel, die Einschränkung der Verwendung von Nahrungsmitteln, die Abschätzung von Ernteerträgen, die Beschlagnahmung von Ernten beziehungsweise Vorräten und Notstandsmassnahmen waren während Subsistenzkrisen seit dem ausgehenden Mittelalter wesentliche Bestandteile des Kanons.[12] Neu waren die Forderungen nach der Errichtung eines Ernährungsamtes, die Zentralisierung und die Rationierung von Brennstoffen wie Kohle, Massenspeisungen oder die Förderung des Kleinwohnungsbaus.[13] Am Grundsatz der überlieferten Teuerungspolitik rüttelte die Eingabe aber nicht: Mit mehr oder weniger gezielten Eingriffen in den Markt sollten die Versorgungsengpässe überbrückt werden. Strukturelle Defizite konnten mit der Lenkung des Angebots und der Nachfrage allerdings nicht beseitigt werden. In der

8 Collet 2012: 19–20; Krämer 2015: 205–208.

9 Kasperson/Kasperson/Turner 2005: 268–278; Krämer 2015: 208.

10 Eingabe des Oltener Aktionskomitees an die Bundesbehörden: 77.

11 Das «Programm» des OAK umfasste 15 Forderungen: Errichtung eines eidgenössischen Versorgungsamtes, möglichste Ausschaltung des Zwischenhandels, Mindestlöhne in Gewerbe und Industrie, Festsetzung von Preisen und Verwendungsbestimmungen für Lebensmittel (Milch, Brot, Kartoffeln, Obst, Fleisch) und Bedarfsartikel (Kohle, Holz), Massenspeisungen, Abgabe eines Volksschuhs an finanziell Minderbemittelte, Bekämpfung der Wohnungsnot, Notstandsmassnahmen und Enteignung von Kriegsgewinnen, die 10% überstiegen. Vgl. dazu: Eingabe des Oltener Aktionskomitees an die Bundesbehörden: 78–79.

12 Krämer 2015: 145–149. Vgl. dazu auch: Huhn 1987; Pfister 1998; Cottier 2014 und Collet/Krämer 2017 (im Druck).

13 Eingabe des Oltener Aktionskomitees an die Bundesbehörden: 78–82.

Begrifflichkeit des Konzepts der Verletzlichkeit handelte es sich bei den geforderten Massnahmen des OAK um Anpassungen, nicht um Adaptionen.[14]

Wie gross der Einfluss der Wahrnehmung und der Deutungsmuster war, zeigte sich im Sommer 1918. Obwohl sich die Versorgungslage weder bei den Nahrungsmitteln noch bei der Kohle verbessert hatte, enthielt das Minimalprogramm bei der Verkündung des Landesstreiks durch das OAK lediglich noch die Forderung nach der «Sicherung der Lebensmittelversorgung im Einvernehmen mit den landwirtschaftlichen Produzenten».[15] Peter Moser führt in seinem Beitrag den Wandel in der Ernährungsfrage in der Arbeiterschaft auf fundamentale Lernprozesse (Hansjörg Siegenthaler) zurück, die eine neue Problempromotion (Manuel Eisner) ermöglichten.[16] Die Elemente einer moralischen Ökonomie und Fragen nach dem Angebot und der Verteilung von Nahrungsmitteln und Brennstoffen waren in den Hintergrund getreten.[17] Auch wenn die letzten Monate des Ersten Weltkrieges die Funktion eines Scharniers in der wirtschaftlichen Landesversorgung einzunehmen scheinen, sollten die politischen Diskussionen zur Versorgungssicherheit vor und während des Krieges nicht unterschätzt werden (vgl. dazu Kap. 3.2 und 7.2). Sie trugen ebenfalls dazu dabei, dass sich gegen Ende des Krieges neue dominante Deutungskonfigurationen durchsetzten.

Schliesslich wies die Verletzlichkeit verschiedene Eigenschaften auf. Erstens war sie dynamisch, weil sie sich innerhalb kurzer Zeiträume verändern konnte und sich mehrere Prozesse gegenseitig beeinflussen konnten. Zweitens galt sie als relational, weil sie zum Beispiel von der sozialen Stellung einer Person in der Gesellschaft abhängig war. Drittens wies sie eine räumliche Determinierung auf, weil die gleiche Störung nicht in allen Teilen der Welt die gleichen Auswirkungen hatte. Viertens wurde

14 Krämer 2015: 149. Siehe auch die Ausführungen zu Bewältigung/Resilienz weiter oben.

15 Proklamation des Landesgeneralstreiks durch das Oltener Komitee: 237–240, hier 238.

16 Vgl. zu dieser Thematik aus der Perspektive der Verletzlichkeit: Voss 2008.

17 Zum Angebot (Food Availability Decline Theory, FAD) und zur Verteilung von Nahrungsmitteln (Food Entitlement Decline Theory, FED) siehe Kap. 2.2. Ein Beispiel für Anleihen an eine moralische Ökonomie im Sinne von Edward P. Thompson ist eine Karikatur im *Nebelspalter* vom 6. Juli 1918, in der ein fünfter apokalyptischer Reiter beklagt wurde. Neben (Bürger-)Kriege, Hunger, Tod und Krankheiten trat der Wucher. Vgl. dazu: Der fünfte apokalyptische Reiter. In: Nebelspalter 44/27 (06.07.1918): 1.

sie als historisch und kumulativ angesehen, weil gesellschaftliche Strukturen historisch gewachsen waren und sich Risiken im Laufe der Zeit kumulierten, ohne sich über Raum und Zeit betrachtet gleich auswirken zu müssen. Fünftens wurde sie schliesslich als komplex und multikausal beschrieben, weil mehrere Störungen gleichzeitig auftreten und sich wechselseitig beeinflussen konnten.[18]

In dieser Synthese soll die sozio-ökonomische Vulnerabilität der Gesellschaft in der Schweiz während des Ersten Weltkrieges mit Hilfe des Konzepts der Verletzlichkeit analysiert werden.[19] Auf der einen Seite werden langfristige Ursachen und auslösende Ereignisse für die Nahrungsmittel-, Energie- und Ressourcenkonflikte herausgearbeitet. Auf der anderen Seite werden die Ereignisse auf der Ebene des Bundesstaates und einzelner Städte genauso nachgezeichnet wie die kurzfristigen Anpassungen und langfristigen Adaptionen zur Bewältigung der unterschiedlichen Krisen. Nicht in Vergessenheit geraten soll bei der Strukturierung der Ergebnisse der Beiträge in diesem Band die globale Dimension des Ersten Weltkrieges.

13.2 Langfristige Ursachen der Konflikte

13.2.1 Landwirtschaft

Ein Teil der Wurzeln der Verletzlichkeit reichte weit ins 19. Jahrhundert zurück. Die Innovationen der organischen Agrarmodernisierung setzten Wachstumsprozesse in Gang, die ab den 1830er Jahren zu einem tiefgreifenden Strukturwandel führten. Auf der einen Seite bestanden zwischen der Grösse der Kuhbestände, der Milchleistung, dem Anfall von Jauche und den Futtererträgen positive Rückkoppelungsprozesse. Auf der anderen Seite verstärkten sich das Wachstum der Schweinebestände, die anfallende Mistmenge und die Kartoffelproduktion gegenseitig. Die Gewichte verschoben sich allerdings nicht nur durch die organische Agrarmoder-

18 Krämer 2015: 208–209.

19 Aufgrund der konzeptionellen Überlegungen wird wie in der angelsächsischen Literatur das 19. Jahrhundert als Referenzpunkt gewählt. In der deutschsprachigen Literatur wird der Erste Weltkrieg hingegen oft aus der Perspektive des Zweiten Weltkrieges betrachtet. Vgl. dazu auch die Einleitung zu diesem Band.

nisierung zusehends vom Ackerbau zur Milch- und Viehwirtschaft. Die entstehenden Eisenbahnnetze und der intensivierte transatlantische Handel durch die Dampfschifffahrt trugen das ihrige zu dieser Entwicklung bei. Sie ermöglichten den Import von billigem Getreide in grossen Mengen, weshalb der Getreidebau im östlichen Mittelland durch die zunehmende Einbindung in den internationalen Handel unrentabel wurde (vgl. dazu Kap. 2.3, 8.1 und 10.1).[20]

Obwohl die Spezialisierung die Versorgung der wachsenden Bevölkerung mit tierischen Eiweissen ermöglichte, wurde die Abhängigkeit der Schweiz von Importen grösser. Theoretisch hätten die Ernteerträge zwischen 1900 und 1913 ausgereicht, um die Bevölkerung rund hundert Tage lang mit Getreide zu versorgen. Weil das Brotgetreide vielfach an das Vieh verfüttert wurde, sank der Selbstversorgungsgrad aber weiter.[21] Die Schweiz war deshalb auf den Import von Getreide für Mensch und Tier aus Russland, den Donauländern, dem Deutschen Reich und Frankreich angewiesen. Immerhin konnte sich der Bundesstaat mit Kartoffeln fast selbst versorgen (vgl. dazu Kap. 2.3 und 8.1).

Die Spezialisierung auf die Milch- und Viehwirtschaft, die Einbindung in das internationale Handelssystem und die Importabhängigkeit führten zu einer Kumulierung der Risiken – die historisch gewachsenen Strukturen hatten die Verletzlichkeit durch witterungsbedingte Missernten erhöht.[22] Vergrössert wurde die Anfälligkeit für Störungen zudem durch die liberale Wirtschaftspolitik des Bundesstaates, die Handelsverträge und Importe statt staatlicher Vorräte zur Abfederung witterungsbedingter Produktionseinbussen vorsah (vgl. dazu Kap. 7.2).[23] Schliesslich

20 Vgl. dazu auch: Veyrassat 2012: 38–41.

21 Durch die Urbanisierung befanden sich bei Störungen im Versorgungsprozess besonders die Städte in einer exponierten Lage. Vgl. dazu Kap. 9.1 und 9.2. Für die Situation der Mittelmächte während des Krieges vgl. Kap. 1.5–1.8.

22 Die zunehmende Spezialisierung erhöhte die Verletzlichkeit nicht nur auf der Ebene des Nationalstaates, sondern auch auf einer globalen Ebene. Vgl. dazu Kap. 1.8 und Segesser 2016a: 97–109.

23 Vor dem Krieg verfügte lediglich die Armee über kleine Vorräte. Bundesrat und Militärdepartement einigten sich auf Vorräte für sechzig Tage. Vgl. dazu Kap. 7.2 und 9.2. Die Schweiz befand sich allerdings in guter Gesellschaft: Ausser Grossbritannien hatte sich kein Staat mit den Auswirkungen eines langen Krieges auf die Versorgung mit Rohstoffen und Nahrungsmitteln auseinandergesetzt. In Österreich-Ungarn war ein Mobilisierungsplan zur Versorgung der österreichischen Reichshälfte und speziell von Wien mit Grundnahrungsmitteln zu diesem Zeitpunkt ebenfalls noch nicht über das

hatte sich die Verletzlichkeit in einer langfristigen Perspektive erhöht, weil viele Anbaupraktiken in Vergessenheit geraten waren und Wissen verloren gegangen war (vgl. dazu Kap. 2.4 und 8.2).[24]

13.2.2 Energie

Der Bundesstaat konnte sich bei seiner Gründung fast selbst mit Energie versorgen. Rund 90 Prozent der Primärenergie entfielen um 1850 auf Holz. Der Anschluss an das fossile Energiesystem erfolgte erst, als das Mittelland 1858 über den Hauenstein-Tunnel an das oberrheinische Eisenbahnnetz angeschlossen wurde. Kohle aus dem Saarland und dem Ruhrgebiet konnte ab diesem Zeitpunkt billig importiert werden.[25] Als im späten 19. Jahrhundert in städtischen Wohnblöcken vermehrt Zentralheizungen eingebaut wurden, mauserte sich die Kohle nicht nur für die Industrie, die Gaswerke und die Bahnen zu einem zentralen Energieträger, sondern auch für grosse Teile der (urbanen) Bevölkerung (vgl. dazu Kap. 4.2).

In den letzten beiden Jahrzehnten des 19. Jahrhunderts entstand mit dem Elektrizitätsnetz ein weiteres grosses technisches System. Bis zum Ersten Weltkrieg war die Nutzung von elektrischer Energie allerdings auf die nähere Umgebung der Elektrizitätswerke beschränkt, weil Strom noch nicht über längere Distanzen transportiert werden konnte.[26] Elektrizität wurde vorwiegend für den Antrieb von Maschinen in Fabriken und für den Betrieb von schmalspurigen Vororts- und Bergbahnlinien

Anfangsstadium hinaus gediehen. Vgl. dazu Kap. 1.1, Kronenbitter 2003: 119 sowie Langthaler 2014: 307–318.

24 In der Landwirtschaft blieben nach der organischen Agrarmodernisierung weitere Modernisierungsschübe aus. Eine Motorisierung der Feldarbeiten war zwar seit der Mitte des 19. Jahrhunderts angestrebt worden, die Versuche waren aber (auch während der Kriegsjahre) nicht von Erfolg gekrönt. Vgl. dazu Kap. 3.1 und 3.3.

25 Rund 90% der Kohleimporte stammten aus dem Deutschen Reich, circa 10% der Einfuhren kamen aus Frankreich und Belgien. Vgl. dazu Kap. 4.2. Ähnlich wie bei den Nahrungsmitteln sollte sich die Abhängigkeit von Einfuhren fossiler Brennstoffe während des Ersten Weltkrieges als eine der grössten Schwachstellen des Versorgungssystems im Energiebereich erweisen.

26 Am Vorabend des Ersten Weltkrieges befanden sich die Elektrizitätswerke häufig im Besitz der öffentlichen Hand. Die privaten Werke waren grenzüberschreitend tätig und wurden vielfach von Finanzierungsgesellschaften getragen. Vgl. dazu Kap. 6.1.

genutzt, hielt über die Glühbirne aber auch Einzug in die Privathaushalte.[27] In ländlichen Regionen verdrängte in diesen Jahren die Petroleumbeleuchtung die Talgkerzen und die Öllampen aus den Wohnzimmern (vgl. dazu Kap. 4.2 und 6.1).[28]

13.2.3 Politik

Die wachsende Abhängigkeit von Getreide- und Kohleimporten beunruhigte linke und konservative Kräfte gleichermassen. Das Vertrauen in die Versorgungssicherheit wurde um die Jahrhundertwende durch grossangelegte Spekulationsversuche, mächtige Syndikate, schwankende Transportkosten, militärische Konflikte und protektionistische Interventionen anderer Staaten erschüttert. Besonders die Versorgung mit Getreide wurde nicht mehr nur aus der Perspektive der liberalen Ordnungspolitik oder im Kontext möglicher sozialer Konflikte betrachtet, sondern sie wurde auch als Problem der nationalen Sicherheit wahrgenommen. Ein Staatsmonopol, die Subvention von Transporten und der Lagerhaltung, ein moderater Mehlzoll und die Zusammenarbeit von Staat und Privatwirtschaft bei der Lagerhaltung wurden zwar diskutiert, umgesetzt wurde aber keine der erörterten Massnahmen. Gleichwohl zeigten sie mögliche Lösungswege für den Krisenfall auf und erwiesen sich als Vorboten einer interventionistischeren Marktpolitik (vgl. dazu Kap. 7.2).[29]

27 Im Gegensatz zur Bern–Lötschberg–Simplon-Bahn (BLS) waren die Schweizerischen Bundesbahnen (SBB) im Jahr 1914 noch nicht elektrifiziert. Ihre Elektrifizierung erfolgte erst in der Zwischenkriegszeit. Die Elektrifizierung der Bahnen war eine Verknüpfung zweier grosser technischer Systeme. Vgl. dazu Kap. 6.4 und Steinmann 2003.

28 Leuchtpetroleum wurde vor 1914 vorwiegend aus den USA importiert. Kleinere Mengen bezog die Schweiz ausserdem aus Österreich-Ungarn, Russland und Rumänien. Vgl. dazu Kap. 4.2. Zur Elektrifizierung einer Stadt und ihres Umlandes vgl. Hodel 1997 sowie allgemein Gugerli 1996.

29 Um die Jahrhundertwende bekam «das Laisser-faire, Laisser-aller einen zunehmend negativen Beigeschmack». Die liberale Marktordnung wurde angesichts des raschen Strukturwandels mit interventionistischen Elementen ergänzt, wobei der politische Wille zur Lenkung der Volkswirtschaft an Grenzen stiess. Das Referendumssystem und die Souveränität der Kantone engten den Handlungsspielraum des Parlaments und des Bundesrates ein. Vgl. dazu: Veyrassat 2012: 76–77, Zitat 77.

Gleichzeitig hatte eine «Verwirtschaftlichung der Politik» eingesetzt.[30] Einerseits splitterte sich die politische Landschaft auf und Akteure wie die Milch- oder die Käseproduzenten versuchten mit der Gründung von Verbänden, ihren Einfluss auf die politischen Parteien zu vergrössern. Andererseits vertieften sich die Gräben zwischen ländlichen und städtischen Regionen, weil die Linke in den Städten wesentlich stärker war als in ihrem Umland und sich Sozialdemokraten und Bauern selten grün waren.[31] Die unversöhnlichen Standpunkte verhinderten bis 1917 fundamentale Lernprozesse und neue Problempromotionen: In der Öffentlichkeit wurde weder das Beziehungsgeflecht zwischen Produzenten und Konsumenten überdacht noch wurde die Frage erörtert, ob der Ackerbau auf Kosten der Vieh- und Milchwirtschaft ausgedehnt werden sollte. Stattdessen folgten die Diskussionen altbekannten Mustern und es wurde über Beschaffungs-, Preis- und Verteilungsfragen gestritten (vgl. dazu Kap. 3.1, 9.2 und 10.1).

13.3 Auslösende Faktoren der Konflikte

Nach dem Ausbruch des Krieges versuchten die Krieg führenden Staaten zunächst, die Finanzierung des Krieges zu sichern, die Kriegswirtschaft aufzubauen, Kriegsmaterial zu beschaffen und mithilfe von Blockaden die Versorgung des Feindes mit Rohstoffen und Lebensmitteln zu stören. Bereits am Endes des Jahres 1914 traten bei den Mittelmächten die ersten Schwierigkeiten bei der Versorgung mit Lebensmitteln auf: Verwüstete Produktionsflächen, ausbleibende Getreidelieferungen aus Russland, Streitigkeiten zwischen den beiden Reichshälften in Österreich-Ungarn und die grosse Zahl von vertriebenen Personen führten zu Produktionsrückgängen.[32] Die wirtschaftlichen Auswirkungen des Krieges machten sich auch in den britischen und den französischen Kolonien bemerkbar, wobei die Lage besonders in Indien dramatisch war (vgl. dazu Kap. 1.2).[33]

30 Fenner 1981: 8, zitiert nach Beitrag Burkhard (Fussnote 9).

31 Die Sozialdemokratie wurde durch das Vollmachtenregime des Bundesrates von der Macht ausgeschlossen und sie nutzte die Ernährungsfrage, um politisch die grösstmögliche Hebelwirkung zu erzielen. Vgl. dazu Kap. 3.2 und 10.1.

32 Robert Grimm sprach bereits 1914 von «Hungernden» in der Schweiz. Vgl. dazu: Grimm 1914: 31.

33 In den französischen und britischen Kolonien fehlte es durch die Rekrutierung von

In der Entente und in den neutralen Staaten traten ab 1916 ebenfalls Versorgungsengpässe auf. Zum einen gingen 1916 die Ernteerträge in Europa, in Nordamerika und in Südamerika witterungsbedingt deutlich zurück. Neben dem Gastspiel der «Kleinen Eiszeit» in den Jahren 1916/17 – das Frühjahr 1917 war das zehntkälteste Frühjahr in Mitteleuropa seit 1500 – waren auch witterungsbedingte Pflanzenkrankheiten und Schädlinge für die Ernteausfälle verantwortlich.[34] Zum anderen erschwerten Engpässe im Transportwesen, der Mangel an Arbeitskräften in der Landwirtschaft und die Intensivierung des Wirtschaftskrieges einen überregionalen Ausgleich (vgl. dazu Kap. 1.3, 1.4, 2.4 und 2.5). Unter diesen Gesichtspunkten gewann die langfristige Verfügbarkeit von Stickstoff – nicht nur in der Kriegswirtschaft eine Schlüsselressource für Explosivstoffe, sondern auch in der Landwirtschaft als Düngemittel – zusätzlich an Bedeutung (vgl. dazu Kap. 5.1).[35]

Die Missernten veränderten nicht nur das Gesicht des Krieges an der Heimatfront, sie beeinflussten auch den Verlauf des Krieges. Die westlichen Mächte der Entente bangten um ihre aussereuropäische Getreideversorgung und sie ergriffen eine Reihe von Massnahmen, um die Getreideimporte zu sichern und die Risiken weiterer Missernten zu minimieren.[36] In Russland und bei den Mittelmächten verschärfte sich

Truppen einerseits an den notwendigen Trägern für zivile Transporte und andererseits an Schiffsraumkapazitäten. Vgl. dazu Kap. 1.2.

34 Zu den durchschnittlichen Ernteausfällen vgl. Kap. 1.3 und 2.5. Im Gegensatz dazu wurde im europäischen Frühjahr 1916 in Australien eine Rekordernte eingebracht und die Regierung nutzte die Gelegenheit, um den Krieg mit agrarischen Exporten zu refinanzieren. Vgl. dazu auch: Segesser 2016a: 97–109.

35 Die industrielle Herstellung von Stickstoffverbindungen war sehr energieintensiv, weshalb die Stickstofffrage während des Krieges auch zu einer Energiefrage wurde. Im Gegensatz zum Deutschen Reich setzte die Schweiz nicht auf das Haber-Bosch-Verfahren, sondern auf die energieintensiveren Kalkstickstoff- und Lichtbogenverfahren, was nur dank der billigen Elektrizität aus der reichlich vorhandenen Wasserkraft möglich war. Vgl. dazu Kap. 5.2 und 5.3.

36 In Grossbritannien schuf die Regierung zunächst eine Kommission und später ein Ministerium, um die Versorgung zu kontrollieren, den Verbrauch zu regulieren und die Produktionsflächen in ihrem Einflussgebiet auszuweiten. Gemeinsam mit Frankreich und Italien trat Grossbritannien auf dem Markt auf, um die Getreideimporte zu koordinieren. Im Jahr 1918 mussten sich die neutralen Staaten den Koordinationsmassnahmen unterwerfen, wenn sie ihre Einfuhren sichern wollten. Siehe dazu Kap. 1.6 und 9.4.

die Versorgungskrise erheblich. Obwohl Letztere der Versorgung der Bevölkerung mit Lebensmitteln nicht die gleiche Bedeutung beimassen wie Grossbritannien oder Frankreich,[37] war insbesondere das Deutsche Reich gewillt, die Versorgungsschwierigkeiten der Feindmächte auszunutzen. Die schlechten Ernteaussichten in den USA, in Kanada und in Argentinien, der knappe Schiffsraum, die Probleme mit der Kohleversorgung der Schiffe und die langen Transportwege zu den Ausgleichsräumen in Indien und Australien veranlassten das Deutsche Reich, am 1. Februar 1917 den uneingeschränkten U-Boot-Krieg zu beginnen. Es war ein Entscheid, der gravierende Auswirkungen hatte: Erstens blieben die erhofften Erfolge aus. Zweitens brachen die bis dahin neutralen USA die diplomatischen Beziehungen zum Deutschen Reich bereits zwei Tage später ab und erklärten ihm am 6. April 1917 den Krieg. Drittens traten im Gefolge der USA eine ganze Reihe von Mächten in der Karibik, in Südamerika und in Asien in den Krieg ein, welche die Entente zumindest ökonomisch unterstützten (vgl. dazu Kap. 1.6).

Das Versorgungssystem der Schweiz war sowohl durch die Unterbrechung der Lieferwege nach dem Ausbruch der Feindseligkeiten als auch durch den von staatlichen Massnahmen geprägten Wirtschaftskrieg verschiedenen Störungen ausgesetzt. Die Verletzlichkeit erwies sich allerdings einmal mehr als kumulativ und komplex: In einer langfristigen Perspektive hatte der Wandel im Agrarsektor – die Spezialisierung auf eine fast monokulturelle Milchwirtschaft – die Abhängigkeit von Importen von Getreide für Mensch und Tier erhöht. Zu diesen strukturellen Schwachstellen des Systems gesellten sich während des Krieges ein Mangel an Arbeitskräften und Zugtieren durch den Aktivdienst sowie verhärtete politische Fronten, die zunächst keine Pluralisierung der Lösungsansätze ermöglichten.[38] Zur Exposition des Systems gehörte auch die Abhängigkeit von Kohleimporten, wobei die Intensivierung des Wirt-

37 Leonhard 2014: 518.

38 Als sich ein längerer Krieg abzuzeichnen begann, schickten die Krieg führenden Staaten die eingezogenen Facharbeiter aus kriegswichtigen Betrieben an die Werkbank zurück. In der Schweiz wurde aus diesem Grund ein Ablösungsdienst eingerichtet, der die Spitzen des Arbeitskräftemangels brechen sollte. Im Herbst 1917 arbeitete das Volkswirtschaftsdepartement zudem eine Zivildienstvorlage aus, damit genügend Arbeitskräfte für die angestrebte Ausdehnung der Anbauflächen vorhanden waren. Die Vorlage warf politisch hohe Wellen und führte zur Gründung des OAK. Vgl. dazu die Einleitung zu diesem Band und Kap. 3.3.

schaftskrieges die Störungsanfälligkeit für Einfuhren weiter erhöhte.[39] Weil die Elektrizität als grosses technisches System erst im Aufbau begriffen war, konnte sie die Kohle während des Krieges nicht substituieren und die Verletzlichkeit des Systems verringern.

Die lange Dauer des Krieges veränderte die Sensitivität des Systems. Einerseits wuchsen die Versorgungsschwierigkeiten durch den Wirtschaftskrieg, die verringerten Transportkapazitäten durch die Truppentransporte und durch den uneingeschränkten U-Boot-Krieg. Andererseits wirkte sich die Rückkehr der «Kleinen Eiszeit» in den Jahren 1916/17 regional sehr unterschiedlich auf die Ernteerträge aus und beeinflusste das Preisniveau der Grundnahrungsmittel weltweit. Auf der politischen Ebene hatte die Teuerung unterschiedliche Auswirkungen auf das System: Nicht alle Regierungen massen der Versorgungssicherheit gleich grosse Bedeutung bei. Der Krieg um Brot, Kartoffeln und Kohle beziehungsweise die angewandten Strategien zur Lösung der Nahrungs-, Energie- und Ressourcenkonflikte zählen im Konzept der Verletzlichkeit allerdings bereits zur Bewältigung der Störungen. In den nächsten Abschnitten geht es deshalb um den Verlauf der Krise und die ergriffenen Massnahmen zur Erhöhung der Resilienz des Systems in der Schweiz.

13.4 Der Verlauf der Teuerungskrise in der Schweiz

Die Teuerung und die Mangelernährung der Jahre 1916–1918 wiesen ähnliche Merkmale auf wie die Teuerungskrisen des «ancien régime écologique». Die extremen Witterungsverhältnisse in den Jahren 1916/17 und der Wirtschaftskrieg führten in der Schweiz zweimal beinahe zu einem Zusammenbruch des Nahrungssystems: nach der langen Regenperiode im Sommer 1916 und als die Getreideimporte aus den USA im August 1918 auszubleiben drohten. Versorgungskrisen traten hingegen immer wieder auf. Im Winter 1916/17 und im Frühling 1917 mangelte es an Kartoffeln, Milch und Getreide, der Einbruch der Getreideimporte im Sommer 1917 führte während eines Jahres zur Verknappung von Getreide

39 Die Schweizer Industrie war nicht nur vom Import von Kohle abhängig, sondern ebenso von der Einfuhr von zu verarbeitenden Rohstoffen wie Kakao, Kaffee, Baumwolle oder Eisen, die vorwiegend aus Ländern der Entente bezogen wurden. Vgl. dazu: Rossfeld/Straumann 2008.

und im Frühjahr 1918 fehlte es erneut an Milch.[40] Ein Zusammenbruch des Nahrungssystems konnte während des Störfalls von 1916–1918 letztlich nur vermieden werden, weil die verschiedenen Grundnahrungsmittel zu unterschiedlichen Zeitpunkten knapp waren. Während die Missernte bei den Kartoffeln im Jahr 1916 durch Getreideimporte kompensiert wurde, fingen die Rekordernten bei den Kartoffeln in den Jahren 1917 und 1918 die einbrechenden Getreideimporte partiell auf (vgl. dazu Kap. 2.5 und 2.6).

Ausgelöst wurden die Engpässe durch einen extrem nassen und kalten Früh- und Hochsommer im Jahr 1916, ein eisiges Frühjahr 1917 und einen nassen Sommer im Jahr 1917.[41] Die Witterung setzte 1916 der Heu-, der Kartoffel- und der Getreideernte zu, was sich vor allem in Lagerverlusten äusserte.[42] Im folgenden Jahr schmälerten das eiskalte Frühjahr und der regnerische Sommer in Europa die Ernteerträge und sie liessen die Milchleistung der Kühe versiegen (vgl. dazu Kap. 2.5).[43] Weil die Ernten in den Vereinigten Staaten und in Argentinien ebenfalls missrieten und in Kanada nur durchschnittlich ausfielen, blieb der Mangel nicht auf Europa beschränkt (vgl. dazu Kap. 1.3).[44]

Der intensivierte Wirtschaftskrieg und die Missernten liessen die Preise ab 1916 ansteigen. Nach zweieinhalb Kriegsjahren lag die Teue-

40 Die Getreideimporte wurden durch die geringeren Ernteerträge, den knapper werdenden Frachtraum, die steigenden Frachtpreise und den U-Boot-Krieg erheblich erschwert. Vgl. dazu Kap. 1.8, 2.6, 3.2 und 8.2.

41 Zur Qualität der Ernten und der Ernteerträge in der Schweiz vgl. Kap. 2.5 und Abbildung 4 in Kap. 2.

42 In der Schweiz und im Deutschen Reich kam es zu Lagerverlusten bei Kartoffeln (Nassfäule), in Ungarn verfaulte 1916 ein Teil der feucht eingebrachten Maisernte in den Lagern. Vgl. dazu Kap. 1.5, 2.5 und 2.6. Siehe zudem Abbildung 4 in Kap. 2 zu den Getreide- und Kartoffelernten sowie der Milchproduktion in der Schweiz für die Jahre 1914–1918.

43 In Russland gingen die Ernten 1916 um 20% zurück. Obwohl die Bevölkerung theoretisch mit genügend Weizen hätte versorgt werden können – im Gegensatz zu den Vorkriegsjahren wurde kein Getreide mehr exportiert –, kam es zu Versorgungsengpässen. Die Verteilung des Getreides war innerhalb des Zarenreichs schlecht organisiert und weder Getreide noch Mehl erreichten vielfach die vorgesehenen Produktionsbetriebe. Schlechte Ernten wurden auch in Ungarn und insbesondere im Osmanischen Reich verzeichnet. Vgl. dazu Kap. 1.2, 1.5, 1.6 und 1.8.

44 Australien musste 1915 nach einer Dürre Weizen importieren. Ein Jahr später konnte eine Rekordernte eingebracht werden und Grossbritannien erwarb eine grosse Menge australischen Weizens. Vgl. dazu Kap. 1.3 und Segesser 2016a: 97–109.

rung in der Schweiz bei 46.8 Prozent, wobei die Entwicklung der Preise nicht bei allen Artikeln gleich verlief: Milchprodukte waren zwar nicht von der Teuerung ausgenommen, die Preise stiegen aber nicht so stark wie bei Fleischprodukten, Cerealien, Teigwaren oder Kartoffeln.[45] Am Ende des Krieges hatten sich die Kleinhandelspreise der meisten Artikel im Warenkorb des eidgenössischen statistischen Bureaus verzwei- bis zu verfünfeinhalbfacht.[46] Obwohl die Konsumpreise für eine finanziell minderbemittelte fünfköpfige Familie während der Jahre 1912 bis 1918 gemäss Berechnungen von Heinrich Sieveking um 151.9 Prozent gestiegen waren, belief sich die reale Teuerung «nur» auf 50.6 Prozent – mit Entbehrungen wurde der Rest eingespart.[47] Der Verbrauch an Nahrungsmitteln war gegen Ende des Krieges im Vergleich zum Niveau vor dem Krieg um drei Viertel gesunken. Obwohl der Anteil der Ausgaben für Nahrungsmittel am gesamten Haushaltsbudget in den Mittel- und Unterschichten zwischen 1912 und 1919 um mehr als 15 Prozent angestiegen war, standen der Bevölkerung 1917 rund 25–30 Prozent weniger Kalorien zur Verfügung.[48] Letzten Endes verschwanden im Verlauf des Krieges gerade deshalb übergewichtige Menschen aus dem Strassenbild der Schweiz (vgl. dazu Kap. 12.1 und Tabelle 1 in Kap. 12).

Ähnlich wie bei der Versorgungssicherheit mit Lebensmitteln zerfiel der Krieg auch bei der Versorgung mit Energie in zwei Teile. Auf der einen Seite nahmen die Kohlelieferungen aus dem Deutschen Reich ab 1916 nicht nur quantitativ, sondern auch qualitativ ab. Im Vergleich zur Vorkriegsperiode halbierte sich der Heizwert der verfügbaren fossilen Brennstoffe zwischen 1916 und 1917. Auf der anderen Seite erhöhte sich

45 Gautschi 1988: 31–32; Statistisches Jahrbuch der Schweiz 1918: 233. Für die Milchpreisdiskussion siehe Kap. 3.2 und 10.3. Allgemein zur politischen Bedeutung von Käse- und Getreidepreisen in der Schweiz zwischen 1910 und 1938: Abt 2015.

46 Statistisches Bureau 1918: 233. Die Preise für Energieträger (Gaskoks, Brikette, Anthraziteier) stiegen stärker als für Lebensmittel wie Brot, Kartoffeln, Käse, Milch oder Speck. Bei der Energie wurde ein grosser Teil der Teuerung importiert. Die Kohlepreise waren 1918 in der Schweiz sechs- bis siebenmal höher als im Deutschen Reich. Vgl. dazu Kap. 4.3.

47 Sieveking 1922: 55. Die indexierte Zunahme betrug bei Arbeiterfamilien 15.2% und bei Beamten- und Angestelltenfamilien 18.4%. Vgl. dazu Kap. 12.1. Allgemein zu Knappheit und differentiellem Konsum während des ersten Drittels des 20. Jahrhunderts: Spree 1990.

48 Die Reallöhne sanken in den ersten drei Kriegsjahren um 25–30%. Vgl. dazu: Gautschi 1988: 32.

der Energiebedarf im eisig kalten Frühjahr 1917 deutlich und heizte dadurch die Teuerung an, weil sich die Kohlekeller zusehends leerten.[49]

Gerade diese Prozesse verdeutlichen die Multikausalität der Verletzlichkeit: Im Deutschen Reich wurden viele Kumpel eingezogen, an der Heimatfront verschlechterte sich die Ernährungssituation zusehends, die Arbeitskraft nahm durch die Mangelernährung ab und führte zusammen mit dem fehlenden Know-how, der schlechten Ausrüstung und der Renitenz der an der Stelle der abkommandierten Kumpel eingesetzten Frauen, Jugendlichen, Invaliden und Kriegsgefangenen zu deutlichen Qualitätseinbussen bei der abgebauten Kohle (vgl. dazu Kap. 4.3 und 4.5).

13.5 Kurzfristige Massnahmen (Anpassungen)

13.5.1 Globale Ebene

In den USA und in Kanada waren die klimatischen Bedingungen und die Pflanzenschädlinge nicht alleine für die Ertragsrückgänge im Jahr 1916 verantwortlich. Teilweise waren sie auch auf die paradoxen Auswirkungen der guten Ernte des Jahres 1915 zurückzuführen: In den USA hatte die Ausdehnung der Anbauflächen im ersten Kriegsjahr zu einer Ertragssteigerung von 66 Prozent geführt. Die Preise für Getreide waren daraufhin nicht so stark gestiegen wie erwartet und die Kriegsgewinne für die Produzenten waren trotz Mehrarbeit nicht so gross wie erhofft.[50] Gerade deshalb wurden die Anbauflächen für Weizen in den USA 1916 wieder reduziert.[51] In Kanada war die Situation ähnlich. Die Getreidepreise ver-

49 Die Mangelerscheinungen traten bei der Energie in der Schweiz erst im Frühjahr 1917 und damit im Vergleich zu den Nahrungsmitteln leicht verzögert auf. Kritisch war die Versorgungslage insbesondere im Frühjahr 1917 und im Herbst 1918. Vgl. dazu Kap. 4.3.

50 Bereits im «ancien régime écologique» hatten sich Ökonomen für einen Preis eingesetzt, der den Produzenten eine «Rente» sicherte und die Subsistenz der Konsumenten nicht gefährdete. Wenn die Gewinnspanne der Produzenten zu klein war, fehlten die Anreize zur Erhaltung oder zur Ausdehnung der Produktion. Vgl. dazu: Krämer 2015: 251.

51 In der Schweiz setzte der Bund bis zum Ausbruch der Versorgungskrise auf freiwillige Massnahmen. Die Behörden vertrauten auf die Mechanismen des Marktes: Steigende Preise sollten den Bauern als Anreiz dienen, um die Produktion auszuweiten. Immerhin kaufte der Bund das Getreide bereits ab September 1914 zu fixen Preisen auf und er erliess ein Verfütterungsverbot für mahlfähiges Getreide. Vgl. dazu Kap. 8.2.

harrten im ersten Kriegsjahr auf einem tiefen Niveau, woraufhin die Anbauflächen für Weizen ebenfalls verkleinert wurden. Gefördert wurde die Entwicklung in Westkanada durch den Mangel an billigen Arbeitskräften in der Landwirtschaft, der durch die Rekrutierung von Soldaten entstanden war (vgl. dazu Kap. 1.3).

Die Störungen durch die Missernten in Europa und in den beiden Amerikas, der teure und begrenzte Frachtraum, der Mangel an Arbeitskräften in der Landwirtschaft, der Wirtschaftskrieg und die Inflation erschwerten die Grundversorgung der Bevölkerung in den europäischen (Gross-)Mächten erheblich. Die Entente ergriff an der Pariser Wirtschaftskonferenz im Juni 1916 deshalb Massnahmen, um einerseits den Handel mit dem Feind weiter zu unterbinden und sich andererseits Zugang zu knapper werdenden Ressourcen zu verschaffen. Um den Mittelmächten die Ressourcen der Neutralen zu entziehen, dehnte die Entente ihren Machtbereich zunehmend auf die neutralen Staaten aus.[52] Spätestens 1918 mussten sich die skandinavischen Staaten, die Niederlande und die Schweiz der gemeinsamen Bewirtschaftung der Getreideimporte durch die Entente anschliessen (vgl. dazu Kap. 1.4 und 1.8).[53]

Die Reaktionen der europäischen Mächte auf die sich verschärfenden Ressourcenkonflikte und die zunehmende Kriegsmüdigkeit an der Heimatfront fielen unterschiedlich aus. Während Grossbritannien und Frankreich der Versorgung der Bevölkerung mit Nahrungsmitteln eine hohe Priorität einräumten, um dem wachsenden Widerstand gegen den

52 Die Entente konnte den Handel der Neutralen mit den Mittelmächten nur unterbinden, wenn Rohstoffe verwendet wurden, die von der Entente geliefert worden waren. Die Schweiz nutzte die reichlich vorhandene und billige Wasserkraft, um weiterhin Kalkstickstoff, Calciumcarbid und elektrische Energie in das Deutsche Reich zu exportieren. Sie unterstützte damit die deutsche Stickstoffversorgung sowohl durch den Export von Stickstoffverbindungen als auch durch die Zulieferung von elektrischer Energie und energieintensiven Zwischenerzeugnissen. Allerdings wurden die Güter nicht nur in das Deutsche Reich exportiert und in den Jahren 1917 und 1918 überstieg die Stickstoffausfuhr in die Entente diejenige in die Mittelmächte im Gegensatz zu den ersten beiden vollen Kriegsjahren deutlich. Zur strategischen Bedeutung von Stickstoff als Dual-Use-Ressource vgl. Kap. 5.1 und 5.3.

53 Sowohl die Entente als auch die Mittelmächte schränkten die Souveränität der Schweiz ein, lieferten aber weiterhin Rohstoffe und Nahrungsmittel. Für beide waren der Kapitalmarkt und die Exportprodukte der Schweiz wichtig. Vgl. dazu: Halbeisen/Straumann 2012: 1000–1001.

Krieg keinen zusätzlichen Nährboden zu geben,[54] richteten die Mittelmächte die Versorgung trotz der sich häufenden Streiks und des sich verschärfenden Nationalitätenkonflikts in Österreich-Ungarn lange einseitig auf die Frontlinien aus. Sie erkannten die Versorgungsprobleme zwar, sie setzten bei der Lösung der Konflikte aber stärker auf eine Verwaltung des Mangels[55] als auf eine Ausdehnung der Produktion.[56] In Russland vermochten die Behörden schliesslich weder die Produktion zu stützen noch die Versorgung der Städte zu sichern. Der Zusammenbruch des Systems mündete in die Februarrevolution, die allerdings weder die militärischen noch die politischen oder die wirtschaftlichen Probleme behob. Nicht zuletzt deshalb fand die Revolution mit der Machtergreifung der Bolschewiki ihre Fortsetzung (vgl. dazu Kap. 1.6 und 1.7).[57]

Unter den Bedingungen des Krieges nahmen sowohl die Vielfalt als auch die Unvorhersehbarkeit von Störungen des Versorgungssystems zu. Die Krieg führenden Staaten konnten die wirtschaftliche Landesversorgung weder einseitig auf die Kampfgebiete noch auf die Front in der Heimat ausrichten. Die Notwendigkeit des Aufbaus eines dualen Systems erschwerte die Koordination der ergriffenen Massnahmen, verlängerte die Reaktionszeit und reduzierte den Handlungsspielraum bei Beschaffung und Zuweisung von Ressourcen. Der Markt konnte besonders während des intensivierten Wirtschafts- und des uneingeschränkten U-Boot-Krieges nicht mehr flexibel reagieren und alternative Pfade einschlagen, wenn die Versorgungswege unterbrochen waren. Gleichzeitig waren die Kettenreaktionen nach Störungen kaum zu kontrollieren. Schliesslich war es meistens zu spät, wenn erst im Falle einer Krise mehr oder weniger

54 In Grossbritannien regulierte die Verwaltung nicht nur den Konsum, sie versuchte auch die Produktion im In- sowie im Ausland auszuweiten, um die Verletzlichkeit durch Missernten zu verkleinern. In Frankreich führten die sich verschlechternden Lebensbedingungen zu Streiks und Meutereien. Vgl. dazu Kap. 1.6 und 1.7.

55 Jörn Leonhard sprach in diesem Zusammenhang später von «administrativer Polykratie». Vgl. dazu auch die Einleitung zu diesem Band. Weiterführend zum organisatorischen Strukturwandel als Reaktion auf wahrgenommene Knappheit: Müller 1990.

56 Der Landwirtschaft mangelte es an Arbeitskräften, Zugtieren und Stickstoff, weil der Produktion von militärischen Gütern mehr Gewicht beigemessen wurde. Die Reichsregierung richtete die Infrastruktur der Eisenbahn zudem nicht auf die Versorgung der Städte, sondern auf die Verproviantierung der Truppen aus. Vgl. dazu Kap. 1.6.

57 Insbesondere das Transportsystem war den Ansprüchen des Militärs auf der einen und der Bevölkerung auf der anderen Seite nicht gewachsen – es brach unter der Last des Krieges zusammen. Vgl. Kap. 1.8.

gezielte Massnahmen ergriffen wurden. Die Stabilität des Systems war nur gewährleistet, wenn die Widerstandsfähigkeit der zur Versorgung relevanten Infrastrukturen bereits vor der Krise gezielt erhöht worden war – was in den Krieg führenden Staaten nur selten der Fall gewesen war (vgl. dazu die Einleitung und Kap. 1.1).[58]

13.5.2 Bundesstaatliche, kantonale und städtische Ebene

In der Schweiz war die strategische Ebene genauso vernachlässigt worden wie in den anderen europäischen Staaten.[59] Vor dem Krieg war zwar über Massnahmen zur Erhöhung der Systemstabilität diskutiert worden, sie wurden aber nicht umgesetzt (vgl. Kap. 7.2). Trotzdem standen den Exekutiven und Verwaltungen auf den verschiedenen Ebenen des politischen Systems unterschiedliche Handlungsmöglichkeiten offen, um die kurz- und mittelfristigen Versorgungsengpässe zu bewältigen: Sie konnten mit Eingriffen in den Markt das Angebot und die Nachfrage lenken, sie konnten neuralgische Infrastruktur sichern und sie konnten flankierende und symbolische Massnahmen ergreifen. Meistens handelte es sich um Massnahmen, die sich rasch mit einem begrenzten administrativen Aufwand umsetzen liessen – es war eine «Politik der kleinen Mittel»[60] oder «eine ausgesprochene Augenblickspolitik» wie es Jean-Jacques Senglet mit Blick auf die «Anbauschlacht» im Zweiten Weltkrieg nannte.[61] Die Grenzen zwischen Kriegs-, Krisen- und Strukturpolitik verschwammen dabei (vgl. dazu Kap. 7.3).

Im Vergleich zu Teuerungskrisen in der Frühen Neuzeit hatten sich die Gewichte im Teuerungskanon verschoben. Flankierende Massnah-

58 Zu den Herausforderungen und Instrumenten der wirtschaftlichen Landesversorgung vgl. Cottier 2014 und Bundesamt für wirtschaftliche Landesversorgung (BWL) 2012.

59 Fundierte Lageanalysen sollten in vorbeugende Massnahmen einfliessen und Hinweise auf Zeitpunkt und Umfang von Interventionen liefern.Vgl. dazu: BWL [2003]: 52–53. Für eine kritische Einschätzung für die Jahre 1914–1918 siehe Senglet 1950: 248–254.

60 Lüthi 1997: 93 (Zitat); Krämer 2015: 147–149; BWL [2003]: 58–59. Eine besonders hohe Relevanz wies die Kommunikation der Behörden auf. Die Bevölkerung wurde informiert, um unter anderem das Hamstern und das Horten von Nahrungsmitteln zu verhindern sowie um unnötige Eingriffe in den Markt vermeiden zu können. Bei der «Politik der kleinen Mittel» handelt es sich in der Begrifflichkeit des Konzepts der Verletzlichkeit um Anpassungen.

61 Senglet 1950: 248.

men wie Fürbittgänge, Sittenmandate, Bettelverordnungen oder Notnahrung hatten ihre Bedeutung weitestgehend verloren. Weil sich der Bund zunächst mit der «Rolle des Zuschauers» begnügte und nur «korrigierend» in den Markt eingriff,[62] war die Lenkung des Angebots allerdings weiterhin lange wichtiger als die Lenkung der Nachfrage mit Kontingentierung und Rationierung.[63]

Der mit Vollmachten ausgestattete Bundesrat beschränkte sich nach Kriegsausbruch auf kurzfristige Exportverbote für Nahrungs- und Futtermittel, er untersagte den Wucher, er verbot die Bildung von Trusts und er ermächtigte die Kantone, eigenständig Höchstpreise festzusetzen (vgl. dazu Kap. 7.3 und 8.2). Ansonsten vertraute er in den ersten beiden Kriegsjahren auf Ad-hoc-Massnahmen und die Bewirtschaftung der Vorräte durch Importe.[64] In den Jahren 1914 und 1915 kam der Bund mit elf wirtschaftlichen Erlassen aus, im Jahr 1916 stieg die Zahl auf 114 Bestimmungen, im Jahr 1917 waren es bereits 248 Vorschriften und im Jahr 1918 schliesslich 271 Verordnungen.[65] Angesichts der immer einschneidenderen Massnahmen diagnostizierte der *Nebelspalter* eine neue Krankheit: die eidgenössische «Reglementitis» (vgl. dazu Abbildung 2). Angesichts der «Verordnungsflut» und des Wildwuchses der Ämter auf allen politischen Ebenen während des Krieges kann auch in der Schweiz von einer «administrativen Polykratie» gesprochen werden (vgl. dazu Kap. 7.3 und 9.4).[66]

62 Senglet 1950: 248.

63 Die Sicherung von Kommunikations- und Informationsinfrastrukturen gewann während des Krieges nicht zuletzt durch die Oktoberrevolution in Russland an Signifikanz. Bei der Bewältigung der Ressourcenkonflikte massen die Behörden der Infrastruktur aber noch vergleichsweise wenig Bedeutung bei, obwohl Störungen sowohl die Getreide- als auch die Energieversorgung erheblich beeinträchtigen konnten. Vgl. dazu z.B.: Lüthi 1997 und Kap. 4.3.

64 Es handelte sich um Massnahmen zur Lenkung des Angebots. Lüthi stufte die Behörden als «sorglos bis überfordert» (Titel ihrer Lizentiatsarbeit) ein. Die Planung der Behörden erschien ihr als mangelhaft, weshalb sie überfordert waren, als die Versorgungskrise auftrat. Vgl. dazu: Lüthi 1997: 118. Cottier argumentierte hingegen, der liberale Staat habe sich bis 1917 bemüht, nicht über seinen Verhältnissen zu leben und den Beamtenapparat nicht unnötig aufzublähen. Vgl. dazu: Cottier 2014: 54.

65 Sieveking 1922: 40. Im Jahr 1918 wurde fast täglich eine Verordnung erlassen, wenn Sonn- und Feiertage nicht berücksichtigt werden. Eine erste historische Analyse des Vollmachtenregimes bietet Schneider 2014: 48–71.

66 Ein Beispiel für die Verzettelung der Organisationsstrukturen im Sommer 1918 auf Kantonsebene findet sich in Lüthi 1997: 65. In einem Kreisschreiben räumte der Bundesrat im Januar 1919 ein, selbst den Verantwortlichen in den Verwaltungen sei nicht

Abb. 2: «Ständerat Dr. Wettstein hat bei den Herren am grünen Tisch in Bern eine neue Krankheit, die ‹Reglementitis›, entdeckt. – NB. Vortrag in der Zürcher Schmiedstube am 15. Mai 1917.» Legende unter dem Bild: «Rette sich, wer kann!»
Quelle: Nebelspalter, Jg. 43, 1917, Nr. 21, Eidgenössische Reglementitis.

13.5.2.1 Lenkung des Angebots

Importförderung: Der Wirtschaftskrieg zwang den Staat und die Privatwirtschaft zu zahlreichen einschneidenden Anpassungen. Es entstand ein heterogenes Geflecht staatlicher und privatrechtlicher Importorganisationen, die so viele Waren wie möglich in die Schweiz importieren sollten. Bereits im Herbst 1914 verlangte die Entente von der Schweiz, sie müsse nach niederländischem Vorbild eine Kontrollinstanz errichten, über welche die Einfuhr aller kriegsrelevanten Güter aus den Staaten der Entente abgewickelt werden könne. Im Oktober 1915 stimmte die Schweiz schliesslich der Gründung der Société Suisse de Surveillance Économique (S.S.S.) zu. Die privatrechtlich organisierte S.S.S. war ab diesem Zeitpunkt für die Kontrolle der Verwendung der importierten Güter verantwortlich und sie trat als einzige Importeurin gegenüber der Entente auf.[67] Nicht zuletzt auf Druck von Frankreich musste der Bund zwischen 1915 und 1916 den Import von Getreide, Kartoffeln, Reis, Zucker und anderen Lebensmitteln monopolisieren (vgl. dazu Kap. 7.3).[68]

Die Mittelmächte waren nicht an gleich rigorosen Kontrollen interessiert wie die Entente. Zwar drängten sie früh auf die Einführung von Handelsbeschränkungen, um Warenlieferungen über Schweizer Firmen an die Entente zu verhindern. Sie gaben sich bei der Schaffung der Treuhandstelle Zürich im Juni 1915 im Vergleich zur Entente ein paar Monate später aber mit weniger rigiden Kontrollmechanismen zufrieden.[69] Weil die Mittelmächte im Gegensatz zu den Staaten der Entente stärker auf Einfuhren aus der Schweiz angewiesen waren, setzten sie lange auf ein Kompensationsverfahren mit kontingentierten Mengen, die meistens über

immer klar, welche der rund 1000 Notverordnungen noch in Kraft waren und welche aufgehoben worden waren. Vgl. dazu: Lüthi 1997: 44.

67 Die Importeure mussten sich zu Syndikaten zusammenschliessen und ihre Bücher offenhalten. Die Entente etablierte ein weitreichendes Kontrollsystem, weshalb die S.S.S. bemüht war, die Zahl der als kriegsrelevant eingestuften Güter zu verringern. Vgl. dazu: Cottier 2014: 51–52.

68 Der Bund förderte auch den Import von Mais, um Getreide und Kartoffeln substituieren zu können. Die Verwaltung übertrug er im November 1915 dem Lebensmittelbureau für Zivilversorgung im Militärdepartement. Vgl. dazu Kap. 7.3, 8.3 und 9.4. Zu den Monopolwaren zählten auch Teigwaren und Hülsenfrüchte. Vgl. dazu: Cottier 2014: 50–51.

69 Im Unterschied zur S.S.S. verhinderte die Treuhandstelle die Ausfuhr von Waren, die mit Rohstoffen aus den Mittelmächten produziert worden waren, nicht. Vgl dazu: Geering 1928: 19–21; Ochsenbein 1971: 201–208.

privatrechtlich oder genossenschaftlich organisierte Zentralen oder Zentralstellen abgewickelt wurden.[70] Neben einer Zucker-, einer Baumwoll-, einer Eisen- und einer Kartoffelzentrale wurde auch eine Zentralstelle für Kohlenversorgung gegründet, welche die Kohleimporte aus dem Deutschen Reich ab Februar 1916 übernahm. Als das Deutsche Reich auf Devisen angewiesen war, wurde sie im August 1917 in die Kohlenzentrale A.G. umgewandelt.[71] Erst im Juli 1918 wurde die Zürcher Treuhandstelle, die im September 1916 auch ein Büro in Bern eröffnet hatte, formell in die Schweizerische Treuhandstelle für Überwachung des Warenverkehrs (S.T.S.) umgewandelt, die nach dem Vorbild der S.S.S. aufgebaut war und die gleichen Aufgaben übernahm wie ihre Schwesterorganisation (vgl. dazu Kap. 4.3, 5.3, und 7.3).[72]

Als Kompensation für Kohle, (Saat-)Kartoffeln, Dünger, Baumwolle, Stahl, Chrom, Eisen und Zucker bot die Schweiz den Mittelmächten vor allem Milchprodukte und Schlachtvieh an. Der Bund befand sich bei der Milchproduktion in einer Zwickmühle: Ohne Exporte von Milchprodukten war das Kompensationsverfahren gefährdet und der Binnenmarkt drohte mit Milch überschwemmt zu werden. Wurden zu viele Produkte exportiert, drohten eine Verknappung des Angebots und steigende Preise in der Schweiz. Mit der Gründung der Käseunion im August 1914 wurde ein komplexes Preisausgleichs- und Subventionssystem geschaffen, das sich in den ersten drei Kriegsjahren bewährte (vgl. dazu Kap. 3.5 und

70 Nach Abschluss der Pariser Wirtschaftskriegskonferenz im Juni 1916 schränkte die Entente die Möglichkeiten für Kompensationsgeschäfte erheblich ein. Vgl. dazu Kap. 1.4 und Ochsenbein 1971: 201–208.

71 Die Kohlenzentrale A.G. war eine «Handelsbank», die mit Krediten des Bundes, der Banken, der Kohleimporteure und der landwirtschaftlichen Exportorganisationen alimentiert wurde. Sie stand unter der Aufsicht des Volkswirtschaftsdepartements. Ihr Gegenstück war die Société financière Suisse, die Kredite für den Handel mit den Mächten der Entente vergab. Vgl. dazu Kap. 4.3.

72 Die meisten Zentralen und Zentralstellen waren dem Politischen Departement angegliedert. Während die S.S.S. nach Kriegsende weiterbestand, wurde die S.T.S. bis im Sommer 1919 schrittweise aufgelöst. Mit der Union maritime S.A. hatte der Bund zusammen mit privaten Kapitalgebern versucht, die Transportkrise mit dem Chartern belgischer Schiffe zu lindern. Seit März 1917 bestand zudem die Zentralstelle für Einfuhr- und Ausfuhrtransport. Mit der Gründung der S.T.S. stiess das System aus Sicht der Schweiz an seine Grenzen, weil Schweizer Firmen nicht gleichzeitig mit der S.S.S. und der S.T.S. Handel treiben konnten. Vgl. dazu Kap. 7.3, Ochsenbein 1971: 201–205, Cottier 2014: 53–54, 58 und Degen 2013.

10.2).[73] Obwohl es sich nur um eine vorübergehende Massnahme handeln sollte, war die Importförderung aus ordnungspolitischer Sicht paradox: Der Staat vermochte zwar Aufgaben an privatrechtliche oder genossenschaftliche Organisationen zu delegieren, er begünstigte damit aber gleichzeitig korporatistische Strukturen und er unterlief die Handels- und Gewerbefreiheit. Lösungen, die 1912 noch verworfen worden waren, erwiesen sich unter den Bedingungen der Versorgungskrise während des Krieges plötzlich als eleganter Ausweg aus dem ordnungspolitischen Dilemma (vgl. dazu Kap. 7.3).

Der Bund delegierte viele Massnahmen an die Kantone und die Gemeinden. Das Subsidiaritätsprinzip bewährte sich, solange «keine wesentlichen Einschnitte nötig wurden».[74] Als die Verordnungsflut einsetzte, wurden die Erlasse in den Kantonen unterschiedlich befolgt und es kam zu regionalen Unterschieden. Der Handlungsspielraum grosser Städte wie Zürich war zudem begrenzt, weil sie nicht direkt an die Zentralstellen gelangen konnten, sie nicht selbstständig Höchstpreise festlegen konnten und ihnen bei den Monopolwaren die Hände gebunden waren. Nicht zuletzt deshalb konzentrierte sich die Stadt Zürich im Herbst 1914 zunächst auf den Import von Kartoffeln, die erst später einem staatlichen Monopol unterstellt wurden (vgl. dazu Kap. 9.3).

Umstellung der Produktion: Als die Bewirtschaftung der Vorräte durch den intensivierten Wirtschaftskrieg nicht mehr ausreichte und sich die Versorgungskrise zuspitzte, versuchte die Bundesverwaltung die Produktion umzustellen.[75] In der Landwirtschaft wurde nicht nur die Anbaufläche ausgedehnt, die pflanzliche Produktion wurde auch auf Kosten der tierischen Produktion gestärkt, weil auf der gleichen Fläche mit Getreide und Kartoffeln wesentlich mehr Kalorien produziert werden konnten als

73 Mit der Gründung der Käseunion wurden die Preise für Konsummilch im Inland und die Preise für den exportierten Käse entkoppelt. Ernst Laur, der Bauernsekretär, hatte seit dem späten 19. Jahrhundert auf eine solche Marktordnung hingearbeitet. Vgl. dazu Kap. 3.5.

74 Sieveking 1922: 42.

75 Eine Umstellung der agrarischen Produktion – insbesondere die Ausdehnung der Anbaufläche – zählte zu denjenigen Massnahmen des Teuerungskanons, die am häufigsten ergriffen wurden. In der Regel erforderten Produktionsumstellungen jedoch relativ viel Zeit, weshalb sie sich nicht für kurze und mittlere Zeithorizonte eigneten. Die Kosten fielen zudem zweimal an: bei der Umstellung und bei der Rückführung in den ursprünglichen Zustand. Vgl. dazu: BWL [2003]: 62.

mit Fleisch und Milch. Die positiven Rückkoppelungseffekte der Agrarmodernisierung wechselten 1917/18 die Vorzeichen und die Verluste in der viehwirtschaftlichen Produktion begannen sich zu kumulieren (vgl. dazu Abbildung 1 in Kap. 2 und Kap. 2.6).

Der Bund agierte zögerlich und handelte erst, als sich erhebliche Versorgungsengpässe abzuzeichnen begannen. Bis 1917 setzte die Bundesverwaltung sowohl beim Getreide als auch bei den Kartoffeln auf einen freiwilligen Mehranbau durch finanzielle Anreize wie Subventionen bei der Beschaffung von Maschinen und Geräten oder Instruktionskurse und Flugblätter.[76] Die Bauern selbst scheuten langfristige Investitionen in den Getreidebau, weil sie den Krieg als vorübergehendes Ereignis betrachteten und sich eine Umstellung des Systems angesichts der nach wie vor profitablen Vieh- und Milchwirtschaft nicht zu lohnen schien.[77] Vor diesem Hintergrund ergibt ihre Forderung nach einer langfristigen Abnahmegarantie zu fixierten Preisen durchaus Sinn: Sie wollten das Investitionsrisiko minimieren (vgl. dazu Kap. 8.2).

Im Frühjahr des Jahres 1917 stand die Getreideordnung des Bundes nur noch auf tönernen Füssen. Einerseits gaben die schlechte Kartoffelernte des Jahres 1916 und die Ernteeinbrüche in den USA, in Kanada und in Argentinien Anlass zur Sorge. Andererseits brachen die Getreideimporte nach der Pariser Wirtschaftskriegskonferenz im Sommer 1916 und durch den uneingeschränkten U-Boot-Krieg im Februar 1917 ein, womit einer der wichtigsten Eckpfeiler des Systems einstürzte.[78] Der Bund

76 Zwischen 1914 und 1916 wuchs die Anbaufläche beim Getreide nur um 6% an, die Erträge überstiegen das Vorkriegsniveau allerdings nicht. Die Urbarisierung von Öd- und Sumpfland wirkte sich noch nicht positiv auf die Produktion aus. Die Bauern gingen zudem dazu über, das Getreide an die Nahrungsmittelindustrie zu verkaufen, weil diese bis im Mai 1917 nicht an die festgelegten Höchstpreise gebunden war. Der Bund konnte daher 1915 und 1916 fast kein Inlandgetreide aufkaufen. Vgl. dazu Kap. 2.5, 3.2 und 8.2.

77 Die viehwirtschaftliche Produktion brach erst mit einiger zeitlicher Verzögerung ein. Die kleineiszeitlichen Witterungsverhältnisse in den Jahren 1916–1917 führten zu einem qualitativen und quantitativen Futtermangel. Am Ende des Jahres 1917 fehlten rund eine Million Liter Milch pro Tag. Weil der Milchpreis im Vergleich zum Fleischpreis zu tief war, wurden die Milchtierbestände reduziert, was sich langfristig betrachtet ebenfalls negativ auf die Milchleistung auswirkte. Vgl. dazu Kap. 2.5 und Pfister 1984: 43–47.

78 Die USA schränkten nach ihrem Eintritt in den Krieg die Exporte in die neutralen Staaten ein. Ausserdem wurde der Laderaum vermehrt für Truppentransporte benötigt, was die Transportkosten in die Höhe schnellen liess. Vgl. dazu. Kap. 1.6 und 8.2.

reagierte auf die Störungen mit der Vorbereitung des Zwangsanbaus beim Getreide und bei den Kartoffeln, wobei er bei der Durchsetzung auf mehreren Ebenen auf Probleme stiess. Erstens band der Militärdienst sowohl menschliche als auch tierische Ressourcen, weshalb es beim arbeitsintensiven Ackerbau sowohl an Arbeitskräften als auch an Zugtieren mangelte.[79] Zweitens gingen die Importe von Düngemitteln seit Kriegsbeginn zurück, was die Ausdehnung des Ackerbaus erschwerte, auch wenn die Böden in der Vorkriegszeit stark gedüngt worden waren. Schliesslich stiessen Bund, Kantone und Gemeinden bei der Umsetzung des Mehranbaus an ihre organisatorischen Grenzen.[80] Genauso wie die entstandenen parastaatlichen (Zentral-)Stellen und die Verbände verfügten sie weder über Erfahrungen noch konnten sie sich auf Vorarbeiten oder statistische Daten stützen (vgl. dazu Kap. 3.2, 3.5, 7.3 und 8.3).

Um die Anbauflächen auszudehnen, erhielten Kantone und Gemeinden die Möglichkeit, gar nicht oder schlecht bebautes Land selbst zu bepflanzen oder anderen zur Bebauung zuzuweisen. Sie wurden ermächtigt, Pachtverträge zu sistieren oder aufzulösen, wovon sie regen Gebrauch machten.[81] Obwohl die Ziele des Anbauplans flächenmässig weder beim Getreide noch bei den Kartoffeln erreicht wurden – beim Getreide lag die Quote bei knapp 75 Prozent,[82] bei den Kartoffeln lediglich bei gut 25 Prozent –, konnten die Ernteerträge gesteigert und ein Zusammenbruch des Versorgungssystems verhindert werden (vgl. dazu Kap. 8.3).[83] Mit dem Anbauplan verliessen die Bundesbehörden nicht nur den ordnungspolitischen Tugendpfad, mit der Förderung des Gemüse-, des

79 Vgl. dazu Fussnote 38 oben und Kap. 10.2.

80 Lüthi 1997: 101, 107; Sieveking 1922: 42–44; Krämer 2014: 19–22.

81 Die Umsetzung der Ermächtigung erfolgte allerdings unkoordiniert und uneinheitlich. Vgl. dazu Kap. 8.3 und Lüthi 1997: 101. Zur Beschlagnahmung der Ernten, um Rationierungen vorzubereiten, sei auf die Ausführungen zu den Massnahmen zur Steuerung des Angebots verwiesen.

82 Die bebaute Fläche war seit Kriegsbeginn um insgesamt 65% angewachsen. Die Ausdehnung war besonders wichtig, weil die Schweiz im Vergleich zu anderen Staaten zum einen aufgrund ihrer relativ hohen Bevölkerungsdichte viele Personen mit ihrer Ackerbaufläche ernähren musste und zum anderen relativ wenig Personen noch in der Landwirtschaft tätig waren und sich selbst ernähren konnten. Vgl. dazu Kap. 8.4.

83 Insbesondere bei der Verteilung der ausgezeichneten Kartoffelernte im Jahr 1917 traten Probleme auf. Die Bauern verkauften die Kartoffeln lieber an nicht-konzessionierte Aufkäufer als an den Staat zu festgesetzten Preisen. Ausserdem wurde das Verfütterungsverbot nicht eingehalten. Vgl. dazu Kap. 8.3.

Kartoffel- und des Getreidebaus auf Kosten der Milchproduktion folgten sie auch einer neuen Versorgungslogik und ebneten den Weg für eine Flexibilisierung der Agrarproduktion in der Nachkriegszeit (vgl. dazu Kap. 3.5 und 7.4).

Der Bund erliess am 15. Januar 1918 einen Beschluss, um die städtische Eigenproduktion zu erhöhen. Ziergärten, Sport- und Spielplätze sollten mit Gemüse, Rüben und Hülsenfrüchten bebaut werden (vgl. dazu Kap. 8.3). In Zürich hatte das städtische Landwirtschaftsamt bereits 1917 eine Anbaukommission gegründet, die das vorhandene Kulturland besser nutzen, mit Pacht, Meliorationen und Umnutzung von Gärten neues Land für den Anbau erschliessen und die Zahl der Produzenten und Selbstversorger erhöhen sollte.[84] Obwohl die Anbaufläche fast verfünffacht und die Ernteerträge teilweise verdreissigfacht werden konnten, fiel die Bilanz der Stadt aufgrund der hohen Kosten für die Umnutzung der Waffen-, Park- und Sportanlagen zwiespältig aus (vgl. dazu Kap. 9.4).

Stabilisierung der Preise: Der Bundesrat erliess nach Kriegsausbruch eine «Wucherverordnung»,[85] in der den Kantonen das Recht übertragen wurde, die Preise für Nahrungsmittel und andere unentbehrliche Güter festzulegen.[86] Im ersten Kriegsjahr geschah «überhaupt nichts»,[87] danach

84 Die Stadt stellte dem Verein für Familiengärten bereits 1915 Land zur Verfügung, das dieser an Interessenten verpachten konnte. Ein Teil des Kulturlandes wurde zudem von Grossproduzenten und der städtischen Gemüsegärtnerei bebaut. Als schwierig erwies sich der Anbau von Korn, weil vielfach sowohl das Wissen als auch die nötigen Geräte fehlten. Vgl. dazu Kap. 9.4.

85 Lüthi 1997: 74. Die Verordnung gegen die Verteuerung von Nahrungsmitteln und anderen unentbehrlichen Bedarfsgegenständen wurde am 10. August 1914 erlassen. In ihr wurden Kettenhandel, Wuchergeschäfte und Hamsterei eingeschränkt, der Lebensmittelmarkt blieb aber grundsätzlich frei. Allerdings führte der Bund bereits am 30. September 1914 Höchstpreise für Getreide ein. Vgl. dazu auch: Labhardt 2014: 190–192 und Birchmeier/Hofer 2013: 38.

86 Auf eine Verknappung des Angebots folgen meistens Preissteigerungen und Inflation. Wenn ungerechtfertigte Krisengewinne verhindert werden sollen, sollten allerdings nicht Preise fixiert werden, sondern maximal zulässige Handelsmargen. Siehe dazu: BWL [2003]: 67. Zu den Massnahmen nach Kriegsausbruch vgl. auch Kap. 7.3 und 8.2.

87 Senglet 1950: 82. Die Stadt Zürich setzte 1916 eine Marktkommission ein, die Richtlinien für den Verkauf und Normalpreise auf dem Engros- und dem Wochenmarkt festlegen sollte. Vgl. dazu Kap. 9.4.

begann der Bund, schrittweise Nahrungsmittel wie Reis, Zucker, Teigwaren, Hafer, Gerste, Mais, Butter und Käse zu monopolisieren und Höchstpreise anzuordnen.[88] Weil die Kantone ihre Befugnisse sehr unterschiedlich nutzten und sie teilweise an die Gemeinden weitergaben, entstand ein regulatorischer Wildwuchs. Die unkoordinierten Einzelaktionen schufen eine Konkurrenzsituation, welche die Knappheit nicht minderte und welche preistreibend statt preisstabilisierend wirkte (vgl. dazu Kap. 9.3).[89]

In Zürich bemühte sich der Stadtrat im Jahr 1916 zunächst vergeblich, Höchstpreise für Eier, Kartoffeln, Bohnen, Kirschen und Äpfel festsetzen zu können.[90] Die städtischen Bemühungen hatten verschiedene Effekte: Erstens verkauften die Bauern ihre Produkte nicht mehr in der Stadt und Nahrungsmittel wie Kartoffeln konnten vorübergehend vom Markt verschwinden. Zweitens konnten die strengen Marktkontrollen und die Festsetzung von Obergrenzen sogar zur Verschiebung der Produktion führen: Höchstpreise für Milch liessen die Viehaufzucht plötzlich als lohnenswerter erscheinen (vgl. dazu Kap. 9.3).[91] «Wie überall musste auch in der Schweiz die Feststellung gemacht werden, dass die Höchstpreise den Konsumenten nichts nützten», hielt Heinrich Sieveking deshalb lakonisch fest.[92]

88 Ein Spezialfall war der Milchpreis. Siehe dazu die Ausführungen und die entsprechenden Verweise zur Käseunion weiter oben. Die Milchpreise lagen 1916 zum Beispiel 10% unter dem Niveau des Weltmarktes.

89 Vermutlich waren die Bauern deshalb versucht, die Höchstpreise zu umgehen. Vgl. dazu zum Beispiel Kap. 8.3.

90 Als der Bund am 30. September 1914 Höchstpreise für Getreide einführte, vereinheitlichten die Bäcker in der Stadt Zürich die Brotpreise selbstständig und entschieden fortan gemeinsam über Preisanpassungen. Vgl. dazu Kap. 9.3.

91 In der Stadt Zürich wurde eine Marktkommission eingesetzt, die Normalpreise und Verkaufsrichtlinien auf dem Engros- und auf dem Wochenmarkt festlegen sollte. Sie war auch für den Vollzug der Massnahmen verantwortlich. Allein 1918 wurden 1236 Verfahren aufgrund kriegswirtschaftlicher Übertretung eingeleitet, von denen 643 Verfahren weiterverfolgt wurden (Anhäufung von Lebensmitteln, Rationierungsdelikte oder betrügerische Inanspruchnahme von Notstandsberechtigungen). Unbestimmte Formulierungen wie «Hamstern» oder «unerlaubte Vorräte» erschwerten die Aufgabe für die Marktkommission. Vgl. dazu Kap. 9.4.

92 Sieveking 1922: 37. Im Energiebereich wurden im März 1917 Höchstpreise für Kohle festgesetzt. Vgl. dazu Kap. 4.3.

Substitution: Die Teuerung in den Jahren 1917 und 1918 führte zu Substitutionseffekten. Die Rationierung des Brotes im Herbst 1917 führte zum Beispiel zu einem höheren Kartoffelkonsum, was wiederum zur Folge hatte, dass von der Rekordernte bei den Kartoffeln im Januar 1918 nur noch gut ein Drittel übrig war (vgl. dazu Kap. 8.3).[93] Als in der Stadt Zürich im Frühling 1918 über 130 000 Einwohner keine Kartoffelvorräte mehr besessen haben sollen, erhielt die Stadt Kartoffelmehl, Haferprodukte, Reis und Mehl als Substitutionsprodukte. In Eigenregie beschaffte sie zudem Teigwaren in Spanien. Der Kartoffelmangel beeinflusste auch die Nachfrage nach Gemüse und Obst. Die Stadt kaufte 1917 und 1918 speziell für die Wintermonate grosse Mengen an Karotten, Kabis, Blumenkohl, Zwiebeln und Räben, die sie für Notstandsaktionen verwendete.[94] Die Grosseinkäufe wirkten sich nicht nur negativ auf den Markt aus, sie führten auch zu grossen Verlusten, weil die Lagerbedingungen schlecht waren (vgl. dazu Kap. 9.4).

Im Energiesektor beschleunigte die Teuerung den Ausbau technischer Systeme. In der Stadt Biel ersetzte zum Beispiel die elektrische Strassenbeleuchtung die Gasbeleuchtung, weil der Preis des Gaslichts durch die Kohleknappheit wesentlich stärker gestiegen war als der Preis für die elektrische Beleuchtung. Auch bei der Wärmeerzeugung und bei der Antriebsenergie verschob sich das relative Preisniveau durch die Rationierung von Holz, Kohle, Koch- und Leuchtgas zugunsten der Elektrizität. Gasherde wurden nach Möglichkeit durch Elektroherde ersetzt und die Zahl der Anhänger einer Elektrifizierung der Bahnen nahm unter dem Druck der Energiekrise trotz der hohen Kosten für eine Systemumstellung erheblich zu (vgl. dazu Kap. 4.4).[95]

93 Zum Substitutionseffekt kam die Missachtung des Verfütterungsverbots. Die gute Ernte und die Höchstpreise hatten die Bauern dazu verleitet, Kartoffeln weiterhin zu verfüttern. Vgl. dazu Kap. 8.3. Die steigenden Brotpreise veranlassten die Stadt Zürich im Sommer 1917 dazu, grosse Mengen Ersatzmehl zu kaufen (Erbsen-, Kastanien-, Darisback- und Kanariensaatmehl). Vgl. dazu Kap. 9.4.

94 Das Volkswirtschaftsdepartement forderte die Gemeinden 1918 auf, Dörranlagen zu bauen. Die Nachfrage nach Dörrobst brach nach Kriegsende jedoch sofort ein. Gut 85% des Defizits, das durch den Bau und den Unterhalt der Anlage in der Stadt Zürich entstanden war, wurden vom Volkswirtschaftsdepartement gedeckt. Vgl. dazu Kap. 9.4.

95 Elektrische Energie konnte dank der reichlich vorhandenen Wasserkraft zudem im Inland produziert werden und generierte Aufträge für die schweizerische Maschinenindustrie. Vgl. dazu Kap. 4.4.

Erhebung der Vorräte: Massnahmen zur Abschätzung und Sicherung der Ernten sowie die Erhebung der Vorräte waren ein fester Bestandteil der Teuerungspolitik.[96] Speichervisitationen zur Inventarisierung der privaten Vorräte gehörten nicht nur zu den härtesten, sondern auch zu den umstrittensten Eingriffen in der Frühen Neuzeit, weil die Eigentumsrechte verletzt wurden.[97] Mit dem Ausbau der Verwaltungen dienten die Aufnahme der Vorräte und die Sicherung der Ernte vielfach der Vorbereitung von Massnahmen zur Lenkung der Nachfrage wie Kontingentierung oder Rationierung.[98]

Als sich die Versorgungskrise zuspitzte und die Bundesverwaltung zum Zwangsanbau überging, ergriff sie im Winter 1916/17 zum ersten Mal auch Massnahmen zur Erhebung der Vorräte. Bei den Kartoffeln wurden neben der Anbaufläche auch die Vorräte aufgenommen, ein Vorgang, der sich in den beiden folgenden Jahren wiederholte. Als sich im Frühjahr 1918 in Arbeiterkreisen eine «Kartoffelnot» abzeichnete, entschied der Bund, alle Kartoffelvorräte, die über die Eigenversorgung hinausgingen, zu beschlagnahmen und die Rationierung der Kartoffeln vorzubereiten. Gut ein Jahr später waren die Vorräte so gross, dass die Rationierung von neunzig Kilogramm pro Person und Monat im März 1919 bereits nach einem halben Jahr wieder aufgehoben werden konnte. Beim Getreide wurde die Ernte im Sommer 1917 zur Vorbereitung der Brotrationierung im Oktober 1917 beschlagnahmt und zu festgesetzten Preisen aufgekauft. Im Jahr 1918 lieferten die Produzenten einen Drittel der überdurchschnittlich guten Ernte an den Bund ab, der Rest diente

96 Zu den Instrumenten der Erntesicherung gehörten das Verbot, Ernten vor der vollen Reife einzubringen, und Verwendungsbeschränkungen, um den Verbrauch zu drosseln. Vgl. dazu: Huhn 1987: 39. Vgl. zu den Folgen von Ernten, die zu früh eingebracht wurden, die Ausführungen in Kap. 2.5.

97 Pfister 1998: 165.

98 Im Gegensatz zu Subsistenzkrisen in der Frühen Neuzeit spielte die Abgabe von (verbilligtem) Saatgut und von Dünger während des Ersten Weltkrieges in der Schweiz keine grosse Rolle. Im Jahr 1915 beschaffte das Volkswirtschaftsdepartement Saatkartoffeln und gab sie zum Selbstkostenpreis an landwirtschaftliche Genossenschaften ab. Obwohl der Einbruch beim Import von primären Stickstoffverbindungen während des Krieges zu einem limitierenden Faktor bei der Düngung wurde, stand der Landwirtschaft dank des in Martigny und des in Gampel produzierten Kalkstickstoffs genügend Dünger zur Verfügung. Vgl. dazu Kap. 5.3 und 8.2.

ihrer Selbstversorgung. Dank den Getreideimporten im Sommer 1918 entspannte sich die Lage allerdings und das Hungergespenst konnte langsam gebannt werden (vgl. dazu Kap. 2.5 und 8.3).

13.5.2.2 Lenkung der Nachfrage

Massnahmen zur Lenkung der Nachfrage hatten und haben nicht höchste Priorität; sie kamen meistens erst zur Anwendung, wenn die Massnahmen zur Lenkung des Angebots nicht mehr ausreichten. Mit Kontingentierungen konnte das Angebot von Nahrungsmitteln und Energieträgern künstlich verringert werden.[99] Im Gegensatz zu Rationierungen hielt sich der administrative und der finanzielle Aufwand in Grenzen, weil die Einschränkungen nach lange anhaltenden Störungen des Versorgungssystems bei den Anbietern und nicht bei den Konsumenten ansetzten. Schliesslich wurde bei Kontingentierungen das Angebot lediglich eingeschränkt, während bei Rationierungen jedem Konsumenten eine bestimmte Menge eines bestimmten Gutes innerhalb einer bestimmten Zeitspanne zugeteilt wurde. Der Bezug einer Ration erfolgte normalerweise über eine Karte, welche die Voraussetzung des Anspruchs definierte.[100]

Die «Reglementitis» des Bundes im Bereich der Verwendungsbeschränkungen, der Kontingentierungen und der Rationierungen überforderte die Kantone und die Gemeinden in den Jahren 1917–1920 gleichermassen. Als problematisch erwies sich neben den komplizierten Abrechnungssystemen insbesondere die Überlagerung eidgenössischer, kantonaler und kommunaler Rationierungssysteme.[101] Die unzähligen Weisungen und Bestimmungen waren oft nicht nur unklar, sie mussten auch kurzfristig umgesetzt werden (vgl. dazu Kap. 9.4). Auf eidgenössischer Ebene wurden Brot und Mehl (Oktober 1917 – September 1919),

99 Bei Kontingentierungen stehen Verbrauchsreduktionen im Vordergrund. Heute stehen Einschränkungen bei Grossverbrauchern im Zentrum. Bei Stromknappheit sind im Krisenfall partielle Netzabschaltungen als Ultima Ratio vorgesehen. Vgl. dazu: BWL 2012: 24.

100 BWL [2003]: 6, 63–64. Während des Ersten Weltkrieges vertraute der Bund zunächst auf freiwillige Verbrauchseinschränkungen, dann auf Kontingentierung, später auf Regelung der Verbrauchsweise und schliesslich auf die Rationierung. Die Regelungen wurden stets restriktiver. Vgl. dazu: Senglet 1950: 239.

101 Lüthi 1997: 79–82; Senglet 1950: 218–248. Zu den «Kartoffelschlachten» in Basel siehe Labhardt 2014: 190–219.

Fett und Öl (März 1918 – Juli 1919),[102] Butter (März 1918 – Oktober 1919), Käse (Juni 1918 – März 1920) und Milch (Juli 1918 – April 1920)[103] rationiert, auf kantonaler Ebene Reis (März 1917 – Juli 1919), Zucker (März 1917 – März 1920), Mais (Juli 1917 – Juli 1919), Teigwaren (Juli 1917 – Juli 1919), Hafer und Gerste (Oktober 1917 – Juli 1919), Hafer- und Gerstenprodukte (Januar 1918 – Juli 1919) und Kartoffeln (September 1918 – März 1919).[104] Hinzu kamen zwei fleischlose Tage pro Woche zwischen März und Juni 1917 sowie zwischen März und Juli 1919, wobei im April 1919 eine und Mai 1919 zwei fleischlose Wochen verordnet wurden.[105] Erst als im Frühjahr 1920 die letzten Einschränkungen der Versorgungskrise fielen, kehrte auch bei den Nahrungsmitteln der Friedenszustand ein.[106]

13.5.2.3 Flankierende Massnahmen auf städtischer Ebene

Nicht nur bei der Versorgungssicherheit liess sich der Erste Weltkrieg in zwei Phasen unterteilen, sondern auch bei der sogenannten Kriegsnotunterstützung. Im Gegensatz zum Bund ergriff die Stadt Zürich bereits unmittelbar nach Kriegsausbruch flankierende Massnahmen, um notleidende Personen direkt zu unterstützen.[107] Sie übertrug die Organisation und die Ausführung der Hilfsprogramme der halbamtlichen Freiwilligen- und Einwohnerarmengemeinde, welche die bestehende Infrastruktur ausbaute und deren ehrenamtliche Mitglieder von bezahlten Hilfskräften

102 Die Rationierung von Fett wurde im Juli 1919 aufgehoben, die Butterkarte galt hingegen bis zum Oktober 1919. Vgl. dazu: Lüthi 1997: 81.

103 Die Kantone konnten Milch ab dem 1. April 1917 nach eigenem Ermessen rationieren. Vgl. dazu: Lüthi 1997: 81.

104 Die Gemeinden wurden am 22. Dezember 1917 ermächtigt, Kartoffeln zu rationieren. Vgl. dazu: Lüthi 1997: 81.

105 Ruchti 1930: 242. Eier wurden nicht rationiert, obwohl sie teilweise nicht mehr erhältlich waren. Vgl. zu den Rationierungen auch die Kap. 2.5, 4.3, 4.4, 7.3, 8.3, 9.4. Ab August 1918 waren faktisch alle Brennstoffe rationiert. Vgl. dazu: Ruchti 1930: 243–268.

106 Hinzu kamen Verwendungsvorschriften wie die Festlegung des Ausmahlungsgrades des Brotgetreides oder Verfütterungsverbote. Vgl. dazu Kap. 2.5, 8.2 und 8.3.

107 Flankierende Massnahmen werden meist als Ergänzung oder Unterstützung von Hauptmassnahmen im Bereich der Angebots- und/oder Nachfragelenkung ergriffen. Vgl. dazu: BWL [2003]: 76.

unterstützt wurden.[108] Die aus der Not geborenen Programme bewährten sich bis zum Ausbruch der Nahrungsmittel- und Energiekrise im Jahr 1917, die zur Reorganisation der Lebensmittelversorgung in der Stadt führte (vgl. dazu Kap. 9.3 und 9.4).[109]

Die Lebensmittelversorgung, die auf sieben Ämter verteilt war, wurde auf zwei Ämter konzentriert. Mit der Reorganisation wurden einerseits Kompetenzen geklärt und Fachwissen gebündelt, andererseits war sie durch die eidgenössische «Reglementitis» notwendig geworden. Im Zuge der Professionalisierung – der Personalbestand des Lebensmittelamtes wuchs zwischen März 1917 und Dezember 1918 von sieben auf 270 Personen an – wurde der Freiwilligen- und Einwohnerarmengemeinde auf Druck der Arbeiterschaft die Kriegsfürsorge entzogen, um sie vom Stigma der Armenunterstützung zu befreien.[110] Der Wunsch der Arbeiterschaft war nicht unbegründet: Bereits 1917 war rund ein Fünftel der Einwohner der Stadt notstandsberechtigt,[111] ein Jahr später nahm die Zahl durch die steigenden Preise und die Spanische Grippe sogar noch zu (vgl. dazu Kap. 9.4 und 11.2).[112]

Im letzten Kriegsjahr umfassten die Notstandsmassnahmen in der Stadt Zürich Brot, Milch, Kartoffeln, Hausbrandkohle und Kochgas.[113]

108 Schon im September 1914 wurden Gutscheine für Suppe, Brot und andere Nahrungsmittel an Notleidende abgegeben. Später erhielten unterstützungsberechtigte Personen auch Brennmaterialien. Die Hilfsprogramme gliederten sich in die Kriegs-, Mietnot- und Bedürftigenunterstützung, die auch die Suppenküchen und die Arbeitslosenfürsorge einschlossen. Zwischen dem 1. September 1914 und dem 31. Dezember 1915 wurden 1.85 Millionen Liter Suppe ausgeschenkt. Vgl. dazu Kap. 9.3.

109 Vgl. zur Reorganisation der Lebensmittelversorgung auch: Lüthi 1997: 53–68 und Labhardt 2014: 196–219.

110 Die Freiwilligen- und Einwohnerarmengemeinde blieb für die Armenpflege verantwortlich. Vgl. dazu Kap. 9.4.

111 Bereits im Winter 1914/15 hatte die Stadt spezielle Verkaufsstellen für Regieverkäufe eingerichtet, in welchen Notstandsberechtigte mit Mais, Schweinefleisch, Marmelade, Sauerkraut und Dörrprodukten ein vielseitiges Angebot vorfanden. Im August 1918 mussten die Verkaufsstellen vorübergehend geschlossen werden, weil es der Stadt an Vorräten mangelte. Zwischen April und August 1919 wurden nochmals vier Verkaufsstellen eröffnet. Vgl. dazu Kap. 9.4.

112 Das Ernährungsamt des Kantons Zürich setzte im Jahr 1918 rund 590 Mio. Fr. (32.4 Mio. Fr., 1918) um und lagerte Waren im Wert von circa 91 Mio. Fr. (5 Mio. Fr., 1918). Die Verwaltung des Lagers bot allerdings Anlass zur Kritik. Siehe dazu: Sieveking 1922: 44.

113 Die Preispolitik und die Verbilligungsmassnahmen wurden 1918 in der Stadt Zürich auch von Demonstrationen von bis zu 15 000 Personen beeinflusst. Vgl. dazu Kap. 9.4.

Zwei Drittel der Verbilligung trug der Bund, jeweils ein Sechstel übernahmen der Kanton und die Stadt. Als sich die Märkte für Nahrungsmittel und Brennstoffe im Jahr 1919 langsam normalisierten, wurden die Notstandsmassnahmen bis 1921 schrittweise eingestellt.[114] Eine wichtige Rolle spielten während der Jahre 1917–1919 die Suppenküchen, die ab 1918 unter dem Namen «Volksküchen» weitergeführt wurden.[115] Zusätzlich zu den 4.67 Millionen Liter Suppe, die 1918 ausgeschenkt wurden, gaben die Volksküchen auch Eintopfgerichte mit Fleisch und Käse ab. Sie waren zudem für die Schülerspeisungen verantwortlich (vgl. dazu Kap. 9.4).[116]

Trotz etlicher Misserfolge, Fehlkalkulationen und Ausgaben von rund 23.7 Millionen Franken[117] allein für die Verbilligung von Nahrungsmitteln zwischen 1914 und 1920 werteten die Verantwortlichen die Massnahmen zur Abfederung der Systemstörungen als Erfolg (vgl. dazu Kap. 9.5).[118] «Es wird anerkennt [sic] werden müssen, dass der erste Zweck, die Beschaffung von Konsumgütern, innerhalb der gegebenen Möglichkeiten trotz der tiefgreifenden Einschränkungen des freien Verbrauchs vieler wichtiger Lebensmittel und Bedarfsartikel annehmbar erreicht worden ist. [...] Ausserdem haben Bund, Kanton und Gemeinden an die Gestehungskosten wichtiger Konsumgüter namhafte Beiträge geleistet und dadurch die Haushaltsrechnung, besonders der unbemittelten Bevölke-

Zu Marktdemonstrationen vgl. auch die Arbeit von Maria Meier im Rahmen des Sinergiaprojekts «Die Schweiz im Ersten Weltkrieg. Transnationale Perspektiven auf einen Kleinstaat im Totalen Krieg» (141906 und 160716).

114 Vgl. dazu: Statistisches Amt der Stadt Zürich 1923: 10*–39*. Verbilligt wurden Getreide, Mehl, Brot, Milchprodukte, Fleisch, Eier, Teigwaren, Haferprodukte, Gerstenprodukte, Maisprodukte, Reis, Zucker, Kartoffeln, Obst, Gemüse, Speisefett, Speiseöl, Steinkohle, Koks, Brikette, Petroleum, Gas, Elektrizität, Holz und Torf.

115 Die Suppenküchen spielten bereits in der letzten grossen Hungerkrise der Schweiz in den Jahren 1816/17 eine wichtige Rolle zur Linderung der Not. Vgl. dazu: Krämer 2015: 44, 81 und 148 sowie Brönnimann/Krämer 2016: 28–29.

116 In der Stadt Bern führte die Sorge um den Ernährungszustand der Schulkinder langfristig zur Intensivierung der Schülerspeisung im Winter und der Ferienerholung im Sommer. Vgl. dazu Kap. 12.3.

117 1 751 699 Franken (1920).

118 Die Kosten für die kriegswirtschaftlichen Massnahmen beliefen sich in der Stadt Zürich insgesamt auf circa 311 Mio. Fr. (rund 23 Mio. Fr., 1920), wovon die Stadt über 189 Mio. Fr. (14 Mio. Fr., 1920) selbst übernahm. Vgl. dazu: Statistisches Amt der Stadt Zürich 1923: 40*.

rungsschichten, fühlbar entlastet», hielt das Statistische Amt der Stadt Zürich in einem Bericht zur Festsetzung von Höchstpreisen und anderen Massnahmen der Behörden fest.[119]

Eine wesentlich kritischere Bilanz zur Bewältigung der (Markt-) Störungen zog Jean-Jacques Senglet, der allerdings die «Anbauschlacht» des Zweiten Weltkrieges vor Augen hatte. Die Kriegswirtschaftspolitik aller Staaten habe «mehr oder weniger versagt», weil sie zu zaghaft gewesen sei, Risiken nicht antizipiert habe und zu lange an den liberalen Wirtschaftsprinzipien festgehalten habe. «[E]in Faktor, der sich in der Schweiz natürlich besonders stark auswirkte. Der Durchführung einer zielsicheren Kriegswirtschaftspolitik standen auch föderalistische Bedenken und zum Teil ein empfindlicher föderalistischer Widerstand entgegen.»[120] Senglet bemängelte insbesondere das Fehlen eines konstruktiven Gesamtplans, was Ad-hoc-Massnahmen nach sich gezogen habe, die der Not des Augenblicks gehorcht und einen ungeheuren Verwaltungsaufwand verursacht hätten. «Das Vorherrschen des therapeutischen Eingriffs hatte auch zur Folge, dass sich die Kriegswirtschaftspolitik aus einer Fülle nebeneinander stehender und oft gegeneinander wirkender Einzelmassnahmen zusammensetzte.»[121] Gerade Letzteres war auch ein Merkmal der Teuerungspolitik des «ancien régime écologique».[122]

13.5.3 Kurzfristige Auswirkungen auf den Alltag

Die «unbemittelten Bevölkerungsschichten» schienen durch die Massnahmen allerdings «fühlbar entlastet» worden zu sein. Obwohl der mittlere Oberarmumfang der Stellungspflichtigen in der Stadt Zürich im Jahr 1918 schichtübergreifend signifikant einbrach, unterschied sich der Oberarmumfang zwischen den Unter- und der Oberschichten bereits 1917 signifikant: Die Angehörigen der unteren Schichten hatten länger einen grösseren Oberarmumfang als die oberen Schichten (vgl. dazu Abbildung 4 in Kap. 12.2). Der Teuerungsschub der Jahre 1917/18 spiegelte sich auch

119 Statistisches Amt der Stadt Zürich 1923: 40*.

120 Senglet 1950: 249.

121 Senglet 1950: 248–252, Zitat 249. Allgemein zu staatlichen Interventionen, institutionellem Wandel und Ressourcenpolitik siehe: Stolz 1990.

122 Vgl. dazu: Huhn 1987: 39–42.

sonst im menschlichen Körper wider. Im Frauenspital Basel ging das mittlere Geburtsgewicht deutlich zurück, und auch bei den Schulkindern in Basel und in Genf nahm spätestens 1918 das Körpergewicht eindeutig ab. Ausserdem verlangsamte sich auf nationaler Ebene das seit dem 19. Jahrhundert zunehmende Längenwachstum vorübergehend.[123] Schliesslich veränderte sich gegen Ende des Krieges auch das Krankheitsumfeld. Einerseits traten vermehrt Infektions- und Mangelkrankheiten wie Rachitis, Masern, Scharlach, Diphterie oder Keuchhusten auf, andererseits erkrankte rund die Hälfte der Schweizer Bevölkerung an der Spanischen Grippe (vgl. dazu Kap. 11.2, 12.2 und 12.3).[124]

Die Zeit des Mangels in der zweiten Hälfte des Krieges wirkte sich auch anderweitig unmittelbar auf den Alltag aus. Die Energieknappheit liess die Menschen öfter kalt essen,[125] in ihren Wohnungen frieren,[126] im Dunkeln sitzen[127] und deutlich weniger Bahnfahren (vgl. dazu Abbildung 1

123 Im Vergleich zum Zweiten Weltkrieg war der Ernährungsstatus der Schulkinder während des Ersten Weltkrieges schlechter. In Genf war der Anteil der untergewichtigen Kinder 1918 im Vergleich zu 1944 mehr als doppelt so hoch. Trotz der Mangelerscheinungen war die Situation in der Schweiz besser als im Deutschen Reich. Zum einen war die Proteinversorgung durch den lange Zeit künstlich tief gehaltenen Milchpreis relativ gut, zum anderen wirkte sich die Intensivierung der Schulkinderfürsorge (Schülerspeisung, Ferienerholung) positiv aus. Vgl. dazu Kap. 12.4 und 12.5. Die Schülerspeisungen (vor allem im Winter) und die Ferienerholung (besonders im Sommer) wurden nach dem Ersten Weltkrieg fortgesetzt, weshalb es sich hier um eine langfristige Massnahme zur Bewältigung einer Störung des Systems handelt.

124 Unter den Grippetoten befanden sich im Vergleich zu nicht-epidemischen Perioden überdurchschnittlich viele junge Männer. In den ländlichen Regionen scheinen die Mortalitätsraten zudem höher gewesen zu sein als in den städtischen Zentren. Vgl. dazu Kap. 11.2.

125 Im Kanton Solothurn wurde 1918 die Gasversorgung zum Beispiel je nach Versorgungsunternehmen um bis zu 75% eingeschränkt. Zu Schwierigkeiten führte auch die sinkende Wärmeleistung der Gasherde, die durch die verminderte Qualität der Kohle verursacht wurde. Als die Versorgungslage kritisch wurde, gab die Regierung im November 1918 das Sammeln von Leseholz in Staats-, Gemeinde- und Privatwäldern frei. Vgl. dazu Kap. 4.3 und 4.4.

126 In Zürich wurden im Winter 1918 die Abendtemperaturen bekannt gemacht. «Nach diesen offiziellen Graden sollte man sich zu heizen erlauben. Man fror, aber doch nicht so wie in andern Ländern.» Aus: Sieveking 1922: 59.

127 In ländlichen Gebieten griff die Bevölkerung aus Mangel an Leuchtpetroleum auf Kerzen zurück. Vgl. dazu Kap. 4.5.

in Kap. 4.3).[128] Auf dem Höhepunkt der Energiekrise stellten die Schweizerischen Bundesbahnen (SBB) an Sonntagen den Personenverkehr auf dampfbetriebenen Strecken ein, Schnellzüge wurden gestrichen und es verkehrten insgesamt rund zweieinhalbmal weniger Personenzüge als vor dem Krieg (vgl. dazu Kap. 4.3 und 6.4).[129]

Die Störungen des Systems wurden bereits in den ersten beiden Kriegsjahren politisch aufgeladen. Im Mai 1915 demonstrierten mehr als 10 000 Personen auf dem Bundesplatz in Bern gegen die Teuerung und im Sommer 1916 protestierten unter dem Eindruck der schlechten Witterung in Bern, Biel, Grenchen, Thun und Zürich Tausende gegen «Wucherer» und für tiefere Preise.[130] Die Sozialdemokratische Partei dominierte mit dem Fokus auf Mangel und Not die ernährungspolitischen Diskussionen und sie stilisierte die Bauern bereits zu einer Klasse von rücksichtslosen Kriegsgewinnlern, noch bevor die landwirtschaftlichen Einkommen in der zweiten Kriegshälfte überproportional stark anstiegen (vgl. dazu Kap. 3.2, 9.3 und 10.2).[131]

Erst als sich die Bundesverwaltung unter dem Druck des intensivierten Wirtschaftskrieges, der schlechten Ernten und der Demonstrationen widerwillig von ihrer liberalen Politik abwandte und mit dem Anbauplan bei der Nahrungsmittelversorgung einen neuen Weg einschlug (vgl. dazu Kap. 7.3), wurden die festgefahrenen Diskussionen um die Beschaffung, die Preise und die Verteilung von Nahrungsmitteln aufgebrochen. Dank

128 Die Teuerung wurde allerdings nicht vollständig auf die Fahrpreise überwälzt, weil Bahnfahren sonst unerschwinglich geworden und die überregionale Mobilität zum Erliegen gekommen wäre. Vgl. dazu Kap. 4.3 und Steinmann 2003: 65.

129 Die SBB gehörten nicht zu den Vorreitern bei der Elektrifizierung der Bahnen. Während im Jahr 1920 bereits knapp 55% der Strecken der Privatbahnen elektrifiziert waren, betrug der Anteil bei den SBB nur rund 8%. Gerade deswegen musste die elektrifizierte Bern–Lötschberg–Simplon-Bahn den Schnellzug zwischen Thun und Brig nicht einstellen. Vgl. dazu Kap. 6.4.

130 Unter der Verteuerung und der Verknappung der Nahrungsmittel litt in erster Linie die städtische Industriearbeiterschaft. Vgl. dazu Kap. 3.6.

131 Während die Bauern kostendeckende Preise verlangten und vielfach eine Rhetorik des Verlustes pflegten (Verlust oder Niedergang moralischer Werte), verfolgten die Konsumenten angesichts der Teuerung eine rhetorische Strategie der Anrechte (moralische Spannung aus der Verletzung oder Verweigerung berechtigter Ansprüche). Vgl. dazu: Eisner 2001: 38. Die politische Linke verfolgte in der Ernährungsdiskussion allerdings keine einheitliche Linie, weil es immer wieder Streitigkeiten über die einzuschlagende Richtung gab. Vgl. dazu Kap. 10.2 und 10.3.

Begriffen wie des «Reallohnes», des «landwirtschaftlichen Einkommens» oder des «Ertragswertes» wurden die ernährungspolitischen Anliegen der politischen Linken empirisch objektivier- und verhandelbar.[132] Etwas, was bei den sozialpolitischen oder gewerkschaftlichen Anliegen der Arbeiterschaft nicht gelang und was im November 1918 schliesslich im Landesstreik endete (vgl. dazu Kap. 3.6).

Dass Ernährungs- und Energiefragen im Sommer 1918 an politischer Brisanz einbüssten, hing nicht nur mit fundamentalen Lernprozessen und veränderten Deutungsmustern der Problempromotoren zusammen, sondern auch mit symbolischer Politik. Nach gewalttätigen Demonstrationen in Basel erteilte der Bundesrat den Kantonen am 12. Juli 1918 die Befugnis, ausserordentliche Massnahmen zur Aufrechterhaltung von Ruhe und Ordnung zu ergreifen. Der Erste Allgemeine Arbeiterkongress (und mit ihm das OAK) gelangte daraufhin wie bereits im März und im April mit Forderungen an den Bundesrat, «deren Begründung aus der Zeitlage sich ergibt, deren Erfüllung den Bundesbehörden möglich ist und von der Arbeiterschaft erwartet wird».[133] Das OAK rückte mit seinen Postulaten von der im Frühling noch unbestrittenen Konfrontationsstrategie ab.[134] Der Bundesrat ging wiederum auf die Forderungen des Arbeiterkongresses ein, bezog die Arbeiterschaft bei der Neuordnung des Rationierungs-

132 Vgl. dazu: Reichesberger 1908: 95 und Tanner 1994: 243.

133 Eingabe des Oltener Komitees an den Bundesrat: 104–105, Zitat 104. Wie bereits im März 1918 (Zivildienstpflicht) war es eine Vorlage des Bundesrates zur Einschränkung der politischen Rechte, die das OAK mit brennenden wirtschaftlichen Fragen verknüpfte. Zum Forderungskatalog gehörten unter anderem ein Postulat zur Aufhebung des Beschlusses vom 12. Juli 1918, die Errichtung eines eidgenössischen Ernährungsamtes, eine bessere Rationierung und Verteilung der Nahrungsmittel, die Streckung der Vorräte von Nahrungsmitteln und Bedarfsgegenständen durch die Herstellung von Einheitswaren und die Festlegung von einheitlichen Preisen, die Konzessionierung des privaten Grosshandels, die Preisbildung unter Mitwirkung der Arbeiterschaft, die Versorgung der Bevölkerung mit Hausbrandkohle durch eine konzessionierte Einfuhr- und Verteilungsstelle der Arbeiterschaft, die Schaffung paritätischer Lohnämter, die Reduktion der Arbeitszeit aufgrund der verminderten körperlichen Leistungsfähigkeit durch die Ernährungsschwierigkeiten und die Förderung des kommunalen und genossenschaftlichen Wohnungsbaus.

134 Gautschi 1988: 127–139. Der Arbeiterkongress übertrug dem OAK zwei Aufgaben: Einerseits sollte es mit dem Bundesrat über die elf Forderungen verhandeln, andererseits die Vorbereitungen für einen Generalstreik vorantreiben und ihn auslösen, falls die Verhandlungen scheitern sollten.

wesens ein, dehnte die Nahrungsmittelproduktion aus und ebnete den Weg für eine neue Organisation zwischen Konsum und Produktion (vgl. dazu Kap. 3.3, 3.4 und 10.3). Die meisten Massnahmen aus dem Teuerungskanon, die das OAK im März und April 1918 noch gefordert hatte, waren somit umgesetzt worden. Mit den Verbrauchseinschränkungen, den Kontingentierungen, den Rationierungen und den Preisfestsetzungen wurde die Landwirtschaft in wesentlichen Teilen staatlich gelenkt und die Bauern hatten ihre Freiheit bei der Preisgestaltung verloren. Gerade deshalb boten «Wucher» und «Hamsterei» im Sommer 1918 in linken Kreisen nicht mehr gleich viel politischen Zündstoff wie in den ersten Kriegsjahren.[135]

Gesellschaften, betrachtet als Systeme, wiesen und weisen eine dynamische Stabilität auf. Die Ressourcenkonflikte während des Ersten Weltkrieges traten zeitlich und räumlich auf unterschiedlichen Ebenen auf. Die Störungen erforderten sowohl Erneuerung und Reorganisation als auch Entwicklung und Evolution. Obwohl neben den flankierenden auch die interventionistischen Massnahmen zur Lenkung und zur Steuerung des Angebots bis 1921 abgebaut wurden und sich die Situation auf dem Nahrungsmittel- und Energiemarkt schrittweise normalisierte,[136] kehrte das System nicht in seinen ursprünglichen Zustand zurück. Die Beziehungen innerhalb des Systems hatten sich durch die Störungen gewandelt, was trotz der kurzfristigen, krisenüberbrückenden Massnahmen zur Bewältigung der Konflikte zu dauerhaften Veränderungen des Systems führte. Obschon die Versorgung mit Nahrungsmitteln und Energieträgern in der Schweiz während des Krieges nicht zusammenbrach und sich das System durch die Absorbierung von Störungen als widerstandsfähig erwies, entpuppte sich die Gesellschaft in der Schweiz auch als sensitiv.[137]

135 «Nachdem jedoch die wichtigsten Lebensmittel fast durchwegs rationiert waren und sich zum Teil ihrer Natur nach zur Anhäufung nicht eigneten, war die Möglichkeit des Hamsterns bedeutend eingeschränkt.» Aus: Ruchti 1930: 315–316. Zum Landesstreik-Narrativ vgl. auch Jaun 2014: 23 und das Forschungsprojekt von Brigitte Studer zum Landesstreik beim Schweizerischen Nationalfonds (http://p3.snf.ch/project-165793).

136 Einzelne Massnahmen wie das Getreidemonopol wurden allerdings mehrmals provisorisch verlängert. Erst im Jahr 1929 wurde das Getreidemonopol schliesslich in das ordentliche Recht (monopolfreie Lösung) überführt. Vgl. dazu Kap. 7.4.

137 Vgl. zu den konzeptionellen Überlegungen in diesem Abschnitt: Krämer 2015: 194–210.

13.6 Langfristige Massnahmen in der Schweiz (Adaptionen)

Der Erste Weltkrieg hat in der Ausgestaltung der wirtschaftlichen Landesvorsorge eine Schlüsselstellung inne. Der Bund versuchte zwar, die internationalen Handelsbeziehungen wieder aufzubauen, er schwenkte nach 1918 aber auf eine protektionistische Politik um, als immer mehr Staaten Schutzzölle erhoben und die Importe einschränkten.[138] So verfolgte die Schweiz in der Zwischenkriegszeit eine ambivalente Politik: Auf der einen Seite hielt sie an den bisherigen Eckpfeilern ihrer Agrarpolitik – den transnationalen Austauschprozessen und der Fokussierung auf die Tierhaltung – fest.[139] Auf der anderen Seite fügte der Bund mit der Förderung der Getreideproduktion der Vorkriegsordnung einen weiteren Eckpfeiler hinzu, um die Ernährung der immer grösser werdenden nicht-bäuerlichen Bevölkerung sichern zu können. Die Abkehr vom liberalen Credo war Erkenntnissen aus den Kriegsjahren und der unmittelbaren Nachkriegszeit geschuldet.[140] Damit die Agrar- und Ernährungspolitik nicht mehr als Auslöser oder als Katalysator sozialer Konflikte und gesellschaftlicher Desintegration fungierte, wurde die Landwirtschaft im Sinne eines Service public reguliert und in die Industriegesellschaft integriert. Es war diese Verschweissung von alten und neuen Vorstellungen, die in der Nachkriegszeit eine Ordnung entstehen liessen, die sich deutlich von den politischen Gegebenheiten in der Vorkriegszeit unterschied (vgl. dazu Kap. 3.5).[141]

Als Katalysator erwies sich der Erste Weltkrieg auch im Energiesektor. Die Elektrizität hatte das tägliche Leben bereits vor den Jahren 1914–1918 verändert. Glühlampen und Motoren fanden mit der ersten Elektri-

138 Cottier 2014: 80–81. Zu den Auswirkungen des Staatsinterventionismus während des Ersten Weltkrieges auf die Politik des Bundesstaates in der Weltwirtschaftskrise und in den Jahren vor dem Zweiten Weltkrieg vgl. zudem Kap. 7.4.

139 Der Export von Käse und Nutzvieh blieb genauso wichtig wie der Import von Futtermitteln und Dünger. Vgl. dazu Kap. 3.5.

140 Zum Wandel in der Agrar- und Ernährungspolitik trug möglicherweise auch die Erkenntnis bei, dass aus der neu entstandenen, kommunistischen Sowjetunion nicht mehr gleich grosse Getreidelieferungen zu erwarten waren wie zuvor aus dem zaristischen Russland.

141 Die «Vergesellschaftung der Landwirtschaft» (Peter Moser) trug dazu bei, dass während des Zweiten Weltkrieges weniger Menschen unter Teuerung und Nahrungsmangel litten als im Ersten Weltkrieg. Vgl. dazu Kap. 3.5.

fizierungswelle über das sogenannte Licht- und Kraftnetz den Weg in private Haushalte und landwirtschaftliche Betriebe (vgl. dazu Kap. 6.3).[142] Auch der elektrische Bahnbetrieb war am Vorabend des Krieges ausgereift und stellte technisch kein unüberwindliches Hindernis mehr dar. Obwohl sich die Elektrizität in einer langfristigen Perspektive deshalb wohl auch ohne eine Störung des Systems durchgesetzt hätte, führten die Energiekonflikte in den Jahren 1917–1919 den Menschen die Schwächen des fossilen Energiesystems vor Augen und beschleunigten den Strukturwandel deutlich (vgl. dazu Kap. 4.4).[143]

Begünstigt wurde die Entwicklung insbesondere von zwei Faktoren: Erstens verfügten die meisten Kraftwerke über genügend Kapazitäten, um die steigende Nachfrage nach Strom in den Kriegsjahren in einer ersten Phase zu decken. Auf dem Höhepunkt der Energiekrise wurden daher neue Laufkraftwerke projektiert und bis 1920 auch gebaut. Zweitens spielten beim Entscheid zur Elektrifizierung der SBB im Jahr 1918 weniger technische, als vielmehr wirtschaftspolitische und nationalistische Überlegungen eine wichtige Rolle.[144] Die energetische Unabhängigkeit vom Ausland erhielt unter dem Eindruck der Energie- und der Transportkrise einen derart hohen Stellenwert, dass die Politik die massive Verschuldung der Bundesbahnen durch den Ausbau des elektrischen Bahnnetzes in der Zwischenkriegszeit billigend in Kauf nahm. Eine Adaption, die sich während des Zweiten Weltkrieges auszahlte, weil sie die Verletzlichkeit des Systems durch Störungen reduzierte: Einerseits wurden die Ersparnisse durch das ausgebaute Netz offensichtlich, als die Kohlepreise während des Krieges von neuem massiv anstiegen. Andererseits blieb das Land von einer Transportkrise verschont, als die Versorgung mit fossilen Energieträgern erneut einbrach (vgl. dazu Kap. 4.4 und 6.4).

142 Die Teuerung beschleunigte bereits während des Krieges den Strukturwandel im Energiesektor. Elektrizität substituierte sowohl bei der Beleuchtung als auch bei der Wärmeerzeugung zunehmend Kohle und Gas. Vgl. dazu Kap. 4.4.

143 Um die Wasserkräfte rationell nutzen und die Energieversorgung auf nationaler Ebene regeln zu können, wurde 1916 das Wasserrechtsgesetz erlassen. Es erleichterte die Elektrifizierung des Bahnnetzes, weil es den SBB das Recht einräumte, Wasserrechtskonzessionen zu erwerben. Vgl. dazu Kap. 6.4 und 6.6.

144 Der Entscheid zur Elektrifizierung der SBB schien 1918 allerdings auch betriebswirtschaftlich sinnvoll zu sein. Die hohen Kohlepreise verteuerten den Dampfantrieb dermassen stark, dass die Bahnen möglichst rasch mit der vergleichsweise billigen Elektrizität durch Wasserkraft angetrieben werden sollten. Vgl. dazu Kap. 6.6.

Die meisten Beiträge in diesem Band konnten sich weder auf eine breite Literaturbasis noch auf ein etabliertes methodisches Gerüst stützen, weil die Nahrungs-, Energie- und Ressourcenkonflikte in der Schweiz bisher lediglich in der älteren Historiographie mit der ihnen gebührenden Beachtung behandelt wurden (vgl. dazu die Einleitung). Auch dieses Buch vermag lediglich Schlaglichter auf die verschiedenen Aspekte der Konflikte und ihre Bedeutung für den Alltag der Menschen zu werfen. International vergleichende Studien fehlen genauso wie Arbeiten, welche die Ernährungs- und Energiefragen in der Schweiz auf der Ebene des Bundesstaates systematisch untersuchen, den kantonalen Flickenteppich bei der Umsetzung der Verordnungsflut in der zweiten Hälfte des Krieges differenziert-komparativ aufarbeiten und die kommunale Ebene dabei nicht vernachlässigen. Gerade der Föderalismus scheint das Entstehen von grossen regionalen Unterschieden begünstigt zu haben, was sowohl Heinrich Sieveking als auch Jean-Jacques Senglet in ihren Analysen wiederholt beklagt haben und was dem Krieg selbst innerhalb eines so kleinen Raumes wie der Schweiz verschiedene Gesichter verlieh.[145]

Mit dem Konzept der Verletzlichkeit lassen sich die verschiedenen Schwachstellen des Versorgungssystems der Schweiz aufzeigen. Während die langfristigen Ursachen der Konflikte auf die historisch-kumulativen Eigenschaften der Verletzlichkeit hinweisen, zeigen die auslösenden Faktoren der Konflikte und der Verlauf der Teuerungskrise ihre Dynamik und ihre räumliche Determinierung. Ausserdem verdeutlicht der Zerfall des Krieges in zwei unterschiedliche Hälften bei der Nahrungsmittel- und Energieversorgung, wie komplex und multikausal die Störungen des Systems waren, mit welchen zeitlichen Verzögerungen sie sich bisweilen auswirken und wie gering die Effekte von Anpassungen sein konnten, wenn es sich lediglich um Symptomtherapien handelte. Schliesslich sollte der Einfluss der Natur auf die Konflikte nicht vernachlässigt werden. Es waren die globalen Missernten im Jahr 1916, die den Verlauf des Ersten Weltkrieges an den verschiedensten Fronten (mit-)prägten und die Konflikte sich nicht nur um Stahl und Gold, sondern auch um Brot, Kartoffeln und Kohle drehen liessen.[146]

145 Vgl. dazu: Sieveking 1922: 42–43; Senglet 1950: 239, 248–252.
146 Vgl. dazu: Segesser 2016a: 97–109.

BIBLIOGRAPHIE

Archivquellen

BAR Schweizerisches Bundesarchiv, Bern.

Deutsches Bundesarchiv, Berlin.

Gestorben infolge Grippe nach Geschlecht, Sterbemonaten und Kantonen 1918–1920. Bern 1954; BFS [Bundesamt für Statistik].

Grippetote nach Geschlecht und Alter 1877–1989. Bern 1990; BFS.

NAA (ACT) National Archives of Australia, Canberra.

NAA (Vic) National Archives of Australia, Melbourne.

Sozarch Schweizerisches Sozialarchiv, Zürich.

Stadtarchiv Biel.

Stadtarchiv Waldshut-Tiengen.

TNA The National Archives, Kew.

WBD Wienbibliothek Digital.

Gedruckte/edierte Quellen und zeitgenössische Literatur bis 1939

Abteilung für industrielle Kriegswirtschaft: Die Abteilung für industrielle Kriegswirtschaft des eidgenössischen Volkswirtschafts-Departementes, Bd. 2: Sektion Chemie sowie Handelsabteilung «Chemische Angelegenheiten» 1915–1919: Übersicht über Tätigkeit und Entwicklung der schweizerischen chemischen Industrie vor und während des Weltkrieges. Bern 1925.

Aereboe, Friedrich: Der Einfluss des Krieges auf die landwirtschaftliche Produktion in Deutschland (Wirtschafts- und Sozialgeschichte des Weltkrieges 21). Stuttgart 1927.

Angell, Norman: The Great Illusion: A Study of the Relation of Military Power to National Advantage. New York 1910.

Antsiferov, Alexis N. et al.: Russian Agriculture during the War. New Haven 1930.

Augé-Laribé, Michel: L'Agriculture pendant la Guerre. Paris 1926.

Ausschuss zur Untersuchung der Erzeugungs- und Absatzbedingungen der deutschen Wirtschaft (Hg.): Die deutsche Chemische Industrie:Verhandlungen und Berichte des Unterausschusses für Gewerbe: Industrie, Handel und Handwerk (II. Unterausschuss). Berlin 1930.

Beglinger, H.: Entwicklung und Stand des Motorpflugwesens in der Schweiz. In: Landwirtschaftliches Jahrbuch der Schweiz (1920): 210–243.

Bernard, Léon: La Défense de la Santé Publique pendant la Guerre. Paris 1929.

Beveridge, William H.: British Food Control. London 1928.

Billwiller, Robert: Witterungsverlauf 1916: Witterungsberichte: Annalen der Schweizerischen Meteorologischen Zentralanstalt, Bd. 53. Zürich 1916: 4.

Bogart, Ernest Ludlow: Direct and Indirect Costs of the Great World War. New York 1919.

Bueb, Julius; Warmbold, Hermann: Ausführungen über die Produktions- und Absatzverhältnisse der Industrie stickstoffhaltiger Düngemittel. In: Ausschuss zur Untersuchung der Erzeugungs- und Absatzbedingungen der deutschen Wirtschaft (Hg.): Die deutsche Chemische Industrie: Verhandlungen und Berichte des Unterausschusses für Gewerbe: Industrie, Handel und Handwerk (II. Unterausschuss). Berlin 1930: 143–187.

Bulletin des Schweizerischen Gesundheitsamtes. Bern 1918–1919. [Bulletin SGA]

Bumm, Franz (Hg.): Deutschlands Gesundheitsverhältnisse unter dem Einfluss des Weltkrieges, 2 Bde. Stuttgart 1928.

Bundesratsprotokolle 1918–1919. Abrufbar unter http://www.amtsdruckschriften.bar.admin.ch, 1. März 2016.

Caro, Nikodem: Die Stickstoffgewinnung im Kriege. In: Schwarte, Max (Hg.): Die Technik im Weltkriege. Berlin 1920: 537–551.

Combe, Adolphe: Körperlänge und Wachstum der Volksschulkinder in Lausanne. In: Zeitschrift für Schulgesundheitspflege 9 (1896): 569–589.

Crookes, William: The Wheat Problem: Based on Remarks Made in the Presidential Address to the British Association at Bristol in 1898. London 1899.

Die Abteilung für industrielle Kriegswirtschaft des Eidgenössischen Volkswirtschaftsdepartements 1917–1919: Die Abteilung für industrielle Kriegswirtschaft (Hg.), Bd.1. Bern 1920.

Die Getreideversorgung der Schweiz: Schweizer Export-Revue: Der Economist: Separatdruck. Zürich 1913: 8–16.

Die Schweizerische Kriegswirtschaft 1939/1948: Eidgenössische Zentralstelle für Kriegswirtschaft. Bern 1950.

Diplomatische Dokumente der Schweiz, Bd. 5 (1904–1914). Bern 1983.

Eingabe des Oltener Aktionskomitees an die Bundesbehörden. In: Gautschi, Willi (Hg.): Dokumente: Der Landesstreik 1918. Zürich 1968: 77–82.

Eingabe des Oltener Komitees an den Bundesrat. In: Gautschi, Willi (Hg.): Dokumente: Der Landesstreik 1918. Zürich 1968: 104–105.

Enderes, Bruno; Ratzenhofer Emil; Hoger Paul (Hg.): Verkehrswesen im Kriege. Wien 1931.

Ergebnisse der Kartoffelbestandesaufnahme vom 10. Januar und der Erhebung über die Kartoffelanbauflächen pro 1916 und 1917. Bern 1917.

Ergebnisse der Kartoffelbestandesaufnahme vom 17. Januar 1918 und der Erhebung über die Kartoffelanbauflächen pro 1918. Bern 1918.

Eucken, Walter: Die Stickstoffversorgung der Welt: Eine volkswirtschaftliche Untersuchung. Stuttgart 1921.

EVD (Hg.): Arbeitsrecht und Sozialversicherung der Schweiz. Bern 1925.

EVD (Hg.): Jahrbuch, Bd. 32. Bern 1918.

Fleiner, Fritz: Schweizerisches Bundesstaatsrecht. Tübingen 1923.

Flury, Walter; Jordi, Ernst: Bericht über die 1. und 2. Schweizerische Motorpflugprobe. Bern 1918.

Freiwilligen- und Einwohnerarmenpflege (Hg.): XVIII. Verwaltungsbricht der Freiwilligen- und Einwohnerarmenpflege umfassend den Zeitraum vom 1. Januar bis 31. Dezember 1918. Zürich 1919.

Frey, Gustav A.: Die Rohstoffversorgung der Schweiz während des Krieges besonders in der Textil- und Metallindustrie. Aarau 1921.

Frey, Richard: Der Gesundheitszustand unserer Schulkinder und Mittel zu dessen Hebung: Referat in der Gemeinnützigen Gesellschaft des Bezirkes Meilen, 4. Nov. 1900. Zürich-Selnau 1901.

Fueter, Eduard: Die Schweiz seit 1848: Geschichte, Politik, Wirtschaft. Zürich 1928.

Fürst, W.: Das Getreidemonopol. In: Schweizerische Blätter für Wirtschafts- und Socialpolitik, Jg. 18, Hefte 13–16, 1910/1911.

Gautschi, Willi (Hg.): Dokumente: Der Landesstreik 1918. Zürich 1968: 21–24.

Geering, Traugott: Handel und Industrie der Schweiz unter dem Einfluss des Weltkriegs (Monographien zur Darstellung der Schweizerischen Kriegswirtschaft 3). Basel 1928.

Gide, Charles (Hg.): Effects of the War upon French Economic Life: A Collection of Five Monographs. Oxford 1923.

Grey, Edward (Viscount Grey of Fallodon): Twenty-Five Years, 2 Bde. London 1925.

Grimm, Robert: Kommunale Milchversorgung. In: Neues Leben: Monatsschrift für sozialistische Bildung 2/4 (1916): 108–121.

Grimm, Robert: Der 12. Dezember des Bürgertums. Aarau 1930.

Grimm, Robert: Vortrag Robert Grimms 1906 über den politischen Massenstreik. In: Gautschi, Willi (Hg.): Dokumente: Der Landesstreik 1918. Zürich 1968: 21–24.

Grimm, Robert: Brief des Redaktors der «Berner Tagwacht» an Dr. Ernst Laur 1914. In: Gautschi, Willi (Hg.): Dokumente: Der Landesstreik 1918. Zürich 1968: 28–31.

Grossmann, Hermann: Die Stickstofffrage und ihre Bedeutung für die deutsche Volkswirtschaft (Schriften des Verbandes Deutscher Diplom-Ingenieure 8). Berlin 1911.

Hibbard, Benjamin Horace: Effects of the Great War upon Agriculture in the United States and Great Britain. New York 1919.

Himmel, Ernst: Industrielle Kapitalanlagen der Schweiz im Auslande. Langensalza 1922.

Homann-Herimberg, Emil: Die Kohlenversorgung in Oesterreich während des Krieges. Wien 1925.

Huber, Robert: Zur Stickstoff-Frage. Eine Studie. Bern 1908.

Institut International d'Agriculture (Hg.): Bulletin de statistique agricole et commerciale 1910–1916 Jg. 8 (1917).

Jessen, Ernst: Masern, Scharlach, Diphterie und Keuchhusten 1870–1919 in der Stadt Basel. In: Schweizerische Medizinische Wochenschrift 54/51 (1924): 1165–1176.

Jöhr, Adolf: Die Volkswirtschaft der Schweiz im Kriegsfall. Zürich 1912.

Jordan, Edwin Oakes: Epidemic Influenza: A Survey. Chicago 1927.

Käppeli, Joseph; Riesen, Max: Die Lebensmittelversorgung der Schweiz unter dem Einfluss des Weltkrieges von 1914–1922. In: Landwirtschaftliches Jahrbuch der Schweiz 1 (1926): 1–134.

Kaufmann, Rudolf: Die Weizenvorräte der Schweiz und die Sicherung der Landesversorgung mit Brotgetreide im Kriegsfalle. Dissertation, Bern 1923.

Keller, Hans: Wie erreichen wir eine Höchstproduktion von Nahrungsmitteln? Kurze Anleitung für Landwirte und andere Interessenten: Separatabdruck aus dem Schweizer Bauer. Bern 1917.

Kettler, Julius Iwan: Flemmings Kriegs-Weltkarte (Kriegskarte Nr. 37). Berlin 1917.

Kraemer, Adolf: Körner- oder Futterbau? Schaffhausen 1871.

Kraft, Adolf: Ueber ärztliche Untersuchungen von Kindern in Landschulen. In: Schweizerische Blätter für Gesundheitspflege N.F. 6/3 (1901): 25–29.

Landmann, Julius: Die Agrarpolitik des schweizerischen Industriestaates. Jena 1928.

Lauener, Paul: Die Bedeutung der Ernährung für unsere Jugend. In: Jahrbuch der Schweizerischen Gesellschaft für Schulgesundheitspflege 19 (1918): 119–143.

Lauener, Paul: Der Schularztdienst. Zürich 1926.

Lauener, Paul: Streiflichter aus den Wachstumsverhältnissen bei bernischen Schulkindern. In: Schweizerische Medizinische Wochenschrift 20 (1931): 471–474.

Laur, Ernst: Die Hebung des schweizerischen Getreidebaus durch ein Getreidemonopol. Aarau 1895.

Laur, Ernst: Lager- und Trockeneinrichtungen für Getreide: Bericht an das Schweizerische Landwirtschaftsdepartement. Bern 1902.

Laur, Ernst: Die Zukunft der schweizerischen Landwirtschaft: Separatabdruck aus: Neue Zürcher Zeitung. Zürich 1915.

Laur, Ernst: Die schweizerische Bauernpolitik im Lichte einer höheren Lebensauffassung. Brugg 1918.

Laur, Ernst: Der Schweizerbauer, seine Heimat und sein Werk: Eine Darstellung der Verhältnisse und der Entwicklung der schweizerischen Landwirtschaft im zwanzigsten Jahrhundert. Brugg 1939.

Lindenmaier, Leonhard: Die Steinkohlenversorgung der Schweiz. In: 41. Jahresbericht des Kaufmännischen Vereins Basel (1903): 76–102.

Lipschütz, Alexander: Einfluss der Ernährung auf die Körpergrösse: Vortrag gehalten in der anthropologischen Sektion der 99. Jahresversammlung der Schweizerischen Naturforschenden Gesellschaft in Zürich am 11. September 1917. Zürich 1917.

Loewenfeld-Russ, Hans: Die Regelung der Volksernährung im Kriege. Wien 1926.

Lorenz, Jakob: Erinnerungen eines simplen Eidgenossen. Erlenbach 1935.

MacVey, Frank L.: The Financial History of Great Britain 1914–1918. New York 1918.

Milliet, Edmund Wilhelm: Getreidemonopol: Verfassungsbestimmungen und Ausführungsgesetz. Bern 1909.

Moos, Hans: Lehren des Krieges für unsere Landwirtschaft. Luzern 1914.

Moos, Hans: Unsere Landwirtschaft im Kriegsjahr 1915. In: Politisches Jahrbuch der Schweizerischen Eidgenossenschaft 29 (1915): 221–244.

Mortara, Giorgio: La Salute Publica in Italia durante e dopo la Guerra. Bari 1925.

Obrecht, Max: Die kriegswirtschaftlichen Überwachungsgesellschaften S.S.S. und S.T.S. und insbesondere ihre Syndikate; dargestellt nach den von diesen in den Jahren 1915–1918 entwickelten Grundsätzen. Bern 1920.

Oekonomische und Gemeinnützige Gesellschaft des Kantons Bern (Hg.): Tätigkeitsbericht 1877–1915, Bd. 40. Bern 1916.

Ost, Hermann: Lehrbuch der chemischen Technologie. Leipzig 1919.

Pfenninger, Rolf: Die Handelsbeziehungen zwischen der Schweiz und Deutschland während des Krieges 1914–1918. Dissertation, Zürich 1928.

Pirquet, Clemens von: Volksgesundheit im Krieg. Wien 1926.

Posthuma, Folkert Evert: Food supply and Agriculture. In: Zaalberg, Cornelius J.P.; DeMonchy, Engel P.; Romeyn, Hendrik J. et al. (Hg.): The Netherlands and the World War. New Haven 1928: 203–299.

Proklamation des Landesgeneralstreiks durch das Oltener Komitee. In: Gautschi, Willi (Hg.): Dokumente: Der Landesstreik 1918. Zürich 1968: 237–240.

Rabius, Wilhelm: Kritische Betrachtungen zur voraussichtlichen Lösung der Stickstoffrage. Jena 1907.

Rathenau, Walther: Deutschlands Rohstoffversorgung: Vortrag, gehalten in der «Deutschen Gesellschaft 1914» am 20. Dezember 1915. Berlin 1916.

Rechenschafts-Bericht des Regierungsrates des Kantons Solothurn an den Kantonsrat über das Jahr 1917. Olten 1918.

Redmayne, Richard A. S.: The British Coal-Mining Industry During the War. Oxford 1923.

Reichesberg, Naum: Soziale Gesetzgebung und Statistik: Ein Beitrag zur Frage der Errichtung eines Eidgenössischen Sozialstatistischen Amtes. Bern 1908.

Rowe, Leo Stanton: Early Effects of the European War Upon the Finance, Commerce and Industry of Chile. New York 1918.

Ruchti, Jacob: Geschichte der Schweiz während des Weltkrieges 1914–1919: Politisch, wirtschaftlich und kulturell, 2 Bde. Bern 1928–1930.

Sarter, Adolph: Die deutschen Eisenbahnen im Kriege. Stuttgart 1930.

Schaffner, Gustav: Sanitarische Untersuchung der ersten Primarschulklassen des Kantons Basel-Stadt 1899/1900. Basel 1901.

Scheurmann, Eduard: Die Milchversorgung der Schweiz während des Krieges und der Nachkriegszeit: Darstellung und Kritik. Dissertation, Stuttgart 1923.

Schmidt, Albrecht: Die industrielle Chemie in ihrer Bedeutung im Weltbild und Erinnerungen an ihren Aufbau. Berlin 1934.

Schmidt, Franz: Ernst Laur. In: Gewerkschaftliche Rundschau 7 (1931): 223–228.

Schneider, Salome: Die Erzeugung und der Verbrauch von Nährwerten in der Schweiz. In: Zeitschrift für schweizerische Statistik und Volkswirtschaft 53 (1917): 275–335.

Schwarte, Max (Hg.): Die Technik im Weltkriege. Berlin 1920.

Schweizerische Anbaustatistik. Bern 1917 und 1920.

Schweizerischer Bankverein (Hg.): Rückschau über Handel und Industrie der Schweiz 1914–1918. Basel 1919.

Schweizerisches Bauernsekretariat (Hg.): Statistische Erhebungen und Schätzungen auf dem Gebiete der Landwirtschaft. Brugg 1923.

Seidel, Robert: Staatlicher Getreidehandel oder Wie kommt das Volk zu billigem Brod: Begründung der Volks-Initiative im Kanton Zürich. Zürich 1879.

Shortt, Adam: Early Economic Effects of the European War Upon Canada. New York 1918.

Shotwell, James T.: Outline of a Plan (European Series Economic and Social History of the World War). Washington 1924.

Sieveking, Heinrich: Schweizerische Kriegswirtschaft (Veröffentlichungen der Deutschen Handelskammer in der Schweiz, Bd. 1). Leipzig 1922.

Spiess, Wilhelm: Das Primarschulwesen Berns und die geistige und körperliche Entwicklung unserer Schuljugend: Ein Mahnruf an Behörden, Lehrer und Eltern anlässlich der Gemeindereorganisation. Bern ^{2}1888.

Staudinger, Dora: Die Genossenschaftsbewegung. In: Bericht über den Zweiten schweizerischen Kongress für Fraueninteressen. Bern 1921: 78–86.

Struve, Peter B.: Food Supply in Russia During the World War. New Haven 1930.

Studer, Josef: Die Getreideversorgung der Schweiz während des Weltkrieges 1914–1918. Dissertation, Zürich 1925.

Tuxford, A.W.: The Estimation of Physique and Nutrition in Children. In: J Hyg (Lond) 39/2 (1939): 203–216.

Verband Schweizerischer Konsumvereine: Die Kriegsmassnahmen des VSK im Jahre 1914. Basel 1914.

Vereinigte Kander- und Hagneck-Werke: Geschäftsbericht und Jahresrechnung der Vereinigte Kander- und Hagneck-Werke. Bern 1903–1907.

Villiger, Emil: Die Einwirkung des Krieges auf die körperliche Entwicklung des Schulkindes. In: Jahrbuch der Schweizerischen Gesellschaft für Schulgesundheitspflege 19 (1918): 144–162.

Waeser, Bruno: Die Luftstickstoff-Industrie: Mit besonderer Berücksichtigung der Gewinnung von Ammoniak und Salpetersäure. Leipzig 1922.

Wildberger, Arthur: Die Gestaltung der Schweizerischen Kohlenversorgung während des Krieges und ihre Einwirkungen auf das Wirtschaftsleben. Frankfurt 1923.

Wirz, Jakob: Die Getreideproduktion und Brotversorgung der Schweiz. Solothurn 1902.

Zaalberg, Cornelius J. P.; DeMonchy, Engel P.; Romeyn, Hendrik J. et al. (Hg.): The Netherlands and the World War. New Haven 1928.

Privatnachlässe

Novar Papers: Nachlass von Sir Ronald Munro-Ferguson (Lord Novar) in der National Library of Australia. Canberra (MS 696).

Pearce Papers: Nachlass von George Foster Pearce im Australian War Memorial. Canberra (3 DRL 2222).

Plakatsammlung Eybl. Wien.

Privatnachlass Heinrich Clam-Martinic. Burgmuseum Clam.

Staatliche und statistische Publikationen

Amtliche Sammlung (A.S.) der Bundesgesetze und Verordnungen der schweizerischen Eidgenossenschaft. Bände 30 (1914) bis 35 (1919).

Amtliches stenographisches Bülletin der schweizerischen Bundesversammlung (ABBV). 1912–1938.

Bericht der Getreidebörse Zürich über das Geschäftsjahr 1916/1917. Zürich 1917.

Bernische Kraftwerke AG: Geschäftsbericht und Jahresrechnung der BKW FMB AG. Bern 1908–1951.

Command Paper Cd. 8271: Recommendations of the Economic Conference of the Allies held at Paris on June 14, 15, 16 & 17, 1916. London 1916.

Command Paper Cd. 9090: Indian Wheat Committee: Report of the Indian Wheat Committee for 1915 and 1916. London 1918.

Command Paper Cmd. 1544: Royal Commission on Wheat Supplies: First Report of the Royal Commission on Wheat Supplies. London 1921.

Deutsche Nationalversammlung: Beilagen zu den Stenographischen Berichten über die öffentlichen Verhandlungen des Untersuchungsausschusses: 2. Unterausschuss: Beilage 1: Aktenstücke zur Friedensaktion Wilsons 1916/17. Berlin 1919.

Eidgenössisches Statistisches Bureau (Hg.): Ergebnisse der Kartoffelbestandsaufnahme vom 10. Januar 1917 und der Erhebung über die Kartoffelanbauflächen pro 1916 und 1917. Bern 1917.

Eidgenössisches Statistisches Bureau (Hg.): Statistisches Jahrbuch der Schweiz 1918 (27. Jahrgang). Bern 1919.

Eidgenössisches Statistisches Bureau (Hg.): Statistisches Jahrbuch der Schweiz 1919 (28. Jahrgang). Bern 1920.

House of Commons Parliamentary Debates.

Schweizerisches Bundesblatt (BBl.). Bern 1848–1938. Abrufbar unter
https://www.admin.ch/gov/de/start/bundesrecht/bundesblatt.html (1. März 2016).

Stadtrat Zürich (Hg.): Beleuchtender Bericht zur Abrechnung über sämtliche Ausgaben der Stadt Zürich, erwachsen durch die Kriegsmassnahmen von 1914–1920. Zürich 1922. (Stadtrat Zürich Lit. c)

Stadtrat Zürich (Hg.): Geschäftsbericht des Stadtrates von Zürich. Für die Jahre 1911–1922. Zürich 1912–1924. (Stadtrat Zürich Lit. a)

Stadtrat Zürich (Hg.): Stadtratsprotokolle 1914–1918. Zürich 1915–1919. (Stadtrat Zürich Lit. b)

Statistisches Amt des Kantons Basel-Stadt (Hg.): Statistisches Jahrbuch des Kantons Basel-Stadt 1921, 1925. Basel 1923, 1926.

Statistisches Amt der Stadt Bern (Hg.): Bern und seine Entwicklung: graphisch-statistischer Atlas. Bern 1941.

Statistisches Amt der Stadt Zürich: Statistisches Jahrbuch der Stadt Zürich 1914–1915, 1918, 1919. Zürich 1917, 1918, 1923.

Zeitungen

Berner Tagwacht.

Der Bund.

Der Landwirt.

Der Schweizer Bauer.

Genossenschaftliches Volksblatt.

Nebelspalter.

Schweizerische Landwirtschaftliche Marktzeitung (SLM).

Schweizerisches Zentralblatt für Milchwirtschaft.

The Times.

Literatur

Abbenhuis, Maartje M.: The Art of Staying Neutral: The Netherlands in the First World War, 1914–1918. Amsterdam 2006.

Abelshauser, Werner: Wirtschaft und Arbeit 1914–1945. In: Köllmann, Werner et al. (Hg.): Das Ruhrgebiet im Industriezeitalter: Geschichte und Entwicklung, Bd. 1. Düsseldorf 1990: 435–490.

Abelshauser, Werner (Hg.): Umweltgeschichte: Umweltverträgliches Wirtschaften in historischer Perspektive. Göttingen 1994.

Abelshauser, Werner (Hg.): Die BASF: Eine Unternehmensgeschichte. München 2003.

Abt, Roman K.: Käse und Getreide. Wie Preise in der Schweiz Politik machen, 1910–1938. In: David, Thomas; Straumann, Tobias; Teuscher, Simon (Hg.): Neue Beiträge zur Wirtschaftsgeschichte – Nouvelles contributions à l'histoire économique (Schweizerisches Jahrbuch für Wirtschafts- und Sozialgeschichte, Bd. 30). Zürich 2015: 109–124.

Aeby, Mario: Die Missernte 1916/17 in der Schweiz: «Wenn nur der Wettergott bald ein Einsehen hätte». Lizentiatsarbeit, Bern 2009. Seit 2. Juni 2014 online unter http://studies.mario-aeby.ch.

Albert, Bill: South America and the First World War: The Impact of the War on Brazil, Argentina, Peru and Chile. Cambridge 1988.

Alexeeva, Olga: Forgotten Ally: China in the First World War. In: Hambly, Daniel; Salem-Wiseman, Lisa (Hg.): Representing World War 1: Perspectives at the Centenary. Toronto 2015: 42–76.

Alfani, Guido; Ó Gráda, Cormac (Hg.): Famine in Europe. Cambridge 2016 (im Druck).

Alsing, Ingrid (Hg.): Lexikon Landwirtschaft.[o.O] [4]1992 (die einzelnen Artikel sind nicht signiert).

Amacher, Anna: Dynamische Berner: Faktoren für die frühe Elektrifizierung der Berner Alpenbahngesellschaft Bern–Lötschberg–Simplon (BLS) unter besonderer Berücksichtigung der Bernischen Kraftwerke AG (BKW), 1902–1914. Lizentiatsarbeit, Bern 2006.

Amacher, Anna: Dynamische und risikofreudige Berner: BLS und BKW auf dem Weg zur Pioniertat, 1902–1914. In: Berner Zeitschrift für Geschichte und Heimatkunde 2 (2007): 77–150.

Ambrosius, Gerold: Der Staat als Unternehmer. Göttingen 1984.

Ammon, Catherine: Chronique d'une épidéme: Grippe espagnole à Genève 1918–1919. Lizentiatsarbeit, Genf 2000.

Asmussen, Tina; Condorelli, Stefano; Krämer, Daniel: Risiko! Editorial. In: traverse 21/3 (2014): 14–19.

Auderset, Juri; Bächi, Beat; Moser, Peter: Die agrarisch-industrielle Wissensgesellschaft im 19./20. Jahrhundert: Akteure, Diskurse, Praktiken. In: Brodbeck, Beat; Ineichen Martina; Schibli, Thomas (Hg.): Geschichte im virtuellen Archiv. Baden 2012: 21–39.

Auderset, Juri; Moser, Peter: Krisenerfahrungen, Lernprozesse und Bewältigungsstrategien: Die Ernährungskrise von 1917/18 als agrarpolitische «Lehrmeisterin». In: David, Thomas; Mathieu, Jon; Schaufelbuehl, Janick Marina (Hg.): Krisen: Ursachen, Deutungen und Folgen (Schweizerisches Jahrbuch für Wirtschafts- und Sozialgeschichte 27). Zürich 2012: 133–149.

Bänninger, W.: 50 Jahre Verband Schweizerische Elektrizitätswerke. In: Bulletin des Schweizerischen Elektrotechnischen Vereins 17a (1945): 549.

Bänziger, Hugo: Der Weg zur wirtschaftlichen Verständigung: Die Revision der Wirtschaftsartikel 1930–1947. Lizentiatsarbeit, Bern 1983.

Bairoch, Paul: Economics and World History: Myths and Paradoxes. Chicago 1993.

Balthasar, Andreas: Zug um Zug: Eine Technikgeschichte der Schweizer Eisenbahn aus sozialhistorischer Sicht. Basel 1993.

Bankoff, Greg: Time is of the Essence. Disasters, Vulnerability and History. In: International Journal of Mass Emergencies and Disasters 22/3 (2004): 23–42.

Barry, John M.: The Great Influenza: The Epic Story of the Deadliest Plague in History. New York 2004.

Bauer, Gian Carlo: Ernährung im 1. Weltkrieg am Beispiel der Stadt Zürich. Bachelorarbeit, Zürich 2015.

Baumann, Werner: Bauernstand und Bürgerblock: Ernst Laur und der Schweizerische Bauernverband 1897–1918. Zürich 1993.

Baumann, Werner; Moser, Peter: Bauern im Industriestaat: Agrarpolitische Konzeptionen und bäuerliche Bewegungen in der Schweiz 1918–1968. Zürich 1999.

Baumann, Werner; Moser, Peter: «Getreidebau 19. und 20. Jahrhundert». In: Historisches Lexikon der Schweiz, Bd. 5. Basel 2006: 363–365.

Baumann, Werner; Moser, Peter: «Landwirtschaft 19.–20. Jahrhundert». In: Historisches Lexikon der Schweiz, Bd. 7. Basel 2008: 625–626.

Baumgartner, Alexander: Von Kohle und Kohlen: Schweizer Kohlenversorgung und Finanzoperationen im Ersten Weltkrieg. Lizentitatsarbeit, Bern 2008.

Beaumont, Joan (Hg.): Australia's War 1914–1918. St. Leonards 1995.

Begert, Michael; Schlegel, Thomas; Kirchhofer, Walter: Homogeneous Temperature and Precipitation Series of Switzerland from 1864 to 2000. In: International Journal of Climatology 25 (2005): 65–80.

Behringer, Wolfgang; Lehmann, Hartmut; Pfister, Christian (Hg.): Kulturelle Konsequenzen der Kleinen Eiszeit. Göttingen 2005.

Berg, Marco; Jochem, Eberhard; Ritz, Christoph: Denk-Schrift Energie: Energie effizient nutzen und wandeln: Beitrag zur nachhaltigen Entwicklung in der Schweiz. Hg. von den Akademien der Wissenschaften Schweiz. Bern 2007.

Berghahn, Volker Rolf: Sarajewo, 28. Juni 1914: Der Untergang des alten Europa (20 Tage im 20. Jahrhundert 1). München 1997.

Bergier, Jean-François: Wirtschaftsgeschichte der Schweiz: Von den Anfängen bis zur Gegenwart. Zürich 1990.

Beveridge, William Ian Beardmore: Influenza: The Last Great Plague: An Unfinished Story of Discovery. London 1977.

Bickel, Jenifer; Bodmer, H.G.: Grösse und Gewicht von Zürcher Schulkindern. In: Zeitschrift für Präventivmedizin 12/6 (1967): 345–353.

Billeter, Ernst: Körpermessungen an Zürcher Volksschülern. Zürich 1948.

Birchmeier, Christian; Hofer, Roland E.: Schaffhausen und der Erste Weltkrieg: Aspekte zur Geschichte einer schwierigen Zeit. In: Schaffhauser Beiträge zur Geschichte 87 (2013): 9–63.

Birkmann, Jörn: Measuring Vulnerability to Promote Disaster-Resilient Societies. Conceptual Frameworks and Definitions. In: Ders. (Hg.): Measuring Vulnerability to Natural Hazards. Towards Disaster Resilient Societies. Tokyo 2006: 9–54.

Birkmann, Jörn (Hg.): Measuring Vulnerability to Natural Hazards. Towards Disaster Resilient Societies. Tokyo 2006.

Blumer-Onofri, Florian: Die Elektrifizierung des dörflichen Alltags: Eine Oral History-Studie zur sozialen Rezeption der Elektrotechnik im Baselbiet zwischen 1900 und 1960. Liestal 1994.

Bogin, Barry: Patterns of Human Growth. Cambridge [2]1999.

Bondallaz, Patrick: De la charité populaire à la diplomatie humanitaire: L'exemple des secours suisses en faveur de la Serbie. In: Schweizerische Zeitschrift für Geschichte 63/3 (2013): 405–427.

Brack, Simon: Krisenbewältigung in Zeiten soziopolitischer Unruhe: Die «Spanische Grippe» 1918 in der Stadt Bern. Bachelorarbeit, Bern 2012.

Brandenberger, Anton: Ausbruch aus der «Malthusianischen Falle»: Versorgunglage und Wirtschaftsentwicklung im Staate Bern 1755–1797. Bern 2004.

Brandt, Fritz: Brennstoffe und Verbrennungsrechnung. München 1999.

Brassley, Paul; Segers, Yves; Van Molle, Leen (Hg.): War, Agriculture, and Food: Rural Europe from the 1930s to the 1950s. London 2012.

Braunschweig, Sabine: «Opfer treuer Pflichterfüllung»: Der Einsatz des Pflegepersonals bei der Grippeepidemie in Basel 1918 und 1919. In: Basler Zeitschrift für Geschichte und Altertumskunde 114 (2014): 143–165.

Brodbeck, Beat: Ein agrarpolitisches Experiment: Entstehung, Zweck und Ziele der Schweizerischen Käseunion und einer neuen Milchmarktordnung 1914–1922. Lizentiatsarbeit, Bern 2003.

Brodbeck, Beat: Paradigmawechsel in der Agrarpolitik: Der Erste Weltkrieg und die Agrarmarktordnungen in der Schweiz am Beispiel des Milchmarktes 1914-1922. In: Langthaler, Ernst; Redl, Josef (Hg.): Reguliertes Land: Agrarpolitik in Deutschland, Österreich und der Schweiz 1930-1960. Innsbruck 2005: 184–191.

Brodbeck, Beat; Ineichen Martina; Schibli, Thomas (Hg.): Geschichte im virtuellen Archiv. Baden 2012.

Brönnimann, Stefan; Krämer Daniel: Tambora und das «Jahr ohne Sommer» 1816. Klima, Mensch und Gesellschaft. In: Geographica Bernensia G90 (2016): 1–48. doi:10.4480/GB2016.G90.02.

Brugger, Hans: Statistisches Handbuch der schweizerischen Landwirtschaft. Bern 1968.

Brugger, Hans: Die Ertragslage der schweizerischen Landwirtschaft 1914 bis 1980. Frauenfeld 1987.

Brugger, Hans: Agrarpolitik des Bundes seit 1914. Frauenfeld 1992.

Buckner, Phillip (Hg.): Canada and the British Empire. Oxford 2008.

Bühlmann, Markus: Futtermittelimporte in die Schweiz 1900–1980: Eine land- und volkswirtschaftliche Betrachtung des schweizerischen Futtermittelimportmarktes. Lizentiatsarbeit, Bern 2004.

Bundesamt für wirtschaftliche Landesversorgung (BWL, Hg.): Strategie der wirtschaftlichen Landesversorgung. [Bern 2003].

Bundesamt für wirtschaftliche Landesversorgung (BWL, Hg.): Bericht zur wirtschaftlichen Landesversorung 2009–2012. Bern 2012.

Burgdorff, Stephan; Wiegrefe, Klaus (Hg.): Der Erste Weltkrieg: Die Ur-Katastrophe des 20. Jahrhunderts. München 2004.

Burkhard, Daniel: Die Milchpreisteuerung in der Schweiz während des Ersten Weltkrieges: Die öffentlich geführten Milchpreisdiskussionen 1916–1918 im Vorfeld des Landesstreiks. Masterarbeit, Bern 2012.

Burkman, Thomas W.: Japan and the League of Nations: Empire and World Order: 1914–1938. Honolulu 2008.

Burnet, Frank MacFarlane; Clark, Ellen: Influenza: A Survey of the Last Fifty Years in the Light of Modern Work on the Virus of Epidemic Influenza. Melbourne 1942.

Cain, Peter J.; Hopkins, Anthony G.: Crisis and Deconstruction 1914–1990 (British Imperialism, Bd. 2). London 1993.

Chickering, Roger; Förster Stig (Hg.): Great War, Total War: Combat and Mobilization on the Western Front, 1914–1918. Cambridge 2000.

Clavien, Alain: Les Helvétistes: Intellectuels et politique en Suisse Romande au début du siècle. Lausanne 1993.

Clavien, Alain; Hauser, Claude: Les états neutres et la neutralité pendant la Grande Guerre: une histoire pas si marginale. In: Relations Internationales 159 (2014): 3–6.

Cobb, Stephen: Preparing for Blockade 1885–1914: Naval Contingency for Economic Warfare. Surrey 2013.

Collet, Dominik; Krämer, Daniel. Famines in Austria, Germany and Switzerland – Natural and Political Environments. In: Alfani, Guido; Ó Gráda, Cormac (Hg.): Famine in Europe. Cambridge 2017 (im Druck).

Collet, Dominik: «Vulnerabilität» als Brückenkonzept der Hungerforschung. In: Collet, Dominik; Lassen, Thore; Schanbacher, Ansgar (Hg.): Handeln in Hungerkrisen. Neue Perspektiven auf soziale und klimatische Vulnerabilität. Göttingen 2012: 13–26.

Collet, Dominik; Lassen, Thore; Schanbacher, Ansgar (Hg.): Handeln in Hungerkrisen. Neue Perspektiven auf soziale und klimatische Vulnerabilität. Göttingen 2012.

Collier, Richard: The Plague of the Spanish Lady: The Influenza Pandemic of 1918–1919. London 1974.

Constantine, Stephen: Britain and the Empire. In: Constantine, Stephen; Kirby Maurice W.; Rose, Mary B. (Hg.): The First World War in British History. London 1995: 252–278.

Constantine, Stephen; Kirby Maurice W.; Rose, Mary B. (Hg.): The First World War in British History. London 1995.

Cottier, Maurice: Liberalismus oder Staatsintervention: Die Geschichte der Versorgungspolitik im Schweizer Bundesstaat. Zürich 2014.

Crosby, Alfred W.: Epidemic and Peace, 1918. Westport 1976.

Crosby, Alfred W.: America's Forgotten Pandemic: The Influenza of 1918. Cambridge 1989.

Crosby, Alfred W.: Germs, Seeds, and Animals: Studies in Ecological History. Amonk 1994.

Daniel, Ute: Arbeiterfrauen in der Kriegsgesellschaft: Beruf, Familie und Politik im Ersten Weltkrieg. Göttingen 1989.

David, Thomas; Mathieu, Jon; Schaufelbuehl, Janick Marina et al. (Hg.): Krisen: Ursachen, Deutungen und Folgen (Schweizerisches Jahrbuch für Wirschafts- und Sozialgeschichte 27). Zürich 2012.

David, Thomas; Straumann, Tobias; Teuscher, Simon (Hg.): Neue Beiträge zur Wirtschaftsgeschichte – Nouvelles contributions à l'histoire économique (Schweizerisches Jahrbuch für Wirtschafts- und Sozialgeschichte, Bd. 30). Zürich 2015.

Degen, Bernard: Arbeit und Kapital. In: Halbeisen, Patrick; Müller, Margrit; Veyrassat, Béatrice (Hg.): Wirtschaftsgeschichte der Schweiz im 20. Jahrhundert. Basel 2012: 873–922.

Degen, Bernard: Schweizerische Treuhandstelle für Überwachung des Warenverkehrs. In: Historisches Lexikon der Schweiz (Hg.): Historisches Lexikon der Schweiz, Version vom 24.10.2013, URL: http://www.hls-dhs-dss.ch/textes/d/D13784.php.

Degen, Bernard: Theorie und Praxis des Generalstreiks. In: Degen Bernard; Schäppi Hans; Zimmermann, Adrian (Hg.): Robert Grimm: Marxist, Kämpfer, Politiker. Zürich 2012: 51–62.

Degen, Bernhard; Richers, Julia (Hg.): Zimmerwald und Kiental: Weltgeschichte auf dem Dorfe. Zürich 2015.

Degen Bernard; Schäppi Hans; Zimmermann, Adrian (Hg.): Robert Grimm: Marxist, Kämpfer, Politiker. Zürich 2012.

De Roche, Charles: Morbidität der akuten Infektionskrankheiten in den Schulen Berns. In: Gesundheit und Wohlfahrt Juli (1941): 305–341.

Dombrowsky, Wolf R.: Zur Entstehung der soziologischen Katastrophenforschung – eine wissenshistorische und soziologische Reflexion. In: Felgentreff, Carsten; Glade, Thomas (Hg.): Naturrisiken und Sozialkatastrophen. Heidelberg 2008: 63–76.

Dornik, Wolfram et al.: Die Ukraine zwischen Selbstbestimmung Fremdherrschaft 1917–1922. Graz 2011.

Dornik, Wolfram; Lieb, Peter: Die wirtschaftliche Ausnutzung. In: Dornik, Wolfram et al.: Die Ukraine zwischen Selbstbestimmung Fremdherrschaft 1917–1922. Graz 2011: 281–323.

Du Pan, Martin R.: Die Ursachen des gesteigerten Wachstums. In: Deutsche Gesellschaft für Ernährung (Hg.): Wissenschaftliche Veröffentlichungen, Bd. 4. Akzeleration und Ernährung: Fettlösliche Wirkstoffe. Darmstadt 1959: 34–66.

Echeverri, Beatrix: Spanish Influenza Seen from Spain. In: Phillips, Howard; Killingray, David (Hg.): The Spanisch Influenza Pandemic of 1918–19: New Perspectives. London 2003: 173–190.

Eckart, Wolfgang; Gradmann, Christoph (Hg.): Die Medizin und der Erste Weltkrieg. Herbolzheim ²2003.

Eichmann, Flavio; Pöhlmann, Markus; Walter, Dierk (Hg.): Globale Machtkonflikte und Kriege: Festschrift für Stig Förster zum 65. Geburtstag. Paderborn 2016.

Eisner, Manuel: Strukturen, Akteure, Deutungsmuster, Prozesse – ein theoretischer Rahmen. In: Eisner, Manuel; Graf, Nicole; Moser, Peter: Risikodiskurse: Die Dynamik öffentlicher Debatten über Umwelt- und Risikoprobleme in der Schweiz. Zürich 2003: 23–45.

Eisner, Manuel; Graf, Nicole; Moser, Peter: Risikodiskurse: Die Dynamik öffentlicher Debatten über Umwelt- und Risikoprobleme in der Schweiz. Zürich 2003.

Elektrizitätswerk Lonza: Elektrizitätswerk Lonza: Aktiengesellschaft mit Sitz in Gampel (Wallis). Verwaltung in Basel, Aeschenvorstadt 72. [o.O.u.J.].

Elsig, Alexandre: Un «Laboratoire de Choix»? Le Rôle de la Suisse dans le dispositif européen de la propagande allemande. In: Schweizerische Zeitschrift für Geschichte 63 (2013): 382–404.

Ernst, Andreas et al. (Hg.): Kontinuität und Krise: Sozialer Wandel als Lernprozess. Zürich 1994.

Ernst, Andreas; Wigger, Erich: Die neue Schweiz? Eine Gesellschaft zwischen Integration und Polarisierung (1910–1930). Zürich 1996.

Ertl, Gerhard; Soentgen, Jens (Hg.): Stickstoff – ein Element schreibt Weltgeschichte (Stoffgeschichten 9). München 2015.

Etzemüller, Thomas (Hg.): Die Ordnung der Moderne: Social Engineering im 20. Jahrhundert. Bielefeld 2009.

Eyler, John M.: The State of Science, Microbiology, and Vaccines Circa 1918. In: Public Health Report 125 (2010): 27–36. (Supplement 3: The 1918–1919 Influenza Pandemic in the United States).

Fahrni, Katharina: Die Massnahmen der Gemeindeverwaltung zur Verbesserung der Lebensmittelversorgung der Stadt Bern. Seminararbeit, Bern 2004.

Federico, Giovanni: Natura Non Fecit Saltus: The 1930s as the Discontinuity in the History of European Agriculture. In: Brassley, Paul; Segers, Yves; Van Molle, Leen (Hg.): War, Agriculture, and Food: Rural Europe from the 1930s to the 1950s. London 2012: 15–32.

Fehr, Sandro: Die «Stickstofffrage» in der deutschen Kriegswirtschaft des Ersten Weltkriegs und die Rolle der neutralen Schweiz (Berner Forschungen zur Neuesten Allgemeinen und Schweizer Geschichte 8). Nordhausen 2009.

Fehr, Sandro: Die Vulnerabilität der chemieindustriellen Basis von Rüstung und Krieg in der Schweiz während des Ersten Weltkriegs. In: Jaun, Rudolf; Rieder, David (Hg.): Schweizer Rüstung: Politik, Beschaffungen und Industrie im 20. Jahrhundert (ARES 1). Baden 2013: 30–45.

Fehr, Sandro: Energie für den Krieg: Schweizer Unternehmen als Zulieferer und Produzenten in der deutschen Stickstoffwirtschaft während des Ersten Weltkriegs. In: Jahrbuch für Wirtschaftsgeschichte 56/2 (2015): 479–513.

Fehr, Sandro: Stickstoff als Schlüsselressource im Ersten Weltkrieg. In: Ertl, Gerhard; Soentgen, Jens (Hg.): Stickstoff – ein Element schreibt Weltgeschichte (Stoffgeschichten 9). München 2015: 179–190.

Feldman, Gerald D.: Army, Industry and Labor in Germany 1914–1918. Princeton 1966.

Felgentreff, Carsten; Glade, Thomas (Hg.): Naturrisiken und Sozialkatastrophen. Heidelberg 2008.

Fenner, Martin: Partei und Parteisprache im politischen Konflikt: Studien zu Struktur und Funktion politischer Gruppensprachen zur Zeit des Schweizerischen Landessstreiks (1917–1919). Bern 1981.

Fenner, Thomas: Nestlé & Anglo-Swiss: Vom Schweizer Milchimperium zum multinationalen Nahrungsmittelkonzern. In: Rossfeld, Roman; Straumann, Tobias (Hg.): Der vergessene Wirtschaftskrieg: Schweizer Unternehmen im Ersten Weltkrieg. Zürich 2008: 317–343.

Ferguson, Niall: How (Not) to Pay for the War: Traditional Finance and «Total» War. In: Chickering, Roger; Förster Stig (Hg.): Great War, Total War: Combat and Mobilization on the Western Front, 1914–1918. Cambridge 2000: 409–434.

Ferro, Marc: La Grande Guerre 1914–1918. Paris 1990.

Fink, Urban (Hg.): Der Kanton Solothurn vor hundert Jahren: Quellen, Bilder und Erinnerungen zur Zeit des Ersten Weltkrieges. Baden 2014.

Fischer, Holger: Eine kleine Geschichte Ungarns. Frankfurt a.M. 1999.

Fleisch, Alfred: Ernährungsprobleme in Mangelzeiten: Die schweizerische Kriegsernährung 1939–1946. Basel 1947.

Floud, Roderick: The Heights of Europeans Since 1750: A New Source for European Economic History. In: Komlos, John (Hg.): Stature, Living Standards and Economic Development: Essays in Anthropometric History. Chicago 1994: 9–24.

Flückiger, Daniel: Mediators Between the Industrial State and Agriculture: The Social Profile and Professional Activities of Agronomists in Switzerland, 1871–2007. In: Moser, Peter; Varley, Tony (Hg.): Integration Through Subordination: The Politics of Agricultural Modernisation in Industrial Europe. Turnhout 2013: 267–288.

Flüeler, Niklaus; Flüeler-Grauwiler Marianne (Hg.): 19. und 20. Jahrhundert: Geschichte des Kantons Zürich, Bd. 3/3. Zürich 1994.

Förster, Stig: Der deutsche Generalstab und die Illusion des kurzen Krieges, 1871–1914: Metakritik eines Mythos. In: Militärgeschichtliche Mitteilungen 54 (1995): 61–95.

Förster, Stig (Hg.): An der Schwelle zum Totalen Krieg: Die militärische Debatte über den Krieg der Zukunft 1919–1939. Paderborn 2002.

Foster, Zachary J.: The 1915 Locust Attack in Syria and Palestine and its Role in the Famine During the First World War. In: Middle Eastern Studies 51 (2015): 370–394.

Fraser, Thomas G.: India in Anglo-Japanese Relations During the First World War. In: History 63 (1978): 366–382.

Frémeaux, Jacques: Les Colonies dans la Grande Guerre: Combats et épreuves des peuples d'outre-mer. Paris 2006.

French, David: The Edwardian Crisis and the Origins of the First World War. In: International History Review 4 (1982): 207–221. (French 1982a)

French, David: British Economic and Strategic Planning 1905–1915. London 1982. (French 1982b)

French, David: British Strategy and War Aims 1914–1916. London 1986.

French, David: The Strategy of the Lloyd George Coalition 1916–1918. Oxford 1995.

Frey, Thomas: Der Strukturwandel der schweizerischen Landwirtschaft nach 1850 im Licht der Thünen'schen Kreise. In: traverse 15/1 (2008): 31–48.

Fritz, Peter; Rapp, Christian (Red.): Jubel & Elend: Leben mit dem Grossen Krieg 1914–1918. Schallaburg 2014.

Fritzsche, Bruno; Lemmenmeier, Max: Auf dem Weg zu einer städtischen Industriegesellschaft 1870–1918. In: Flüeler, Niklaus; Flüeler-Grauwiler Marianne (Hg.): 19. und 20. Jahrhundert: Geschichte des Kantons Zürich, Bd. 3/3. Zürich 1994: 158–249.

Füssel, Martin: Vulnerability. A Generally Applicable Conceptual Framework for Climate Change Research. In: Global Environmental Change 17 (2007): 155–167.

Gailus, Manfred; Volkmann, Heinrich (Hg.): Der Kampf um das tägliche Brot: Nahrungsmangel, Versorgungspolitik und Protest 1770–1990. Opladen 1994.

Gatrell, Peter: A Whole Empire Walking: Refugees in Russia during World War. Bloomington 1999.

Gautschi, Willi: Der Landesstreik 1918. Zürich 1968, [3]1988.

Gautschi, Willi: Dokumente zum Landesstreik. Zürich 1988.

Gibson, Rosalind: Principles of Nutritional Assessment. New York 2005.

Gilomen, Hans-Jörg; Müller, Margrit; Tissot, Laurent (Hg.): Dienstleistungen: Expansion und Transformation des dritten Sektors (15.–20. Jahrhundert). Zürich 2007.

Gradmann, Christoph: «Krieg den Bacterien!»: Wunsch und Wirklichkeit der medizinischen Bakteriologie und der Labormedizin am Ende des 19. Jahrhunderts. In: Musée d'Histoire de la ville de Luxembourg (Hg.): «Sei sauber…!»: Eine Geschichte der Hygiene und öffentlichen Gesundheitsvorsorge in Europa. Köln 2004: 228–237.

Graevenitz, Fritz Georg: Internationalismus in der Zwischenkriegszeit: Deutschland und Frankreich in der globalen Agrarkrise. Dissertation, Florenz 2011.

Groebner, Valentin; Guex, Sébastien; Tanner, Jakob (Hg.): Kriegswirtschaft und Wirtschaftskriege (Schweizerische Gesellschaft für Wirtschafts- und Sozialgeschichte 23). Zürich 2008.

Gruner, Erich; Wiedmer, Hans-Rudolf: Demographische, wirtschaftliche und soziale Basis und Arbeitsbedingungen: Arbeiterschaft und Wirtschaft in der Schweiz, 1880–1914, Bd. 1/3. Zürich 1987.

Guex, Sébastien: Öffentliche Finanzen und Finanzpolitik. In: Halbeisen, Patrick; Müller, Margrit; Veyrassat, Béatrice (Hg.): Wirtschaftsgeschichte der Schweiz im 20. Jahrhundert. Basel 2012: 1077–1129.

Gugerli, David: Redeströme: Zur Elektrifizierung der Schweiz 1880–1914. Zürich 1996.

Gugerli, David: Von der Krise zur nationalen Konkordanz. In: Verkehrshaus der Schweiz (Hg.): Kohle, Strom und Schienen: Die Eisenbahn erobert die Schweiz. Zürich 1997: 228–242.

Haas, Richard: Influenza-Bagatelle oder tödliche Bedrohung? Berlin 1979.

Hagen, Wilhelm; Paschlau, Günther; Paschlau, Rosmarie (Hg.): Wachstum und Gestalt: Vergleichende Untersuchungen an deutschen und japanischen Schulkindern zum Thema der Akzeleration und des Habitus. Stuttgart 1961.

Haig-Muir, Marnie: The Economy at War. In: Beaumont, Joan (Hg.): Australia's War 1914–1918. St. Leonards 1995: 93–124.

Halbeisen, Patrick; Müller, Margrit; Veyrassat, Béatrice (Hg.): Wirtschaftsgeschichte der Schweiz im 20. Jahrhundert. Basel 2012.

Halbeisen, Patrick; Straumann, Tobias: Die Wirtschaftspolitik im internationalen Kontext. In: Halbeisen, Patrick; Müller, Margrit; Veyrassat, Béatrice (Hg.): Wirtschaftsgeschichte der Schweiz im 20. Jahrhundert. Basel 2012: 983–1075.

Halpern, Paul G.: A Naval History of World War I. London 1994.

Hambly, Daniel; Salem-Wiseman, Lisa (Hg.): Representing World War 1: Perspectives at the Centenary. Toronto 2015.

Hardach, Gerd: Der Erste Weltkrieg (Geschichte der Weltwirtschaft im 20. Jahrhundert 2). München 1973.

Hardach, Gerd: The First World War 1914–1918. Berkeley 1977.

Harris, Bernard: The Demographic Impact of the First World War: An Anthropometric Perspective. In: The Society for the Social History of Medicine. 6/3 (1993): 343–366.

Hartewig, Karin: Wie radikal waren die Bergarbeiter im Ruhrgebiet 1915/16–1924. In: Tenfelde, Klaus (Hg.): Sozialgeschichte des Bergbaus im 19. und 20. Jahrhundert. München 1992: 623–640.

Head, Anne-Lise; Tanner, Albert (Hg.): Frauen in der Stadt. Zürich 1993.

Hebeisen, Erika; Niederhäuser, Peter; Schmid, Regula (Hg.): Kriegs- und Krisenzeit: Zürich während des Ersten Weltkrieges (Mitteilungen der Antiquarischen Gesellschaft Zürich 81, 178. Neujahrsblatt). Zürich 2014.

Hellmann, Manfred (Hg.): Die russische Revolution 1917: Von der Abdankung des Zaren bis zum Staatsstreich der Bolschewiki. München [5]1984.

Hendricks Franssen, Jan-Harrie: Freezing of Lakes on the Swiss Plateau in the Period 1901–2006. In: International Journal of Climatology 28 (2008): 421–433.

Henning, Friedrich-Wilhelm: Das industrialisierte Deutschland 1914 bis 1976 (Wirtschafts- und Sozialgeschichte 3). Paderborn 1974.

Herber, Rahel: Zürich bei Kriegsbeginn 1914: Erwartungen, Reaktionen und Folgen. In: Hebeisen, Erika; Niederhäuser, Peter; Schmid, Regula (Hg.): Kriegs- und Krisenzeit: Zürich während des Ersten Weltkrieges (Mitteilungen der Antiquarischen Gesellschaft Zürich 81, 178. Neujahrsblatt). Zürich 2014: 65–73.

Hertog, Johan den; Kuizinga, Samuël (Hg.): Caught in the Middle: Neutrals, Neutrality and the First World War. Amsterdam 2011.

Hertog, Johan den; Kuizinga, Samuël: Introduction. In: Hertog, Johan den; Kuizinga, Samuël (Hg.): Caught in the Middle: Neutrals, Neutrality and the First World War. Amsterdam 2011: 1–14.

Herwig, Holger H.: The First World War: Germany and Austria-Hungary 1914–1918. New York 1997.

Hierholzer, Verena: Nahrung nach Norm: Regulierung von Nahrungsmittelqualität in der Industrialisierung 1871–1914. Göttingen 2010.

Hieronimus, Marc: Krankheit und Tod 1918: Zum Umgang mit der Spanischen Grippe in Frankreich, England und dem Deutschen Reich. Berlin 2006.

Hirschfeld, Gerhard; Krumeich, Gerd; Renz, Irina (Hg.): Enzyklopädie Erster Weltkrieg. Paderborn 2003.

Höbelt, Lothar: «Tyrannei, Verschärft durch Schlamperei»: Der Zugriff des Staates 1914–1918. In: Fritz, Peter; Rapp, Christian (Red.): Jubel & Elend: Leben mit dem Grossen Krieg 1914–1918. Schallaburg 2014: 292–297.

Hobsbawm, Eric: Das Zeitalter der Extreme: Weltgeschichte des 20. Jahrhunderts. München 1995.

Hodel, Fabian: Versorgen und gewinnen. Die Geschichte der unternehmerisch tätigen Stadt Luzern seit 1850. Luzern 1997.

Hofer, Paul: Probleme der Futtermittelversorgung der schweizerischen Landwirtschaft. Dissertation, Bern 1959.

Hofmann, Michèle: Wie der Arzt in die Schule kam – Schulhygiene in Bern (1899–1952). In: Berner Zeitschrift für Geschichte und Heimatkunde 70/4 (2008): 1–47.

Holdermann, Karl: Im Banne der Chemie: Carl Bosch: Leben und Werk. Düsseldorf 1953.

Holquist, Peter: Making War, Forging Revolution: Russia's Continuum of Crisis, 1914–1921. Cambridge (MA) 2002.

Honegger, Claudia et al. (Hg.): Konkurrierende Deutungen des Sozialen: Geschichts-, Sozial- und Wirtschaftswissenschaften im Spannungsfeld von Politik und Wissenschaft. Zürich 2007.

Horat, Erwin: «Gedenket heute unserer lieben Verstorbenen! Wählt nicht sozialistisch, wählt konservativ!»: Die politische Landschaft der Zentralschweiz nach dem Ersten Weltkrieg zwischen grippetoten Soldaten und «bolschewistischer Gefahr». In: Der Geschichtsfreund 159 (2006): 167–328.

Huegel, Arnulf: Kriegsernährungswirtschaft Deutschlands während des Ersten und Zweiten Weltkrieges im Vergleich. Konstanz 2003.

Huhn, Michael: Zwischen Teuerungspolitik und Freiheit des Getreidehandels: Staatliche und städtische Massnahmen in Hungerkrisen 1770–1847. In: Teuteberg, Hans Jürgen (Hg.): Durchbruch zum modernen Massenkonsum. Lebensmittelmärkte und Lebensmittelqualität im Städtewachstum des Industriezeitalters. Münster 1987: 37–89.

Im Hof, Ulrich et al. (Hg.): Geschichte der Schweiz und der Schweizer. Basel [3]2004.

Inoue, Kiyoshi: Geschichte Japans. Frankfurt 1993.

Jäggi, Werner; Oberholzer, Hansruedi; Winiger, Franz A.: Befall von Kartoffelpflanzen durch Erwinia carotovora. In: Agrarforschung 2/6 (1995): 227–230.

Janz, Oliver: 14: Der Grosse Krieg. Frankfurt a.M. 2013.

Jaun, Rudolf: Preussen vor Augen: Das schweizerische Offizierskorps im militärischen und gesellschaftlichen Wandel des Fin de Siècle. Zürich 1999.

Jaun, Rudolf: Der Erste Weltkrieg und das Generalstreiks-Narrativ. In: Neue Zürcher Zeitung 222 (2014): 23.

Jaun, Rudolf; Rieder, David (Hg.): Schweizer Rüstung: Politik, Beschaffungen und Industrie im 20. Jahrhundert (ARES 1). Baden 2013.

Jaun, Rudolf; Olsansky, Michael; Piccaud-Monnerat, Sandrine et al. (Hg.): An der Front und hinter der Front: Der Erste Weltkrieg und seine Gefechtsfelder – Au front et à l'arrière: La Premiere Guerre Mondiale et ses Champs de Bataille (ARES 2). Baden 2015.

Jeker, Marco Alexander: Klimaimpacts auf die Landwirtschaft Europas und wichtiger Exportländer während des Ersten Weltkrieges: Eine Pilotstudie. Lizentiatsarbeit, Bern 2007.

Johnson, Jeffrey Allan: Die Macht der Synthese (1900–1925). In: Abelshauser, Werner (Hg.): Die BASF: Eine Unternehmensgeschichte. München 2003: 117–219.

Johnson, Niall P.A.S.; Mueller, Juergen: Updating the Accounts: Global Mortality of the 1918–1920 «Spanish» Influenza Pandemic. In: Bulletin of the History of Medicine 76/1 (2002): 105–115.

Johnson, Niall P.A.S.: The Overshadowed Killer: Influenza in Britain in 1918–19. In: Phillips, Howard; Killingray, David (Hg.): The Spanisch Influenza Pandemic of 1918–19: New Perspectives. London 2003: 132–155.

Jost, Hans-Ulrich: Linksradikalismus in der deutschen Schweiz 1914–1918. Bern 1973.

Jost, Hans-Ulrich: Der historische Stellenwert des Landesstreiks. In: Gautschi, Willi: Der Landesstreik 1918. Zürich [3]1988: I–XV.

Jost, Hans-Ulrich: Die reaktionäre Avantgarde: Die Geburt der neuen Rechten in der Schweiz um 1900. Zürich 1992.

Jost, Hans-Ulrich: Bedrohung und Enge (1914–1945). In: Im Hof, Ulrich et al. (Hg.): Geschichte der Schweiz und der Schweizer. Basel ^{3}2004: 731–819.

Jost, Hans-Ulrich: Sozialwissenschaften und Staat im 19. und frühen 20. Jahrhundert. In: Honegger, Claudia et al. (Hg.): Konkurrierende Deutungen des Sozialen: Geschichts-, Sozial- und Wirtschaftswissenschaften im Spannungsfeld von Politik und Wissenschaft. Zürich 2007: 43–80.

Karner, Stefan; Lesiak, Philipp (Hg.): Erster Weltkrieg: Globaler Konflikt – lokale Folgen: Neue Perspektiven. Innsbruck 2014.

Kasperson, Jeanne X.; Kasperson, Roger E. (Hg.): The Social Contours of Risk. Bd. 2: Risk Analysis, Corporations and the Globalization of Risk. London 2005.

Kasperson, Jeanne X.; Kasperson, Roger E.; Turner II, B.L.; Hsieh, Wen; Schiller, Andrew: Vulnerability to Global Environmental Change. In: Kasperson, Jeanne X.; Kasperson, Roger E. (Hg.): The Social Contours of Risk. Bd. 2: Risk Analysis, Corporations and the Globalization of Risk. London 2005: 245–318.

Keegan, John: Der Erste Weltkrieg: Eine europäische Tragödie. Reinbek bei Hamburg 2006.

Kilbourne, Edwin Dennis: Influenza. New York 1987.

Kocka, Jürgen: Klassengesellschaft im Krieg: Deutsche Sozialgeschichte 1914–1918. Göttingen 1973.

Koenen, Eckhard: Die Grippepandemie 1918/19. Dissertation, Köln 1970.

Kolbe, Wilhelm: Kulturgeschichte der Kartoffel und ihrer Schaderreger. Burscheid 1999.

Koller, Christian: Die schweizerische «Grenzbesetzung 1914/18» als Erinnerungsort der «Geistigen Landesverteidigung». In: Kuprian, Hermann J. W.; Überegger, Oswald (Hg.): Der Erste Weltkrieg im Alpenraum: Erfahrung, Deutung, Erinnerung. Innsbruck 2006: 441–462.

Köllmann, Werner ; Korte Hermann; Petzina, Dietmar; Weber, Wolfhard (Hg.): Das Ruhrgebiet im Industriezeitalter: Geschichte und Entwicklung, Bd. 1. Düsseldorf 1990: 435–490.

Komlos, John (Hg.): Stature, Living Standards and Economic Development: Essays in Anthropometric History. Chicago 1994.

Kramer, Alan: Recent Historiography of the First World War (Part 1). In: Journal of Modern European History 12/1 (2014): 5–27.

Krämer, Daniel: Politische Entwicklung: Die erduldete Integration in den Bundesstaat (1850–1930). In: Steiner, Peter; Achermann, Hansjakob; Haller-Dirr, Marita et al. (Hg.): Geschichte des Kantons Nidwalden, Bd. 2. Stans 2014: 10–23.

Krämer, Daniel: «Menschen grasten nun mit dem Vieh»: Eine Untersuchung der sozialen Verletzlichkeit der Gesellschaft in der letzten grossen Hungerkrise der Schweiz 1816/17. Basel 2015.

Kreis, Georg: Insel der unsicheren Geborgenheit: Die Schweiz in den Kriegsjahren 1914–1918. Zürich 2014.

Kronenbitter, Günther: «Krieg im Frieden». Die Führung der k.u.k. Armee und die Grossmachtpolitik Österreichs-Ungarns 1906–1914. München 2003.

Kruizinga, Samuël: Neutrality. In: Winter, Jay (Hg.): The Cambridge History of the First World War, Bd. 2. Cambridge 2014: 542–575.

Krumeich, Gerd; Hirschfeld, Gerhard: Die Geschichtsschreibung zum Ersten Weltkrieg. In: Krumeich, Gerd; Hirschfeld, Gerhard; Renz, Irina (Hg.): Enzyklopädie Erster Weltkrieg. Paderborn 2003: 304–315.

Krumeich, Gerd; Hirschfeld, Gerhard; Renz, Irina (Hg.): Enzyklopädie Erster Weltkrieg. Paderborn 2003.

Kruse, Wolfgang: Der Erste Weltkrieg. Darmstadt 2009.

Kühberger, Christoph; Pudlat, Andreas (Hg.): Vergangenheitsbewirtschaftung: Public History zwischen Wirtschaft und Wissenschaft. Innsbruck 2012.

Kuhn, Konrad J.; Ziegler, Beatrice (Hg.): Der vergessene Krieg: Spuren und Traditionen zur Schweiz im Ersten Weltkrieg. Baden 2014.

Kuhn, Konrad J.; Ziegler, Béatrice: Dominantes Narrativ und drängende Forschungsfragen: Zur Geschichte der Schweiz im Ersten Weltkrieg. In: Traverse – Zeitschrift für Geschichte 18/3 (2011): 123–141.

Kuhn, Konrad J.; Ziegler, Béatrice: Heimatfilme und Denkmäler für Grippetote: Geschichtskulturelle Reflexionen zur wirtschaftlichen Nutzbarmachung des Ersten Weltkriegs in der Schweiz. In: Kühberger, Christoph; Pudlat, Andreas (Hg.): Vergangenheitsbewirtschaftung: Public History zwischen Wirtschaft und Wissenschaft. Innsbruck 2012: 199–215.

Kuhn, Konrad J.; Ziegler, Béatrice: Tradierungen zur Schweiz im Ersten Weltkrieg: Geschichtskulturelle Prägungen der Geschichtswissenschaft und ihre Folgen. In: Schweizerische Zeitschrift für Geschichte 63/3 (2013): 505–526.

Labhardt, Robert: Krieg und Krise: Basel 1914–1918. Basel 2014.

Langthaler, Ernst: Landwirtschaft vor und in der Globalisierung. In: Sieder, Reinhard; Langthaler, Ernst (Hg.): Globalgeschichte 1800–2010. Wien 2010: 135–169.

Langthaler, Ernst: Vom transnationalen zum regionalen Hinterland – und retour: Wiens Nahrungsmittelversorgung vor, im und nach dem Ersten Weltkrieg. In: Karner, Stefan; Lesiak, Philipp (Hg.): Erster Weltkrieg: Globaler Konflikt – lokale Folgen: Neue Perspektiven. Innsbruck 2014: 307–318.

Langthaler, Ernst; Redl, Josef (Hg.): Reguliertes Land: Agrarpolitik in Deutschland, Österreich und der Schweiz 1930–1960. Innsbruck 2005.

Lauener, Paul: Entwicklungs- und Gesundheitsverhältnisse des Schulkindes der Stadt Bern in der Kriegs- und Nachkriegszeit 1939–1946. In: Zeitschrift für Gesundheitspflege 2 (1947): 81–120. (Lauener 1947a)

Lauener, Paul: Entwicklungs- und Gesundheitsverhältnisse des Schulkindes in der Stadt Bern in der Kriegs- und Nachkriegszeit. In: Gesundheit und Wohlfahrt 2 (1947): 3–42. (Lauener 1947b)

Laur, Ernst: Erinnerungen eines schweizerischen Bauernführers. Bern ^{2}1943.

League of Nations, Economic, Financial and Transit Department: Agricultural Production in Continental Europe During the 1914–1918 War and the Reconstruction Period. Geneva 1943.

Ledergerber, Markus; Steffen Thomas: [Prevalence of Overweight and Obesity in Children and Adolescents From 1977 to 2009 - Examination of the School Medical Data of More Than 94,000 School-age Children in the City of Basel (Switzerland)]. In: Gesundheitswesen 73/1 (2011): 46–53.

Leidinger, Hannes; Moritz Verena: Der Erste Weltkrieg. Wien 2011.

Leonhard, Jörn: Die Büchse der Pandora: Geschichte des Ersten Weltkriegs. München 2014.

Le Roy Ladurie, Emmanuel: Naissance de l'histoire du climat. Paris 2013.

Lesch, John E. (Hg.): The German Chemical Industry in the Twentieth Century. Dordrecht 2000.

Lonza AG: 50 Jahre Lonza Elektrizitätswerke und chemische Fabriken Aktiengesellschaft 1847–1947. [o. O.] 1947.

Luterbacher, Jürg, Dietrich, Daniel, Xoplaki, Elena, Grosjean, Martin, Wanner Heinz: European Seasonal and Annual Temperature Variability, Trends, and Extremes Since 1500. In: Science 303 (2004): 1499–1503.

Lüthi, Katharina: Sorglos bis überfordert: Die Brotversorgungspolitik der Schweiz im Ersten Weltkrieg. Lizentiatsarbeit, Bern 1997.

MacLeod, Roy: «The Industrial Invasion of Britain»: Mobilising Australian Munitions Workers, 1916–1919. In: Journal of the Australian War Memorial 27 (1995): 37–46.

Maissen, Thomas: Geschichte der Schweiz. Baden 2010.

Marek, Daniel: Der Weg zum fossilen Energiesystem: Ressourcengeschichte der Kohle am Beispiel der Schweiz 1850–1910. In: Abelshauser, Werner (Hg.): Umweltgeschichte: Umweltverträgliches Wirtschaften in historischer Perspektive. Göttingen 1994: 57–75.

Marino, Laura: La grippe espagnole en Valais (1918–1919). In: Annales valaisannes 99 (2009): 99–142.

Martin, Eric; Schweizer, Catherine: Enquête sur l'état de nutrition des enfants genevois de l'âge scolaire, avant et pendant la guerre. In: Zeitschrift für Gesundheitspflege 9 (1945): 468–472.

Mascie-Taylor, C. G. Nicholas; Ulijaszek, Stanley: Anthropometry: The Individual and the Population. Cambridge 1994.

Mattioli, Aram: Zwischen Demokratie und totalitärer Diktatur: Gonzague de Reynold und die Tradition der autoritären Rechten in der Schweiz. Zürich 1994.

Mattmüller, Markus: Die Zürcher Arbeiterbewegung während des Ersten Weltkrieges. In: Zürcher Taschenbuch 90 (1970): 65–87.

Maurer, Peter: Anbauschlacht: Landwirtschaftspolitik, Plan Wahlen, Anbauwerk 1937–1945. Zürich 1985.

Mayr, Angelika: Arbeit im Krieg: Die sozioökonomische Lage der Arbeiterschaft in Tirol im Ersten Weltkrieg. Innsbruck 2010.

McNaught, Kenneth: The Penguin History of Canada. London [4]1988.

Meaney, Neville: Australia and the World: A Documentary History from the 1870s to the 1970s. Melbourne 1985.

Meier, Martin et al.: Schweizerische Aussenwirtschaftspolitik 1930–1948: Strukturen – Verhandlungen – Funktionen. Zürich 2002.

Mertens, Christian: Die Auswirkungen des Ersten Weltkrieges auf die Ernährung Wiens. In: Pfoser, Alfred; Weigl, Andreas (Hg.): Im Epizentrum des Zusammenbruchs: Wien im Ersten Weltkrieg. Wien 2013: 162–171.

Michaelis, Herbert; Schraepler, Ernst (Hg.): Ursachen und Folgen: Vom deutschen Zusammenbruch 1918 und 1945 bis zur staatlichen Neuordnung Deutschlands in der Gegenwart: eine Urkunden- und Dokumentensammlung zur Zeitgeschichte, 26 Bde. Berlin 1958–1979.

Michels, Eckard: Die «Spanische Grippe» 1918/19: Verlauf, Folgen und Deutungen in Deutschland im Kontext des Ersten Weltkriegs. In: Vierteljahrshefte für Zeitgeschichte 58/1 (2010): 1–33.

Millward, Robert: Private and Public Enterprise in Europe: Energy, Telecommunications and Transport, 1830–1990. Cambridge 2005.

Minger, Rudolf: Rudolf Minger spricht: 24 Reden ausgewählt und eingeleitet von Hermann Wahlen. Bern 1967.

Moellendorff, Wichard: Das Tagebuch Wichard v. Moellendorffs vom 13. August bis zum 14. Oktober 1914. In: Tradition. Zeitschrift für Firmengeschichte und Unternehmerbiographie 16 (1971): 78–92.

Möller, Thomas: Energie im gesamtwirtschaftlichen Produktionsmodell: Ein dritter Produktionsfaktor und sein Einfluss auf die langfristige Entwicklung einer energieabhängigen Wirtschaft. Dissertation, St. Gallen 1986.

Mombauer, Annika: The Origins of the First World War: Controversies and Consensus. London 2002.

Mommsen, Hans (Hg.): Der Erste Weltkrieg und die europäische Nachkriegsordnung: Sozialer Wandel und Formveränderung der Politik. Köln 2000.

Moos, Carlo: Ja zum Völkerbund – Nein zur UNO: Die Volksabstimmungen von 1920 und 1986 in der Schweiz. Zürich 2001.

Mooser, Josef: Das Verschwinden der Bauern: Überlegungen zur Sozialgeschichte der «Entagrarisierung» und Modernisierung der Landwirtschaft im 20. Jahrhundert. In: Münkel, Daniela (Hg.): Der lange Abschied vom Agrarland: Agrarpolitik, Landwirtschaft und ländliche Gesellschaft zwischen Weimar und Bonn. Göttingen 2000: 23–38.

Morandi, Pietro: Krise und Verständigung: Die Richtlinienbewegung und die Entstehung der Konkordanzdemokratie 1933–1939. Zürich 1995.

Moritz, Verena; Leidinger, Hannes: Die Russische Revolution. Wien 2011.

Moser, Peter: Der Stand der Bauern: Bäuerliche Politik: Wirtschaft und Kultur gestern und heute. Frauenfeld 1994.

Moser, Peter: Eine «Sache des ganzen Volkes»? Überlegungen zum Prozess der Vergesellschaftung der bäuerlichen Landwirtschaft in der Industriegesellschaft. In: Traverse – Zeitschrift für Geschichte 7/1 (2000): 64–79.

Moser, Peter: Züchten, säen, ernten: Agrarpolitik, Pflanzenzucht und Saatgutwesen in der Schweiz 1860–2002. Baden 2003.

Moser, Peter: Ein Dienstleister als Produzent: Der Verband Schweizerischer Konsumvereine und die Schweizerische Genossenschaft für Gemüsebau als Teil des Ernährungsprojekts im 20. Jahrhundert. In: Gilomen, Hans-Jörg; Müller, Margrit; Tissot, Laurent (Hg.): Dienstleistungen. Expansion und Transformation des dritten Sektors (15.–20. Jahrhundert). Zürich 2007: 63–78.

Moser, Peter: Die Agrarproduktion: Ernährungssicherheit als Service Public. In: Halbeisen, Patrick; Müller, Margrit; Veyrassat, Béatrice (Hg.): Wirtschaftsgeschichte der Schweiz im 20. Jahrhundert. Basel 2012: 568–620.

Moser, Peter: Zugriff auf die Lithosphäre. Gestaltungspotenziale unterschiedlicher Energiegrundlagen in der agrarisch-industriellen Wissensgesellschaft. In: Traverse – Zeitschrift für Geschichte 20/3 (2013): 37–48.

Moser, Peter: Mehr als eine Übergangszeit: Die Neuordnung der Ernährungsfrage während des Ersten Weltkriegs. In: Rossfeld, Roman; Buomberger, Thomas; Kury, Patrick (Hg.): 14/18: Die Schweiz und der Grosse Krieg. Baden 2014: 172–199.

Moser, Peter; Brodbeck, Beat: Milch für alle: Bilder, Dokumente und Analysen zur Milchwirtschaft und Milchpolitik in der Schweiz im 20. Jahrhundert. Baden 2007.

Moser, Peter; Gosteli, Marthe: Une paysanne entre ferme, marché et associations: Textes d'Augusta Gillabert-Randin 1918–1914. Baden 2005.

Moser, Peter; Varley, Tony (Hg.): Integration Through Subordination: The Politics of Agricultural Modernisation in Industrial Europe. Turnhout 2013.

Mügeli, Thomas: Von braunen Diamanten und weisser Kohle: Aspekte der schweizerischen Energieversorgung während des Ersten Weltkrieges. Lizentiatsarbeit, Bern 1994.

Müller, Jürgen: Bibliography. In: Phillips, Howard; Killingray, David (Hg.): The Spanish Influenza Pandemic of 1918–19: New Perspectives. London 2003: 301–351. (Müller 2003a)

Müller, Jürgen: Die Spanische Influenza 1918/19: Einflüsse des Ersten Weltkrieges auf Ausbreitung, Krankheitsverlauf und Perzeption einer Pandemie. In: Eckart, Wolfgang; Gradmann, Christoph (Hg.): Die Medizin und der Erste Weltkrieg. Herbolzheim ²2003: 321–342. (Müller 2003b)

Müller, Margrit: Organisatorischer Strukturwandel als Reaktion auf wahrgenommene Knappheit. In: Siegenthaler, Hansjörg (Hg.): Ressourcenverknappung als Problem der Wirtschaftsgeschichte. Berlin 1990: 141–170.

Müller, Margrit: Internationale Verflechtung. In: Halbeisen, Patrick; Müller, Margrit; Veyrassat, Béatrice (Hg.): Wirtschaftsgeschichte der Schweiz im 20. Jahrhundert. Basel 2012: 339–465.

Müller, Ueli: Elektrifizierung der Politik oder Politik der Elektrifizierung? Die Expansionskonflikte der Bernischen Kraftwerke AG, 1890–1930. Lizentiatsarbeit, Bern 1991.

Münkel, Daniela (Hg.): Der lange Abschied vom Agrarland: Agrarpolitik, Landwirtschaft und ländliche Gesellschaft zwischen Weimar und Bonn. Göttingen 2000.

Musée d'Histoire de la ville de Luxembourg (Hg.): «Sei sauber...!»: Eine Geschichte der Hygiene und öffentlichen Gesundheitsvorsorge in Europa. Köln 2004.

Neukomm, Willy: Güterzusammenlegungen und Revision des Landwirtschaftlichen Bodenrechts. In: Schweizerische Landwirtschaftliche Monatshefte (1965): 451–454.

Neumann, Peter: Im patriotischen Dienst: «Füsilier Wipf» als Film der Geistigen Landesverteidigung. In: Kuhn, Konrad J.; Ziegler, Beatrice (Hg.): Der vergessene Krieg: Spuren und Traditionen zur Schweiz im Ersten Weltkrieg. Baden 2014: 233–246.

Newman, Lucile W. (Hg.): Hunger in History: Food Shortage, Poverty and Deprivation. Oxford 1990.

Nora, Pierre: Les lieux de mémoire, 3 Bde. Paris 1984–1992.

Nussbaum, Walter: Die Grippe-Epidemie 1918/19 in der schweizerischen Armee. Bern 1981.

Nussbaum, Walter: Die Grippe-Epidemie 1918/1919 in der schweizerischen Armee. In: Gesnerus. Vierteljahrsschrift für Geschichte der Medizin und Naturwissenschaften 39/1 (1982): 243–259.

Ochsenbein, Heinz: Die verlorene Wirtschaftsfreiheit, 1914–1918: Methoden ausländischer Wirtschaftskontrollen über die Schweiz. Bern 1971.

Oechslin, Max: Die Lawinenniedergänge im Kanton Uri 1287–1945 und 1951. Altdorf 1951.

Offer, Avner: The First World War: An Agrarian Interpretation. Oxford 1989.

Oliver-Smith, Anthony: Theorizing Disasters: Nature, Power and Culture. In: Oliver Smith, Anthony; Hoffmann, Susanna M. (Hg.): Catastrophe & Culture: The Anthropology of Disaster. Santa Fe 2001: 23–48.

Oliver-Smith, Anthony; Hoffmann, Susanna M. (Hg.): Catastrophe & Culture: The Anthropology of Disaster. Santa Fe 2001.

Olsansky, Michael: «Geborgte Kriegserfahrungen»: Kriegsschauplatzmissionen schweizerischer Offiziere und die schweizerische Taktikentwicklung im Ersten Weltkrieg. In: Jaun, Rudolf; Olsansky, Michael; Piccaud-Monnerat, Sandrine et al. (Hg.): An der Front und hinter der Front: Der Erste Weltkrieg und seine Gefechtsfelder – Au font et à l'arrière: La Premiere Guerre Mondiale et ses Champs de Bataille. Baden 2015: 114–127.

Orlove, Benjamin; Wiegandt, Ellen; Luckman, Brian H. (Hg.): The Darkening Peaks: Glacial Retreat in Scientific and Social Context. Berkeley 2005.

O'Rourke, Kevin H.; Williamson Jeffrey G.: When Did Globalisation Begin? In: European Review of Economic History 6 (2002): 23–50.

Pally, Martin: Die Elektrifizierung der Bahn als «nationales Ziel»: Die Maschinenfabrik Oerlikon im Ersten Weltkrieg. In: Rossfeld, Roman; Straumann, Tobias (Hg.): Der vergessene Wirtschaftskrieg: Schweizer Unternehmen im Ersten Weltkrieg. Zürich 2008: 117–147.

Paquier, Serge: Histoire de l'électricité en Suisse: La dynamique d'un petit pays européen. 1875–1939, 2 Bde. Genève 1998.

Paquier, Serge: Elektrifizierung. In: Historisches Lexikon der Schweiz (Hg.): Historisches Lexikon der Schweiz, Bd 4. Basel 2005: 165–167. (Paquier 2005a)

Paquier, Serge: Elektrizitätswirtschaft. In: Historisches Lexikon der Schweiz (Hg.): Historisches Lexikon der Schweiz, Bd 4. Basel 2005: 167–169. (Paquier 2005b)

Parker, Geoffrey: Global Crisis: War, Climate Change and Catastrophe in the Seventeenth Century. New Haven 2013.

Paschlau, Günther; Paschlau, Rosmarie: Die Grössen- und Gewichtsentwicklung Stuttgarter Schulkinder von 1913–1958. In: Hagen, Wilhelm; Paschlau, Günther; Paschlau, Rosmarie (Hg.): Wachstum und Gestalt: Vergleichende Untersuchungen an deutschen und japanischen Schulkindern zum Thema der Akzeleration und des Habitus. Stuttgart 1961: 1–26.

Patterson, K. David; Pyle, Gerald F.: The Geography and Mortality of the 1918 Influenza Pandemic. In: Bulletin of the History of Medicine 65/1 (1991): 4–21.

Pfeifer, Regula: Frauen und Protest: Marktdemonstrationen in der deutschen Schweiz im Kriegsjahr 1916. In: Head, Anne-Lise; Tanner, Albert (Hg.): Frauen in der Stadt. Zürich 1993: 93–109.

Pfister, Christian: Das Klima der Schweiz von 1525 bis 1860 und seine Bedeutung in der Geschichte von Bevölkerung und Landwirtschaft, Bd. 2. Bern 1984.

Pfister, Christian: Fluctuations du climat et prix céréaliers en Europe 16ème–20ème siècles. In: Annales: Économies, sociétés, civilisations. 43/1 (1988): 25–53.

Pfister, Christian: Food Supply in the Swiss Canton of Bern in 1850. In: Newman, Lucile W. (Hg.): Hunger in History: Food Shortage, Poverty and Deprivation. Oxford 1990: 282–303. (Pfister 1990a)

Pfister, Christian: The Early Loss of Ecological Stability in an Agrarian Region: Nitrogen, Energy and the Take-off of «Solar» Agriculture in the Canton of Bern. In: Brimblecombe, Peter; Pfister, Christian (Hg.): The Silent Countdown: Essays in European Environmental History. Berlin 1990: 37–55. (Pfister 1990b)

Pfister, Christian: Im Strom der Modernisierung: Bevölkerung, Wirtschaft und Umwelt im Kanton Bern 1700–1914. Bern 1995.

Pfister, Christian: Das 1950er Syndrom: Die umweltgeschichtliche Epochenschwelle zwischen Industriegesellschaft und Konsumgesellschaft. In: Pfister, Christian (Hg.): Das 1950er Syndrom: Der Weg in die Konsumgesellschaft. Bern ²1996: 51–97.

Pfister, Christian: Deregulierung: Vom Paternalismus zur Marktwirtschaft 1798–1856. In: Berner Zeitschrift für Geschichte 60/3 (1998): 160–175.

Pfister, Christian: Weeping in the Snow – The Second Period of Little Ice Age-type Crises: 1570 to 1630. In: Behringer, Wolfgang; Lehmann, Hartmut; Pfister, Christian (Hg.): Kulturelle Konsequenzen der Kleinen Eiszeit. Göttingen 2005: 31–85.

Pfister, Christian; Studer, Roman: SWISTOVAL – Der Historische Geldwertrechner für die Schweiz ab 1800 (http://www.swistoval.ch), in Traverse 17/1 (2010): 272–284.

Pfoser, Alfred; Weigl, Andreas (Hg.): Im Epizentrum des Zusammenbruchs: Wien im Ersten Weltkrieg. Wien 2013.

Phillips, Howard: The Re-appearing Shadow of 1918: Trends in the Historiography of the 1918–19 Influenza Pandemic. In: Canadian Bulletin of Medical History / Bulletin canadien d'histoire de la medicine 21/1 (2004): 121–134.

Phillips, Howard; Killingray, David: Introduction. In: Phillips, Howard; Killingray, David (Hg.): The Spanish Influenza Pandemic of 1918–19. New Perspectives. London 2003: 1–25. (Phillips/Killingray 2003a)

Phillips, Howard; Killingray, David (Hg.): The Spanish Influenza Pandemic of 1918–19: New Perspectives. London 2003. (Phillips/Killingray 2003b)

Prinz, Michael: Der Erste Weltkrieg als Zäsur britischer Geschichte? Eine Deutung im Spannungsfeld von Geschichtsschreibung, Politik und Erinnerungskultur. In: Mommsen, Hans (Hg.): Der Erste Weltkrieg und die europäische Nachkriegsordnung: Sozialer Wandel und Formveränderung der Politik. Köln 2000: 207–246.

Raphael, Lutz: Die Verwissenschaftlichung des Sozialen als methodische und konzeptionelle Herausforderung für eine Sozialgeschichte des 20. Jahrhunderts. In: Geschichte und Gesellschaft. Zeitschrift für Historische Sozialwissenschaft 22 (1996): 165–193.

Rauchensteiner, Manfried: Der Erste Weltkrieg und das Ende der Habsburgermonarchie. Wien 2013.

Reinhardt, Volker: Geschichte der Schweiz. München [3]2008.

Reinhardt, Volker: Kleine Geschichte der Schweiz. München 2010.

Riha, Ortrun (Hg.): Seuchen in der Geschichte: 1348–1998: 650 Jahre nach dem Schwarzen Tod: Referate einer interdisziplinären Ringvorlesung im Sommersemester 1998 an der Universität Leipzig. Aachen 1999.

Ritzmann-Blickenstorfer, Heiner (Hg.): Historische Statistik der Schweiz. Zürich 1996.

Robson, Leslie Lloyd: The First A.I.F.: A Study of its Recruitment 1914–1918. Melbourne 1982.

Roerkohl, Anne: Hungerblockade und Heimatfront: Kommunale Lebensmittelversorgung in Westfalen während des Ersten Weltkriegs. Stuttgart 1991.

Rossfeld, Roman: Schweizer Schokolade: Industrielle Produktion und kulturelle Konstruktion eines nationalen Symbols 1860–1920. Baden 2007.

Rossfeld, Roman: «Abgedrehte Kupferwaren»: Kriegsmaterialexporte der schweizerischen Uhren-, Metall- und Maschinenindustrie im Ersten Weltkrieg. In: Jahrbuch für Wirtschaftsgeschichte 56 (2015): 515–551. (Rossfeld 2015a)

Rossfeld, Roman: «Schweigen ist Gold»: Kriegsmaterialexporte der schweizerischen Uhren-, Metall- und Maschinenindustrie im Ersten Weltkrieg. In: Jaun, Rudolf; Olsansky, Michael; Piccaud-Monnerat, Sandrine et al. (Hg.): An der Front und hinter der Front: Der Erste Weltkrieg und seine Gefechtsfelder – Au front et à l'arrière: La Premiere Guerre Mondiale et ses Champs de Bataille. Baden 2015: 292–313. (Rossfeld 2015b)

Rossfeld, Roman; Buomberger, Thomas; Kury, Patrick (Hg.): 14/18: Die Schweiz und der Grosse Krieg. Baden 2014.

Rossfeld, Roman; Straumann, Tobias (Hg.): Der vergessene Wirtschaftskrieg: Schweizer Unternehmen im Ersten Weltkrieg. Zürich 2008.

Rossfeld, Roman; Straumann, Tobias: «Zwischen den Fronten oder an allen Fronten? Eine Einführung. In: Rossfeld, Roman; Straumann, Tobias (Hg.): Der vergessene Wirtschaftskrieg: Schweizer Unternehmen im Ersten Weltkrieg. Zürich 2008: 11–59.

Roth, Regina: Staat und Wirtschaft im Ersten Weltkrieg: Kriegsgesellschaften als kriegswirtschaftliche Steuerungsinstrumente (Schriften zur Wirtschafts- und Sozialgeschichte 51). Berlin 1997.

Rusterholz, Armin: «Das Sterben will nicht enden!» Die Spanische Grippe-Epidemie 1918/19 in der Schweizer Armee mit besonderer Berücksichtigung der Glarner Militäropfer. Arni 2008.

Saladin, Michael: Die Wehrpflichtkrise von 1917: Mehr als ein Konflikt zwischen Anglo- und Frankokanadiern. Masterarbeit, Bern 2011.

Salzmann, Martin: Die Wirtschaftskrise im Kanton Zürich: Ihre Stellung und Wertung im Rahmen der wirtschaftlich-sozialen Entwicklung in der ersten Hälfte des 19. Jahrhunderts. Bern 1978.

Sarkar, Sumit: Modern India, 1885–1947. Delhi 1983.

Schaffer, Ronald: USA. In: Hirschfeld, Gerhard; Krumeich, Gerd; Renz, Irina (Hg.): Enzyklopädie Erster Weltkrieg. Paderborn 2003: 105–115.

Schatkowski-Schilcher, Linda: The Famine of 1915–1918 in Greater Syria. In: Spagnolo, John P. (Hg.): Problems of the Modern Middle East in Historical Perspective. Oxford 1992: 229–258.

Schelbert, Joe: Der Landesstreik vom November 1918 in der Region Luzern. Luzern 1985.

Schmid, Hanspeter: Krieg der Bürger: Das Bürgertum im Kampf gegen den Generalstreik 1919 in Basel. Zürich 1980.

Schmidt-Klingenberg, Michael: Der Kampf in den Küchen. In: Burgdorff, Stephan; Wiegrefe, Klaus (Hg.): Der Erste Weltkrieg: Die Ur-Katastrophe des 20. Jahrhunderts. München 2004: 134–146.

Schmitner, Sabine: «Keine unnötige Angst, ruhige Frontarbeit»: Wirtschaftliche Mobilisierung am Beispiel des Rüstungszentrums Wiener Neustadt. In: Fritz, Peter; Rapp, Christian (Red.): Jubel & Elend: Leben mit dem Grossen Krieg 1914–1918. Schallaburg 2014: 302–307. (Schmitner 2014a)

Schmitner, Sabine: Soziale und politische Aspekte der Mobilisierung der Ressourcen des Hinterlandes am Beispiel des Rüstungszentrums Wiener Neustadt. In: Karner, Stefan; Lesiak, Philipp (Hg.): Erster Weltkrieg: Globaler Konflikt – lokale Folgen: Neue Perspektiven. Innsbruck 2014: 149–165. (Schmitner 2014b)

Schneider, Oliver: Diktatur der Bürokratie? Das Vollmachtenregime des Bundesrats im Ersten Weltkrieg. In: Rossfeld, Roman; Buomberger, Thomas; Kury, Patrick (Hg.): 14/18: Die Schweiz und der Grosse Krieg. Baden 2014: 48–71.

Schoch, Tobias; Staub, Kaspar; Pfister, Christian: Social Inequality, the Biological Standard of Living, and Body Shapes: An Analysis of Swiss Conscription Data 1875–1950. In: Econ Hum Biol. 10/2 (2012): 154–173.

Schumacher, Beatrice: Alltagswelten. In: Staatsarchiv des Kantons Luzern (Hg.): Der Kanton Luzern im 20. Jahrhundert, Zürich, 2013, Bd. 2.: 51–80.

Scott, Ernest: Australia During the War (The Official History of Australia in the War of 1914–1918, Bd. 11). St. Lucia 1989. [Erstauflage Sydney 1936]

Segesser, Daniel Marc: Empire und Totaler Krieg: Australien 1905–1918. Paderborn 2002.

Segesser, Daniel Marc: Der Erste Weltkrieg in globaler Perspektive. Wiesbaden 2010, ²2012, ⁴2014. (Segesser 2010, Segesser 2012, Segesser 2014a)

Segesser, Daniel Marc: Nicht kriegführend, aber doch Teil eines globalen Krieges: Perspektiven auf transnationale Verflechtungen der Schweiz im Ersten Weltkrieg. In: Schweizerische Zeitschrift für Geschichte 63 (2013): 364–381.

Segesser, Daniel Marc: Der Erste Weltkrieg: Ein totaler Krieg in globaler Perspektive? In: Karner, Stefan; Lesiak, Philipp (Hg.): Erster Weltkrieg: Globaler Konflikt – lokale Folgen: Neue Perspektiven. Innsbruck 2014: 23–41. (Segesser 2014b)

Segesser, Daniel Marc: Saving the Australian War Effort in 1916? Global Climatic Conditions, Pests and William Morris Hughes's Negotiations with the British Government. In: Walsh, Michael J.K.; Varnava, Andrekos (Hg.): Australia and the Great War: Identity, Memory and Mythology, Melbourne 2016: 97-109. (Segesser 2016a)

Segesser, Daniel Marc: «When bench gained parity with trench»: Außereuropäische Kriegsarbeiter im Ersten Weltkrieg. In: Eichmann, Flavio; Pöhlmann, Markus; Walter, Dierk (Hg.): Globale Machtkonflikte und Kriege. Festschrift für Stig Förster zum 65. Geburtstag. Paderborn 2016: 193–210. (Segesser 2016b)

Seifert, Annatina: Rohstoffmangel und Hetzkampagne: Der Nahrungsmittelkonzern Maggi, 1913–1923. In: Rossfeld, Roman; Straumann, Tobias (Hg.): Der vergessene Wirtschaftskrieg: Schweizer Unternehmen im Ersten Weltkrieg. Zürich 2008: 345–375.

Senglet, Jean-Jaques: Die Preispolitik der Schweiz während des ersten Weltkrieges. Dissertation, Basel 1950.

Senglet, Jean-Jacques: Die Preispolitik der Schweiz während des ersten Weltkrieges. Historisch-systematische Untersuchung unter Heranziehung von Vergleichsmaterial des zweiten Weltkrieges. Bern 1950.

Sharp, Mitchell W.: Allied Wheat Buying in Relationship to Canadian Marketing Policy, 1914–1918. In: The Canadian Journal of Economics and Political Science 6/3 (1940): 372–389.

Sieder, Reinhard; Langthaler, Ernst (Hg.): Globalgeschichte 1800–2010. Wien 2010.

Siegenthaler, Hansjörg (Hg.): Ressourcenverknappung als Problem der Wirtschaftsgeschichte. Berlin 1990.

Siegenthaler, Hansjörg: Regelvertrauen, Prosperität und Krisen: Die Ungleichmässigkeit wirtschaftlicher und sozialer Entwicklung als Ergebnis individuellen Handelns und Lernens. Tübingen 1993.

Smil, Vaclav: Enriching the Earth: Fritz Haber, Carl Bosch, and the Transformation of World Food Production. Cambridge (MA) 2001.

Solth, K.; Abt, K.: Die Veränderungen des Geburtsgewichtes in den letzten fünfzig Jahren: Vergleich deutscher Kliniken mit dem Frauenspital Basel. In: Schweizerische Medizinische Wochenschrift 3 (1951): 58–61.

Sonderegger, Christian: Die Grippeepidemie 1918/19 in der Schweiz. Lizentiatsarbeit, Bern 1991.

Sondhaus, Lawrence: World War One: The Global Revolution. Cambridge 2011.

Soutou, Georges-Henri: L'or et le sang: Les buts de guerre économiques de la Première Guerre mondiale. Paris 1989.

Spagnolo, John P. (Hg.): Problems of the Modern Middle East in Historical Perspective. Oxford 1992.

Spencker, F.-Bernhard: Epidemiologische Aspekte von Massenseuchen. In: Riha, Ortrun (Hg.): Seuchen in der Geschichte: 1348–1998: 650 Jahre nach dem Schwarzen Tod: Referate einer interdisziplinären Ringvorlesung im Sommersemester 1998 an der Universität Leipzig. Aachen 1999: 109–120.

Spree, Reinhard: Knappheit und differentieller Konsum während des ersten Drittels des 20. Jahrhunderts in Deutschland. In: Siegenthaler, Hansjörg (Hg.): Ressourcenverknappung als Problem der Wirtschaftsgeschichte. Berlin 1990: 171–221.

Staatsarchiv des Kantons Luzern (Hg.): Der Kanton Luzern im 20. Jahrhundert, 2 Bde., Zürich 2013.

Stadelmann, Alfred: Die Beziehungen der schweizerischen Konsumgenossenschaften zur einheimischen Landwirtschaft unter besonderer Berücksichtigung der Geschäftsverbindungen mit den landwirtschaftlichen Genossenschaften. Basel 1940.

Stamm, Hanspeter et. al.: Monitoring der Gewichtsdaten der schulärztlichen Dienste der Städte Basel, Bern und Zürich: Vergleichende Auswertung der Daten des Schuljahres 2010/2011. Zürich 2012.

Staub, Kaspar: Und die Grösse zählt doch… oder die Milch macht's: eine anthropometrische Untersuchung zur Entwicklung der menschlichen Körpergrösse und des biologischen Lebensstandards im Kanton Bern und den angrenzenden solothurnischen Gebieten von 1865 bis nach dem Ersten Weltkrieg. Lizentiatsarbeit, Bern 2003.

Staub, Kaspar: Der biologische Lebensstandard in der Schweiz seit 1800: Historisch- anthropometrische Untersuchung der Körperhöhe (und des Körpergewichts) in der Schweiz seit 1800, differenziert nach Geschlecht, sozioökonomischem und regionalem Hintergrund. Dissertation, Bern 2010.

Staub, Kaspar: Grösser – und dicker: Körperhöhe und Body Mass Index im Kanton Bern seit dem 19. Jahrhundert. In: Berner Zeitschrift für Geschichte 73/4 (2011): 3–39.

Staub, Kaspar et al.: BMI Distribution/Social Stratification in Swiss Conscripts From 1875 to Present. In: European Journal of Clinical Nutrition 64/4 (2010): 335–340.

Staub, Kaspar et al.: Edouard Mallet's Early and Almost Forgotten Study of the Average Height of Genevan Conscripts in 1835. In: Economics & Human Biology 4 (2011): 438–442. (Staub et al. 2011a)

Staub, Kaspar et al.: The Average Height of 18- and 19-year-old Conscripts (N=458 322) in Switzerland, 1992–2009, and the Secular Height Trend Since 1878. In: Swiss Medical Weekly 144 (2011): w13238. (Staub et al. 2011b).

Staub, Kaspar et al.: [Overview Over 10 Years of Anthropometric History in Switzerland: The Secular Trend, Regional and Socioeconomic Differences in Body Height and Shape Since the 19th Century]. In: Bulletin der Schweizerischen Gesellschaft für Anthropologie 18/2 (2013): 37–50.

Steiner, Peter; Achermann, Hansjakob; Haller-Dirr, Marita et al. (Hg.): Geschichte des Kantons Nidwalden. Bd. 2. Stans 2014.

Steinmann, Eugen: Körpermessungen an Zürcher Volksschülern. In: Zürcher Statistische Nachrichten (1940): 1–59.

Steinmann, Jonas: Bahnen unter Strom! Die Elektrifizierung der SBB in historischer Perspektive. Lizentiatsarbeit, Bern 2003.

Steinmann, Jonas: Weichenstellungen: Die Krise der schweizerischen Eisenbahnen und ihre Bewältigung 1944–1982. Bern 2010.

Stolz, Peter: Staatliche Interventionen und institutioneller Wandel als kollektive Reaktionen auf Ressourcenknappheit. In: Siegenthaler, Hansjörg (Hg.): Ressourcenverknappung als Problem der Wirtschaftsgeschichte. Berlin 1990: 123–139.

Stuber, Martin; Moser, Peter; Gerber-Visser, Gerrendina et al. (Hg.): Kartoffeln, Klee und kluge Köpfe: Die Ökonomische und Gemeinnützige Gesellschaft des Kantons Bern OGG (1759–2009). Bern 2009.

Stuber, Martin; Moser, Peter; Gerber-Visser, Gerrendina; Pfister, Christian (Hg.): Von der Reformsozietät zur bäuerlichen Bildungsinstitution. In: Stuber, Martin; Moser, Peter; Gerber-Visser, Gerrendina et al. (Hg.): Kartoffeln, Klee und kluge Köpfe: Die Ökonomische und Gemeinnützige Gesellschaft des Kantons Bern OGG (1759–2009). Bern 2009: 13–58.

Stutz, Mary: Über den bisherigen Einfluss der Kriegsernährung auf das Wachstum der Schulkinder. In: Pro Juventute 6 (1943): 3–8.

Szöllösi-Janze, Margit: Berater, Agent, Interessent? Fritz Haber, die BASF und die staatliche Stickstoffpolitik im Ersten Weltkrieg. In: Berichte zur Wissenschaftsgeschichte 19 (1996): 105–117.

Szöllösi-Janze, Margit: Fritz Haber, 1868–1934. Eine Biographie. München 1998.

Szöllösi-Janze, Margit: Losing the War, but Gaining Ground: The German Chemical Industry During World War I. In: Lesch, John E. (Hg.): The German Chemical Industry in the Twentieth Century. Dordrecht 2000: 91–121.

Tanner, Jakob: Industrialisierung, Familienökonomie und Hungererfahrung: Sozialkonflikte, Arbeitskämpfe und Konsumboykott in der Schweiz 1880–1914. In: Gailus, Manfred; Volkmann, Heinrich (Hg.): Der Kampf um das tägliche Brot: Nahrungsmangel, Versorgungspolitik und Protest 1770–1990. Opladen 1994: 233–257.

Tanner, Jakob: Fabrikmahlzeit: Ernährungswissenschaft, Industriearbeit und Volksernährung in der Schweiz 1890–1950. Zürich 1999.

Tanner, Jakob: Die Schweiz im Grossen Krieg: Plädoyer für eine transnationale Geschichte. In: Rossfeld, Roman; Buomberger, Thomas; Kury, Patrick (Hg.): 14/18: Die Schweiz und der Grosse Krieg. Baden 2014: 8–17.

Tanner, Jakob: Geschichte der Schweiz im 20. Jahrhundert. München 2015.

Tanner, Jakob; Groebner, Valentin; Guex, Sébastien: Einleitung: Kriegswirtschaft und Wirtschaftskriege: Forschungsperspektiven und Untersuchungsfelder. In: Groebner, Valentin; Guex, Sébastien; Tanner, Jakob (Hg.): Kriegswirtschaft und Wirtschaftskriege (Schweizerische Gesellschaft für Wirtschafts- und Sozialgeschichte 23). Zürich 2008: 9–21.

Taubenberger, Jeffery K.: The Origin and Virulence of the 1918 «Spanish» Influenza Virus. In: Proceedings of the American Philosophical Society 150/1 (2006): 86–112.

Taubenberger, Jeffery K.; Morens, David M.: 1918 Influenza: The Mother of All Pandemics. In: Emerging Infectious Diseases 12/1 (2006): 15–22.

Taubenberger, Jeffery K.; Morens, David M.: The Once and Future Pandemic. In: Public Health Reports 125 (2010) (Supplement 3: The 1918–1919 Influenza Pandemic in the United States): 16–26.

Tenfelde, Klaus (Hg.): Sozialgeschichte des Bergbaus im 19. und 20. Jahrhundert. München 1992.

Teuteberg, Hans Jürgen (Hg.): Durchbruch zum modernen Massenkonsum. Lebensmittelmärkte und Lebensmittelqualität im Städtewachstum des Industriezeitalters. Münster 1987.

Thalmann, Hans: Die Grippeepidemie 1918/19 in Zürich. Dissertation, Zürich 1968.

Thompson, Edward Palmer: The Moral Economy of the English Crowd in the Eigthteenth Century. In: Past and Present 50 (1971): 76–136.

Thompson, John Herd: Canada and the «Third British Empire», 1901–1939. In: Buckner, Phillip (Hg.): Canada and the British Empire. Oxford 2008: 87–106.

Torp, Cornelius: Weltwirtschaft vor dem Weltkrieg: Die erste Welle ökonomischer Globalisierung vor 1914. In: Historische Zeitschrift 279 (2004): 561–609.

Tscherrig, Andreas: Die Spanische Grippe in den Kantonen Basel-Landschaft und Basel-Stadt: Zum Umgang der Sanitätsbehörden mit der Grippe-Pandemie von 1918/19. Masterarbeit, Bern 2014.

Ullmann, Hans-Peter: Kriegswirtschaft. In: Hirschfeld, Gerhard; Krumeich, Gerd; Renz, Irina (Hg.): Enzyklopädie Erster Weltkrieg. Paderborn 2003: 220–232.

Ulrich, Volker: Die Revolution von 1918/19. München 2009.

Unabhängige Expertenkommission Schweiz–Zweiter Weltkrieg (UEK): Die Schweiz, der Nationalsozialismus und der Zweite Weltkrieg. Zürich 2002.

Vasold, Manfred: Die Spanische Grippe: Die Seuche und der Erste Weltkrieg. Darmstadt 2009.

Vasold, Manfred: Grippe, Pest und Cholera: Eine Geschichte der Seuchen in Europa. Stuttgart 2008.

Verkehrshaus der Schweiz (Hg.): Kohle, Strom und Schienen: Die Eisenbahn erobert die Schweiz. Zürich 1997.

Veyrassat, Béatrice: Wirtschaft und Gesellschaft an der Wende zum 20. Jahrhundert. In: Halbeisen, Patrick; Müller, Margrit; Veyrassat, Béatrice (Hg.): Wirtschaftsgeschichte der Schweiz im 20. Jahrhundert. Basel 2012: 33–81.

Voss, Martin: The Vulnerable Can't Speak. An Integrative Vulnerability Approach to Disaster and Climate Change Research. In: Behemoth. A Journal of Civilisation 1/3 (2008): 39–56.

Vuillemier, Marc (Hg.): La Grève Générale de 1918 en Suisse. Genf 1977.

Wägli, Hans G.: Schienennetz Schweiz: Strecken, Brücken, Tunnels: Ein technisch-historischer Atlas. Zürich 1998.

Walsh, Michael J.K.; Varnava, Andrekos (Hg.): Australia and the Great War: Identity, Memory and Mythology, Melbourne 2016.

Walter, François: Bedrohliche und bedrohte Natur: Umweltgeschichte der Schweiz seit 1800. Zürich 1996.

Walter, François: Histoire de la Suisse: La création de la Suisse moderne (1830–1930). Neuchâtel 2010.

Ward, Peter W.: Birth Weight and Economic Growth: Women's Living Standards in the Industrializing West. Chicago 1993.

Weber, Sarah: Die «Spanische Grippe» 1918. Die Gesundheitspolitik Deutschlands und der Schweiz im Vergleich. Lizentiatsarbeit, Zürich 2008.

Wehler, Hans-Ulrich: Vom Beginn des Ersten Weltkrieges bis zur Gründung der beiden deutschen Staaten 1914–1949 (Deutsche Gesellschaftsgeschichte 4). München 2003.

Wetter, Oliver; Pfister, Christian: Spring-summer Temperatures Reconstructed for Northern Switzerland and South-western Germany from Winter Rye Harvest Dates, 1454–1970. In: Climate of the Past 7 (2011): 1307–1326.

WHO (Hg.): The Assessment of the Nutritional Status of the Community. Geneva 1966.

WHO/Unicef (Hg.): WHO Child Growth Standards and the Identification of Severe Acute Malnutrition in Infants and Children. Geneva 2009.

Wigger, Erich: «Wir und die andern»: Die Zürcher Bauern in der gesellschaftlichen Krise zur Zeit des Ersten Weltkriegs in der Schweiz. In: Ernst, Andreas et al. (Hg.): Kontinuität und Krise: Sozialer Wandel als Lernprozess. Zürich 1994: 277–300.

Wigger, Erich: Krieg und Krise in der politischen Kommunikation: Vom Burgfrieden zum Bürgerblock in der Schweiz 1910–1922. Zürich 1997.

Wildbrandt, Hans: Die Regulierung des Milchmarktes in der Schweiz: Werden, Wesen, Problematik einer Agrarvalorisation. Kiel 1956.

Willan, B.P.: The South African Native Labour Contingent, 1916–1918. In: Journal of African History 1 (1978): 61–86.

Winter, Jay (Hg.): The Cambridge History of the First World War, Bd. 2/3. Cambridge 2014.

Wipf, Christian: Die Massnahmen des Bundes zur Vermehrung der inländischen Kartoffel- und Getreideproduktion während des ersten Weltkrieges. Seminararbeit, Bern 2008.

Witte, Wilfried: Die Grippe-Pandemie 1918–1920 in der medizinischen Debatte. In: Berichte zur Wissenschaftsgeschichte 29/1 (2006): 5–20. (Witte 2006a)

Witte, Wilfried: Erklärungsnotstand: Die Grippe-Epidemie 1918–1920 in Deutschland unter besonderer Berücksichtigung Badens. Herbolzheim 2006. (Witte 2006b)

Witte, Wilfried: Tollkirschen und Quarantäne: Die Geschichte der Spanischen Grippe. Berlin 2008.

Witte, Wilfried: Das Virus und die Toten: Zugangswege zur Geschichte der Spanischen Grippe. In: Schweizerische Ärztezeitung 91/21 (2010): 827–829.

Wittwer, Marléne: Die Grippe von 1918 im kantonalen Vergleich. Masterarbeit; Zürich 2013.

Wohlgemuth, Manon K.: Die «Spanische Grippe» in den Baselbieter Tageszeitungen. In: Baselbieter Heimatblätter 3/80 (2015): 82–88.

Wolpert, Stanley: A New History of India. New York [8]2009.

Wörner, Hans Jakob: Unsere Lonza. In: Heimat am Hochrhein 3 (1967/68). 114–118.

Worobey, Michael; Han, Guan-Zhu; Rambaut, Andrew: Genesis and Pathogenesis of the 1918 Pandemic H1N1 Influenza A Virus. In: PNAS 22/111 (2014): 8107–8112.

Xu, Guoqi: China and the Great War: China's Pursuit of a New National Identity and Internationalization. Cambridge 2005.

Xu, Guoqi: Strangers on the Western Front: Chinese Workers in the Great War. Cambridge 2011.

Zemp, Michael; Frank, Paul; Hoelzle, Martin et al.: Alpine Glacier Fluctuations 1850–2000: Overview and Spatio-temporal Analysis of Available Data and its Representativity. In: Orlove, Benjamin; Wiegandt, Ellen; Luckman, Brian H. (Hg.): The Darkening Peaks: Glacial Retreat in Scientific and Social Context. Berkeley 2005: 1–15.

Ziegler, Béatrice: Arbeit, Körper, Öffentlichkeit: Berner und Bieler Frauen zwischen Diskurs und Alltag (1919–1949). Zürich 2007.

Ziegler, Béatrice: Hierarchisierungen in der Grenzbesetzung: Zivilgesellschaften und Armee im Film «Gilberte de Courgenay». In: Kuhn, Konrad J.; Ziegler, Beatrice (Hg.): Der vergessene Krieg: Spuren und Traditionen zur Schweiz im Ersten Weltkrieg. Baden 2014: 247–265.

Zogg, Andi: Das «System» hat die Grippe: Vom Umgang mit einer Epidemie im Jahr der schweizerischen Landesstreiks von 1918. Lizentiatsarbeit, Zürich 2000.

Zylberman, Patrick: A Holocaust in a Holocaust: The Great War and the 1918 «Spanish» Influenza Epidemic in France. In: Phillips, Howard; Killingray, David (Hg.): The Spanish Influenza Pandemic of 1918–19: New Perspectives. London 2003: 191–201.

Internetquellen

Begert, Michael; Schlegel, Thomas; Kirchhofer, Walter: Homogeneous Temperature and Precipitation Series of Switzerland from 1864 to 2000. In: International Journal of Climatology 25 (2005): 65–80. http://www.meteoschweiz.admin.ch/web/de/meteoschweiz/internationales/gcos/swiss_gcos_office.html

Bundesamt für Statistik (Hg.): Kleinhandelspreise in den Städten Zürich, Bern und Basel 1890–1966, http://www.bfs.admin.ch;bfs;portal;de;index;dienstleistungen;history;01;00;05;01.html.

Bürgi, Markus: Weltkrieg, Erster. Kapitel 5: Soziales. In: Historisches Lexikon der Schweiz, Version vom 04.03.2013, http://www.hls-dhs-dss.ch;textes;d;D8926.php.

Degen, Bernhard: Landesstreik. In: Historische Lexikon der Schweiz, Version vom 09.08.2013, http://www.hls-dhs-dss.ch;textes;d;D16533.php.

Gabler Wirtschaftslexikon, Version vom 06.07.2013, http://wirtschaftslexikon.gabler.de;Definition; spekulation.html.

Mügeli, Thomas: Von braunen Diamanten und weisser Kohle. Aspekte der schweizerischen Energieversorgung während des Ersten Weltkrieges. Lizentiatsarbeit, Bern 1994, https://edit.cms.unibe.ch/unibe/portal/fak_historisch/dga/hist/content/e11168/e52524/e69145/e348089/index_ger.html?preview=previewwww.unibe.ch.

Pfister, Christian et al.: Module Switzerland, Release 2 (1500–1863). In: Pfister, Christian; Rohr, Christian (Hg.): Euro-Climhist: Informationssystem zur Witterungs- und Klimageschichte Europas. Bern 2015, www.euroclimhist.unibe.ch.

Pfister, Christian; Rohr, Christian (Hg.): Euro-Climhist: Informationssystem zur Witterungs- und Klimageschichte Europas. Bern 2015, www.euroclimhist.unibe.ch.

Pfister, Christian; Studer, Roman: Swistoval. The Swiss Historical Monetary Value Converter. Historisches Institut der Universität Bern. URL: http://www.swistoval.ch/.

Geschichte des Heizens, RWE Magazin 3/2011, http://www.rwe.de/web/cms/de/1106912/rwe-magazin/rwe-magazin-archiv/archiv-2011/ausgabe-3/geschichte-des-heizens/

Schulze-Tanielian, Melanie: Food and Nutrition (Ottoman Empire/Middle East). In: 1914-1918-online. International Encyclopedia of the First World War, ed. by Ute Daniel; Peter Gatrell; Oliver Janz; Heather Jones; Jennifer Keene; Alan Kramer; and Bill Nasson; issued by Freie Universität Berlin. Berlin 2014, 19.08.2015, http://encyclopedia.1914-1918-online.net/pdf/1914-1918-Online-food_and_nutrition_ottoman_empiremiddle_east-2014-10-08.pdf.

Skenderovic, Damir: Schweizerische Volkspartei (SVP). In: Historisches Lexikon der Schweiz, Version vom 17.01.2013, http://www.hls-dhs-dss.ch;textes;d;D17389.php.

Sonderegger, Christian: Grippe. In: Historisches Lexikon der Schweiz, Version von 13.02.2007, http://www.hls-dhs-dss.ch;textes;d;D22714.php.

DIE AUTORINNEN UND AUTOREN

Ismael Albertin studierte Geschichte und Deutsche Literatur an der Universität Bern. Seit 2013 ist er Doktorand an der Abteilung für Schweizer Geschichte der Universität Bern. Er ist Mitarbeiter beim SNF-Forschungsprojekt «Philanthropie und soziale Vulnerabilität in der Schweiz (1890–1920)». Seine Forschungsschwerpunkte sind Geschichte der Sozialpolitik, des Sozialstaates und des sozialen Engagements, die Sozial- und Wirtschaftsgeschichte, die Strafrechtsgeschichte sowie Rituale und Erinnerungskulturen in der Schweiz.

Anna Amacher Hoppler studierte Geschichte an der Universität Bern. Von 2006 bis 2010 arbeitete sie als wissenschaftliche Mitarbeiterin auf dem gemeinsamen Sekretariat der Verbände *Verband öffentlicher Verkehr (VöV)* und *Seilbahnen Schweiz (SBS)* in den Bereichen touristischer Verkehr, Wirtschaft, Statistik und Politik, sowie von 2010 bis 2011 bei *ViaStoria – Zentrum für Verkehrsgeschichte.* Zwischen 2009 und 2016 verfasste sie eine Dissertation zur Schweizerischen Verkehrszentrale und arbeitet seit 2015 als Dozentin für Tourismuspolitik an der Hochschule Luzern. Anna Amacher Hoppler ist Autorin verschiedener Artikel zur Geschichte der Eisenbahn, insbesondere der BLS, zur Geschichte der Elektrizität und zur Geschichte des Tourismus.

Daniel Burkhard studierte Geschichte und Philosophie und arbeitet derzeit an seiner Dissertation im Bereich der Agrargeschichte an der Abteilung für Wirtschafts-, Sozial- und Umweltgeschichte der Universität Bern. Im vorliegenden Artikel fasst er die wichtigsten Ergebnisse seiner Masterarbeit von 2013 zusammen.

Maurice Cottier studierte in Zürich, Bern und Berlin Geschichte, Soziologie und Sozialanthropologie. Seine Forschungsschwerpunkte liegen im Bereich der Kulturgeschichte des 19. und 20. Jahrhundert, insbesondere der historischen Kriminalitätsforschung, der historischen Protestforschung und der Geschichte der Schweizer Wirtschaftspolitik. 2014 erschien sein Buch «Liberalismus oder Staatsintervention. Die Geschichte der Versorgungspolitik im Schweizer Bundesstaat». 2015 promovierte Maurice Cottier an der Universität Bern mit einer Arbeit zur Gewaltkriminalität in Bern zwischen 1870 und 1940. Zurzeit ist er an der Universität Bern als Koordinator und Forscher innerhalb des SNF-Sinergiaprojekts «Doing House and Family» tätig.

Sandro Fehr studierte Geschichte und Politikwissenschaft an der Universität Bern. Anschliessend war er an der Abteilung für Wirtschafts-, Sozial- und Umweltgeschichte des Historischen Instituts der Universität Bern tätig, wo er 2012 mit einer verkehrshistorischen Arbeit über die Luftfahrtinfrastruktur in der Schweiz promovierte. Die Kriegswirtschaft während des Ersten Weltkrieges bildet einen weiteren Schwerpunkt seiner Forschungstätigkeit. Seit 2013 ist er Mittelschullehrer an der Kantonsschule Rychenberg in Winterthur.

Daniel Krämer ist wissenschaftlicher Mitarbeiter des Schweizerischen Nationalfonds und war Assistent von Christian Pfister und Christian Rohr an der Abteilung für Wirtschafts-, Sozial- und Umweltgeschichte des Historischen Instituts der Universität Bern. Seine Spezialgebiete liegen in den Bereichen der Naturkatastrophen- und Hungerforschung sowie der Regionalgeschichte. Er ist Mitglied der Redaktion der Zeitschrift *Traverse*.

Peter Moser ist Initiant und Leiter des Archivs für Agrargeschichte (AfA) in Bern (www.agrararchiv.ch). Seine jüngste Publikation (gemeinsam mit Juri Auderset) ist «Die Agrarfrage in der Industriegesellschaft. Transformationen der Wissenskulturen, Machtverhältnisse und natürliche Ressourcen in der agrarisch-industriellen Wissensgesellschaft im 19. und 20. Jahrhundert», Wien, Köln 2016 (im Druck).

Christian Pfister ist Professor emeritus für Wirtschafts-, Sozial- und Umweltgeschichte und freier Mitarbeiter am Oeschger Zentrum für Klimaforschung der Universität Bern. Seine Forschungsschwerpunkte liegen in der Historischen Klimatologie, der Umwelt- und Demographiegeschichte sowie der Geschichte der Landwirtschaft.

Daniel Marc Segesser ist Privatdozent, Studienleiter und Mitarbeiter der Geschäftsführung am Historischen Institut der Universität Bern. Seine Forschungsschwerpunkte liegen in der Globalgeschichte des Ersten Weltkrieges, der juristischen Zeitgeschichte (vor allem zu Kriegsverbrechen), der Geschichte des britischen Empires in Südasien und Australien sowie der Militärgeschichte Belgiens und Frankreichs in der Zwischenkriegszeit.

Christian Sonderegger ist operativer Leiter des Historischen Lexikons der Schweiz und Mitglied der Geschäftsleitung. Er studierte Geschichte, Volkswirtschaft und allgemeines Staatsrecht und schloss sein Studium mit einer Arbeit zur Spanischen Grippe 1918/19 in der Schweiz ab. Er publizierte in den Bereichen Regionalgeschichte, politische Bildung und Aussenpolitik.

Kaspar Staub ist Oberassistent und Institutsmanager am Institut für Evolutionäre Medizin, Universität Zürich. Er studierte und promovierte an der Abteilung für Wirtschafts-, Sozial- und Umweltgeschichte des Historischen Instituts der Universität Bern. Seine Forschungsschwerpunkte sind die Anthropometrie, die Epidemiologie und die Demographie.

Andreas Tscherrig schloss sein Studium der Geschichte und Islamwissenschaft an der Universität Bern 2015 ab. Seither ist er Mitglied der Redaktion des Historischen Lexikons der Schweiz. In seiner Masterarbeit, die im Herbst 2016 veröffentlicht wird, widmete er sich der Spanischen Grippe von 1918/19 in der Schweiz. Anhand der Beispiele der kantonalen Sanitätsbehörden von Basel-Landschaft und Basel-Stadt leistet er einen wichtigen Beitrag zu einem bisher nur marginal behandelten Thema der Schweizer Geschichte.

Christian Wipf studierte an der Universität Bern Geschichte und Volkswirtschaft. Er beschäftigte sich während des Studiums vor allem mit wirtschafts- und umweltgeschichtlichen Fragen und verfasste unter anderem eine Seminararbeit über die Vermehrung der inländischen Kartoffel- und Getreideproduktion in der Schweiz in den Jahren 1914 bis 1918. Er arbeitet heute in der Direktion für Wirtschaftspolitik des Staatsekretariats für Wirtschaft (SECO).

ABKÜRZUNGSVERZEICHNIS

ABBV	Amtliches stenographisches Bülletin der schweizerischen Bundesversammlung
APM	Association des Productrices de Moudon
A.S.	Amtliche Sammlung der Bundesgesetze und Verordnungen der schweizerischen Eidgenossenschaft
BAG	Bundesamt für Gesundheit
BAR	Schweizerisches Bundesarchiv
BAS	Bundesamt für Statistik
BASF	Badische Anilin- und Soda-Fabrik
BBl.	Schweizerisches Bundesblatt
Bd.	Band
Bde.	Bände
BFS	Bundesamt für Statistik
BMI	Body-Mass-Index
BKW	Bernische Kraftwerke AG
BLS	Bern–Lötschberg–Simplon-Bahn
EMD	Eidgenössisches Militärdepartement
ETH	Eidgenössische Technische Hochschule
EVD	Eidgenössisches Volkswirtschaftsdepartement
FAD	Food Availability Decline Theories
FED	Food Entitlement Decline Theory
GSK	Genossenschaft Schweizerischer Käseexportfirmen («Käseunion»)
GTS	Grosse Technische Systeme
Hg.	Herausgeber
Indelec	Schweizerische Gesellschaft für Elektrische Industrie
MFO	Maschinenfabrik Oerlikon
NAA (ACT)	National Archives of Australia, Canberra
NAA (Vic)	National Archives of Australia, Melbourne

OAK	Oltener Aktionskomitee
Red.	Redaktion
RhB	Rhätische Bahn
SBB	Schweizerische Bundesbahnen
SBS	Schweizerisches Bauernsekretariat
SBV	Schweizerischer Bauernverband
SEV	Schweizerischer Elektrotechnischer Verein
SGB	Schweizerischer Gewerkschaftsbund
SGG	Schweizerische Genossenschaft für Gemüsebau
SLV	Schweizerischer Landwirtschaftlicher Verein
Sozarch	Schweizerisches Sozialarchiv
SP	Sozialdemokratische Partei der Schweiz
SPD	Sozialdemokratische Partei Deutschlands
S.S.S.	Société Suisse de Surveillance Économique
S.T.S.	Schweizerische Treuhandstelle
SVIL	Schweizerische Vereinigung für Innenkolonisation und Industrielle Landwirtschaft
TNA	The National Archives, Kew
UEK	Unabhängige Expertenkommission Schweiz–Zweiter Weltkrieg
USPD	Unabhängige Sozialdemokratische Partei Deutschland
VKHW	Vereinigte Kander- und Hagneckwerke AG
VSK	Verband Schweizerischer Konsumvereine
WBD	Wienbibliothek Digital
ZVSM	Zentralverband Schweizerischer Milchproduzenten

REGISTER

Institutionen- und Namensregister

Ortsregister

Sachregister

WIRTSCHAFTS-, SOZIAL- UND UMWELTGESCHICHTE

WSU Band 1
Tobias Krüger
Die Entdeckung der Eiszeiten
Internationale Rezeption und Konsequenzen für das Verständnis der Klimageschichte
2008. 619 Seiten mit 54 Abbildungen.
ISBN 978-3-7965-2439-4

WSU Band 2
André Kirchhofer
Stets zu Diensten – gezwungenermassen!
Die Schweizer Bahnen und ihre «Gemeinwirtschaftlichkeit» für Staat, Wirtschaft und Bevölkerung
2010. 525 Seiten mit 15 Abbildungen und 23 Tabellen.
ISBN 978-3-7965-2649-7

WSU Band 3
Jon Mathieu
Die dritte Dimension
Eine vergleichende Geschichte der Berge in der Neuzeit
2011. 242 Seiten mit 16 Abbildungen.
ISBN 978-3-7965-2711-1

Schwabe Verlag Basel · www.schwabeverlag.ch

WIRTSCHAFTS-, SOZIAL- UND UMWELTGESCHICHTE

WSU Band 4
Daniel Krämer
«Menschen grasten nun mit dem Vieh»
Die letzte grosse Hungerkrise der Schweiz 1816/17
2015. 527 Seiten mit 42 Abbildungen, davon 6 Klapptafeln.
ISBN Printausgabe 978-3-7965-3375-4
ISBN E-Book 978-3-7965-3447-8

WSU Band 5
Chantal Camenisch
Endlose Kälte
Witterungsverlauf und Getreidepreise in den Burgundischen Niederlanden im 15. Jahrhundert
2015. 523 Seiten mit 7 Abbildungen,
29 Tabellen, 12 Grafiken, 5 Karten.
ISBN 978-3-7965-3468-3

Schwabe Verlag Basel · www.schwabeverlag.ch

Das Signet des 1488 gegründeten Druck- und Verlagshauses Schwabe reicht zurück in die Anfänge der Buchdruckerkunst und stammt aus dem Umkreis von Hans Holbein. Es ist die Druckermarke der Petri; sie illustriert die Bibelstelle Jeremia 23,29: «Ist nicht mein Wort wie Feuer, spricht der Herr, und wie ein Hammer, der Felsen zerschmettert?»